运输组织学

Transportation Organization

主　编　江志彬

副主编　陈菁菁　谢 超　王鹏玲

同濟大學出版社
TONGJI UNIVERSITY PRESS
·上海·

内容提要

本教材是在总结我国运输系统综合协同发展经验的基础上，结合已出版的同类教材，以轨道、公路、水运、航空等多种交通方式为研究对象，通过提取其共性和规律性特征，从运输组织的基本原理出发，以基础设施与载运工具、运输需求与供给、运输能力、运输组织计划、客货运输组织、日常运输生产计划与调度为脉络展开，涵盖运输系统组织的全过程。通过对本教材的学习，学生能全面了解并掌握各类运输方式的客货运输组织的基础理论和方法，形成对组织过程及其发展的总体认识，获得分析和解决工程实践问题的创新意识和创新能力。

本教材可以作为交通运输相关专业本科生、研究生的教材或教师的教学参考资料，同时，对于交通运输系统相关的政府决策人员、工程规划与设计人员、运营企业管理人员等都有很好的参考价值。

图书在版编目（CIP）数据

运输组织学 / 江志彬主编 ；陈菁菁，谢超，王鹏玲副主编. -- 上海 ：同济大学出版社，2024. 7. -- ISBN 978-7-5765-1228-1

Ⅰ. F502

中国国家版本馆 CIP 数据核字第 202497SQ24 号

运输组织学

主　编　江志彬　　**副主编**　陈菁菁　谢　超　王鹏玲

责任编辑　陆克丽霞　　**责任校对**　徐春莲　　**封面设计**　陈益平

出版发行　同济大学出版社　　www.tongjipress.com.cn
（地址：上海市四平路 1239 号　邮编：200092　电话：021-65985622）

经　　销　全国各地新华书店

制　　作　南京月叶图文制作有限公司

印　　刷　常熟市华顺印刷有限公司

开　　本　787 mm×1092 mm　1/16

印　　张　16.75

字　　数　376 000

版　　次　2024 年 7 月第 1 版

印　　次　2024 年 7 月第 1 次印刷

书　　号　ISBN 978-7-5765-1228-1

定　　价　75.00 元

前言

交通运输是国民经济的基础设施和支柱产业，也是伴随现代经济和社会发展成长起来的一门综合学科。运输组织是在运输企业的生产和经营实践中发展起来的关于对运输资源进行科学、经济的合理配置和利用的理论和技术，是从系统整体优化的目标出发，以运输过程组织管理的最优化来实现资源投入最小化和产品利益最大化。近十几年来，我国交通运输业的技术装备、组织管理和组织技术均有了显著提升。随着运输规模的不断扩大、客货流的高速增长、新技术的不断涌现，新的问题不断出现，运输组织也一直在不断地优化调整。

在我国，由于交通运输的传统产业性质和行业管理特点，相关专业课程建设长期以来带有按交通行业和交通方式分别设置的特点，从而形成了行业特征非常鲜明的运输组织理论、技术和方法，但对不同运输方式的共性理论体系的凝练与归纳仍然需要总结与阐释。本教材是在总结我国运输系统综合协同发展经验的基础上，结合已出版的同类教材，以轨道、公路、水运、航空等多种交通方式为研究对象，通过提取其共性和规律性特征，从运输组织的基本原理出发，以基础设施与载运工具、运输需求与供给、运输能力、运输组织计划、客货运输组织、日常运输生产计划与调度为脉络展开，涵盖了交通运输组织的全过程。

通过对本教材的学习，学生可以全面了解并掌握各类运输方式的客货运输组织的基础理论和方法，形成对组织过程及其发展的总体认识，获得分析和解决工程实践问题的创新意识和创新能力。本书可以作为交通运输相关专业本科生、研究生的教材或教师的教学参考资料，同时，对于交通运输系统相关的政府决策人员、工程规划与设计人员、运营企业管理人员等都有很好的参考价值。

本教材的编写分工如下。第 1、4、9 章：江志彬；第 2 章：江志彬，陈菁菁；第 3 章：陈菁菁；第 5 章：王鹏玲，江志彬；第 6 章：谢超，江志彬；第 7 章：江志彬，张岑；第 8 章：王鹏玲，江志彬。由江志彬负责全书统稿工作。研究生徐思涵、李昌裕、王晴、肖晓芳等参与了本教材的资料整理、编写和校核等工作。同时，本教材中引用了大量国内外学者发表的相关文献以及国内部分交通企业的相关资料。另外，本教材的出版得到了同济大学出版社的大力支持。在此向他们表示最诚挚的谢意。

由于作者业务视野和学术水平的局限性，本教材在内容安排、学术观点方面难免存在不当或疏漏之处，恳请各位同行、读者批评指正。

编 者

2024年3月

目 录

思政链接

知识扩展

第1章
绪 论

交通运输是指依托基础设施，利用载运工具，遵循运输组织与管理规则，实现旅客和货物在空间上的位移或流动的服务活动。综合交通运输分为城市间运输和城市内运输，其生产要素包括交通运输基础设施、载运工具、运输服务系统和运输对象。运输生产过程是运输企业履行契约要求，提供相应的运输产品和服务，将运输对象从始发地送达目的地的过程。运输组织是在运输企业的生产和经营实践中发展起来的对运输资源进行科学、经济合理配置和利用的理论和技术，离不开技术创新和体制创新。本章主要内容包括交通运输系统概述、运输生产过程与组织、运输系统的运输组织以及运输组织的现代化与智能化。

1.1 交通运输系统概述

1.1.1 交通运输的概念与定义

什么是交通运输？如何定义交通运输？

《辞海》中对于“交通”一词的定义是：“各种运输和邮电通信的总称，即人和物的转运输送和信息的传递播送。”我们把这称为“大交通”(Communication)。但从交通运输的行业背景来讲，我们更多关注的是“小交通”(Traffic)，即指承载人与物的载运工具在设施网络上的流动。

《中国大百科全书·交通运输卷》中对于“交通”的解释则为：“交通包括运输和邮电两个方面。运输的任务是输送旅客和货物。”因此，运输(Transportation)是人与物的载运和输送，是使用公共运输线路及其设施和载运工具，实现人与物空间位移的一种经济活动和社会活动。

交通运输对促进社会分工、大工业发展和规模经济、网络经济的形成，巩固国家的政治统一和加强国防建设，扩大国际经贸合作和人员往来均发挥着重要的作用。

1.1.2 综合交通运输方式

综合交通运输分为城市间运输和城市内运输。城市间运输方式主要涵盖轨道、公路、水路、航空和管道这五种，城市内运输方式则主要包括城市道路交通和城市轨道交通，如图1-1所示。

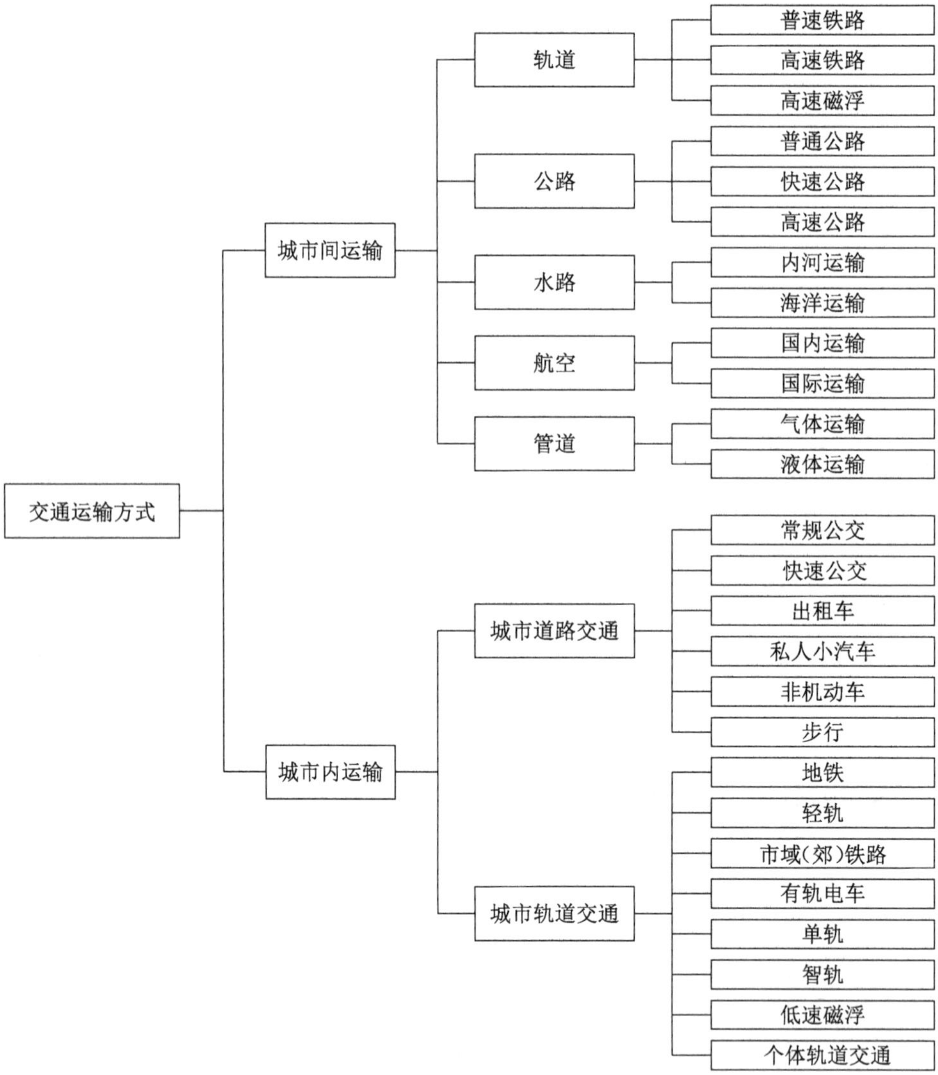

图 1-1　交通运输方式的分类

综合交通运输系统在体系构成上，主要由线网体系和枢纽体系两部分构成；在形式表现上，主要由涵盖各种交通运输方式的主要通道、枢纽节点组成，具体分为三个层次：一是涵盖各种交通运输方式的地面、地下、空中、水上综合交通网络，二是横贯东西、纵贯南北、连通全球的国际和国内运输大通道，三是包含国际性综合交通枢纽、全国性综合交通枢纽和功能性综合交通枢纽等的综合交通枢纽。

1.1.2.1　城市间运输方式

城市间的综合交通运输系统主要服务乘客在城市间的远距离出行。然而，不同的交通运输方式基于自身的运输特点服务不同的交通需求，其场站的基础设施与组成也具有各自的特点，从而形成综合交通运输系统不同运输方式的组成结构。各类城市间运输方式的技术经济特征及运输对象如表 1-1 所列。

表 1-1　各类城市间运输方式的技术经济特征及运输对象

运输方式	技术经济特征		运输对象
	优点	缺点	
轨道运输（含高速铁路、高速磁浮等）	速度快（高速铁路尤为突出）；运输能力大；受自然条件限制较小，连续性强，能保证全年运行；通用性能好，既可运送旅客，又可运输各类不同的货物；旅行时间可靠性高；运行平稳，安全可靠；平均运距相对较长；运输成本较低；环境污染小，能耗较低	投资大；建设周期长；机动灵活性较差，无法实现"门到门"运输	适合于内陆地区运送中长距离、大运量、时效性强、可靠性要求高的旅客或货物（含特种货物）
公路运输	机动灵活，适应性强；货物损耗少，运送速度较快，可以实现"门到门"运输；投资小；修建公路的材料和技术比较容易实现，易在全社会广泛发展；投资回收期短	运输能力小，汽车体积小，不适宜运输大宗和长距离货物；运输能耗较高，对环境影响大；运输成本高；劳动生产率低；公路建设占地多；安全隐患多；受天气影响大	适合于小运量、中短途、"门到门"的旅客或货物运输
水路运输	运输能力大；在运输条件良好的航道，通过能力几乎不受限制；既可运送旅客，又可运输各种货物，尤其是大件货物；建设投资比较节省，只需利用江河湖海等自然水利资源；运输成本低；劳动生产率高；平均运距长；远洋运输在我国对外经济贸易方面占有独特的重要地位，是发展国际贸易的强大支柱，战时又可增强国防能力	受天气和季节影响大；运送速度慢；旅行时间可靠性较低	适合于短途客运，以及运距长、运量大、时效性要求不高的大宗货物运输
航空运输	运行速度快；机动性能好，受地形限制小，几乎可飞越各种天然障碍，能到达其他运输方式难以到达的地方	飞机造价高、能耗大；运输能力小；成本高；技术复杂；受天气影响大；旅行时间可靠性低；乘坐便利性较差	适合于长途客运和体积小、价值高的物资运输，以及鲜活产品和邮件等货物运输
管道运输	运量大；运输工程量小，占地少；能耗低；安全可靠，污染小，成本低；不受气候影响，可以全天候运输，送达货物的可靠性高；管道可以走捷径，运输距离短；可以实现封闭运输，损耗小	专用性强，仅适用于运输石油、天然气等流体物资；管道起输量与最高运量之间的差距小	适合于输送量大、货源比较稳定的原油、成品油、天然气和其他液态、气态物资

1.1.2.2 城市内运输方式

城市内的综合交通运输系统主要服务乘客在城市内的出行，通过与交通枢纽的衔接实现客流的集散功能。

1. 城市道路交通系统

城市道路交通系统的运输方式一般包括：地面常规公共交通(简称常规公交)、大容量快速公共交通(Bus Rapid Transit,BRT)、出租车、私人小汽车、非机动车、步行等。

常规公交具有适应性广以及线路设置、车站设置、行车组织均较为灵活的特点，其组成一般包括公共汽车、公交线路和线网、公交站点、公交站场和运营管理系统等。

BRT 利用改进型的大容量公交车辆在公交专用车道上运营，是一种兼具轨道交通特性与常规公交灵活、便利、快速特性的运输方式，其组成一般包括专用车道、车辆、车站和信息管理系统等。

出租车和私人小汽车交通借助其自身的方便性与灵活性，利用城市道路网络，实现客流的集散功能。

非机动车和步行适合于出行距离短、未携带大件行李的出行。由于其方便灵活、绿色环保，因此在城市内部采用非机动车和步行的客流所占比例非常大。

2. 城市轨道交通系统

城市轨道交通系统作为现代化的城市交通方式，与常规地面公共交通系统相比，具有方便、快捷、舒适、安全、准时、运量大、能耗低、污染轻、占地少等优点，其组成主要包括地铁、轻轨、市域(郊)铁路、有轨电车、单轨、智轨、低速磁浮、个体轨道交通等。

地铁是一种大运量的轨道交通运输系统，主要在大城市地下空间修筑的隧道中运行，当条件允许时，也可在地面或是高架桥上运行。

轻轨是一种中运量快速轨道交通运输系统，可以在地下、地面、高架轨道上运行，是由现代有轨电车发展起来的，既可在技术上自成体系，也可采用地铁技术制式。

市域(郊)铁路是城市中心城区连接周边城镇组团及城镇组团间的一种通勤化、快速、大运量的轨道交通系统，提供城市公共交通服务，是城市综合交通体系的重要组成部分。

其他如有轨电车、单轨、智轨、低速磁浮、个体轨道交通等均为低运量轨道交通系统，具有铺设灵活、经济适用、建设周期短等优势，是大运量轨道交通系统和地面公共交通系统的有力补充。

1.1.2.3 不同运输方式间的协同

每一种运输方式在某种程度上都存在局限性，均无法满足全部的运输需求，解决不了所有的运输问题。因此，应分析比较各种运输方式的优势和特点，调整各种运输方式的分工和配合，实现各种运输方式的优势互补，从而形成各种运输方式协调发展的综合交通运输系统。综合交通运输系统中不同交通运输方式之间的协同互补，不仅可以有效地降低出行与运输成本、节省出行与运输的时间、节约运输资源，还能便于各种运输方式的统一规划、管理及政策的协调。

思政链接1

中国铁路百年发展与创新

1876年，中国大地上出现了第一条铁路。100多年来，中国铁路从无到有、从弱到强，从蹒跚起步、艰难延伸到铁路密布、高铁飞驰，从七拼八凑、“万国博览”到统一规范、现代管理，从路权丧失、任人欺凌到树立标杆、成为楷模，经历了艰难曲折、创新奋进的发展过程。铁路进步是国家发展的缩影。中国铁路百年巨变，彰显了在中国共产党领导下，铁路人不屈不挠的奋斗历程和自立自强的创新精神。

从铁路建设来看，截至2023年底，全国铁路营业里程由1949年的2.18万km增加到15.9万km，居世界第二位；高速铁路从无到有，营业里程达4.5万km，居世界第一。如今我国已经拥有先进、发达的铁路系统。

从铁路科技进步来看，中国掌握了先进的铁路建设技术，能够在地质极其复杂的条件下建造施工难度极高的线路、桥梁、隧道；建有完整的机车车辆工业体系，能够制造世界上最高水平的机车车辆；研发了先进的安全保障技术，使运输安全水平大大提升。中国铁路已成为十分可靠的交通“大动脉”和极受欢迎的交通工具。

从铁路运输能力和效率来看，新中国成立70多年来，中国铁路旅客列车开行数量由300多列增加到1万多列，旅客列车运营速度由每小时几十公里提高到350 km/h，年旅客发送量由1.0亿人次增长到36.8亿人次。客运周转量、货运发送量和周转量等主要运输经济指标稳居世界第一。我国铁路已由运能严重不足的制约型运输发展为运能比较充裕的适应型运输。

从铁路服务质量来看，服务设施条件发生了巨大改变，既有最先进的高铁动车组，也有质优价廉的“绿皮车”，以适应不同旅客的需求。另外，“买票难、乘车难”问题也已一去不复返了。

特别应该指出，我国高速铁路已成为一张靓丽的国家名片。运输能力和服务质量大幅提高，满足了人民群众高质量出行的需要。包括高铁在内的铁路系统作为我国交通运输的主骨架，增强了沿线地区经济发展的吸引力和辐射力，缩短了时空距离，加强同城效应，加快经济社会运行节奏，促进了城市群、区域一体化，带动了经济社会高质量发展。

（摘自：傅志寰，刘忠民，李子明. 中国铁路百年发展与创新[J]. 中国铁路，2021(7)：1-7.部分数据有更新，内容有删减。）

1.1.3 运输生产要素

运输生产要素是指进行生产所必须具备的基础要素，主要包括交通运输基础设施、载运工具、运输服务系统和运输对象。

1.1.3.1 交通运输基础设施

交通运输基础设施是载运工具的载体，为提高载运工具的通达性，其一般呈网状布局，以运输线路和交通枢纽为主体，构成运输的固定设备。不同运输方式的基础设施，一般都是由线状设施、点状设施和附属工程三部分组成。线状设施包括铁路的区间、道路的路段、水路的航道、民航的航路、管道等。车站、交叉口、码头、航站楼、泵站等都属于点状设施。由线状设施和点状设施可以组成交通枢纽。附属工程包括供电、通信信号、给排水等工程以及交通控制、交通管理等相关服务系统。

按照载运工具在线路上是否可以（同时）双向通行，线路可分为单（行）线和复线；按照载运工具在线路上的最大允许运行速度，可以将线路分为高速线、快速线和普通线。不同的线路在运输网络中起到的作用和具有的功能也是不同的，按照线路在运输网络中的综合运用，一般可以将线路分为主干线、干线和支线等。为了经济、高效地完成运输生产任务，运输网络要求主干线、干线和支线之间在数量、结构、分布上要有比较好的组合，如此才能充分发挥各自的优势。

运输港站是运输网络中的点，港站中一般配备大量的技术设备。港站按功能可以分为客运站、货运站和客货运站。客运站主要从事有关旅客运输的业务，货运站主要从事有关货物运输的业务，而客货运站同时兼具旅客和货物的运输功能。

运输枢纽是国家或区域运输系统的重要组成部分，地处两条及以上运输干线的交汇点，是实现运输过程所必需的各项设备的综合体。运输枢纽完成运输流的集散中转与地方作业，确保运输系统的畅通以及运输全过程的连续性、流水性和节奏性。

1.1.3.2 载运工具

载运工具也称活动（或移动）设备，是运输对象的承载体和形成动态交通流的基本单元。载运工具的数量、结构、分布及运用规则等直接影响运输生产的效率。由于载运工具必须由乘务人员驾驶、操纵才能完成运载任务（新型无人驾驶工具除外），因此，乘务人员的安排对运输生产也会造成影响。

飞机、汽车、轨道交通的车辆等都是载运工具。不同的载运工具其性质不同，运用方法也不同。有动力的载运工具可以单独完成运输生产任务；无动力的载运工具必须在动力装置的牵引下运用，如传统铁路的车辆必须在机车牵引下才能运行。载运工具也可以由带动力的单元进行组合，如轨道交通的动力组。专用载运工具主要运送与其运送类型相匹配的旅客或货物，而通用载运工具则可运送类型广泛的旅客或货物；有固定配属的载运工具在完成一次运输任务后，通常要考虑返回其配属地，无固定配属的载运工具在运用中更加灵活，可以不考虑返回属地的问题。

1.1.3.3 运输服务系统

运输服务系统是为保证活动设备或固定设备相互配合、安全有效运行而设置的服务系统，不仅要实现交通流的动态监测、疏导、调整和控制，而且要经济合理地整合运输资源，科学有效地组织运输生产过程，从而满足高质量和高水平的运输服务。

1.1.3.4 运输对象

运输对象由旅客和货物两部分构成。二者的运输需求有相同的特征，如都有从始发点至终到点构成位移需求，都有一定批量的运输需求，也有安全性、快速性、方便性、经济性、舒适性等服务质量需求。因此，都需要利用一定的载运工具和运输线路，在相应的港站完成一定的作业。

另外，旅客运输和货物运输对运输过程的服务水平质量需求有所不同。旅客运输在运输过程中接受各种运输服务有一定的自主性，运输组织过程需要旅客的参与和配合，如旅客的中转和换乘选择，载运工具的乘降，旅行安全规章的主动遵守等。而在货物运输过程中，货物的仓储、装卸和中转以及运输等主要由运输企业的生产活动来完成，需要运输企业对其进行一系列严密、科学、有效的组织和管理。

1.1.4 交通运输系统的特征

现代交通运输系统是实现人流和物流经济有序的流动，以满足社会生产和生活中多样化的运输需求。

从技术特征来看，交通运输系统的运行呈现出人、物、交通和信息组合流动的一体化特征。交通通道和载运工具相互作用，不可分割；固定设备、移动设备和运输组织三者形成综合运输能力。

从产品特征来看，运输产品是人和物的空间位移。运输产品是一种无形产品。运输产品非常特殊，需要边生产、边消费，既不能存储，也不能调拨。运输生产组织和运输市场营销需要同步进行。

从市场特征来看，运输企业提供运输服务，组织并实现运输过程；用户提出运输需求，通过需求的变化来影响运输企业的生产组织和资源配置；中介机构（或运输代理）是用户与运输企业的联系媒介，通过运输代理实现用户对运输方式的合理选择；政府则是运输市场的监督者和管理者。

从社会特征来看，生产过程的运输是社会物质资料生产过程中的组成部分，流通过程的运输是社会流通领域的专业化运输。运输系统的效用存在明显的外部性，即运输系统在完成人流和物流的空间位移、实现经济效益的同时，对系统外部会产生正面的社会效益和负面的社会影响。正面的社会效益包括促进国土和资源开发、调整产业布局、加速人员与货物流动、降低生产成本等；负面的社会影响则包括交通拥挤、交通事故、交通噪声污染和交通环境污染等社会公害。

1.1.5 交通运输系统的发展

交通运输系统和载运工具的发展依赖于现代科学技术进步的支持，并伴随着运输供给能力的增长和运输服务水平的提高。现代运输科学技术是一系列基础科学和工程技术的交叉渗透和综合集成，包含了土木、建筑、机械、动力、电气、通信、控制、信息、安全、环境、网络、人工智能和管理科学等学科和技术的最新成就。

另外，交通运输系统的规划、建设、运营和发展需要顺应可持续发展的要求。通过技术与管理革新，使交通运输的正面社会效益最大化，而负面的社会影响最小化，因此需要在交通运输新技术的发展过程中努力开辟出符合可持续发展要求的新领域。

1.2 运输生产过程与组织

运输过程主要包括用户与运输企业之间的运输商务过程及运输企业运送旅客和货物的运输生产过程两部分。

运输商务过程是用户与运输企业之间，围绕运输服务需求和运输服务的质量与价格，明确双方的权利义务进行交易并最终形成契约关系、订立运输合同的过程。

运输生产过程则是运输企业履行契约要求，提供相应的运输产品和服务，将运输对象从始发地送达目的地的过程。

旅客和货物通过各种载运工具实现空间位移，需要经过运输准备、运输过程和运输辅助 3 个环节。运输准备主要包括运输经济调查与运输工作量预测、营运线路开辟、运营作业站点设置、运力配置、运输生产作业计划安排以及制订有关运输组织的管理制度和规章等。运输过程是直接实现客货载运工具位移的相关作业过程，主要包括乘客上下车及货物装卸车作业、车辆运送作业以及必需的车辆调度作业等。运输辅助是指为运输及其准备工作提供后勤保障服务的各项工作的总称，主要包括载运工具的选择与技术运用组织、运输生产消耗材料的供应与保管、运输劳动组织等。

1.2.1 旅客运输组织

现代旅客运输按运输工具的不同，有轨道、公路（包括城市道路）、航空和水运 4 种方式；按其运程的不同，可分为城市旅客运输和城际旅客运输。

旅客运输流程可以简单地描述为：①旅客购买凭证；②旅客登乘交通工具，开始运输；③旅客在途中运输，包括中转和换乘；④到达目的地，离开载运工具，终止运输。

客运港站是旅客运输的起点或终点。旅客运输的组织与管理主要在客运港站内完成。客运港站的工作组织包括客票出售、旅客进站、安全检查、承运行包（即行李和包裹）、调度车（船、机）、安排旅客候车（船、机）、检票、组织旅客上车（船、机）、指挥车（船、机）出发、指挥车（船、机）到达、组织旅客下车（船、机）、检票、车（船、机）停放、旅客出站、交付行包等。客运港站的作业流程如图 1-2 所示。

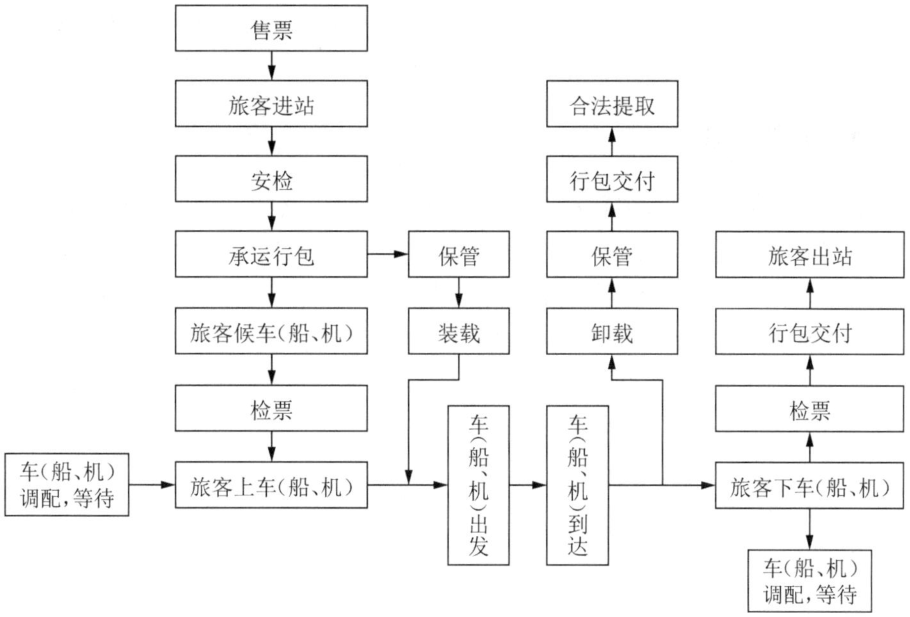

图 1-2 客运港站的作业流程

知识扩展 1

提升旅客出行服务品质

加快发展旅客联程运输。稳妥推动交通运输票务系统信息共享和对外开放,提高道路客运联网售票水平,普及电子客票,到 2025 年,二级及以上道路客运站的电子客票覆盖率达到 99%、省际和城际客运线路的电子客票覆盖率达到 80%,努力实现一站购票、一票(证)通行。优化跨运输方式安检流程,推动安检互认。加强干线运输方式间、城市交通与干线运输方式间的运营信息、班次时刻、运力安排等协同衔接,做好首末班车"兜底"服务。推进城市候机楼建设,推行行李直挂服务。培育旅客联程运输经营主体,创新一体化联运产品,丰富综合交通运输信息服务产品。

发展高品质客运服务。优化高速铁路运输组织,扩大复兴号动车组上线运行范围,逐步实现高速铁路达速运行,提高普速铁路服务质量,鼓励开行夕发朝至列车。加强监管,鼓励和规范发展道路客运定制服务。促进航空服务网络干支有效衔接,优化航班时刻资源配置,持续提高航班正常率,增加航空运输服务品类。积极培育邮轮市场,拓展旅游产品,促进邮轮服务升级,推动游艇、游船、房车旅游发展,优化完善自驾车旅行服务设施,依托汽车客运站发展旅游集散业务,培育交通消费新模式。

提高客运服务普惠均等水平。持续开好公益性"慢火车",优化开行方案,改善站车条件。推动有条件的地区实施农村客运公交化改造,保障好群众出行。发展边远地区基本航空服务,改善轮渡通行条件,方便边远地区群众日常出行。提升客运场站无障碍设施服务水平,推广应用低地板公交车、无障碍出租汽车,规范老年及残疾人代步车使用,强化对困难群体和特殊人群的服务保障。

（摘自：2021 年 12 月国务院印发的《"十四五"现代综合交通运输体系发展规划》①。）

1.2.2 货物运输组织

货物运输组织包括发到、中转和运行三个作业过程。其中，发到和中转由港站负责计划、安排与实施；运行则由运营企业的生产管理部门计划和安排，由乘务人员具体实施。运输货物的过程主要包括组织货源货流、办理货物承运、货物保管、装卸、运送、途中作业、到达检查、卸车（船、机）、保管、交付等。货物流通与货运作业如图 1-3 所示。

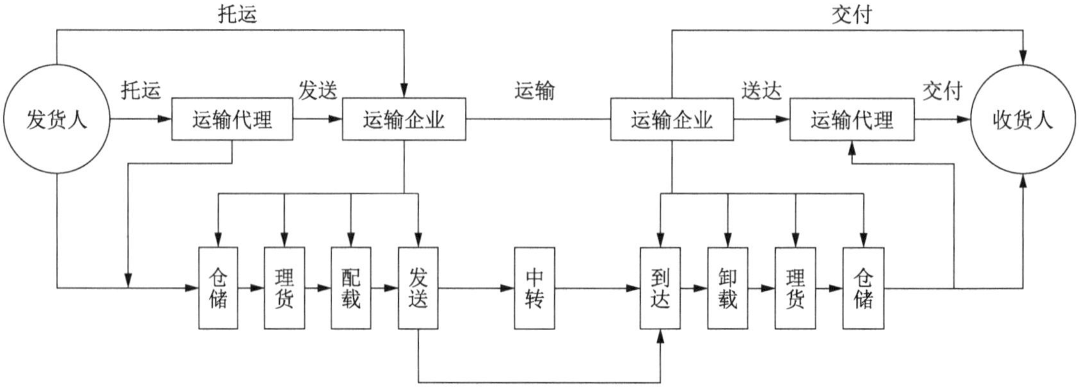

图 1-3 货物流通与货运作业示意

知识扩展 2

构建高效货运服务系统

建设高效货运服务网络。完善与产业布局、消费格局相适应的大宗货物、集装箱物流网络，建设大容量、低成本、高效率物流骨干通道，保障化肥等重要农资季节性运输。有序发展铁路双层集装箱运输，探索开行定制化的铁路直达货运班列，充分利用富余运力和设施能力发展高铁快运等铁路快捷货运产品。推动道路货运高质量发展，提升规模化、集约化水平。加强航空货运能力建设，培育壮大专业货运机队，优化航线和时刻配置，提升机场物流组织效率和服务品质。完善以物流园区、配送中心、末端配送站为支撑的城市三级物流配送网络，加强与干线运输、区域分拨有效衔接。完善县乡村三级物流服务体系，提升产供销一体化服务能力。提升口岸通关能力和便利化水平。

大力发展货物多式联运。推进大宗货物和集装箱铁水联运系统建设，扩大铁水联运规模。以长江干线、西江航运干线为重点，提升江海联运组织水平。加快推进多式联运"一单制"，创新运单互认标准与规范，推动国际货运单证信息交换，探索国际铁路电子提单，逐步

① https://www.ndrc.gov.cn/fggz/fzzlgh/gjjzxgh/202203/t20220325_1320208.html.

普及集装箱多式联运电子运单。加快多式联运信息共享，强化不同运输方式标准和规则的衔接。深入推广甩挂运输，创新货车租赁、挂车共享、定制化服务等模式。推动集装箱、标准化托盘、周转箱(筐)等在不同运输方式间共享共用，提高多式联运换装效率，发展单元化物流。鼓励铁路、港航、道路运输等企业成为多式联运经营人。

发展专业化物流服务。强化国家骨干冷链物流基地功能，完善综合货运枢纽冷链物流服务设施，加强不同运输方式冷链设施衔接，补齐集配装备和仓储设施短板，推动铁路集装箱冷链服务模式创新，强化分级分类质量监管，提升冷链物流服务品质。推动大宗货物储运一体化，推广大客户定制服务。统一货物危险特性分类标准，加强货物包装、运输作业和运输工具标准化建设，推广智能化储运监控、风险监测与预警系统应用。优化重点制造业供应链物流组织，提升交通运输对智能制造、柔性制造的服务支撑能力。

持续推动降低物流成本。降低物流制度成本，优化证照和许可办理程序，完善铁路货运价格市场化灵活调整机制。降低物流要素成本，保障重大物流基础设施建设用地需求。落实物流减税降费措施，规范和降低港口航运、公路铁路运输等物流收费，全面清理规范涉企收费。

(摘自：2021 年 12 月国务院印发的《"十四五"现代综合交通运输体系发展规划》①。)

1.2.3 交通运输流组织

载运工具在运输线路上的移动形成交通运输流。载运工具的运输组织方式多种多样。水路和航空的交通运输流较为稀疏，运输线路上的相互干扰和冲突相对较少，通常只需要在特定地段(如水运人工航道)和运输节点(水运港口或航空港)及其进出相邻区域才需要疏导和处理交通运输流。而铁路和公路的交通运输流在节点和线路上均呈现出较强的关联性和相互干扰性。为保证运输安全、畅通以及良好的运输秩序，需要对交通运输流进行疏导、调节和管理，这就是交通运输流组织。

交通运输流组织的主要任务如下：

(1) 管理、调节和控制交通运输需求，从时空两个方面影响和促进交通运输流的适度生成和合理分布，防止或缓解交通运输"瓶颈"处的交通拥挤和阻塞。

(2) 调节控制交通运输线路上载运工具的运行速度，实现较高的线路利用率和通行能力。

(3) 指定或规范载运工具的运行路径，提高载运工具的运用效率。

(4) 调整及控制载运工具的运行顺序，保证运输安全及良好的运输秩序。

(5) 组织交通运输港站的作业过程，保证作业过程的连续性、平行性、协调性和均衡性。

(6) 编制运输服务时刻表，协调和规范运输系统的运输组织工作。

组织化是指运输系统对运输流的调节、控制和管理的规模、范围和质量水平。不同交

① https://www.ndrc.gov.cn/fggz/fzzlgh/gjjzxgh/202203/t20220325_1320208.html.

通运输方式对于运输流组织的方法、手段、重点和难度各不相同。

1.2.4 交通港站作业组织

交通港站是旅客运输和货物运输的始发、终到和中转地点。其组织过程包括：生产准备、基本生产、辅助生产和生产服务。

(1) 生产准备是指基本生产活动之前所进行的全部技术准备和组织准备工作。

(2) 基本生产是指旅客在交通港站的乘降，行李包裹和货物的装卸和搬运，载运工具进出港站、在港站内部有目的的移动等技术作业。

(3) 辅助生产是为保证基本生产过程正常进行所必需的各种辅助性生产活动。

(4) 生产服务是为基本生产和辅助生产服务的各项活动。

1.3 运输系统的运输组织

1.3.1 运输组织的概念

运输组织是在运输企业的生产和经营实践中发展起来的关于对运输资源进行科学、经济合理配置和利用的理论和技术。运输组织是从系统整体优化的目标出发，以运输过程组织管理的最优化，实现资源投入的最小化和产品利益的最大化，即不断提高运输效率，为旅客和货主提供优质的运输服务，并获得最佳的经济效益、社会效益和环境效益。

如何经济合理地组织城市及区域的运输活动，是现代社会组织管理的一个重大课题。作为社会组织管理职能之一的运输组织，包括微观和宏观两个层面。

微观意义上的运输组织属于运输企业生产组织和管理的范畴。在生产组织中，需要根据运输企业生产的特点，合理配置运输设备，科学组织作业流程，以保证运输过程的连续性，统一计划设备的运用和维护，尽可能地减少设备的非生产时间，充分发挥人员、设备等生产要素的潜力，保证生产过程的安全有序等。

宏观意义上的运输组织属于综合运输系统的运行组织与管理的范畴。从整个综合运输系统的角度来看，一个完整的运输过程可能需要多种运输方式相互衔接和配合来完成，一体化的运输组织模式不仅需要综合枢纽的基础设施无缝对接，以解决不同运输方式间的旅客换乘、货物装卸和中转运输的技术问题，而且需要相关信息系统的开放互联，以实现全过程运输的信息畅通和资源共享，尤其需要克服各种不同运输方式间的管理体制、规章制度的壁垒和障碍，建立统一的技术、组织和制度保障体系。此外，交通运输业，特别是公共交通运输，具有生产企业性和社会公益性的双重特征。政府要代表国家保障民众公平享受交通运输服务的权益，规范运输市场的运行，制定合理的运输政策，实施一定的运输管制。

1.3.2 运输组织的作用

在综合交通运输体系形成过程中，各种交通方式会形成分工协作、有机结合、连接互通、布局合理、竞争有序、运输高效的现代化运输系统。通过合理的管理与组织，可以最大限度地发挥各种运输方式的单个优势及其组合优势。

首先，运输组织能有效地协调运输能力与运量的平衡。运输企业通过制订合理的运输方案以保证运输工具的高效运行，从而提高运输业的微观经济效益。其次，运输组织能够有效地保证运输生产中的协作。运输企业内部相关的各生产单位之间，可以通过一定的组织形式共同协作完成同一运输任务，提高运输效益。再次，运输组织还能有效克服运输体系内的薄弱环节，提高整个运输系统运转的灵活性和高效性。最后，运输组织有利于促进综合运输规划和管理工作的进一步改善和提高。

1.3.3 运输组织的特征

运输组织的任务是为整个社会运输活动提供可靠的运输资源保障，运输组织具有综合性、一体性、协作性的特征。从运输活动与运输组织系统的方法、形态以及体系的复杂性和多样性角度来看，针对不同的目标和需求，运输组织能够通过多变的措施来应对。因此，运输组织也具有生产服务性、国民经济的基础性、隐性的社会贡献性、特殊的时空性、公共性与企业性的复合性等特点。

1. 生产服务性

运输业与其他产业之间有特殊的依存关系，运输组织具有生产性和服务性，即运输组织的生产活动为社会提供的“产品”不仅仅是旅客和货物的位移，还包括这一位移过程中的服务。运输组织的生产活动为社会提供的效用不是实物形态的产品，而是一种劳务，且劳务费的大小取决于运量和运距等因素。

2. 国民经济的基础性

工农业生产、人民生活、国防建设及社会活动等诸方面对运输具有普遍的需求。

运输系统是国民经济和社会经济系统中最基础的子系统之一，是其他各子系统得以有效运转的主要承载体，是联系各部门、各产业、各地区的纽带和桥梁，也是国民经济高质量发展的基本条件。

运输组织也是其他生产部门正常运转和协调发展的前提，是现代社会化大生产高效率的先决条件，也是使社会再生产得以延续的不可缺少的基本环节。

3. 隐性的社会贡献性

隐性的社会贡献性是从运输组织的基础性中派生出来的。

运输组织的社会贡献性是隐性的。一方面是因为运输组织是实现人与物位移的手段，而不是目标；另一方面是因为运输活动的经济效益具有滞后性，这是由整个运输系统的基础建设规模大、投资大、建设期长导致的。

4. 特殊的时空性

运输组织的时空性是指运输活动对于空间、地域和时间具有极强的依附性，即不可挪用性。运输基础设施在空间和地域上不能挪用；运输能力在时间上不能挪用，也不能像其他行业的产品那样可以储备。

5. 公共性与企业性的复合性

运输组织具有公共性，在生产经营过程中，运输组织还表现出一定的企业性。在每个国家的不同发展阶段中，运输组织的公共性和企业性的表征有强弱变化，因此，二者复合性的特征对制定运输政策具有指导意义。

1.3.4 运输组织的基本原则

正确处理运输安全与运输效率的关系，在保证安全的基础上提高运输效率，是运输组织的基本原则。

运输安全是运输组织的前提和保证。现代运输业由于新技术的广泛应用，在载运工具大型化、高速化、运行控制智能化的同时，也面临着运行环境骤变、人员操作失误、设备突发故障等高风险场景。运输组织必须依赖设备安全检测、监控、防护、告警、冗余、检错、容错、纠错等技术，强化设备养护维修以及从业人员劳动保护和职业培训，细化规章制度，严格安全管理，提高对事故和灾害的防范和应急处置能力。对新设备投产和新技术应用引起的运输组织变革，需要进行风险分析和安全评估。

运输效率是运输组织的目标和要求，也是一定条件下运输固定设备、移动设备以及人力资源规划和运用的多目标组合优化问题。

从载运工具运用的角度来看，有载运工具的货物配载问题，也有特殊货物运输条件的确定和安全运输问题；从运输港站工作的角度来看，有运输设备配置与运输技术作业流程的组织管理问题；从运输网络运用和管理的角度来看，有交通流的组织调整和动态监控、交通高效运转的问题；从运输企业生产和经营的角度来看，有运输市场分析、客货流组织以及运输产品设计的问题，也有运输设备综合运用和运输生产过程优化组织的问题。

同时，运输组织合理化也是反映运输效率的一个方面。所谓运输组织合理化，就是按照货物流通规律，组织货物运输，力求用最少的劳动消耗，得到最大的经济效益。影响运输组织合理化的因素有很多，其中起决定性作用的有运输距离、运输环节、运输工具、运输时间和运输费用。而不合理运输是指在运输组织中，违反货物流通规律，不按照经济区域和货物自然流向来组织货物调运，忽视运输工具的充分利用和合理分工，装载量低，流转环节多，从而造成运力浪费、运输时间增加、运费超标等问题的运输形式。常见的不合理运输主要有空车行驶、迂回运输、倒流运输、重复运输和无效运输等。

1.3.5 运输组织评价

运输组织评价是指采用一定的评价指标，按照一定的程序，运用定性和定量的方法，对一定时期内的运量、运输服务质量、运输效率及运输成本与效益等作出综合判断。

1. 运量相关指标

运量指标主要包括运量与周转量，是衡量运输工作成果的重要指标。运量包括货运量和客运量，货运量的常用单位为“t”或“标准箱”（Twenty-foot Equivalent Unit，TEU，常用来表示港口吞吐量），客运量的常用单位为“人”或“人次”。周转量一般用运量与相应的货物或旅客被移动的距离的乘积来表示，包括货运周转量（单位是 t・km 或 TEU・km）和客运周转量（单位是人・km）。

2. 载运工具的运用类指标

载运工具的运用类指标包括载运工具数量（公路运输称车数，铁路运输称机车车辆数或车底数，航空运输称飞行器数，水运称船舶数）、载运工具利用率、载运工具的周转时间和载运工具的日投送量等。

3. 运输效率类指标

运输效率是反映运输工具服务效能的指标，通常用技术速度、旅行速度、开行数量、服务间隔、平均日运行距离、周转时间、上座率、客座利用率和正点率等指标来表示。

4. 经济类指标

经济类指标包括运输成本、运输收入等。

5. 安全类指标

安全类指标包括事故率、死亡率等。

1.3.6 运输组织学

运输组织学是研究载运工具在运输网络上的流动，实现人和物的迅速、安全、经济、方便和准时运输，以创造空间效用和时间效用的科学，是现代交通运输组织的管理理论和科学。它属于技术科学的范畴，且具有显著的应用技术特征。

运输组织需要将运输服务产品设计与市场营销紧密结合，同时，也需要政府运输政策的导向。运输组织是运输企业统筹安排和配置运能的方法，需要对运能利用的现状、运输能力加强和发展的规模及时机有清楚的认识和把握。运输组织贯穿整个运输过程，需要对运输线网布局、港站作业分工、运输产品开发、载运工具运用和运输生产计划等基础性工作进行总体规划。在具体的运输生产活动中，不仅要组织运输对象的流动（形成客流和货流），还要组织载运工具的流动（形成交通流），组织运输对象和载运工具在交通港站的各种技术过程、作业过程和运输服务过程。运输活动得以安全、经济、高效、有序地实施，不仅需要依赖日常运输生产计划，还需要依靠强有力的调度指挥系统的运行管理和严格的运营考核分析。

因此，运输组织学是基于运输设施和运输能力等运输条件与环境，从运输需求和供给、运输组织计划、旅客和货物运输组织、日常运输生产和调度等方面描述和刻画整个交通运输组织的活动过程，其组织活动架构如图 1-4 所示。

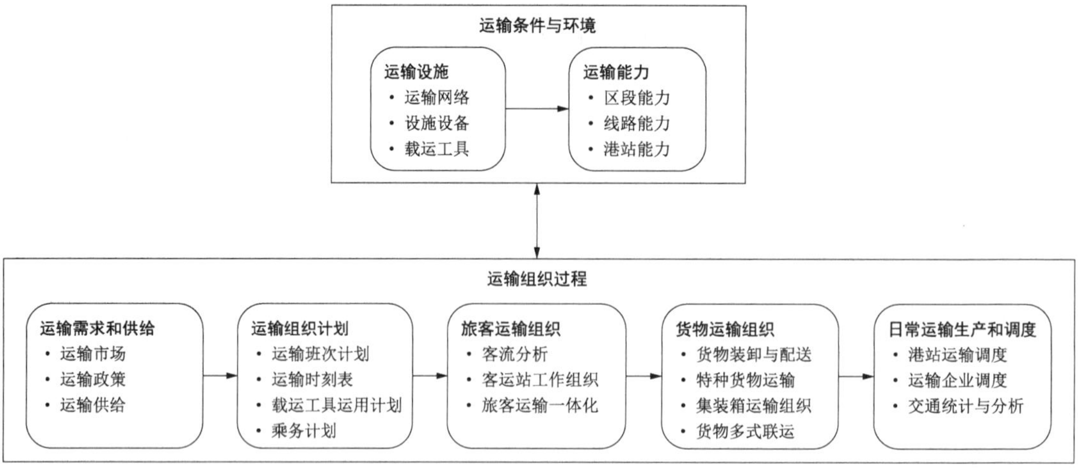

图 1-4　运输组织学的组织活动架构

1.4　运输组织的现代化与智能化

1.4.1　运输组织现代化

交通运输组织现代化是指随着现代科技进步和社会发展，为适应不断发展的运输需求和不断提高的运输供给而形成的。交通运输组织管理的理论和技术、组织和管理系统的现代化。这一现代化进程的主要推动力是交通运输组织的技术创新和体制创新。

技术创新体现为以下两大特点：一是运输组织更多地借助先进的高新技术在高速化客运和重载化货运条件下创新运输组织模式，以提高运输组织水平；二是运输组织更多地采用现代科学的理论和方法来完善和改进运输过程的规划、组织和管理。

体制创新是改变原有的体制，建立起产权清晰、权责明确、政企分开、管理科学的现代企业制度。

1.4.2　运输组织智能化

交通运输组织智能化是指将先进的科学技术（定位、导航、计算机、通信、控制、人工智能等）有效地集成并综合应用于交通运输组织过程中，以加强载运工具、交通设施、交通参与者三者间的有机联系，提高运输组织过程的感知、计算、分析、决策、管控和服务能力，从而满足运输组织过程的安全、高效、环保、节能和舒适性需求。

交通运输组织智能化涉及的应用技术涵盖传感、定位、导航、通信、计算机、控制、人工智能等多个领域。智能运输系统（Intelligent Transportation System，ITS）是将先进的信息和通信等技术集成到交通运输基础设施及运输工具中，为用户、交通运输基础设施、载运工具提供一个先进的信息和通信网络，使得整个交通运输系统更加安全、更有效率、更为可靠且环境友好。

1.4.3 运输组织的发展趋势

未来运输组织的发展趋势主要体现在科技化、协同化和可持续化三个方面。

1. 运输组织的科技化

依靠不断提高的科技水平来增加运输组织的科技含量，通过提高运输效益来实现运输发展。运输组织的科技化，强调的是利用先进的科学技术，加强信息的互联互通，实现需求的精准匹配和运力的充分利用。正是由于社会经济的发展，加之旅客出行对方便快捷的更高要求，促进了旅客多式联运、无缝换乘、定制公交等旅客运输组织实践的发展。另外，移动互联网、智能服务 App 等工具的出现，为运输供给方能够实时了解需求信息、运输需求方能够及时发布需求及获取供给信息创造了条件。这些工具的应用衍生出多种多样的运输组织实践，如网约出租、可变调度公交、互联网打车软件、货运 O2O 等。这些运输组织无一不需要现代科学技术进步的支持。

2. 运输组织的协同化

从运输业发展的历史和现状来看，各种运输方式不仅在运输市场和技术发展上相互竞争，同时在运输生产过程中也存在着协作配合、优势互补的要求。客货多样化的需求往往要求多种运输方式组织协同，以实现经济社会效益的最大化，从而形成由单一方式运输组织局部优化向多种方式联合运输组织（综合运输）全局优化发展的趋势。

思政链接 2

上海苏州地铁实现跨省市互联互通

——交通先行引领长三角一体化发展

苏州地铁 11 号线近日正式开通运营，并与上海地铁 11 号线实现“双 11”交会。苏州、上海这两座位于长三角地区的核心城市，实现了轨道交通系统的跨省市互联互通，这在国内尚属首次。

苏州地铁 11 号线开通运营后，市民可通过苏州昆山花桥站换乘上海地铁 11 号线。同时，花桥站无感换乘通道也正式启用。苏沪两地乘客使用“苏 e 行”或“Metro 大都会”App 乘车码，无须二次安检、刷卡及扫码，即可换乘另一条线路。

为做好运力衔接保障工作，上海地铁也进一步延后花桥站往上海中心城区方向的末班车时间至 22:00，并制订苏州地铁 11 号线、上海地铁 11 号线末班车后定点加开方案，明确启动条件、运营时间及开行交路等，以应对末班车后花桥站临时大客流。

同济大学发布的《2022 长三角城市跨城通勤年度报告》显示，在上海周边地级市中，苏州与上海的跨城通勤联系最为紧密。苏州是流入上海跨城通勤者的主要居住地，占通勤者总规模的九成左右。沪苏地铁互通后，上海、昆山、苏州市区的联通进一步加强，在江苏生活、上海工作的市民群体将开启更加便捷的双城生活。

近年来，长三角区域一体化发展加快，江苏南京和安徽马鞍山也正以宁马城际铁路建设为依托，加速推进产业一体互融，推动跨省通办业务扩面，加强毗邻地区建设成效，携手在区域协同发展大潮中踏浪前行。作为长三角一体化基础设施互联互通的示范工程，“双11”号线建设过程中的诸多探索，将为全国更多区域互联互通提供经验。

（摘自：《经济日报》2023 年 7 月 3 日第 003 版，内容有删减。）

3. 运输组织的可持续化

运输组织技术与实践的发展必须顺应可持续发展的要求。例如，利用大数据分析等方式精准匹配需求，以及在最大化满足需求的同时降低运营成本，均是顺应可持续发展的要求。运输组织的绿色化是指以节约能源、减少废气排放为特征的运输组织，如慢行交通和交通一体化建设；通过合理的网点及配送中心布局实现合理运输，避免货物迂回运输，减少货运总里程和车辆空驶率，进而提高运输效率；采用节能运输工具和清洁燃料，减少运输燃油污染；通过设计合理的存货策略来适当加大商品运输批量，进而提高运输效率；等等。

思政链接 3

上海构筑绿色“慢行友好”路网

为坚持低碳发展理念，打造最佳人居环境，着力提升城市软实力，《上海市慢行交通规划设计导则》（以下简称《导则》）于 2021 年 8 月出台。

《导则》鼓励“窄马路、密路网”城市道路布局，通过新改建道路增设慢行系统、开放利用公共通道，打通路网断点瓶颈，形成多层次、互联互通的全域慢行网络。未来，上海慢行交通将向“连续成网、空间复合、便捷接驳、人文关怀、特色彰显”发展，着力打造最佳慢行环境，成为彰显上海城市软实力的一张重要名片。

慢行交通包括步行、自行车和合规电助力自行车。制定《导则》时，加强城市规划和设计引领，塑造注重人情味、体现高颜值、充满亲近感、洋溢文化味的“城市表情”。

例如，轨道交通作为上海市民最主要的出行方式之一，《导则》对轨道交通站点周边的慢行系统，从提升轨道站点的慢行网络密度，轨道站点出入口合理布局地面公交、出租车、非机动车停放设施打造“微枢纽”等方面，进一步提高轨道交通与其他运输方式的衔接换乘效率。又如，积极探索并建立“共享街道”“分时步行街”等新型街区，营造活力人文氛围，形成历史人文魅力街区、邻里和谐安全街区、功能复合活力街区等，焕活慢行交通资源空间，优化市民整体宜居环境。

《导则》强调要全面打造全龄友好、充满活力、品质宜人的慢行空间，关注残疾人、老年人、儿童群体出行需求。针对人口老龄化，一方面，将精细化打造适老化的平顺步行系统，交叉口或地块出入口宜采用平坡或缓坡设计，方便步行及轮椅车通行。同时，公交站台周边要特别关注坡道设计的人性化，公交站台高度宜与公交车踏板高度保持相对一致，方便轮椅车上下公交车。另一方面，设置人性化休憩缓冲设施，二次过街安全岛位置留出足够的等候缓冲空间并采取无高差设计，在住宅区、菜场、公园等老年人出行集中路段增设人行道休息座椅。根据《上海市道路人行天桥加装电梯导则》，立体过街设施配套设置电梯。

（摘自：《文汇报》2021 年 8 月 31 日第 001 版，内容有删减。）

1.5 扩展阅读

（1）《交通强国建设纲要》，链接：https://www.gov.cn/zhengce/2019-09/19/content_5431432.htm.

（2）《中长期铁路网规划》，链接：https://www.gov.cn/xinwen/2016-07/20/content_5093165.htm.

规划原文（pdf 文件）：https://www.gov.cn/xinwen/2016-07/20/5093165/files/1ebe946db2aa47248b799a1deed88144.pdf.

（3）《国家公路网规划》，链接：https://www.ndrc.gov.cn/xxgk/zcfb/ghwb/202207/t20220712_1330358.html? code=&state=123.

规划原文（pdf 文件）：https://www.ndrc.gov.cn/xxgk/zcfb/ghwb/202207/P020220712348051707026.pdf.

（4）《水运"十四五"发展规划》解读，链接：https://www.mot.gov.cn/2022zhengcejd/202202/t20220204_3639756.html.

规划原文（pdf 文件）：https://www.mot.gov.cn/zhuanti/shisiwujtysfzgh/202201/P020220129656216621110.pdf.

（5）《"十四五"现代综合交通运输体系发展规划》，链接：https://www.gov.cn/gongbao/content/2022/content_5672664.htm.

（6）《现代综合交通枢纽体系"十四五"发展规划》，规划原文（pdf 文件）：https://www.mot.gov.cn/zhuanti/shisiwujtysfzgh/202201/P020220129657756692258.pdf.

（7）《"十四五"民用航空发展规划》，链接：http://www.caac.gov.cn/XXGK/XXGK/FZGH/202201/t20220107_210798.html.

规划原文（pdf 文件）：http://www.caac.gov.cn/XXGK/XXGK/FZGH/202201/P020220107443752279831.pdf.

（8）《综合运输服务"十四五"发展规划》，规划原文（word 文件）：https://www.mot.gov.cn/zhuanti/shisiwujtysfzgh/202201/P020230703389948032556.doc.

（9）《中国交通的可持续发展》白皮书，全文链接：http://www.scio.gov.cn/ztk/dtzt/42313/44564/44572/Document/1695322/1695322.htm.

（10）《长江三角洲区域一体化发展规划纲要》，全文链接：https://www.gov.cn/zhengce/2019-12/01/content_5457442.htm? eqid=f9006385000006d600000003645efddf.

（11）杨浩. 运输组织学[M]. 3 版. 北京：中国铁道出版社，2022.

（12）户佐安，薛峰. 交通运输组织学[M]. 成都：西南交通大学出版社，2014.

复习思考题

（1）什么是交通运输？现代综合交通运输系统的运输方式有哪些？各有什么技术经济特征？

（2）运输生产要素有哪些？

（3）运输系统的运输组织要求与作用是什么？

（4）旅客和货物运输组织的基本流程是什么？

（5）交通运输流组织的内容是什么？

（6）交通港站作业组织包括哪些方面？

（7）运输系统的运输组织特征有哪些？

（8）运输组织的基本原则是什么？如何评价？

（9）什么是运输组织学？

（10）运输组织的现代化和智能化分别是什么？

（11）运输组织的发展趋势是什么？

第 2 章

交通运输基础设施与载运工具

交通运输基础设施与载运工具可为交通运输生产提供物质基础和保障。交通运输基础设施主要包括运输线路、港站等，并进一步构成具有一定功能的交通枢纽和交通网络。运输基础设施的合理布局及其能力是运输组织工作的基础。交通运输载运工具是依托各种交通运输基础设施，承载旅客与货物的运输工具。基础设施和载运工具相互配合与适应，促进了交通运输系统性能的持续改善。掌握不同运输方式的基础设施和载运工具的差异性和共性，是理解交通运输系统“综合”的钥匙。本章将重点介绍不同运输方式的基础设施和载运工具。

2.1 轨道运输基础设施

2.1.1 轨道交通系统组成

轨道交通系统泛指使用一定类型的机车车辆组成的列车在固定轨道上运行的交通运输系统，就发展现状来看，可以分为普速铁路、高速铁路、高速磁浮、城际铁路、市域(郊)铁路、城市轨道交通等类型。

轨道交通系统主要由基础设施、机车车辆和辅助系统等组成，如图 2-1 所示。

轨道交通系统的基础设施包括路基、轨道、桥梁、隧道等结构物，还有供电、通信信号等附属工程设施设备，这些结构物及设施设备组成了轨道交通的线路、车站和区间。要使列车能够按设计速度安全、有效地运行，基础设施必须按一定的方式组合，以满足线路平面、纵断面、横断面的一系列标准。相关规定体现在《铁路线路设计规范》(TB 10098—2017)、《Ⅲ、Ⅳ级铁路设计规范》(GB 50012—2012)、《城市轨道交通工程项目规范》(GB 55033—2022)等中。

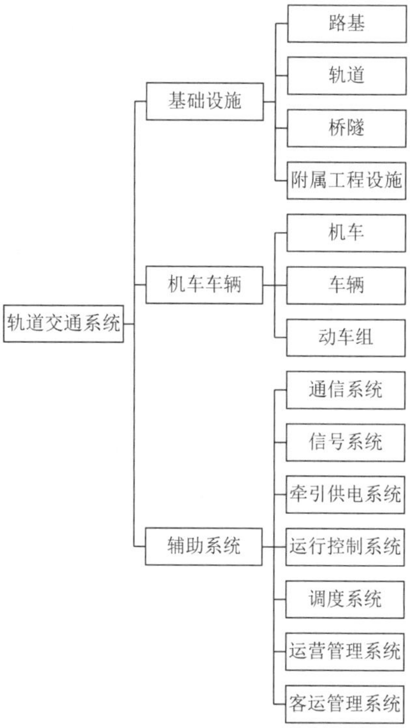

图 2-1 轨道交通系统组成

2.1.2 轨道交通线路

轨道交通线路是由路基、桥隧建筑物和轨道组成的一个整体工程结构，是机车、车辆和列车运行的基础，它直接承受机车车轮传来的压力。为了保证列车能按规定的最高速度安全、平稳和不间断地运行，同时轨道交通运输部门能够保质保量地完成客货运输任务，轨道交通线路必须时刻保持完好状态。

2.1.2.1 线路等级与技术标准

轨道交通在设计线路时，首先要确定等级。轨道交通的技术标准和装备类型都要根据线路等级去选定。以我国铁路为例，按其在铁路网中的作用和客货运量划分为4个等级，即Ⅰ级、Ⅱ级、Ⅲ级、Ⅳ级。我国市域(郊)铁路、城市轨道交通、有轨电车和其他新型轨道交通系统的等级都有相应的标准(可参考相应轨道交通类型的技术规范)。

确定线路等级后，再确定线路的技术标准。轨道交通的技术标准主要包括正线数目、限制坡度、最小曲线半径、牵引种类、机车(或动车组)类型、机车(或车底)交路、车站分布、到发线有效长度和闭塞类型等。这些技术标准是轨道交通能力大小的决定因素。线路等级不同，在设计中所采用的标准和装备类型也不一样。

知识扩展3

我国高速铁路网络规划的“八纵八横”通道

“八纵”通道：沿海通道、京沪通道、京港(台)通道、京哈—京港澳通道、呼南通道、京昆通道、包(银)海通道、兰(西)广通道。

“八横”通道：绥满通道、京兰通道、青银通道、陆桥通道、沿江通道、沪昆通道、厦渝通道、广昆通道。

(摘自:《中长期铁路网规划》(2016—2030年)①。)

2.1.2.2 线路的平纵断面和线路标志

轨道交通线路在空间中的位置是用线路中心线表示的。线路中心线在水平面上的投影，叫作轨道交通线路的平面，它反映线路的直、曲变化状态。线路中心线纵向展直后在垂直面上的投影，叫作轨道交通线路的纵断面，它反映线路的起伏变化情况，其高程为路肩高程。线路的平面和纵断面不仅确定了线路的空间位置，同时也为路基、桥隧和车站等其他设备的设置提供了依据，对轨道交通运输能力的大小有直接影响。

在轨道交通折线转角处，需要用曲线连接。因此，直线和曲线就成为线路平面的组成要素。在平面图上，轨道交通曲线包括圆曲线和缓和曲线。在轨道交通线路上，直线和圆曲线不是直接相连的，它们之间需要插入一段缓和曲线作为过渡段，以保证行车平顺。

为了适应地面的起伏，轨道交通线路上除平道以外，还修建了不同的坡道。因此，平道

① https://www.gov.cn/xinwen/2016-07/20/content_5093165.htm.

与坡道就成了线路纵断面的组成要素。坡道的陡、缓常用坡度来表示。

用一定比例尺，把线路中心线及其两侧的地面情况投影到水平面上，这就是线路平面图。把线路中心线（展直后）投影到垂直面上，并标明平面、纵断面的各项有关资料的图纸，叫作线路纵断面图。线路平、纵断面图是轨道交通全面、正确反映线路主要技术条件的重要文件，无论是在勘测设计阶段或是在指导施工阶段，还是在线路交付运营之后，它仍是需要使用的技术资料。

为了检查和养护维修线路，也为了司机和车长等工作上的需要，在轨道交通线路沿线设有各种线路标志。铁路线路标志埋设在计算里程方向的线路左侧，常见的线路标志有公里标、半公里标、曲线标、圆曲线与缓和曲线始（终）点标、桥梁及坡度标等。

2.1.2.3 路基和桥隧建筑物

路基和桥隧建筑物都是轨道的基础，它们直接承受轨道的重量和机车车辆及其载荷的压力。因此，路基和桥隧建筑物的状态与线路质量的关系极为密切。轨道交通路基是为满足轨道铺设和运营条件而修建的土工构筑物。路基必须保证轨顶设计标高，并与桥梁隧道连接组成完整贯通的线路。路基工程主要由路基本体、路基防护和加固建筑物、路基排水设备三部分组成。依照路基所处地形条件的不同，常见的两种基本形式是路堤和路堑（图2-2）。就路基而言，需要控制其沉降，尤其是高速铁路的路基，总沉降不能超过 15 mm，对不均匀沉降的要求更高，比如桥头路基，与桥梁的沉降差值不能大于 5 mm，为此，需要设置桥头过渡段。

(a) 路堤　　　(b) 路堑

图 2-2　路基的基本形式

当轨道交通线路要通过江河、溪沟、谷地及山岭等天然障碍或要跨越公路、其他轨道交通线路时，需要修建桥隧建筑物，使得线路可以继续向前延伸。桥隧建筑物包括桥梁、涵洞、明渠、隧道等。主要的桥梁类型有梁桥、拱桥、斜拉桥和悬索桥。

2.1.2.4 轨道

在路基、桥隧建筑物修成之后，就可以在上面铺设轨道。轨道是指处于路基面以上、车辆车轮以下部分的线路建筑物，由钢轨、轨枕、联结零件、道床、防爬设备和道岔等主要部件组成。轨道的功能是引导机车车辆运行，直接承受由车轮传来的巨大压力并将其传递给路基或桥隧建筑物。轨道是一个整体性工程结构，经常处于列车运行的动力作用下，所以，它的各组成部分均应具有足够的强度和稳定性，以保证列车按照规定的最高速度安全、平稳、不间断地运行。

轨道可分为有砟轨道和无砟轨道。我国铁路的有砟轨道按运营条件和轨道结构划分，可分为特重型、重型、次重型、中型和轻型 5 种类型。无砟轨道有不同的结构形式。无砟轨道不仅要满足高速行车承载能力的需要，而且要求施工工艺简便、施工精度高。

无缝线路也叫作长钢轨线路。与普通线路相比，无缝线路在其长钢轨段内消灭了轨缝，从而消除了车轮对钢轨接头的冲击，使列车运行更平稳，旅客舒适感增强。如此不仅延长了线路设备和机车车辆的使用寿命，而且减少了线路养护维修工作量，还能适应高速行车的要求。

为了确保行车安全，轨道除了应具有合理的组成外，还应保持两股钢轨的规定距离和轨顶面的相对水平位置。轨距是钢轨头部踏面下 16 mm 范围内两股钢轨工作边之间的最小距离。我国轨道交通采用的是 1 435 mm 的标准轨距。

知识扩展 4

世界上铁路轨距有哪些类型？

目前，世界上铁路轨距分为标准轨距、宽轨距和窄轨距 3 种。标准轨距的尺寸为 1 435 mm。大于标准轨距的称为宽轨距，如 1 524 mm、1 520 mm、1 676 mm 等。小于标准轨距的称为窄轨距，如 1 067 mm、1 000 mm、762 mm 等。我国大陆（包括港澳地区）的铁路、城市轨道交通采用的都是标准轨距，我国台湾地区的传统铁路（台湾高铁为标准轨距）多为 1 067 mm 的窄轨距。

2.1.2.5 道岔

道岔是一种使机车车辆能从一股道转入另一股道的线路连接设备，在车站上大量铺设。常见的是普通单开道岔，这是一种主线为直线，侧线向主线的左侧或右侧分支的道岔，它由转辙器、辙叉及护轨和连接部分组成，如图 2-3 所示。

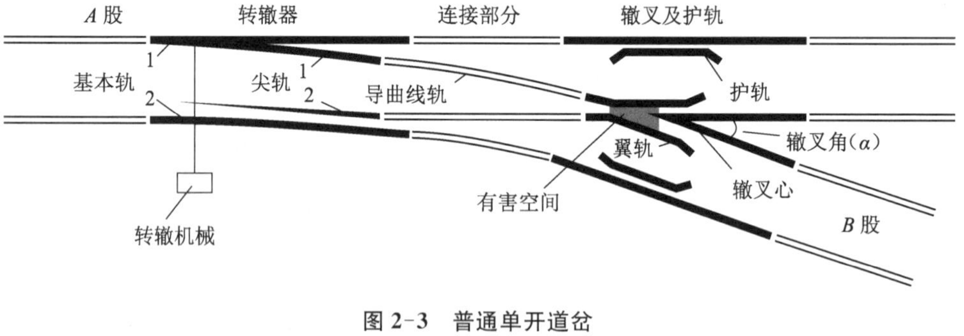

图 2-3 普通单开道岔

道岔因其辙叉角的大小不同，有不同的道岔号（N），道岔号表明道岔各部分的主要尺寸。对于道岔号，我们习惯用辙叉角（α）的余切值来表示。由此可见，道岔号与辙叉角成反比。辙叉角 α 越小，N 的值就越大，导曲线半径也越大，机车车辆侧线通过道岔时就越平稳，允许的侧线过岔速度也就越高。所以，采用大号码道岔对于列车运行是有利的。然而，道岔号数越大，道岔全长就越长，铺设时占地就越多。因此，采用几号道岔来连接线路，要根据线路的用途来决定。在我国的高速铁路上，常采用侧向过岔速度达到 140 km/h 的 30 号及以上的大号码道岔。

除了普通单开道岔外，按照构造上的特点及所连接的线路数目，还有双开道岔、三开道岔和交分道岔等。为了使机车车辆能从一条线路进入另一条线路，应设置渡线。渡线通常包括普通渡线和交叉渡线两种，如图 2-4、图 2-5 所示(图中，a 表示尖轨前基本轨长，x 表示渡线在水平方向的投影长，X 表示渡线总长，S 表示线间距)。

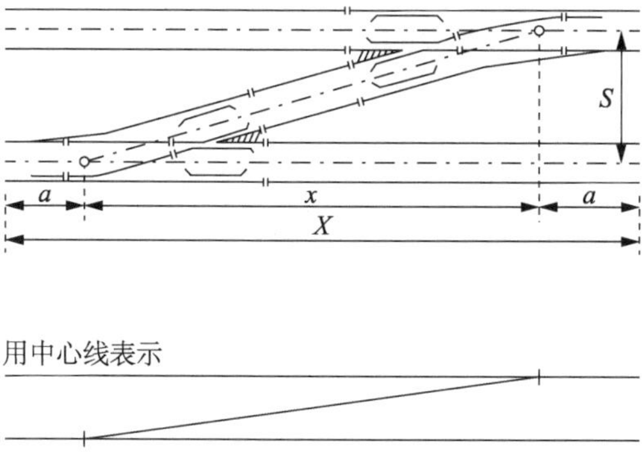

图 2-4　普通渡线

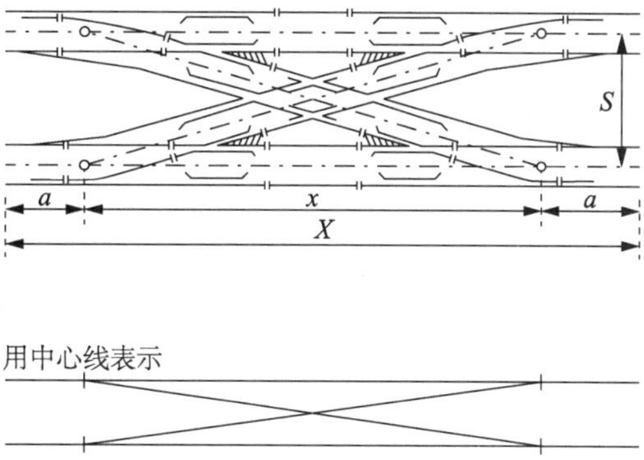

图 2-5　交叉渡线

知识扩展 5

如何消除道岔的有害空间？

车轮在通过辙叉时，从两根翼轨的最窄处到辙叉心的最尖端之间有一段空隙，这就是道岔的有害空间。车轮通过此处时，有可能因走错辙叉槽而引起脱轨。因此，需要设置护轨，其目的是强制引导车轮的运行方向。尽管如此，这个有害空间的存在仍限制了列车通过道岔的速度，对开行高速列车十分不利。而活动心轨则可有效消除有害空间，其主要特点是辙叉心轨可以扳动，当要开通某一方向股道时，活动心轨的辙叉心轨就与开通方向一致的翼轨密贴，与另一翼轨分开，这样一来，普通道岔的有害空间就不存在了。

2.1.2.6　限界

为了确保机车车辆在轨道交通线路上安全运行，防止机车车辆撞击邻近线路的建筑物和设备，而对机车车辆和邻近线路的建筑物、设备所规定的不允许超越的轮廓尺寸线，称为限界。轨道交通限界是一个与线路中心线垂直的横断面，其横向尺寸系指水平宽度，自线路中心线起算，其高度尺寸为垂直高度，自钢轨面起算，单位均为 mm。轨道交通基本限界可分为机车车辆限界和建筑限界两种。

机车车辆限界是机车车辆横断面的最大极限，它规定了机车车辆不同部位的宽度、高度的最大尺寸和底部零件至轨面的最小距离。机车车辆限界与桥梁、隧道等限界起相互制约作用，即使机车车辆在满载状态下运行，也不会因摇晃、偏移等而与桥梁、隧道及线路上其他设备相接触，从而保证行车安全。

建筑限界是一个和线路中心线垂直的横断面，它规定了保证机车车辆安全通过所必需的横断面最小尺寸。凡靠近铁路线路的建筑物及设备，其任何部分（和机车车辆有相互作用的设备除外）都不得侵入限界之内。

在机车车辆限界和建筑限界之间须留有一定的空间，以避免碰撞，保证行车安全。

2.1.2.7 线路布置图

线路布置图是指以简化图的形式来描述轨道交通车站、区间、配线、轨道、道岔、信号机等基本单元的图示，常作为运输组织方案的编制资料之一，也常用于列车运行监视系统中。图 2-6 为典型的双线铁路车站配线布置图，图 2-7 为典型的城市轨道交通线路配线布置图。

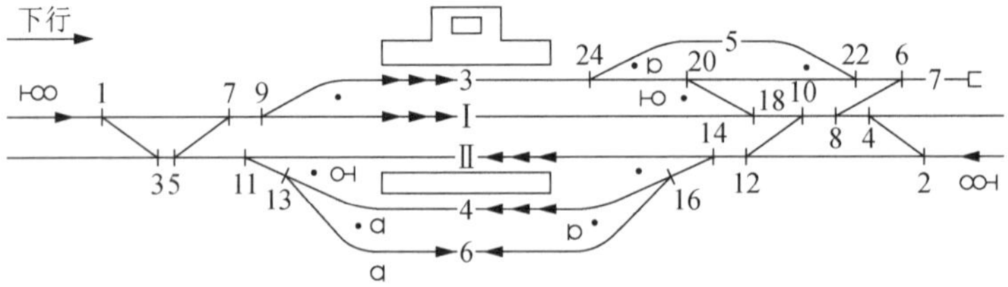

图 2-6 双线铁路车站配线布置示意

（注：图中数字表示道岔编号和线路编号，罗马数字表示正线）

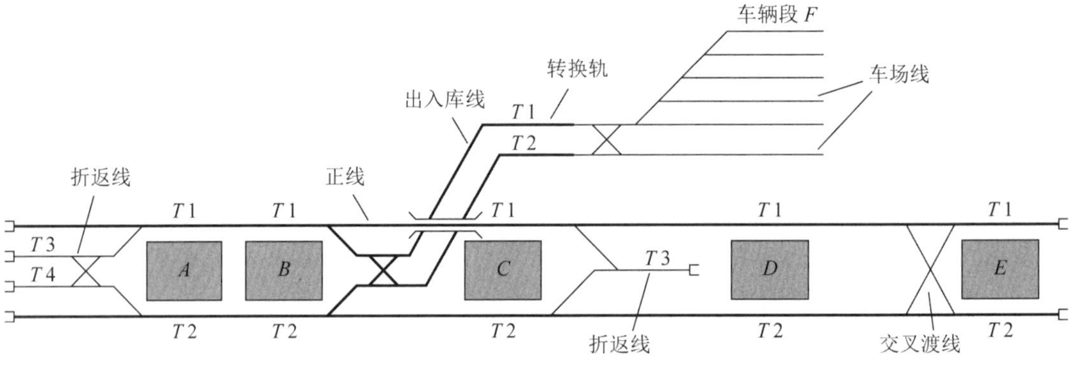

图 2-7 典型的城市轨道交通线路配线布置示意

（注：图中 T1、T2 等表示股道编号）

2.1.3 轨道交通车站与区间

2.1.3.1 车站

车站是轨道交通办理旅客运输与货物运输的基地。旅客购票、候车、乘降和货物的承运、保管、装卸、交付以及相关作业都是在车站进行的。可以说，车站是轨道交通与旅客、货主联系的纽带。车站是轨道交通运输的基本生产单位，是轨道交通内部各项作业的会合点,也是提高轨道交通运输效率和运输安全的保证。另外,车站还是轨道交通对外的窗口,体现着服务水平和工作效率。合理地布置和有效地运用车站的各项设备,是保证列车快速、安全、正点运行以及加速车辆周转、降低运输成本的关键。

车站办理的作业主要包括客运作业、货运作业和行车技术作业。客运作业包括办理客票发售、旅客乘降、客运服务、行包运输以及旅客的文化和生活服务等。货运作业包括办理货物的承运、装车、卸车、保管与交付,零担货物的中转,货运票据的编制与处理等。行车技术作业包括办理列车的接发、到达和出发技术作业,列车的解体和编组,车辆的摘挂和取送,列车折返,以及列车的交会和越行(避让)等。

2.1.3.2 分界点与区间

两相邻车站间的线路称为区间,车站为相邻区间之间的分界点。因此,区间和分界点是轨道交通线路的两个基本组成部分。

1. 分界点

车站上除了正线外,还可能配有其他线路(如到发线、调车线、牵出线、货物线及站内指定用途的其他线路等),所以把各种车站称为有配线的分界点。此外,还有一种无配线的分界点,它包括非自动闭塞区段上的线路所和自动闭塞区段两车站间划分为若干个闭塞分区处所设置的通过色灯信号机。

2. 区间

依据分界点的不同,区间也有不同的分类。车站与车站之间的区间称为站间区间,车站与线路所之间的区间称为所间区间,自动闭塞区段上通过色灯信号机之间的路段称为闭塞分区。

铁路区段是指两相邻技术站间,包含若干个区间和分界点的铁路线段。区段的长度一般取决于牵引动力的种类或路网状况。

2.1.3.3 线间距

线间距是指区间或站内两相邻线路中心线之间的最小距离。它应能保证行车和车站工作人员的安全。线间距的大小是根据轨道交通限界、相邻线路办理作业的性质以及相邻线路间是否装设信号机等因素来确定的。我国铁路站内正线与到发线之间、正线和到发线与其他站线之间的最小线间距通常为 5 m。

2.1.3.4 站界与警冲标

为了保证行车安全和分清工作责任,车站和它两端所衔接的区间应有明确的界限,通常称为站界。关于站界范围的划定,以铁路为例,在单线铁路车站,站界的范围以车站两端进站信号机柱的中心线为界,外方是区间,内方则属于车站范围,如图 2-8(a)所示;在双线铁路车站,站界则按上、下行正线分别确定,即一端以进站信号机柱中心线为界,另一端以站界标中心线为界,如图 2-8(b)所示。警冲标是信号标志的一种,设在两会合线路线间距为 4 m 的中间,用来指示机车车辆的停留位置,防止机车车辆发生侧面冲撞。

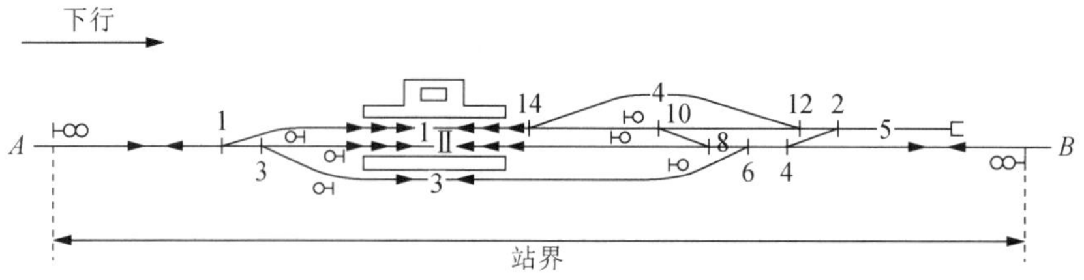

（a）单线横列式中间站

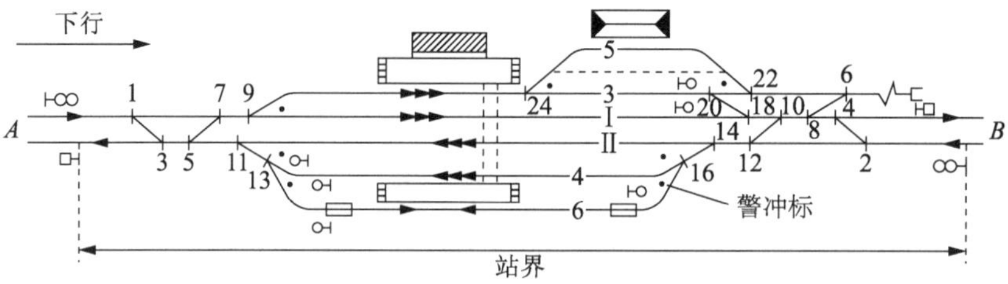

（b）双线横列式中间站

图 2-8　站界

（注：图中数字表示道岔编号和线路编号，罗马数字表示正线）

2.1.3.5　股道和道岔编号

为了便于车站生产指挥作业上的联系和对设备的维修管理，应对站内线路和道岔进行统一编号。同一车站或车场内的线路和道岔不得有相同的编号。

2.1.3.6　股道有效长

股道有效长是指在线路全长范围内可以停留列车或机车车辆而不妨碍邻线正常行车部分的长度。股道有效长的起止范围主要由警冲标、道岔的尖轨始端（无轨道电路时）或道岔基本轨接头处的钢轨绝缘（有轨道电路时）、出站信号机（或调车信号机）、车挡（为尽头式线路时）等因素来确定，如图 2-9 所示。货物列车到发线的有效长度，应根据规定的列车长度及列车停车时的附加距离（规定为 30 m）等因素来确定。

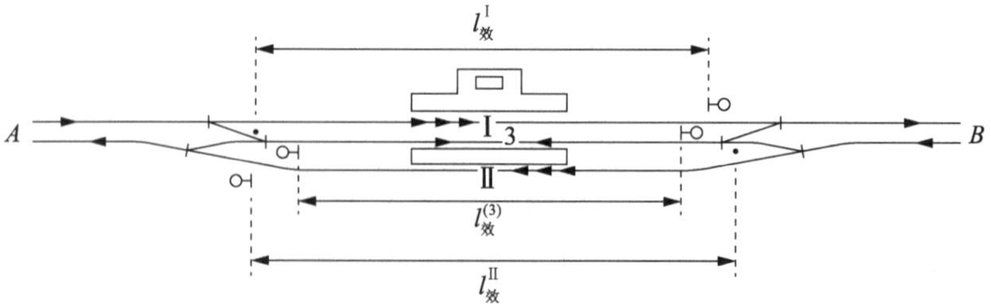

图 2-9　股道有效长的确定

（注：图中数字表示轨道编号，罗马数字表示正线）

我国铁路采用的货物列车到发线有效长度在Ⅰ、Ⅱ级铁路上为 1 250 m、1 050 m、

850 m、750 m 或 650 m，在Ⅲ级铁路上为 850 m、750 m、650 m 或 550 m。以开行重载列车为主的铁路可采用大于 1 050 m 的到发线有效长度。具体采用何种有效长度，应根据运输能力、机车类型及所牵引列车长度等，结合地形条件并考虑与相邻各站到发线有效长度相配合等因素来确定。

2.1.3.7 车站分类

车站按其主要功能和设备的不同，可分为以下多种类别。

从业务性质上，车站可分为客运站、货运站和客货运站。

客运站是专门办理旅客运输的车站，通常设在政治、经济、文化中心城市和旅游胜地等有大量旅客到发的地点。旅客列车的通过、始发、终到和折返作业，以及为旅客服务的有关业务是客运站的主要工作。

货运站是专门办理货物运输的车站，一般设在大城市、工矿地区和港口等有大量货物装卸的地点。货运站的主要工作是办理货物列车到发、车辆取送等作业，以及货物承运、交付、装卸等与货运有关的业务。货运站的布置类型有通过式和尽头式。一般中小型货运站多采用通过式，大型货运站多采用尽头式。

从技术作业性质上，以铁路为例，车站可分为中间站、区段站和编组站。

中间站是设在铁路区段内的车站，办理列车接发、会让作业及摘挂列车的调车作业，有些中间站还办理列车的始发、终到及折返作业。

区段站设在机车牵引区段的分界处，其主要工作是办理货物列车的中转作业，进行机车的更换或机车乘务组的换班，以及区段列车、摘挂列车的解体和编组作业。

编组站是专门办理大量货物列车解编作业和列车车辆技术作业的车站，通常设在有大量车流汇集或分散的地点，一般位于几条铁路线的交叉点，其主要工作是解体和编组各种货物列车，所以编组站又被称为“货物列车制造工厂”。

由于区段站和编组站拥有较多的技术设备，且主要办理货物列车和车辆的技术作业，故又统称为技术站。

知识扩展 6

亚洲最大的编组站——郑州北站

郑州北站南北长 6.63 km，东西宽 0.8 km，占地约 5.3 km^2，共有道岔 898 组，信号机 828 架，各种线路 228 条，线路总延长 454 km。其主要担负着京广、陇海两大铁路干线上 4 个方向货物列车和郑州枢纽地区小运转列车的到达、解体、编组、出发作业。郑州北站是中国铁路郑州局管辖范围内唯一的路网性编组站，被誉为亚洲第一大编组站，也是铁路路网运输中至关重要的枢纽。

2.1.4 轨道交通信号设备

轨道交通信号设备是组织指挥列车运行、保证行车安全、提高运输效率、传递信息、改善行车人员劳动条件的关键设施。轨道交通信号设备是信号显示设备、车站联锁设备和区间闭塞设备等的总称。它的作用是保证列车运行与调车工作的安全和提高通过能力。同时,轨道交通信号设备对于增加轨道交通运输的经济效益、改善职工的劳动条件也起着重要作用。

2.1.4.1 信号显示设备

轨道交通信号显示设备用于指示行车和调车运行条件的命令。行车和调车人员必须执行信号显示的要求,才能确保安全和提高生产效率。轨道交通信号按人体感官可分为听觉信号和视觉信号(包括固定信号、移动信号和手信号)。视觉信号通常用不同的颜色来显示其意义。如我国铁路规定有红、黄、绿 3 种基本颜色,红色表示停车,黄色表示注意或减速行驶,绿色表示按规定速度行驶。

常用的固定信号机主要有臂板信号机、色灯信号机和机车信号机。固定信号机的设置与列车运行规则有关。我国铁路(包括大部分市域或市郊铁路)采用左侧行车规则,因此固定信号机通常设在列车运行方向的左侧,或设在其所属线路的中心线的上空。而我国大部分城市轨道交通线路采用右侧行车规则,因此固定信号机通常设置在列车运行方向的右侧。

在轨道交通行车过程中,有几种非常重要的固定信号机,如进站信号机、出站信号机、通过信号机、预告信号机和调车信号机。

进站信号机用来防护车站的安全,指示列车能否由区间进入车站以及进入车站的有关条件。通过信号机用来防护自动闭塞区段的闭塞分区或非自动闭塞区段所间区间,指示列车能否进入其所防护的分区或区间,一般设于闭塞分区或所间区间的分界处。信号机的设置位置如图 2-10 所示。

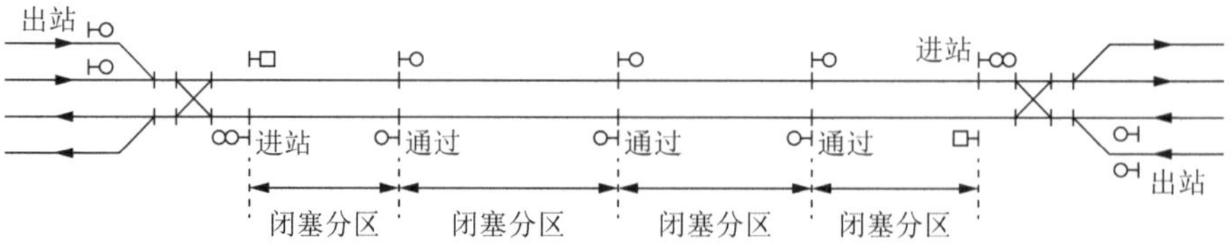

图 2-10 信号机的设置位置

调车信号机设在电气集中联锁的车站且需要经常进行调车作业的线路上(如到发线、咽喉道岔区等),用来指示机车进行调车作业。在到发线上,调车信号机可以与出站信号机合并使用,在出站信号机柱上添设一个容许调车作业的月白灯,作为出站兼调车信号机。

2.1.4.2 联锁

在车站上有许多线路,它们用道岔连接着。列车和调车车列在站内运行所经过的径路,称为进路。按各道岔的不同开通方向可以构成不同的进路。每条进路必须由相应的信号机来防护。列车和调车车列必须依据信号的开放来通过进路,如此才能保证车站范围内行车和调车的安全。

列车的进、出站和站内调车作业必须根据防护每一条进路上的信号机显示状态进行,而被防护的进路又是靠操纵道岔来排列的。如果进路上的道岔位置不正确，或已经有车占用，有关的信号机就不能开放；一旦信号开放，其所防护的进路不能变动，即此时该进路上的道岔不能再转换。这种在有关信号机和道岔之间以及信号机和信号机之间必须建立的一种相互制约的关系，叫作联锁。

进路与进路之间存在着平行进路和敌对进路两种不同性质的联锁关系。平行进路是指两条进路的作业相互没有影响，可以同时办理。敌对进路是指两条进路的作业存在冲突和安全风险，绝对不能同时办理。

2.1.4.3 闭塞

列车在区间(分区)内运行的特点是：列车的运行速度快、质量大、制动距离长、不能避让。鉴于上述特点，为了确保列车在区间内的运行安全，列车由车站向区间发车时，必须确认区间(分区)内没有列车，并且须遵循一定的规则组织行车，以免发生列车正面冲突或追尾等事故。这种按照一定规则组织列车在区间内运行的方法，叫作行车闭塞法，或简称闭塞。办理闭塞所用的设备叫作闭塞设备。

要完成上述闭塞，列车需要取得行车凭证后才能占用区间(分区)。列车占用区间(分区)的凭证通常为车站出站信号机和区间(分区)通过信号机的准许显示(在移动或准移动闭塞线路采用机车信号)。为了保证列车在区间(分区)内的运行安全，提高区间(分区)的通过能力，对上述凭证的取得，一方面必须保证区间(分区)空闲，在单线区段上必须杜绝正面冲突事故的可能性；另一方面，还必须迅速地办理闭塞手续和发出凭证，以缩短列车间隔时分。在用信号的准许显示作为凭证时，当列车进入区间(分区)后凭证应自动取消，即信号机自动关闭准许显示。只有列车完全出清区间(分区)并再次办理闭塞时，才能再一次开放准许显示。

组织区间行车通常采用空间间隔法，即把轨道交通线路划分为若干个线段(区间或闭塞分区)，在每个线段内同时只准许一列列车运行，使前行列车和追踪列车之间必须保持一定距离。这种行车方法能严格地把不同列车分隔在不同空间，可以有效地防止列车追尾和正面冲突事故的发生，确保列车运行安全。

实现闭塞的方法，一般有人工闭塞、半自动闭塞和自动闭塞三种。

自动闭塞系统按闭塞分区是否固定又可分为固定闭塞、准移动闭塞和移动闭塞。

1. 固定闭塞

在固定闭塞条件下，通过信号机显示制式通常分为三显示和四显示两种。无论是哪种信号显示制式，都适用于单向自动闭塞系统和双向自动闭塞系统。

三显示自动闭塞通过信号机不同灯光的显示意义如下：

(1) 一个绿色灯光——准许列车按规定速度运行，表示运行前方至少有两个闭塞分区空闲；

(2) 一个黄色灯光——要求列车注意运行，表示运行前方只有一个闭塞分区空闲；

(3) 一个红色灯光——列车应在该信号机前停车。

通过信号机平时显示绿灯，即“定位开放式”，只有当列车占用该信号机所防护的闭塞分区或线路发生断轨等故障时，才显示红灯——停车信号。在三显示自动闭塞系统中，为了使后续列车经常保持在绿灯下运行，采用间隔三个分区的列车追踪间隔，如图 2-11 所示。这种显示制式使列车经常在绿灯下运行，并能得到前一通过信号机显示的预告，能基本满足运行要求，又能保证行车安全。

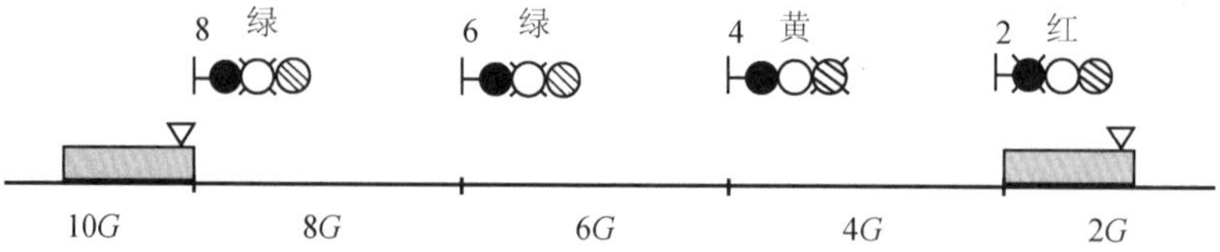

图 2-11 三显示自动闭塞系统

（注：G 表示轨道编号，规则是数字加字母 G）

四显示自动闭塞是指通过信号机具有四种显示，能预告列车前方三个闭塞分区状态的自动闭塞。四显示自动闭塞由于增加了一种黄绿显示（图 2-12），它规定高速列车以规定的速度越过黄绿显示后必须减速，以便使列车在抵达黄灯显示下运行时不大于规定的黄灯容许速度，保证在显示红灯的信号机前停车，而对于低速、制动距离短的列车越过后不减速。在条件相同的情况下，四显示的列车追踪间隔时分要小于三显示的列车追踪间隔时分。

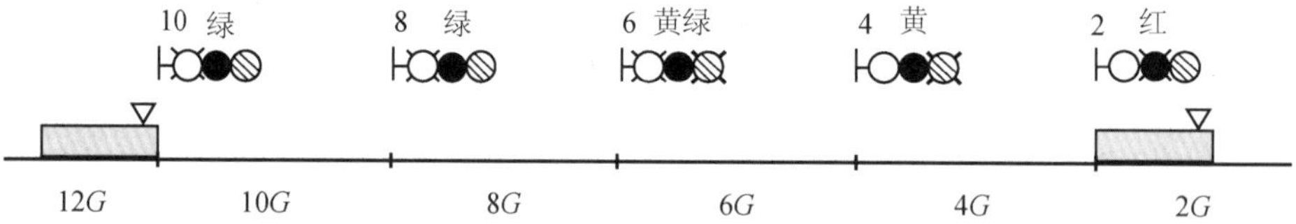

图 2-12 四显示自动闭塞系统

2. 准移动闭塞

准移动闭塞系统的线路依然被划分为固定位置和长度的多个闭塞分区，其中每个分区只能被一列车占用，但其采用音频数字轨道电路作为列车定位与信息传输方式，从而实现列车非连续定位，故其闭塞分区长度远小于固定闭塞系统的分区长度。准移动闭塞式的列控系统采取目标距离控制模式（又称连续式一次速度控制）。目标距离控制模式根据目标距离、目标速度及列车本身的性能来确定列车制动曲线，不设定每个闭塞分区的速度等级，采用一次制动方式。准移动闭塞的追踪目标点是前行列车所占用闭塞分区的始端，当然会留有一定的安全距离，而后行列车从最高速开始制动的起始点是根据目标距离、目标速度及列车本身的性能计算决定的。目标点相对固定，在同一闭塞分区内不依前行列车的走行而变化，而制动的起始点是随线路参数和列车本身性能的不同而变化的（图 2-13）。空间间隔的长度是不固定的，由于要与移动闭塞相区别，所以称为准移动闭塞。准移动闭塞在较早期的城市轨道交通线路中常被采用，目前主要应用于我国高速铁路线路上。

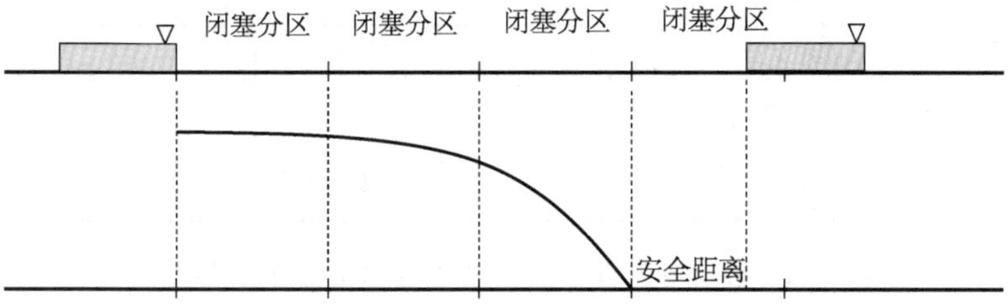

图 2-13　准移动闭塞(连续式一次速度控制模式)原理图

虚拟闭塞是准移动闭塞的一种特殊方式,它不设轨道占用检查设备,采取无线定位方式来实现列车定位和占用轨道的检查功能,闭塞分区是以计算机技术虚拟设定的,仅在系统逻辑上存在闭塞分区和信号机的概念。虚拟闭塞方式除闭塞分区和轨旁信号机是虚拟的以外,从操作到管理等都等效于准移动闭塞方式。虚拟闭塞方式可以将闭塞分区划分得很短,当短到一定程度时,其效率就接近于移动闭塞。

3. 移动闭塞

移动闭塞与传统自动闭塞的区别在于区间中不设置固定的信号点,因而取消了固定闭塞分区。移动闭塞方式的列控系统也采取目标距离控制模式。当采用移动自动闭塞时,列车运行速度控制指令不再由轨道电路根据列车占用情况发出,而是由控制中心根据线路上的前行列车位置,前、后行列车速度,列车间隔距离,列车重量及线路以及气候条件等相关参数给出。当后行列车和前行列车的间隔距离接近或等于常用制动距离加上安全距离时,控制中心向后行列车发出减速或制动指令。列车的间隔距离还与运行速度有关,当速度较快时,列车的间隔距离就较大,反之就较短。

移动自动闭塞在实现安全、高速的前提下,能使追踪运行列车间的间隔距离达到最小,从而最大限度地压缩追踪列车间隔时间,提高线路的通过能力。由于移动闭塞设备能实现连续、双向信息传输和列车运行控制,并在确保安全的前提下提高线路的通过能力,因此,越来越多的新建轨道交通线路考虑采用移动闭塞设备。从移动闭塞设备的发展过程来看,早期的移动闭塞设备大部分是采用交叉感应环线技术,近年来研发的移动闭塞设备大部分是采用基于无线通信的技术,该技术主要运用在城市轨道交通系统中。

基于通信的列车自动控制系统,即 CBTC(Communication Based Train Control)系统的列车追踪过程的安全保护原理有以下两类。

(1) 不考虑前行列车速度(MB—v_0 方式,相对位置方式)。在该方式下,不考虑前行列车的速度,只考虑其位置,又称相对位置方式,如图 2-14 所示。当前行列车停车时,后行列车停在制动前的前行列车尾端后面的安全距离外。

(2) 考虑前行列车速度(MB—v 方式,相对速度方式)。在该方式下,后行列车会根据前行列车的位置和速度进行间隔控制,如图 2-15 所示。当两列列车全部停下来时,后行列车停在前行列车停车点后面的安全距离外。

对比这两种方式,由于相对速度方式考虑了在追踪列车制动过程中前行列车的走行距

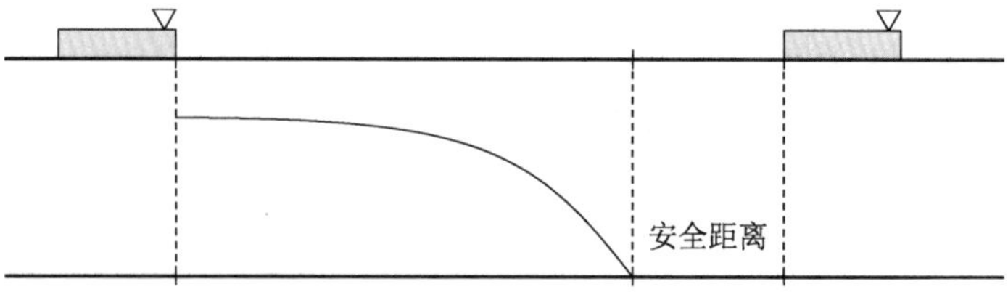

图 2-14　移动闭塞（MB—v_0 方式，相对位置方式）原理图

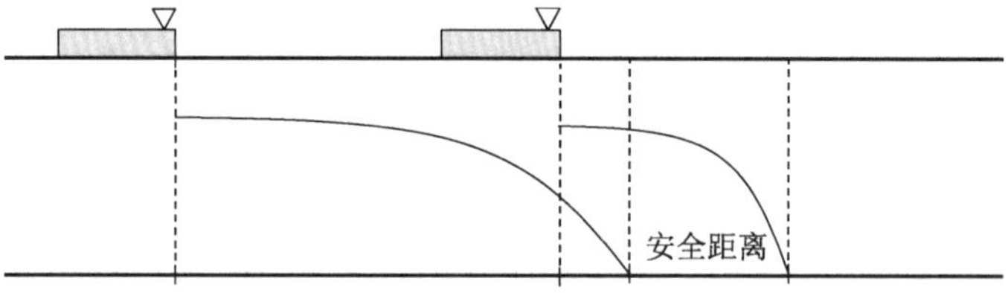

图 2-15　移动闭塞（MB—v 方式，相对速度方式）原理图

离，与相对位置方式相比，追踪间隔较短，因此效率较高。但是，相对速度方式的列车间隔距离较短，如果前车发生意外突然停车，会增加后车行车的危险性。因此，目前的 CBTC 系统主要采用相对位置方式。

2.1.5　高速铁路列车运行控制系统

我国高速铁路信号系统由调度集中（Centralized Traffic Control，CTC）系统、联锁系统和列车运行控制系统（简称列控系统）组成，如图 2-16 所示。

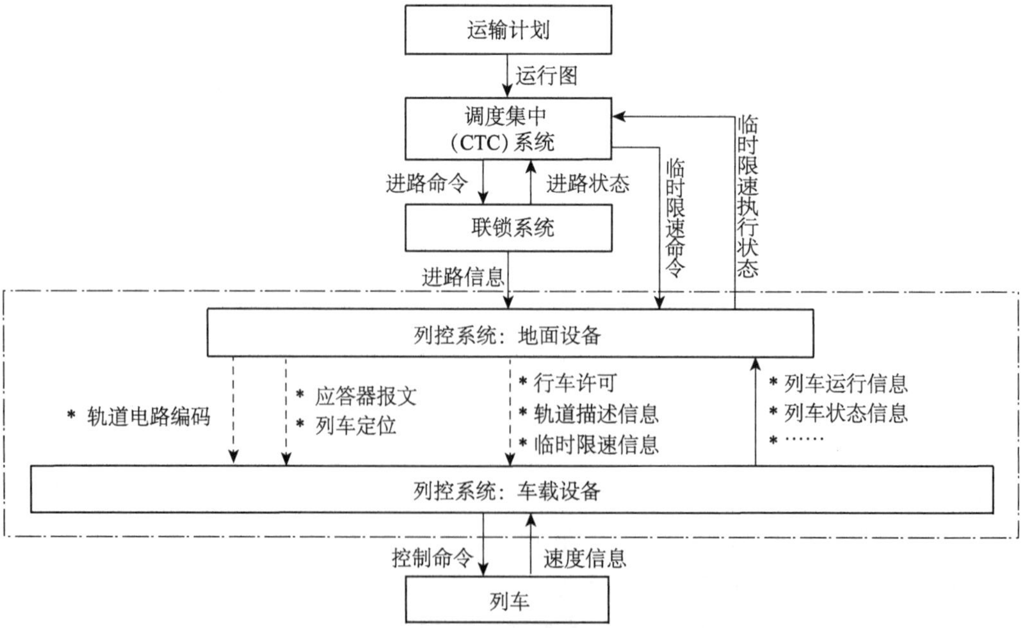

图 2-16　中国高速铁路信号系统组成

(1) CTC 系统。高速铁路列车运行控制的调度和指挥中心具有控制和监督列车运行的功能。根据列车运行图，系统编制运行计划，并向联锁系统发送进路办理指令，在调度和指挥中心显示管辖区域内的列车实际运行状况。CTC 系统具备列车运行计划人工调整、自动调整和实际运行图自动描绘，行车日志自动生成、存储、打印，调度命令传送，车次号校核等功能；同时，具备临时限速设置及向车站、司机发布调度命令的功能（含许可证、调车作业通知单等）。

(2) 联锁系统。根据从 CTC 系统接收到的调度命令和车站列车的状态信息，自动办理列车进路，确保进路完整性。

(3) 列控系统。列控系统包括地面设备、车载设备和车-地通信子系统。

高速铁路的列车运行控制系统是用于控制和防护高速列车运行的控制系统，旨在保证高速铁路安全、高效运行，其核心功能包括为司机（或自动驾驶子系统）提供准确、充分的行车命令和信息，防止列车超速、与前方列车相撞、冒进禁止信号，确保列车安全运行到目的地。它是高速铁路的"大脑"和"神经中枢"。

传统铁路的列车运行控制系统由以地面信号显示为主的自动闭塞、机车信号和自动停车构成。当列车速度超过 160 km/h 时，司机难以用肉眼及时识别地面信号和对列车运行实施有效控制。当高速列车以 200 km/h 及以上速度运行时，为确保列车运行安全和提高行车密度，必须以机车信号作为行车凭证，采用带有速度监督的连续式列车自动控制系统，并与车辆制动系统相连，实现速度自动控制。

高速铁路的列车运行控制系统是伴随着高速铁路的发展而发展起来的。我国结合国情，从实际需求出发，遵循以地面设备为基础，车载设备与地面设备统一设计的原则，按系统构成和功能将中国列车运行控制系统（Chinese Train Control System，CTCS）划分为 CTCS－0 级、CTCS－1 级、CTCS－2 级、CTCS－3 级和 CTCS－4 级，见表 2-1。

表 2-1　CTCS 应用等级

应用等级	简要描述	目前应用情况
CTCS－0 级	由通用机车信号和列车运行监控装置组成	常用于列车最高运行速度为 120 km/h 及以下的区段和没有提速的既有线上
CTCS－1 级	由主体机车信号＋安全型运行监控装置组成	常用于列车最高运行速度为 160 km/h 及以下的区段和提速的既有线上
CTCS－2 级	基于轨道电路和点式信息设备传输信息的"点-连式"列车运行控制系统	常用于列车最高运行速度为 200～250 km/h的客货共线铁路（含既有线提速至 200 km/h 的线路）
CTCS－3 级	基于无线通信系统（如 GSM-R*）实现车-地连续、双向信息传输的列车运行控制系统	主要用于列车最高运行速度为 300 km/h 或更高速度的线路上
CTCS－4 级	基于无线通信且实现移动闭塞的列车运行控制系统	

注：* GSM-R（Global System for Mobile communication-Railway）是一项用于铁路通信及应用的国际无线通信标准。

随着通信技术及人工智能技术等新一代信息技术的快速发展，在中国高速铁路网络安全、高效运营需求不断提高的驱动下，高速铁路列车运行控制系统的相关技术和内涵也在不断地更新和完善。移动闭塞、智能驾驶和车车通信等多种列车运行控制系统新技术正在引领新的发展方向，列车运行控制系统的发展前景必将更加广阔。

知识扩展7

世界上有哪几类高速铁路列控系统？

目前，世界上高速铁路列控系统总体上可以分为三大类：第一类是日本的高速铁路列车运行控制系统；第二类是欧洲的高速铁路列车运行控制系统，主要是法国和德国本土的高速列车运行控制系统及ETCS(European Train Control System)；第三类是中国列车运行控制系统CTCS。其中，ETCS和CTCS已经各自形成了比较完善的技术体系。

思政链接4

轨道交通的大脑——我国铁路列车运行控制系统的发展历程

随着中国高铁网的日益完善，越来越多的人选择以安全、舒适、便捷著称的高铁出行。我们在宽敞明亮的高铁列车上时，也许会思考：一条高铁线上同时运行数列甚至几十列高铁列车，是什么在保障这些高铁安全、有序、高效地运行？在风、雨、雪等极端天气条件下，又是什么在控制高铁列车保持安全速度，平稳运行？

高铁列车运行速度非常快，不可能靠人眼瞭望、人工驾驶来保证行车安全。因而当列车运行速度大于160 km/h时，必须装备列车运行控制系统。这个被称为高铁的"大脑"和"神经中枢"的列控系统，通过信号技术控制列车，指挥列车的一举一动，成为决定高铁列车运行表现的"定海神针"。

CTCS-3级列车运行控制系统代表了目前中国高速铁路安全控制的最高水平，是保障高速列车安全运行、提高运输效率的核心安全装备，主要解决高铁列车能够跑多快、跑多密、跑多少和互联互通等技术难题。该系统的关键在于两个重要的设备，一个设备在地面，一个设备在车上。其中，地面设备叫无线闭塞中心系统，指挥列车该走的时候走，该停的时候停；车上设备叫列车超速防护系统，其主要的作用是连续不间断地对列车实行速度监督，实现超速防护。CTCS-3级列控系统现已满足高速铁路列车最高运行速度350 km/h以上、最短运行间隔3 min的运营要求。

这种高铁列车运行控制系统的核心技术此前一直被德国、法国、日本等少数国家垄断。我国经过多年努力，终于实现了技术突破，并建立了中国列车运行控制系统(CTCS)，彻底摆脱了对国外技术的依赖，实现了系统平台及关键技术100%国产化，实现了核心软件100%国产化，实现了成套列控装备100%国产化，打破了列车运行控制核心技术长期被国外公司垄断的局面。

（摘自：北京丰台官方微信，内容有删减）

2.1.6 城市轨道交通列车自动控制系统

列车自动控制(Automatic Train Control,ATC)是在传统的信联闭设备、CTC系统基础上,应用信息、通信、计算机、自动控制等先进技术,以列车速度自动控制为核心的新型信号系统。为适应列车速度的提高与列车运行间隔时间的缩短,新建的轨道交通线路大多采用ATC系统。ATC系统由列车自动防护(Automatic Train Protection,ATP)、列车自动监控(Automatic Train Supervision,ATS)和列车自动运行(Automatic Train Operation,ATO)3个子系统构成。其中,ATP子系统与ATO子系统共同完成列车运行自动化的功能,ATS子系统完成行车指挥自动化的功能。

2.1.6.1 ATP子系统

ATP子系统的工作原理是:将信息(包括来自联锁设备和操作层面上的信息、地形信息、前方目标点信息和容许速度信息等)不断地从地面传至车上,从而得到列车当前容许的安全速度,以此对列车实现速度监督及管理。ATP子系统由轨旁设备和车载设备组成,它的主要功能包括停车站控制、速度监督与超速保护、列车间隔控制、确保联锁车站进路有效、监督车门和屏蔽门的安全开闭等。因此,它是一个确保列车安全运行的子系统。

2.1.6.2 ATS子系统

ATS子系统主要实现对列车运行的监督,辅助行车调度人员对全线列车运行进行管理。它可以显示全线列车的运行状态,监督和记录运行图的执行情况,为行车调度人员的调度指挥和运行调整提供依据,例如,当列车偏离运行图时及时做出反应等。通过ATO接口,ATS子系统还可以向旅客提供运行信息通报,包括列车到达时间、列车出发时间、列车运行方向、中途停靠点等信息。

2.1.6.3 ATO子系统

ATO子系统主要用于实现列车的自动运行,即实现“地对车的控制”,用地面信息实现对列车驱动、制动的控制。ATO子系统可以使列车经常处于最佳的运行状态,避免不必要的、过于剧烈的加减速,因此可以显著提高旅客舒适度,提高列车准点率,减少轮轨磨耗。另外,ATO子系统通过与列车再生制动相配合,还可以有效节省牵引能耗。ATO子系统的优点是可缩短列车运行间隔以及提高线路的利用率和行车的安全可靠性。

2.1.6.4 全自动驾驶系统

全自动驾驶系统是实现更高自动化等级的CBTC系统。根据ICE 62290中城市轨道交通列车运行控制系统的自动化等级(Grade of Automation,GoA)的定义,CBTC系统的自动化程度包括GoA0—GoA4五个等级,每个等级的功能要点如表2-2所列。

表 2-2 列车运行控制系统自动化等级

<table>
<tr><th colspan="2" rowspan="2">功能</th><th>目视行车</th><th>无自动行车</th><th>半自动行车</th><th>无人驾驶行车</th><th>无人值守行车</th></tr>
<tr><th>GoA0</th><th>GoA1</th><th>GoA2</th><th>GoA3</th><th>GoA4</th></tr>
<tr><td rowspan="3">保证列车安全运行</td><td>保证安全进路</td><td>×①</td><td>√</td><td>√</td><td>√</td><td>√</td></tr>
<tr><td>保证列车安全间隔</td><td>×</td><td>√</td><td>√</td><td>√</td><td>√</td></tr>
<tr><td>保证安全速度</td><td>×</td><td>×②</td><td>√</td><td>√</td><td>√</td></tr>
<tr><td>驾驶列车</td><td>控制加速和制动</td><td>×</td><td>×</td><td>√</td><td>√</td><td>√</td></tr>
<tr><td rowspan="2">监控线路</td><td>防止碰撞障碍物</td><td>×</td><td>×</td><td>×</td><td>√</td><td>√</td></tr>
<tr><td>防止碰撞轨道上的人员</td><td>×</td><td>×</td><td>×</td><td>√</td><td>√</td></tr>
<tr><td rowspan="3">监控乘客上下车</td><td>控制乘客通过的门</td><td>×</td><td>×</td><td>×</td><td>×</td><td>√</td></tr>
<tr><td>防止人员在每节车之间或列车和站台之间通过时受伤</td><td>×</td><td>×</td><td>×</td><td>×</td><td>√</td></tr>
<tr><td>保证安全启动条件</td><td>×</td><td>×</td><td>×</td><td>×</td><td>√</td></tr>
<tr><td rowspan="2">运行列车</td><td>投运或停运列车</td><td>×</td><td>×</td><td>×</td><td>×</td><td>√</td></tr>
<tr><td>监控列车状态</td><td>×</td><td>×</td><td>×</td><td>×</td><td>√</td></tr>
<tr><td>保证紧急情况的检测和管理</td><td>检测火灾/烟雾，检测脱轨，检测列车完整丢失，管理乘客请求（呼叫/逃生、监控）</td><td>×</td><td>×</td><td>×</td><td>×</td><td>√③</td></tr>
</table>

注：×表示由运营人员执行（也可通过列车运行控制系统执行），√表示由列车运行控制系统执行；
① 道岔控制由系统执行；
② 部分由系统执行；
③ 运营人员在控制中心。

知识扩展 8

什么是全自动运行系统？

在城市轨道交通系统中，GoA3 等级下，列车正常运行时使用有人值守的全自动运行（Driverless Train Operation，DTO）模式。列车运行时不需要司机的任何驾驶操作，列车可实现包括自动启动、车门自动开关、自动停站、远程休眠/唤醒、列车电喇叭远程控制、列车救援远程控制、逃生门远程控制等功能。该模式需要车载值守人员，且应在车头位置监督列车运行前方是否有障碍物，如线路地下越江段是否有大面积渗水、线路地下折返线与正线隔离墙是否坍塌、台风季节线路高架段是否有不明物体坠落、列车运行过程中是否脱轨等。值得注意的是，全自动驾驶运营模式往往配置自动化车辆段或停车场。

在 GoA4 等级下，列车正常运行时使用无人值守的全自动运行（Unattended Train Operation，UTO）模式。运营过程中，列车上没有任何工作人员，信号系统不仅要实现列车正常运行和故障运行时的全自动控制，还应至少具备轨道障碍物自动检测、站台门和车门之间人员自动检测，以及列车客室内火灾和水浸自动检测等一系列涉及乘客人身安全的防护功能，同时还需提供列车乘客与中央调度员的紧急通信功能，以应对其他可能存在的安全风险。

DTO和UTO模式下的城市轨道交通系统称为全自动运行系统（Fully Automatic Operation，FAO）。

2.2 其他运输方式的基础设施

2.2.1 公路运输系统基础设施

2.2.1.1 公路运输系统的组成

公路是指连接城市之间、城乡之间、乡村与乡村之间和工矿基地之间按照国家技术标准修建的，由公路主管部门验收认可的道路。公路运输一般指汽车运输，是在公路上运送旅客和货物的一种运输方式。

公路运输系统包括公路运输设施（公路及场站）、载运工具（车辆）、运输对象（旅客、货物）及劳动者（驾驶员）等，其可分为线路设施和场站设施两大类。

公路是一种线形构造物，是汽车运输的基础设施，由路基、路面、桥梁、涵洞、隧道、防护工程、排水设施与设备，以及山区特殊构造物等基本部分组成。此外，还需设置交通标志、安全设施、服务设施和绿化栽植等。

场站设施主要指组织运输生产所需的各类生产性和服务性建筑设施，如客运站、货运站、停车场（库）、加油站和食宿站等。

2.2.1.2 公路的分级

为了满足经济发展、规划交通量、路网建设等要求，公路需要划分等级。公路分级有不同的划分角度。功能型等级主要依据交通量划分。此处的交通量一般指年平均日交通量（Annual Average Daily Traffic，AADT），即全年日交通量观测结果的平均值。根据我国现行的《公路工程技术标准》（JTG B01—2014），公路按使用任务、功能和适应的交通量分为高速公路、一级公路、二级公路、三级公路、四级公路5个技术等级。

同时，公路还可根据行政等级划分为国家干线公路（国道）、省级干线公路（省道）、县级干线公路（县道）、乡级公路（乡道）、村级公路（村道）和专用公路。国道是在国家干线网中具有全国性的政治、经济和国防意义，由国家统一规划，并经确定为国家级干线的公路。我国的国道以G开头，分为国家高速公路和普通国道。如G2为北京—上海国家高速公路，G318为上海—西藏自治区聂拉木县的普通国道。省道是指具有全省性的政治、经济意义并确定为省级干线的公路，由省负责建设、养护、改造，通常以S开头。我国道路编号及表示形式如图2-17所示。

(a) 高速公路　(b) 普通国道　(c) 省道　(d) 县道

图 2-17　我国道路编号及表示形式

知识扩展 9

我国高速公路网组成

我国国家高速公路网由 7 条首都放射线、11 条北南纵线、18 条东西横线，以及 6 条地区环线、12 条都市圈环线、30 条城市绕城环线、31 条并行线、163 条联络线组成。

(1) 首都放射线。北京—哈尔滨(G1)、北京—上海(G2)、北京—台北(G3)、北京—香港/澳门(G4)、北京—昆明(G5)、北京—拉萨(G6)、北京—乌鲁木齐(G7)。

(2) 北南纵线。鹤岗—大连(G11)、沈阳—海口(G15)、长春—深圳(G25)、济南—广州(G35)、大庆—广州(G45)、二连浩特—广州(G55)、呼和浩特—北海(G59)、包头—茂名(G65)、银川—百色(G69)、兰州—海口(G75)、银川—昆明(G85)。

(3) 东西横线。绥芬河—满洲里(G10)、珲春—乌兰浩特(G12)、丹东—锡林浩特(G16)、荣成—乌海(G18)、青岛—银川(G20)、青岛—兰州(G22)、连云港—霍尔果斯(G30)、南京—洛阳(G36)、上海—西安(G40)、上海—成都(G42)、上海—重庆(G50)、杭州—瑞丽(G56)、上海—昆明(G60)、福州—银川(G70)、泉州—南宁(G72)、厦门—成都(G76)、汕头—昆明(G78)、广州—昆明(G80)。

(4) 地区环线。辽中地区环线(G91)、杭州湾地区环线(G92)、成渝地区环线(G93)、珠江三角洲地区环线(G94)、首都地区环线(G95)、海南地区环线(G98)。

(5) 都市圈环线。哈尔滨(G9901)、长春(G9902)、杭州(G9903)、南京(G9904)、郑州(G9905)、武汉(G9906)、长株潭(长沙—株洲—湘潭，G9907)、西安(G9908)、重庆(G9909)、成都(G9910)、济南(G9911)、合肥(G9912)。

(摘自：《国家公路网规划》[①]。)

2.2.1.3　公路运输的线路设施

公路是一种建筑在大地上的带状空间结构物。它主要承受各种汽车车轮荷载的重复作用，并受到各种自然因素的长期影响。因此，公路不仅要有平顺的线形、缓的纵坡，而且还要有坚固稳定的路基、平整和抗滑性好的路面、牢固可靠的桥涵及必要的防护工程和附属设施，以满足公路交通的要求。公路工程由路线工程和结构工程两大部分组成。

① https://www.ndrc.gov.cn/xxgk/zcfb/ghwb/202207/t20220712_1330358.html? code=&state=123.

1. 路线工程

公路路线即公路的中心线。公路为平面上有曲线、纵面上有起伏的立体空间线形结构物。路线平面的形状称为平面线形。平面线形由直线、圆曲线和缓和曲线组成。其中,缓和曲线是指设置在直线和圆曲线之间或半径相差较大、转向相同的两圆曲线之间的一种曲率连续变化的曲线。平曲线是指在平面线形中路线转向处曲线的总称,包括圆曲线和缓和曲线;竖曲线则是指在道路纵坡的变坡处设置的竖向曲线。在进行路线设计时,为满足汽车运动学和力学要求,研究如何满足视觉和心理方面的连续、舒适,与周围环境相协调,并有良好的排水条件的工作,称为平、纵线形组合设计。

公路路线的平面、纵断面和横断面是公路的几何组成部分,如图 2-18 所示。

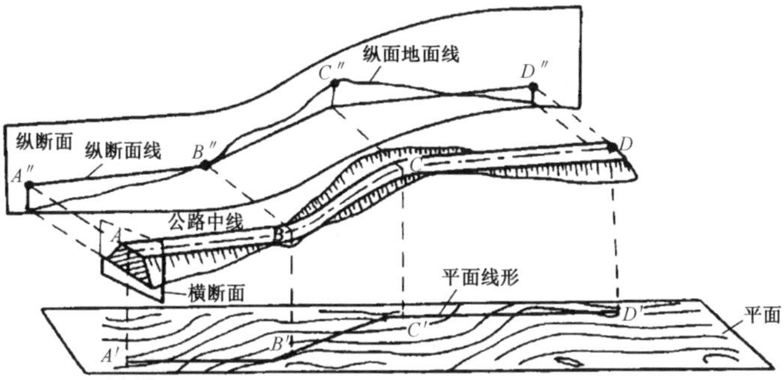

图 2-18　公路路线的平面、纵断面和横断面示意

2. 结构工程

公路的结构工程主要包括路基、路面、桥涵、隧道等设施。

1）路基

路基是道路的重要组成部分,是线形构造物的主体。路基是路面的基础,它与路面共同承受车辆荷载的作用。路基通常由天然土石材料修筑而成,必须具有足够的强度、整体稳定性和水稳定性。路基构造的基本形式如图 2-19 所示。

2）路面

路面是公路与汽车车轮直接接触的结构层,主要承受车轮荷载和磨损,其结构如图 2-20所示。因此,要求路面具有足够的强度、稳定性、平整度和粗糙度,以利于车辆在其表面安全而舒适地行驶。路面工程的质量直接影响公路的使用性能和服务质量。路面可以分为沥青路面和水泥混凝土路面两种。

沥青路面是指由沥青作为结合料,黏结矿料修筑面层,并和基层(底基层)、路基(垫层)共同组成的路面结构,也称柔性路面。水泥混凝土路面是指由水泥混凝土面板和基层或底基层所组成的路面,也称刚性路面,包括普通混凝土路面、钢筋混凝土路面、钢纤维混凝土路面、预应力混凝土路面、连续配筋混凝土路面和装配式混凝土路面等。

3）桥涵

公路路线常常需要跨越大小不同的障碍物(如河流、山谷、铁路、公路),故需要修筑桥

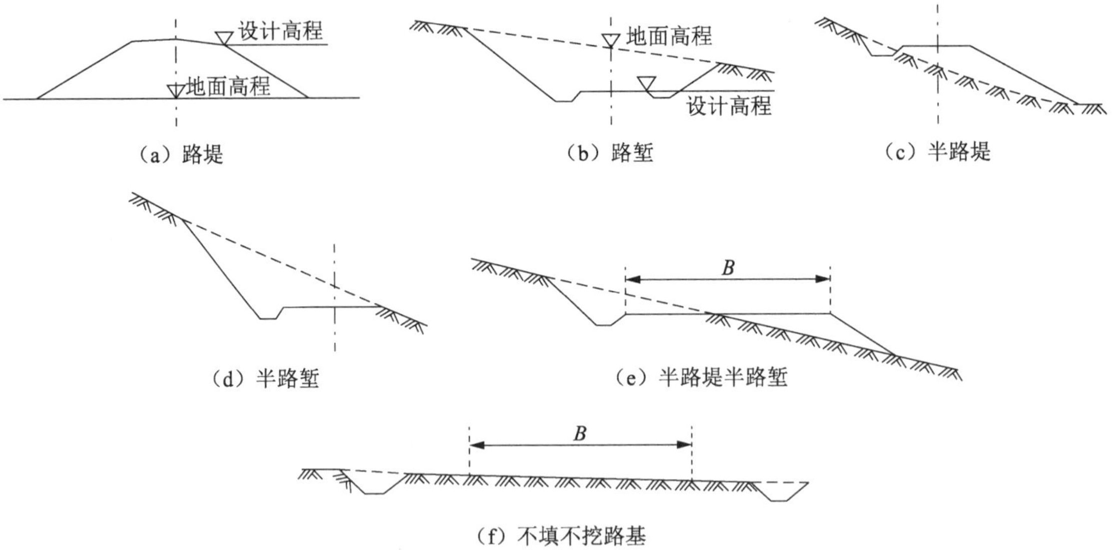

图 2-19　路基构造的基本形式

梁和涵洞。桥梁是指架设在江河湖海上，使车辆、行人等能顺利通行的构筑物。桥梁亦可引申为为了跨越山涧、不良地质或满足其他交通需要而架设的使通行更加便捷的建筑物。涵洞是指为保证地面水流能够横穿公路而设置的小型构筑物，一般由基础、洞身、洞口组成。

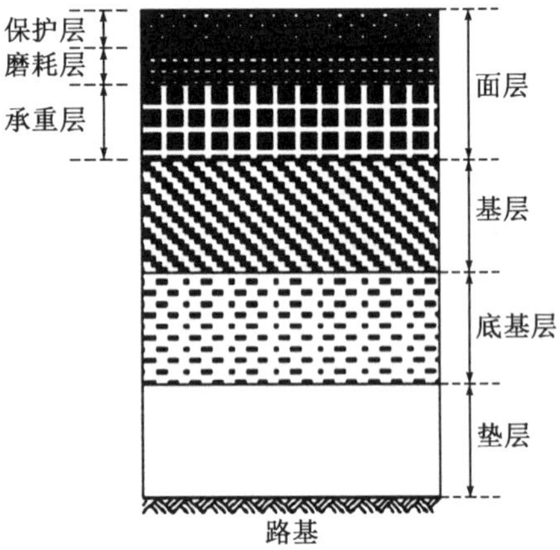

图 2-20　路面的基本结构

4）隧道

隧道是指在岩土体中开挖形成的用作地下通道的地下工程结构物。按地质的不同，隧道可以分为岩体隧道和土体隧道。

2.2.1.4　公路运输的场站设施

公路货运站是指公路货运网络中组织货物集散、中转运输及相关服务并具有一定规模的场所。公路货运站可以分为综合型公路货运站、运输型公路货运站、仓储型公路货运站和信息型公路货运站。

公路汽车客运站是公益性交通基础设施，是道路旅客运输网络中的节点，是道路运输经营者与旅客进行运输交易活动的场所，是为旅客和运输经营者提供站务服务的场所，也是培育和发展道路运输市场的载体。根据车站设施和设备配置情况、地理位置以及设计年平均日旅客发送量（以下简称设计年日发量）等因素，将公路汽车客运站分为一至五级车站以及简易车站和招呼站，划分标准见表 2-3。

表 2-3　公路汽车客运站的车站级别划分标准

车站级别	划分标准
一级车站	设施和设备符合一级车站必备各项，且具备下列条件之一：①设计年日发量在 10 000 人次以上的车站；②省、自治区、直辖市及其所辖市、自治州（盟）人民政府和地区行政公署所在地，如年日发量无 10 000 人次以上的车站，可选取设计年日发量在 5 000 人次以上具有代表性的一个车站；③位于国家级旅游区或一类边境口岸，设计年日发量在 3 000 人次以上的车站
二级车站	设施和设备符合二级车站必备各项，且具备下列条件之一：①设计年日发量在 5 000 人次以上，不足 10 000 人次的车站；②县以上或相当于县人民政府所在地，如年日发量无 5 000 人次以上的车站，可选取设计年日发量在 3 000 人次以上具有代表性的一个车站；③位于省级旅游区或二类边境口岸，设计年日发量在 2 000 人次以上的车站
三级车站	设施和设备符合三级车站必备各项，设计年日发量在 2 000 人次以上，不足 5 000 人次的车站
四级车站	设施和设备符合四级车站必备各项，设计年日发量在 300 人次以上，不足 2 000 人次的车站
五级车站	设施和设备符合五级车站必备各项，设计年日发量在 300 人次以下的车站
简易车站	达不到五级车站要求或以停车场为依托，具有集散旅客、停发客运班车功能的车站
招呼站	达不到五级车站要求，具有明显的等候标志和候车设施的车站

2.2.2　城市道路交通系统基础设施

2.2.2.1　城市道路交通系统的组成

城市道路交通系统主要由路网系统、交通监测和控制系统构成。路网系统是城市道路交通流运行的载体，而交通监测和控制系统是获取交通运行状态并指引交通流有序通行的保障。路网系统、交通监测和控制系统好比管道和管道之间的控制阀门，通过阀门的控制，城市道路上的交通流才能有序地通过路网，并最终到达目的地。城市路网系统主要由道路和交叉口组成。其中，道路主要保证城市各区域的连通性及路网的可达性，交叉口则是道路交会的冲突点，负责组织与连通相交会的不同道路。城市交通监测和控制系统主要监控城市道路的运行状态，并对道路交通实施信号/通行等控制。

2.2.2.2　城市道路交通系统的分级

我国城市道路根据《城市综合交通体系规划标准》(GB/T 51328—2018)的规定，按照功能可划分为干线道路、集散道路和支线道路，具体功能等级划分与规划要求如表 2-4 所列。

表 2-4　城市道路功能等级划分与规划要求

大类	中类	小类	功能说明	设计速度/($km \cdot h^{-1}$)	高峰小时服务交通量推荐(双向)/pcu
干线道路	快速路	Ⅰ级快速路	为城市长距离机动车出行提供快速、高效的交通服务	80～100	3 000～12 000

（续表）

大类	中类	小类	功能说明	设计速度/（km·h^{-1}）	高峰小时服务交通量推荐（双向）/pcu
干线道路	快速路	Ⅱ级快速路	为城市长距离机动车出行提供快速交通服务	60～80	2 400～9 600
	主干路	Ⅰ级主干路	为城市主要分区（组团）间的中、长距离联系提供交通服务	60	2 400～5 600
		Ⅱ级主干路	为城市分区（组团）间中、长距离联系以及分区（组团）内部主要交通联系提供服务	50～60	1 200～3 600
		Ⅲ级主干路	为城市分区（组团）间联系以及分区（组团）内部中等距离交通联系提供辅助服务，为沿线用地服务较多	40～50	1 000～3 000
集散道路	次干路	次干路	为干线道路与支线道路的转换以及城市内中、短距离的地方性活动组织提供服务	30～50	300～2 000
支线道路	支路	Ⅰ级支路	为短距离地方性活动组织提供服务	20～30	—
		Ⅱ级支路	为短距离地方性活动组织提供服务的街坊内道路步行、非机动车专用路等	—	—

2.2.2.3 交叉口及信号控制设施

交叉口是两条或两条以上道路的交会处，也是车辆、行人交通汇集、转向和疏散的必经之处。按相交道路的条数可分为三岔、四岔和多岔，按交叉的方式可分为平面交叉和立体交叉。为保证交通安全和通畅，交叉口常设有信号灯等交通控制设施和其他交通管理设施。正确地设计道路交叉口，合理地组织和管理交叉口交通，是提高通行能力和保障交通安全所必不可少的。道路交叉口的组成如图 2-21 所示。

交叉口信号控制设施是城市道路交通的主要控制设施。交叉口的信号控制方式将直接影响交叉口的通行能力。交叉口信号控制主要分为单点交叉口信号控制、干线交叉口信号协调控制和区域交叉口信号协调控制。

单点交叉口信号控制是指利用交通信号灯对交叉口运行的车辆和行人进行通行权分配。单点交叉口信号控制以交通信号控制模型为基础，通过合理地控制路口信号灯的灯色变化，达到减少交通拥堵、保证城市道路畅通和避免发生交通事故等目的。单点交叉口信号控制是城市道路交通信号控制的基本形式，也是城市道路交通控制最主要、最基本的方法。单点交叉口信号控制根据控制方式的不同可分为定时式控制、感应式控制和自适应控制。

干线交叉口信号协调控制是为了保持城市主干道的畅通，对主干道上的信号控制交叉口所采取的协调控制。单向行驶道路的协调控制方式主要包括：简单协调（前向协调）、可变协调、逆向协调和同步协调。

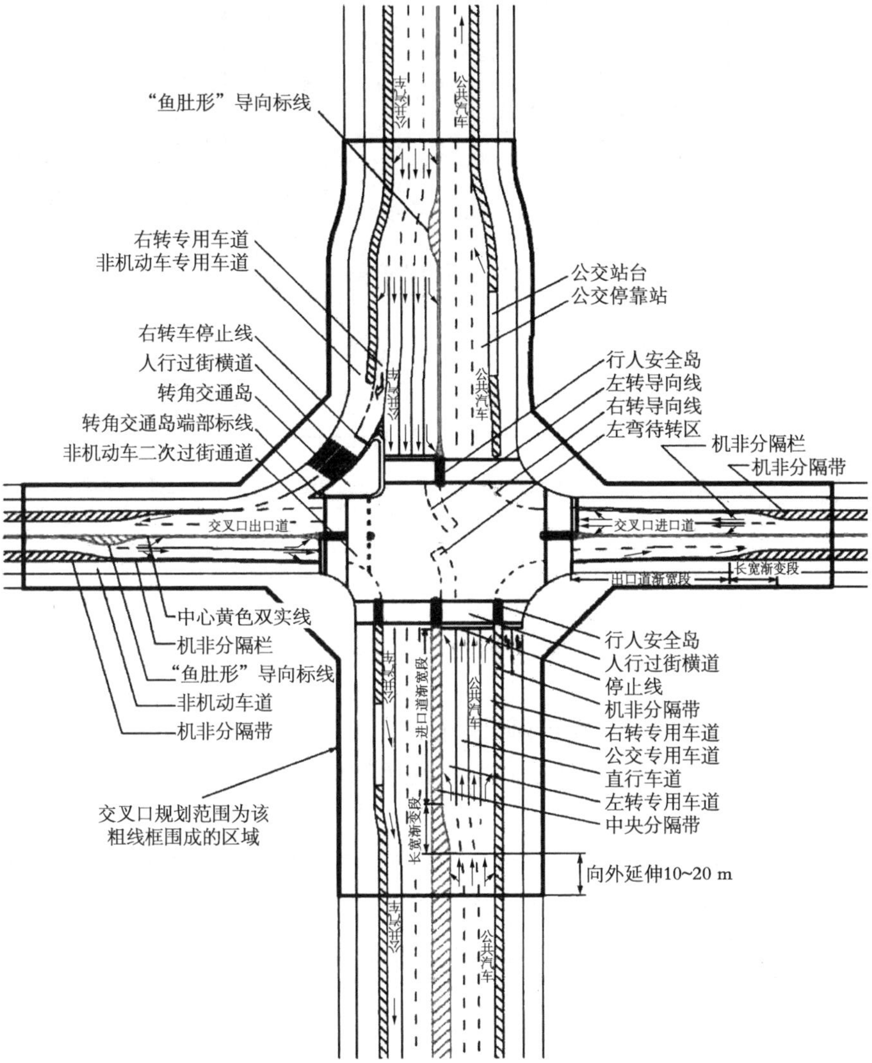

图 2-21　道路交叉口组成

区域交叉口信号协调控制(简称面控制)系统的控制对象是城市或某个区域中所有交叉口的交通信号。将区域内多个交叉口及它们之间的道路作为一个整体的交通信号系统,根据交通流的运行规律,对该系统内各个交叉口的信号配时进行协调控制,以取得系统评价指标最优的调节结果。

在信号控制交叉口,一股或多股交通流同时获得稳定通行权所对应的逻辑信号灯组的显示状态,称为一个信号相位。所有这些信号相位及其顺序统称为相位(相位方案),一般有两相位和多相位(三相位以上)。信号控制机按设定的相位方案轮流开放不同的信号显示,轮流对各向车辆和行人给予通行权。相位信号方案常用相位图来表示,图 2-22、图 2-23 所示的分别是两相位信号方案和三相位信号方案。

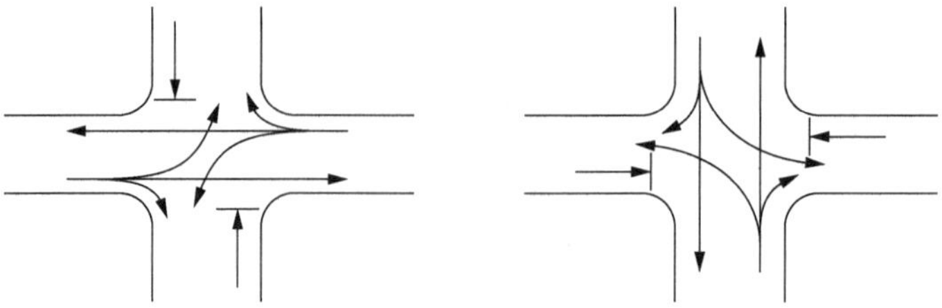

（a）第一相位　　（b）第二相位

图 2-22　两相位信号方案

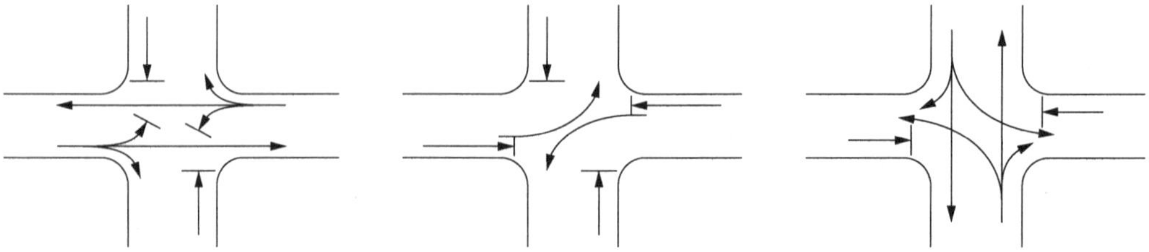

（a）第一相位　　（b）第二相位　　（c）第三相位

图 2-23　三相位信号方案

2.2.2.4　城市常规公共交通车站与场站设施

城市常规公共交通车站与场站设施主要包括起点站、终点站、枢纽站、中途站和维修设施。

城市常规公共交通起点站、终点站的主要功能是为线路上的公交车辆在开始和结束营运、等候调度提供必要的停放场地。枢纽站是公共交通线路之间、公共交通与其他运输方式之间进行客流转换的场所。枢纽可以分为对外交通枢纽和市内交通枢纽两种。对外交通枢纽是市内公共交通与市际交通的联系点，一般设在铁路客运站、长途汽车站、轮渡港口、航空港口和城市出入口道路处。这类交通枢纽在城市中的位置相对比较确定。市内交通枢纽一般是城市区域内的客流集散点，是公共交通之间或公共交通与其他运输方式之间进行客流转换的场所，如常规公交与快速轨道交通、非机动车交通的换乘枢纽和多条公交线路汇聚的交点等。

2.2.2.5　城市停车设施

城市停车设施是车辆出行的起点和终点，与道路设施一样，是一个典型的时空资源。城市停车设施由停车泊位及附属设施组成，按照使用权特点，停车泊位可分为自备车位和公共车位两种类型。根据停车设施的基本属性，停车设施可分为路外公共停车设施、路内公共停车设施和配建停车设施三类。

2.2.3　水路运输基础设施

2.2.3.1　水路运输系统的组成

水路运输是指以海洋、江河、湖泊或人工水道作为航行通路，以港口作为集散、转运枢纽(节点),以各种类型船舶(或其他水运工具)作为载运工具来完成旅客及货物运输的一种运输方式。水路运输系统的基础设施包括航道和港口。

2.2.3.2 航道

广义的航道是指沿海、江河、湖泊、水库、渠道和运河内可供船舶、排筏在不同水位期通航的水域。狭义的航道是指在三维空间上既有要求又有限制的通道。《中华人民共和国航道法》中所称航道,是指中华人民共和国领域内的江河、湖泊等内陆水域中可以供船舶通航的通道,以及内海、领海中经建设、养护可以供船舶通航的通道。航道包括通航建筑物、航道整治建筑物和航标等航道设施。

1. 航道分类

航道可以按照多种方法分类。按形成因素可分为天然航道、人工航道、渠化航道;按通航时间可分为常年通航航道、季节通航航道;按限制条件可分为单行航道、双行航道、限制性航道;按通航船舶类型可分为内河船航道、海轮进江航道;按航道所处水域可分为沿海航道、内河航道;按照管理属性可分为国家航道、地方航道、专用航道。

沿海航道是指位于海岸线附近、具有一定边界、可供海船航行的航道。沿海航道属于自然水道,其通过能力几乎不受限制。每一海区的地理、水文情况反映在该区海图上。随着船舶吨位的增加,一些海峡或狭窄水道会对通航船舶产生一些限制条件。

内河航道是河流、湖泊、水库内的航道以及运河和通航渠道的总称。内河航道大部分利用天然水道加上引航航标等设施构成。内河航道与沿海航道相比,二者的通行条件有很大差别,体现在通航水深、通航时间(部分内河航道不能夜行)和通航方式(如单向过船)等方面。大多数内河自然水道还需考虑航运、发电、灌溉、防洪和渔业的综合利用与开发。

内河航道、沿海航道按照航道可通航船舶的吨级又可划分为不同的等级,具体划分方法参见《内河通航标准》(GB 50139—2014)等相关标准。

2. 航道尺度

根据我国《内河通航标准》(GB 50139—2014)的规定,各级航道的尺度是航道工程需要达到的标准,系在设计最低通航水位时航道的水深、宽度和弯曲半径的总称。相关尺度包括航道水深、航道宽度、航道弯曲半径、流速流态和水上跨河建筑物的净空等。

航道水深是航道尺度中最为直接的一个尺度。航道水深决定着船舶的航速和载重量。航道标准水深是指设计最低通航水位下航道范围内的浅滩最小水深。航道标准水深一般包括船舶的标准吃水和富余水深。

航道宽度是指设计最低通航水位时具有航道标准水深的宽度。航道宽度取值一般以保证两个对开船队安全错船为原则,在船舶(队)航行密度很小、航道狭窄段不长、拓宽工程较大时可采用单线航道。

航道弯曲半径是指弯曲航道中心线的曲率半径,弯曲半径越大,航行越便利。但是受自然河道地形及两岸地物限制,船舶往往不得不在半径较小的弯曲河道中行驶。因此,规定一个弯曲半径的最小限值作为航行保障的条件之一。

3. 航道设施

航道设施主要包括助航设施与船舶通航控制设施、通航建筑物、航道整治建筑物和航道水文设施等。

1）助航设施与船舶通航控制设施

助航设施即航标。国际航标协会（The International Association of Marine Aids to Navigation and Lighthouse Authorities，IALA）在《国际航标协会助航指南》中对航标有如下定义：海上航标是为促进船舶和/或船舶交通的安全与有效航行而设计的、在船舶之外运行的一种装置或系统。《中华人民共和国航标条例》中定义的航标是指供船舶定位、导航或者用于其他专用目的的助航设施。按设置地点分类，航标可分为海区航标与内河航标。按工作原理分类，可分为视觉航标、音响航标和无线电航标。

航标的主要功能包括定位、警告、交通指示和标识特殊区域。永久性航标的位置、特征、灯质、信号等均已被载入各国出版的航标表和海图。

虚拟航标是指物理上不存在、由授权的助航服务提供部门发布、能在导航系统中显示的数字信息物标。虚拟航标是继视觉航标、无线电航标之后被国际航标学会认可的、旨在提升和增强航标管理机关的航标助航服务能力的现代化技术手段。

虚拟航标通过两种方式实现。一种是采用船舶自动识别系统（Automatic Identification System，AIS）基站向外广播，船舶使用 AIS 设备进行接收，然后通过电子海图或航道图系统进行显示。另一种是通过更新电子航道图的方式实现：航标业务系统负责管理虚拟航标基础数据，并生成更新记录。电子海图生成系统同步获取虚拟航标更新数据，进行编辑和更新，最终输出电子航道图。

在有些山区的天然河流，航道弯曲狭窄，水流湍急、紊乱，通航条件差。特别是在枯水期，航道水深和宽度较小，须在局部河段对船舶通行进行单线控制，即控制河段。

通行信号台是控制河段揭示信号的船舶指挥场所。为确保控制河段航道的畅通安全，船舶在通过时必须按有关规定接受通行信号台的指挥，根据揭示信号单向、有序地通行。

2）通航建筑物

为帮助船舶（队）克服航道上下游集中水位落差，顺利通过河道上的闸、坝，必须修建通航建筑物。通航建筑物常见于内河航道，海上应用较少，主要有船闸和升船机两类。

（1）船闸

船闸是用水力直接提升船舶过坝以克服航道上集中水位差的一种通航建筑物。船闸主要由闸首、闸室、输水系统、引航道、口门区、连接段、锚泊地等组成。

船闸的工作原理如图 2-24 所示。如果船舶（队）从下游驶向上游，闸室内水位与下游水位齐平，下游闸门开启，上游闸门及上游输水阀门关闭。首先将船

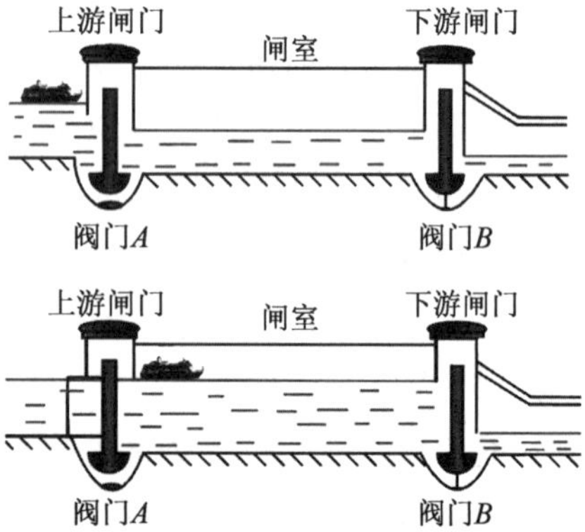

图 2-24　船闸工作原理示意

舶(队)从下游引航道内驶向闸室,关闭下游闸门及下游输水阀门,然后打开上游输水阀门给闸室灌水,等闸室内水位与上游水位齐平后,打开上游闸门,船舶(队)驶出闸室,从而进入上游引航道。如果船舶(队)从上游驶向下游,其过闸程序与此相反。

知识扩展10

三峡大坝船闸

三峡大坝船闸为双线五级船闸(图 2-25),全长 6.4 km,其中船闸主体部分 1.6 km,引航道 4.8 km。三峡大坝坝前正常蓄水位为海拔 175 m 高程,而坝下通航最低水位为 62 m 高程,船闸上下落差达 113 m(约为 40 层楼房的高度)。截至 2023 年 6 月 18 日,三峡船闸自向社会船舶开放通航以来,20 年累计运行 19.3 万余闸次,通过船舶 99.3 万余艘次、旅客 1 223.9 万余人次,过闸货运量达 19.1 亿 t,助力长江黄金水道进一步发挥“黄金效益”。

图 2-25　三峡大坝船闸

(图片来源:https://www.gov.cn/yaowen/tupian/202402/content_6932926.htm#1.)

(2) 升船机

升船机是利用机械力将船舶提升过坝的通航建筑物,由承船厢、支承结构或斜坡道、闸首、机械传动机构、事故装置、电气控制系统等主要部分组成。船舶通过升船机的程序与其通过船闸的程序基本相同。

3) 航道整治建筑物

为改善航行条件,提高航行尺度所采取的炸礁、疏浚和构筑整治建筑物等工程措施称为航道整治。航道整治建筑物是指用于整治航道的起束水、导流、导沙、固滩和护岸等作用的建筑物。

航道整治建筑物大多修建在河底或与岸坡相接的坡面上,具有水工建筑物受力复杂、施工影响因素多、工程量大的特点。航道整治建筑物种类繁多、形式多样,结构和建筑材料均有所不同,总体上可分为重型航道整治建筑物和轻型航道整治建筑物两大类。

重型航道整治建筑物主要由土、石料、混凝土、钢板桩、土工织物等构筑。重型航道整治建筑物用得较多的是抛石结构。抛石结构靠自重稳定,适应性强且具有施工简单、维修方便、容易就地取材的特点,是国内外普遍采用的一种形式。

轻型航道整治建筑物采用竹、木、梢料、橡胶等材料构筑。轻型航道整治建筑物结构简单、施工期短、工程费用少,但强度小且使用期限不长。在沙质易冲的河床上筑坝常需要沉排护底,而轻型航道整治建筑物作为沉排护底居多。

常用的航道整治建筑物还有丁坝、锁坝、顺坝、潜坝、洲头分流坝、洲尾导流坝、护岸、格坝、底墙、转流建筑物等。

4）航道水文设施

水文测站是在河流上或流域内设立、按一定技术标准经常收集和提供水位要素的各种水文观测现场的总称。在航道或流域上一般分布多个水文测站，共同构成水文站网。水文站网是指在流域或者区域内，由适当数量的各类水文测站构成的水文检测资料收集系统。水文站网主要通过水文测验对水文要素进行测定。水文要素的主要构成是某一点或区域在某一时间的水文情势的主要因素，它描述了水文情势的主要物理量，包括各种水文变量和水文现象。其中，降水、蒸发和径流是水文循环的基本要素。同时，把水位、流量、流速、水温、含沙量、冰凌和水质等列为水文要素。

2.2.3.3 港口

港口是由一定范围的水域、陆域所构成，并有与之相关的经济腹地相配套。港口设施是指港口内为港口生产和经营而建造与设置的人工构造物及相关设备，主要提供船舶进出港、船舶靠泊、货物装卸以及相关服务。以港口岸线为界，港口分为港口水域和港口陆域。

1. 港口水域设施

港口水域是供船舶航行、运转、锚泊和停泊装卸之用的，要求有适当的深度和面积，水流平缓、水面平静。港口水域设施包括锚地、进出港航道、回旋水域、港池和防波堤等。

1）锚地

锚地是指提供船舶抛锚候潮、等候泊位、避风、办理进出口手续、接受船舶检查或过驳装卸等停泊的水域。有防波堤掩护的海港，口门以外的锚地称为港外锚地，供船舶抛锚停泊等待检疫、引航和乘潮进港；口门以内的锚地称为港内锚地，供船舶避风停泊、等待靠岸及离港、进行水上由船转船的货物装卸。

2）进出港航道

进出港航道是指来自海、河主航道通向港口码头的通道。要求进出港航道的尺度适应进出港船舶的尺度，以保证航行安全，航道中线应与水流方向尽量一致或接近，以便船舶进出港口和减少泥沙淤积。

3）回旋水域

回旋水域为船舶在靠离码头、进出港口需要转头或改向时而设置的水域，又称转头水域。其大小与船舶尺度、转头方向、水流和风速风向等因素有关。一般设在口门和码头泊位之间，以方便船舶作业。在内河港口，为方便控制，船舶逆流靠离岸。当船舶从上游驶向顺岸码头时，先掉头、再靠岸；当船舶离开码头驶向下游时，需要逆流离岸，然后再掉头行驶。

4）港池

供船舶靠泊、系缆和进行装卸作业使用的直接与码头相连的水域称为港池。对突堤式码头而言，码头从岸边伸入水域中，突堤与突堤之间的水域即为港池；对顺岸式码头而言，港池系指在码头前供船舶进行靠离岸作业所使用的水域，一般不得占用主航道。港池内水域要求不受风浪和水流的影响，以便为船舶安全作业提供稳静的水域条件。

5）防波堤

防波堤是位于港口水域的外围，用以抵御风浪、保证港内有平稳水面的水工建筑物。突出水面伸向水域与岸相连的称为突堤，立于水中与岸不相连的称为岛堤，堤头外或两堤头间的水面称为港口口门。口门数与口门宽度应当满足船舶在港内停泊、进行装卸作业之时水面稳静以及进出港航行安全、方便等各方面的要求。有时，防波堤也兼用于防止泥沙和浮冰侵入港内。防波堤的内侧常兼作码头。防波堤按照堤线布置形式可分为单突堤式、双突堤式、岛堤式和混合式。为使水流归顺，防止泥沙侵入港内，堤轴线常布置成为环抱状。防波堤按照其断面形状及对于波浪的影响，可分为斜坡式、直立式、混合式、透空式、浮式和配有喷气消波设备与喷水消波设备的防波堤等多种类型。

2. 港口陆域设施

港口陆域是指有适当高程、岸线长度与纵深的用于人员上下船以及货物装卸、堆存、转载与编配加工等的陆地区域。该区域内一般拥有码头、仓库、货场、道路（公路、铁路等）以及供货物装卸、堆存、转载与编配加工等的各种设备及其他各种必要的附属设施，如图 2-26 所示。

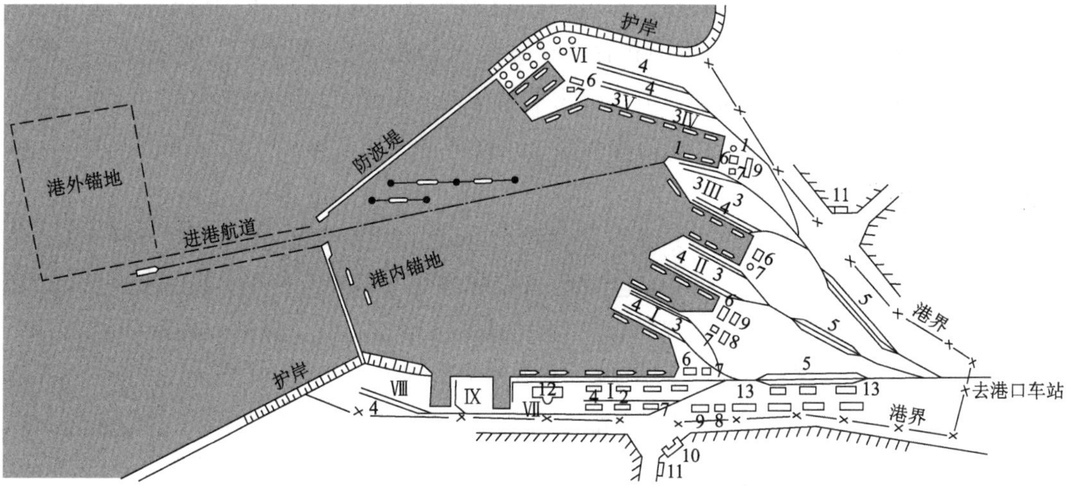

Ⅰ—件杂货码头；Ⅱ—木材码头；Ⅲ—矿石码头；Ⅳ—煤炭码头；Ⅴ—矿物建筑材料码头；
Ⅵ—石油码头；Ⅶ—客运码头；Ⅷ—工作船码头及航修站；Ⅸ—工程维修基地；
1—导航标志；2—港口仓库；3—露天货场；4—铁路装卸线；5—铁路分区调车场；
6—作业区办公室；7—作业区工人休息室；8—工具库房；9—车库；10—港口管理局；
11—警卫室；12—客运站；13—储存仓库

图 2-26 港口陆域设施布置

1）码头与泊位

码头是指停靠船舶、旅客上下船、货物装卸作业的场地。港口水域和陆域的交接线称为码头前沿线或码头岸线，是港口生产岸线和生产活动的中心。一艘船停靠在码头上，它所占用的码头空间称为泊位。

码头根据货物种类的不同要求，布置各种类型的装卸机械，并安排一定面积的待运货物临时堆场和前沿运输通道，以完成船舶的货物装卸操作。合理布置作业地带，安排足够的地带宽度，有助于加快货物的装卸，缩短船舶的停靠时间。

码头规模主要由泊位停船吨级和泊位数量两个指标体现。停船吨级主要取决于货种、航线运距和吞吐量。运距越长，船舶吨位越大，码头规模就越大。泊位数量越多，码头规模就越大。

港口码头按用途可分为客运码头、货运码头、军用码头、轮渡码头、工作船码头和修造船码头等。其中，货运码头又可分为件杂货码头、散货码头、油码头、滚装码头、集装箱码头和多用途码头等。按装卸货物种类可分为专业化码头和综合性码头。

2）仓库和堆场

港口必须具有足够容量的仓库与堆场，以保证港口的吞吐能力。因此，港口的仓库和堆场就是指为保证货物换装作业的正常进行，防止进出口货物灭失、损坏而提供的对货物进行临时或短期存放保管的建筑物。其主要作用是便于货物贮存、集运，有利于车、船的紧密衔接，保证货运质量，提高港口通过能力。

仓库按所在位置分为前方仓库和后方仓库。前方仓库位于码头的前沿地带，用于临时存储准备装船和从船上卸下的货物；后方仓库用于较长期存储货物，位于离码头较远处。

堆场分成码头前沿区、前方堆场和后方堆场三个区域。码头前沿区一般情况下仅作为流动起重运输机械、门机、铁路的通道和货物堆载场地。对于有门机码头的前方堆场，按门机吊臂可伸到的范围确定宽度。后方堆场指上述区域以外的堆场。

3）港口铁路与道路

港口铁路由港外线和港内线组成。港外线包括专用线和港湾站，港内线包括车场、联络线、装卸线等。完整的港口铁路应包括港口车站、分区车场、码头和库场的装卸线，以及连接各部分的港口铁路区间正线、联络线和连接线等。港口车站负责港口列车到发、交接、编解集结；分区车场负责管辖范围内码头、库场的车组到发、编组及取送；装卸线承担货物的装卸作业；港口铁路区间正线用于连接铁路网接轨站与港口车站；联络线连接分区车场与港口车站；连接线连接分区车场与装卸线。

港口道路可分为港内道路和港外道路。港内道路由于要通行载货汽车和流动机械，所以对道路的轮压、车宽、纵坡与转弯半径等方面都有特殊要求。港外道路是港区与城市道路、公路连接的通道，通行一般的运输车辆，其功能及技术条件与普通道路相同。

4）装卸和运输机械

港口装卸设备主要指港口用来完成船舶与车辆的装卸、库场货物的堆码、拆垛与转运以及舱内、车内、库内装卸作业的起重运输机械。港口装卸设备种类很多，通常可分为两类：一类是固定式装卸设备，如固定在泊位上为船舶装卸服务及固定在仓库或堆场为进出库服务的装卸机械；另一类是移动式装卸设备，如在港口水域或陆域一定范围内进行流动作业的装卸机械。

5）港口生产辅助设备

为保证港口完成水陆联运任务，在港口陆域上还设有各种生产辅助设备，主要包括给排水设施、供电、照明、通信及导航系统、办公楼、流动机械库、机械修理候工室等生产辅助建筑以及燃料供应站、工作船基地等。

3. 港口腹地

港口相应的港口腹地，又被称为港口的吸引范围，即港口集散旅客和货物的地区范围。对港口而言，其港口腹地是该港口所服务和被服务的地区，即港口货物（或旅客）直接运来、运出或中转的地区以及直接为该港口提供后勤、经济支撑等服务的地区。由于港口腹地的类型与范围受自然、社会、经济等因素的影响，因此应根据港口的地理位置及其周边交通运输和经济状况而定。港口腹地与港口之间存在着相互依存、相互作用的关系。

2.2.4　航空运输基础设施

2.2.4.1　航空运输系统的组成

航空运输是指用飞机或其他航空器作为载体的一种运输方式。组成航空运输系统的要素包括航空站、航空器、航路、空中交通管理系统和辅助系统，如图 2-27 所示。

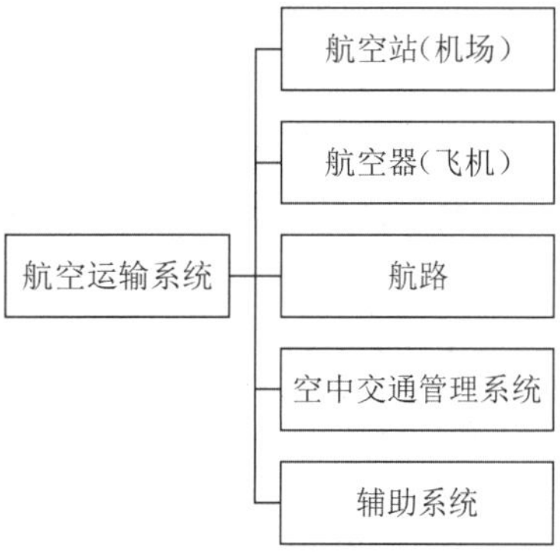

图 2-27　航空运输系统的组成

航空站，俗称机场，又称航空港，是飞机起降以及空中运输与地面运输衔接的场所。机场由飞行区、航站区和进出机场的地面交通等组成。飞行区是为了满足飞机起降需求而设计的场所；航站区是完成空中运输与地面运输相互转换的区域。

狭义上的航空器是指飞机。广义上的航空器泛指所有能够借助空气的反作用在大气中获得支持的机器。本书中的航空器主要是指狭义上的飞机。

航路是指由国家统一划定的具有一定宽度和高度，有较完善的通信、导航设备，可保证飞机飞行安全的空中通道。

空中交通管理系统是指为保证飞机飞行安全以及提高空域和机场飞行区利用效率而设置的各种助航设备、空中交通管制机构和规则。

航空运输是一个复杂的生产过程，它需要地面保障和空中服务等多方面工作的密切配合，通过各生产体系中有关部门的综合协调来共同完成。航空运输生产可分成机场保障、机务维修、航行业务管理、油料供应和运输服务 5 个生产体系，各生产体系分别由民航系统的有关部门负责管理和协调。

2.2.4.2　机场航站区的基础设施

1. 机场的分类

机场按航线性质分为国际机场和国内机场。机场按规划年旅客吞吐量规模分为超大型机场、大型机场、中型机场和小型机场，如表 2-5 所列。

表 2-5　机场按年旅客吞吐量规模分类

类别	规划年旅客吞吐量 M/万人次
超大型机场	≥8 000
大型机场	$2\,000 \leqslant M < 8\,000$
中型机场	$200 \leqslant M < 2\,000$
小型机场	<200

2. 航站区功能

航站区为机场内航站楼及其配套站坪、交通、服务等设施所在的区域。航站区有以下 3 个基本功能：

（1）为航空器与地面交通运输工具提供联系，使运输模式切换更加便捷。保障空侧的航空器与各种服务车辆交接流畅，满足旅客对陆侧进出场的交通需求。

（2）为进出机场的旅客及货、邮办理相关手续，主要包括售票、办票、货邮交运与提取、安全检查与管理以及海关联检。

（3）适应客货进出机场模式转变的需求。离港客货以随机模式（不同的运输方式、出发地点和到达时间）到达机场航站区，乘坐目标航班按批次离港；对于飞机进港侧，客货则要经历相反的服务流程。适应这种动态变化的客货流是航站区的关键功能。

3. 航站区的基础设施

航站区的主要基础设施包括航站楼、站坪、交通设施、附属设施和公务机设施等。

（1）航站楼。航站楼是航站区的主体建筑，连接站坪与进出机场的地面交通。其中，主要设施包括公共大厅、候机大厅、行李处理设施、安全检查设施、机械化代步设施、登机桥、车道边等。

（2）站坪。站坪是位于航站楼空侧附近供航班上下旅客、装卸货物、加油、停放的机坪。其中，主要设施包括站坪机位、机位滑行通道、飞机推出等待位、空侧服务道路、地面保障设备停放区等。站坪通常被列入飞行区范围。

（3）航站区交通设施。航站区交通设施是指旅客、行李、货物在航站楼与其他交通工具进行换乘的特定的交通接驳设施，包括公共交通站台、车辆停车场、供车辆和行人流通的道路等。

（4）航站区附属设施。航站区附属设施包括航站区内塔台、机坪管制设施、旅客过夜用房、综合服务设施、公共设施、航站区公共绿地等。

（5）公务机设施。公务机设施是指为公务机提供作业服务的设施，包括公务机楼、公务机坪、地面固定基地运营商（Fixed Base Operator，FBO）基地、专用保障设施等。

4. 航站楼的布局模式

航站楼的平面布局与旅客量、飞机运行次数、旅客类型（国际和国内）、使用该机场的航空公司数量、场地物理特性、出入机场的地面交通模式等因素有关。

航站楼的平面布局有前列式、指廊式、卫星式和转运式 4 种基本类型，如图 2-28 所示。大型机场多采用其中一种类型或多种类型的组合形式。

（1）前列式布局：航站楼呈线形，一般为弧形，登机口和登机桥设置在弧形外侧，飞机

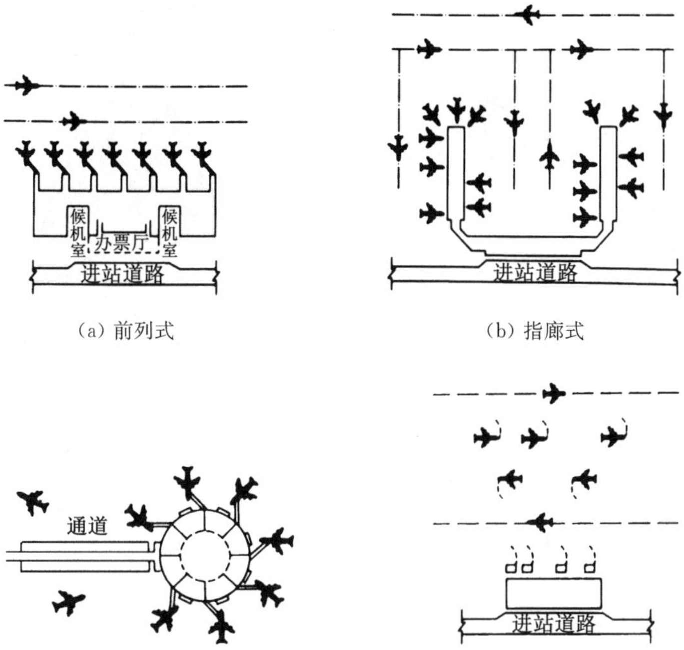

(a) 前列式　(b) 指廊式　(c) 卫星式　(d) 转运式

图 2-28　航站楼的平面布局

机头朝向航站楼停靠。

(2) 指廊式布局：航站楼的主楼向机坪方向伸出一条或多条廊道，飞机停靠在廊道两侧。

(3) 卫星式布局：登机厅设置在航站楼主楼之外，通过廊桥与主楼连接，飞机以径向或平行位置围绕登机厅停放。

(4) 转运式布局：飞机位于远离航站楼的站坪上，采用转运车来运送登机和下机的旅客。

知识扩展 11

上海浦东国际机场

上海浦东国际机场位于中国上海市浦东新区，距上海市中心约 30 km，为 4F 级民用机场，是中国三大门户复合枢纽之一、长三角地区国际航空货运枢纽群成员、华东机场群成员、华东区域第一大枢纽机场、门户机场。上海浦东国际机场于 1999 年建成，1999 年 9 月 16 日，一期工程建成通航；2005 年 3 月 17 日，第二跑道正式启用；2008 年 3 月 26 日，第二航站楼及第三跑道正式通航启用；2015 年 3 月 28 日，第四跑道正式启用。至 2019 年 9 月，浦东机场有两座航站楼及一座卫星厅，总面积为 145.6 万 m^2，有 340 个停机位；拥有跑道 4 条，分别为 3 800 m 跑道 2 条、3 400 m 跑道 1 条、4 000 m 跑道 1 条。上海浦东国际机场总体规划图如图 2-29 所示。

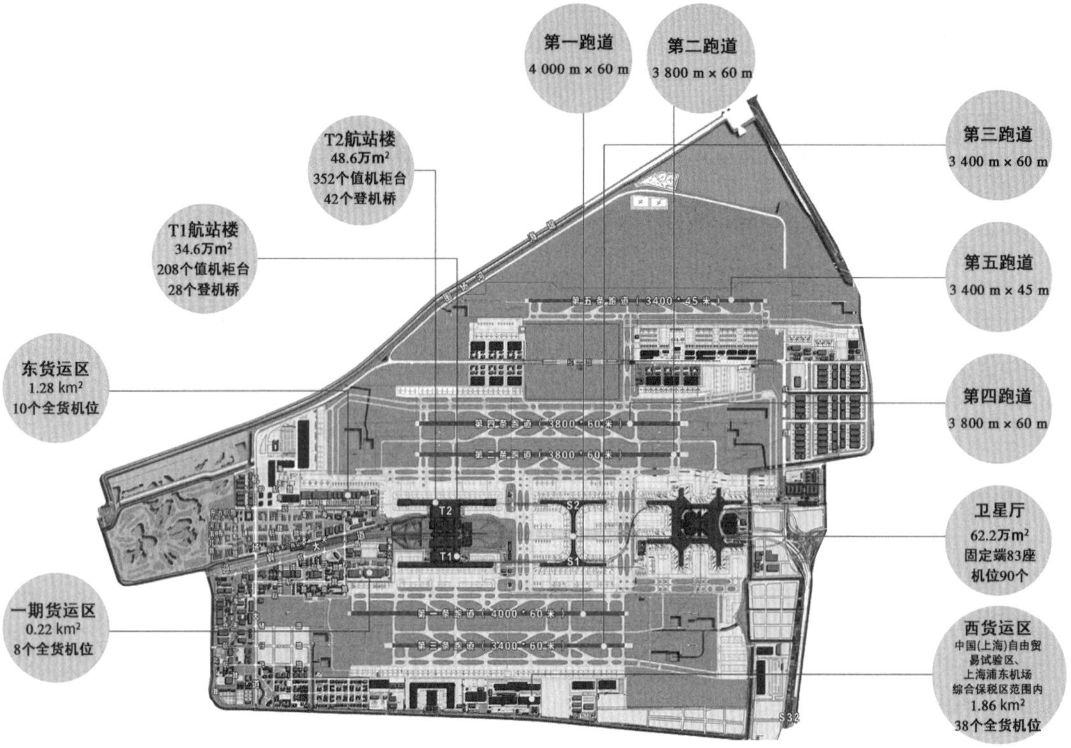

图 2-29　上海浦东国际机场总体规划图

（图片来源：https://www.shanghaiairport.com/uploadfiles/2023/09/20230907102405245.pdf.）

2022 年 1 月 4 日，浦东国际机场四期扩建工程开工。四期扩建工程主要包括航站区、飞行区、旅客捷运、市政配套、货运区、附属配套六大项目，2030 年建成后，预计可满足年旅客吞吐量 1.3 亿人次、年货邮吞吐量 590 万 t 的需求，为建设世界一流的国际航空枢纽提供了基础保障。

2.2.4.3　机场飞行区的基础设施

1. 飞行区的定义与分级

飞行区是机场内由建筑物和室外隔离设施所围合的区域，包括跑道、滑行道、机坪等设施和场地。根据《运输机场总体规划规范》(MH/T 5002—2020)，飞行区指标应根据拟使用该飞行区的飞机的特性来分级，包括指标Ⅰ和指标Ⅱ，如表 2-6 所列。指标Ⅰ根据拟使用该飞行区的飞机的最大基准飞行场地长度，采用“1、2、3、4”表示，见表 2-6(a)；指标Ⅱ根据拟使用该飞行区的飞机的最大翼展，采用“A、B、C、D、E、F”表示，见表 2-6(b)。

表 2-6(a)　飞行区指标Ⅰ

飞行区指标Ⅰ	飞行基准飞行场地长度 L/m	飞行区指标Ⅰ	飞行基准飞行场地长度 L/m
1	<800	3	$1\,200 \leqslant L < 1\,800$
2	$800 \leqslant L < 1\,200$	4	$\geqslant 1\,800$

表 2-6(b)　飞行区指标Ⅱ

飞行区指标Ⅱ	翼展 l/m	飞行区指标Ⅱ	翼展 l/m
A	<15	D	$36 \leqslant l < 52$
B	$15 \leqslant l < 24$	E	$52 \leqslant l < 65$
C	$24 \leqslant l < 36$	F	$65 \leqslant l \leqslant 80$

2. 飞行区的基础设施

飞行区的基础设施包括跑道、升降带、跑道端安全区、滑行道、机坪等,如图 2-30 所示。

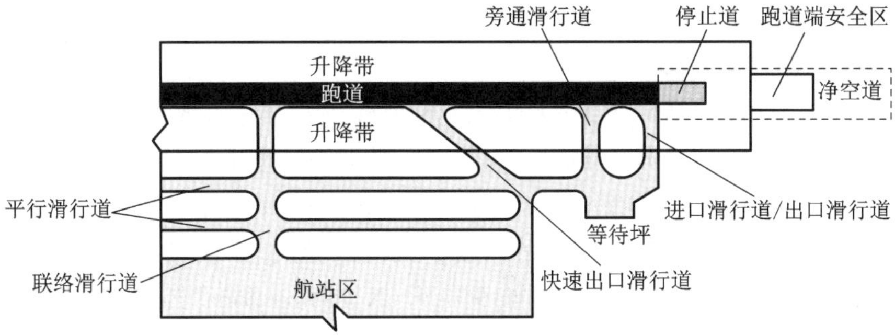

图 2-30　机场飞行区基础设施示意

(1) 跑道。跑道是陆地机场供飞机起飞和着陆使用的特定长方形场地,包括结构道面(狭义上的跑道)、道肩、净空道、停止道和防吹坪等。

(2) 升降带。升降带是飞行区中跑道和停止道(如设置)中线及其延长线两侧的特定场地,用以减少飞机冲出跑道时遭受损坏的危险,并保障飞机在起飞或着陆过程中在其上空安全飞行。

(3) 跑道端安全区。跑道端安全区是对称于跑道中线延长线、与升降带端相接的特定区域,用以减少飞机在跑道外因过早接地或冲出跑道时遭受损坏的危险,同时使冲出跑道的飞机能够减速、提前接地的飞机能够继续进近或着陆。

(4) 滑行道。滑行道是供飞机滑行并将机场的一部分与其他部分之间连接的规定通道,包括平行滑行道、联络滑行道、旁通滑行道、进口滑行道、出口滑行道、快速出口滑行道和机坪滑行道等。

(5) 机坪。机坪是机场内供飞机上下旅客、装卸货物或邮件、加油、停放或维修使用的特定场所。站坪特指航站楼附近的机坪,因此机坪的范围更大。

2.2.4.4　目视助航设施

飞行区内还设有目视助航设施,以辅助飞行员在低能见度或夜晚等条件下进行进近、起飞或降落。目视助航设施主要包括进近灯光系统、跑道灯光系统、滑行道灯光系统、其他灯光(如跑道识别灯、机场灯标、障碍物灯等)、地面标志、标记牌和调光系统等。

(1) 进近灯光系统。进近灯光系统是指在进近区内由一行位于跑道中线延长线的灯光和距跑道入口一定距离的横排灯光组成的系统，包括进近灯、入口灯、坡度灯和顺序闪光灯。其作用是在夜间或能见度较低的白天，辅助着陆飞机的驾驶员判断飞机至跑道入口的距离，调整飞行姿态以及对准跑道方向等。

（2）跑道灯光系统。跑道灯光系统是指安装在机场跑道上，为飞机在夜间或能见度较低的白天着陆时指示跑道位置和范围的灯光设备，包括跑道边灯、跑道入口灯、入口翼排灯、接地地带灯、跑道中线灯和跑道末端灯等。

（3）滑行道灯光系统。滑行道灯光系统是指安装在机场停机坪与跑道滑行道之间用于引导飞机滑行的灯光设备，主要包括滑行道中线灯、滑行道边灯、停止排灯、中间等待位置灯和跑道警戒灯等。

2.2.4.5 空中交通管制设施

空中交通管制设施包括机场航管（如塔台、航管楼等）、空管监视[如一次监视雷达（Primary Surveillance Radar，PSR）、场面监视雷达（Surface Movement Radar，SMR）、广播式自动相关监视系统（Automatic Dependent Surveillance-Broadcast，ADS-B）等]、航空通信（如甚高频、高频低空通信设施，航空电报等）、航空无线电导航[如仪表着陆系统（Instrument Landing System，ILS，见图 2-31）、无方向信标台（Non-directional Beacon，NDB）等]、航空气象（如自动气象观测设备、天气雷达、风廓线雷达等）和航行情报服务设施等。

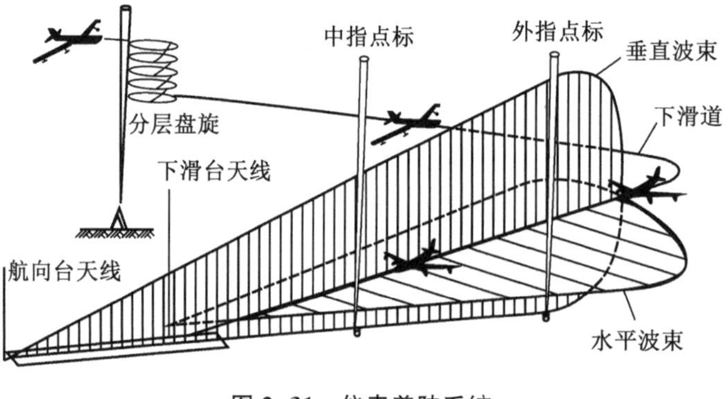

图 2-31　仪表着陆系统

2.2.4.6 辅助系统

航空运输系统除了基本组成要素外，还有运营、维修、市场和供应等辅助系统。其中，运营子系统包括乘务服务中心、飞行控制中心、运行控制中心、信息控制中心和地面保障中心，是提高运营效率和效果的关键子系统；维修子系统包括部件大修中心、航线维护中心、计量质量中心、设施设备中心和航材供应中心，负责各类机型的维修维护、定检、大修；市场子系统包括销售控制中心、航班计划中心、广告策划中心、货运业务中心和客运业务中心，主要负责航空运输市场的营销、广告及货运管理；供应子系统包括餐饮中心、机供品中心、物流控制中心和机上娱乐中心，集中统一管理除航材以外的采购、供应和配置活动。

2.2.5 管道运输基础设施

2.2.5.1 管道运输系统的组成

管道运输是使用管道输送流体(液态、气态)货物的一种运输方式,所输送的货物主要是油品(原油和成品油)、天然气(包括油田伴生气)、煤浆以及其他矿浆。管道运输随石油、天然气等流体燃料的开发与大规模应用以及需求增长而发展。管道运输区别于其他运输方式的最大特征是依赖管输介质的压力差推动管输介质在可控空间内流动,从而实现货物的长距离运输,是设施与装备一体的运输方式。

管道运输可分为油品管道(包括原油管道和成品油管道)、天然气管道,以及输送水资源、煤浆、氢气、二氧化碳等介质的其他管道。管道运输基础设施是为大规模运输油(如原油、汽油、柴油、煤油等)、气(如气田气、煤制气、煤层气等)或固体料浆(如煤浆等)而建设的管网设施与设备。

气体管道输送速度一般为 20～30 km/h。液体管道运输的基本原理与气体管道类似,主要差别是由泵提高液体的压力势能,推动液体在管道内单向流动,输送速度在 10 km/h 左右。

管道运输系统包括管道本体、存储设施、动力设备、辅助设施和辅助系统等,如图 2-32 所示。

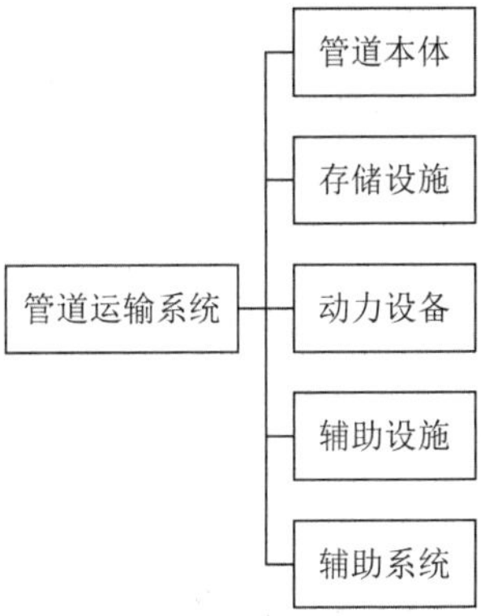

图 2-32 管道运输系统的组成

管道本体是承载和运输气态、液态货物的主体设备,多数由高强度碳钢建成。管道直径和压力等级根据运输的货物种类和运输规模来确定。

存储设施主要是为了保障管道系统的持续稳定运行,在管道首、末端或关键节点建设的储气库、储油罐、缓冲罐等设备设施。其主要功能是调节上、下游管输资源不平衡状态,为管道提供持续稳定运行的条件。

动力设备按照介质分为压缩机和泵两类。压缩机主要用于气态介质的输送,一般由电动机或燃气轮机驱动,将气态介质由低压低密度状态提升到高压高密度状态,以推动气态介质在管道内的流动。泵主要用于输送液态介质,一般由电动机驱动,将液态介质由低压状态提升到高压状态,以推动液态介质在管道内的流动。

辅助设施主要包括管道本体所穿跨越的隧道和桥梁,以及通信设施、控制仪表和计算机、给排水设施、消防设施、放空或泄压设施、截断阀室、标识设施、维抢修机构等设备设施。辅助设施的主要功能是保障管道功能的实现,减轻管道设施失效后产生的不良后果。

由于不同输送介质的设备组成有较大差异,下面分别介绍。

2.2.5.2 长距离输油管道

1. 输送方式

管道输送原油及其制品的方式一般有三种:常温输送、加热输送和易燃原油的不加热输送。

1) 常温输送

输送轻质油或低凝点原油的管道无须加热,油品经一定距离后,管内油温等于管线埋深处的地温，这种管道称为常温输油管。它无须考虑管内油流与周围介质的热交换。原油或成品在大气温度下输送，多用于单一的成品油，如汽油、柴油、煤油或低黏度原油的输送。在输送过程中只有压能的消耗。设备、工艺简单，各站只要加压即可。

2）加热输送

加热输送方式主要适用于一些凝固点高、黏度大、含蜡高的原油。当油品黏度极高或其凝固点远高于管路周围环境温度时，每公里管道的压降将高达几个甚至几十个大气压。在这种情况下，加热输送是最有效的办法。这种油的输送要测定黏度与温度的关系。在输送过程中，既要解决压能平衡问题，又要解决热能平衡问题，因而要设置泵站和加热站，组成热泵站。热油输送管道要考虑摩阻损失和散热损失，输送工艺更为复杂。

3）易燃原油的不加热输送

易燃原油的不加热输送主要包括热处理输送、乳化输送、水悬浮输送、内螺旋管输送和轻油稀释输送 5 种方式。

2. 长距离输油管道构成

长距离输油管道由输油站和输油管线两部分构成，详见图 2-33。

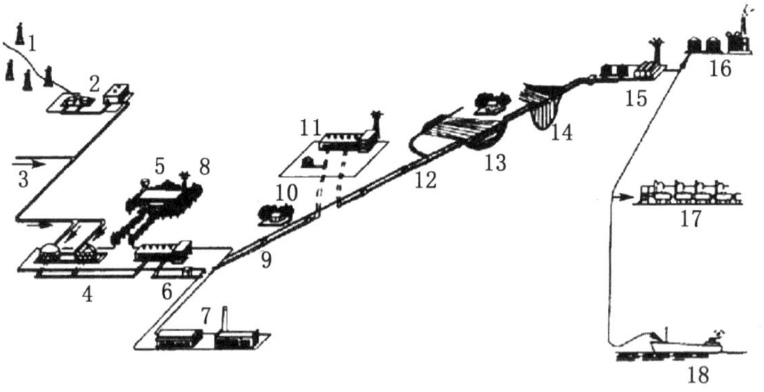

1—井场；2—输油站；3—来自油田的输油管；4—首站罐区和泵房；5—全线调度中心；6—清管器发放室；7—首站锅炉房；8—微波通信塔；9—线路阀室；10—维修人员住所；11—中间输油站；12—穿越铁路；13—穿越河流；14—跨越工程；15—车站；16—炼油厂；17—火车装油线桥；18—油轮码头

图 2-33　长距离输油管道组成

1）输油站（加压泵站）

输油站是管道运输的重要组成设备和环节。在管道运输过程中，通过输油站对被输送物资进行加压，以克服运行过程中的摩擦阻力，使原油或其制品能通过管道由始发地运到目的地。输油站设有一系列复杂的构筑物，其中与输油过程直接有关的主要设备有泵房、油池和阀房。与输油过程不直接发生联系的辅助设施有变电所、冷却设备、锅炉房、机修车间、水塔、净化设备、阴极防护设施和清管装置等。

2）输油管线

输油管线按其作用可分为以下三种。

（1）内部输油管式辅助输油管。这是指炼油厂、石油基地中的各种线路系统，是输送加工原油和灌注油罐车，内河及港内驳船、远洋油轮及油桶用的输油管线。

(2) 局部性输油管。这是指把石油从矿场输往石油基地与大型输油管首站的短距离矿场管路。

(3) 大型输油管或干线输油管。这是输油管线中的主体。这种输油管自成系统，形成独立的企业单位，其线路可长达数百公里甚至数千公里。除必要的检修工作以外，这类管线能全年不断地输送石油。

输油管线包括钢管、穿(跨)越工程、截断阀、通信系统和简易公路等设施。

管线与输油站的联系方式主要有三种：通过式、旁通油罐式和密闭式。前两种方式均须在中间站安设一个油罐，而二者的差异仅是油罐安放的位置不同，各个泵站各自成为一个独立的水力系统，油罐作为缓冲装置。密闭式联系方式在中间泵站不设油罐，仅设有事故处理罐，但平常处于封闭状态，全线形成一个统一的水力系统，各部分的参数变化都将影响整体。密闭式联系方式对可靠性以及通信、自动化水平的要求均较高。

2.2.5.3 长距离输气管道

长距离输气管道通常是指连接产量巨大的天然气田或人工燃气与用气地区的输气管道，其干管及支管的末端连接城镇或大型工业企业，作为该供气区的气源点。输气管道系统主要由矿场集气管网、干线输气管网、城市配气管网以及与此相关的站、场等设备组成。这些设备从气田的井口装置开始，经矿场集气、净化及干线输送，再经城市配气管网至用户，从而形成一个统一、密闭的输气系统。矿场输气管道输送未经处理的原料气，输送距离短，管径小，压力变化大。干线输气管道则是把经脱硫净化处理后的天然气送到城市，输送距离长，管径大(400 mm 以上)，压力高(4.0 MPa 以上)，是天然气远距离输送的主要工具。城市输气管道作为天然气的分配管网遍布整个城市和近郊，一般呈环形布置，且按压力严格区分。

长距离输气管道由矿场集气设备、输气站、干线输气管道、城市配气管网 4 部分构成。

1. 矿场集气设备

集气过程是指从井口开始，经分离、计量、调压、净化和集中等一系列中间步骤，到向干线输送为止的整个过程。集气设备包括井场、集气管网、集气站、天然气处理厂和外输总站等。一般气田的集气流程有两种：单井集气和多井集气。集气站将气体通过集气管网集中于总站，再外输至净化厂或干线。

2. 输气站

输气站又称压气站，其核心设备是压气机(或称压缩机)，其任务是对气体进行调压、计量、净化、加压和冷却，从而使气体按要求沿着管道向前流动。由于长距离输气需要不断供给压力能，故沿途每隔一定距离(一般为 110～150 km)设置一座中间压气站(或称压缩机站)。压缩机是提高气体压力以输送气体的机器。输气管线上的压缩机主要有容积型的活塞式往复压缩机和速度型的离心式旋转压缩机。

3. 干线输气管道

干线是指从矿场附近的输气首站开始到终点配气站为止的线路。由于输气管道输送的介质是可压缩的，其输量与流速、压力有关。压气站与管路组成一个统一的动力系统。压气机的出站压力就是该站所属管路的起点压力，终点压力为下一个压气站的进站压力。一般，输气管线可以有一个或多个压气站。

4. 城市配气管网

城市配气是指从配气站（即干线终点）开始，通过各级配气管网和气体调压所按用户要求直接向用户供气的过程。配气站是干线的终点，也是城市配气的起点与枢纽。气体在配气站内经分离、调压、计量和添味后被输入城市配气管网。城市配气管网的形式可分为树枝形和环形两类，按压力则可分为高压、次高压、中压和低压四级。由于不同级别的管网上管道等设施的强度不同，上一级压力的管网必须经调压后才能输向下一级管网。城市一般均设有储气库。储气库的作用是调节输气与供气间的不平衡。

知识扩展 12

"西气东输"工程是什么？

"西气东输"是中国距离最长、口径最大的输气管道工程，西起塔里木盆地的轮南，东至上海。全线采用自动化控制，供气范围覆盖中原、华东、长江三角洲地区。自新疆轮台县塔里木轮南油气田，向东经过库尔勒、吐鲁番、鄯善、哈密、柳园、酒泉、张掖、武威、兰州、定西、宝鸡、西安、洛阳、平顶山、信阳、合肥、南京、常州、上海等地。东西横贯新疆、甘肃、宁夏、陕西、山西、河南、安徽、江苏、上海 9 个省市区，全长 4 200 km。截至 2023 年 12 月 18 日，国家石油天然气管网集团有限公司西气东输分公司日输气量超 3 亿 m^3，最高达到 3.5 亿 m^3。

2.2.5.4 辅助系统

管道运输的连续性、可靠性、安全性是系统的核心竞争力。由于管道设施或在野外，除了需要维持日常运营的相关管理与决策系统，还需要配备可提升运营安全和效率的支撑系统，如管线风险点智能识别系统、运输安全监控系统、水土污染智能监测系统等。

2.3 交通运输通道和综合交通枢纽

2.3.1 交通运输通道

交通运输通道是国家或区域交通运输系统的骨干，能促进各种交通运输方式的合理分工、协调发展，加速完善综合交通运输体系，提高综合交通运输能力，实现交通运输结构的合理化。

交通运输通道的形成有利于促进交通运输系统管理的进步，能实现计划统筹和组织协调，为发展联合运输提供有利条件。交通运输通道有助于树立"大交通一体化"观念，把握交通运输活动的总目标，避免各种运输方式独立发展，有利于提高整个交通运输系统的综合效益。鉴于通道在交通运输网络中的特殊重要地位，因此，优先建设综合交通运输通道是建设整个交通运输网络的最优策略。

根据运输联系的生成、分布和交流的不同特点，通道可以分为国际通道、区际通道和区内通道。

2.3.1.1 国际通道

国际通道是承担国际交通运输任务的各种交通运输方式的综合体，是国家或区域对外联系的桥梁，也是对外开放、参与国际经济循环的重要基础。国际通道运输服务具有政策性强、点多、环节多、运输距离长、时间性强、涉及面广等特点。

2.3.1.2 区际通道

区际通道是联系各经济区之间各种交通运输方式的综合体，承担着区际物资和人员交流的任务。区际交通流是由各经济区之间发展不平衡和专业化分工不同所产成的。区际通道是保证区际交通流畅通的前提，也是各经济区的经济协调发展的重要基础设施。区际通道往往是由多种运输方式组成的国家交通网络中的骨干，担负着国家大量的、稳定的客货运量，具有交通运距长、能力大等特点。

2.3.1.3 区内通道

区内通道是经济区内从事客货运输的各种运输方式的综合体，承担着区内物资和人员交流的任务。区内交通流是由区内各主要城市与经济点间的社会经济联系所形成的交通流，也是由城市与各经济点之间沟通所形成的交通流。区内通道系统是整个通道系统的有机组成部分，区域的对外交通是区域经济发展的生命线，但也需要通过区内通道集散输入物资和输出物资，并使之在区域经济中发挥作用。区内通道承担着区域内各子区域间的客货运输任务，具有运输距离短、通道分布密集、运输方式比较单一等特点。

2.3.2 综合交通枢纽

综合交通枢纽为旅客与货物集散提供设施，为运输方式与运输方向的转换提供场所。综合交通枢纽可分为客运场站枢纽和货运场站枢纽两类。

2.3.2.1 客运场站枢纽

客运场站是客流运输的基地，是运输网络中客流集散、换乘的地点。场站作为交通枢纽的主体构成要素，是枢纽提供运输服务功能的依托。客运枢纽是客运过程中集结的终点、疏散的起点，也是相同运输方式不同线路间客流的中转点或不同运输方式间客流的转换点。我们将服务于一种交通运输方式的客运枢纽称为单式客运枢纽，如铁路枢纽、水路枢纽、公路枢纽、航空枢纽等；将服务于两种或两种以上交通运输方式的枢纽称为综合客运枢纽。

客运枢纽的发展从平面式、独立式向立体式、综合式转变，以保证客流集散的便捷、安全高效为前提，更加注重客运枢纽与周围空间的综合开发，通过建立公交导向发展的模式来形成枢纽综合体。

知识扩展13

上海虹桥综合交通枢纽

上海虹桥综合交通枢纽总建筑面积达150万m^2，集航空、高铁、城铁、高速公路、磁浮、地铁、公交等“轨”“路”“空”多种运输方式于一体。为了使旅客更方便地换乘，上海虹桥综合交通枢纽共设计了54种换乘模式，在设计中采用了“到发分层”(多层面、多通道、多出入口、多车道边)的理念来实现，设计了12 m宽的出发层、6 m宽的到达换乘廊道层和9.5 m宽的地下换乘大通道。不同交通设施间的到发分层，不仅实现了上下叠合的功能安排，还避免了大流量旅客换乘拥挤现象的发生。上海虹桥综合交通枢纽内部设置了大量自动步道，以缩短旅客在枢纽内部的换乘时间，不管旅客采用何种方式换乘，步行距离都控制在300 m以内，换乘时间可控制在15 min以内。上海虹桥综合交通枢纽实现了多种交通模式的高度集约，实现了土地资源的集约化、综合配套设施的集约化和城市环境资源的集约化，最终体现了节地的高效率。

(摘自：中华人民共和国中央人民政府网站[①](2010年3月)，内容有删减。)

2.3.2.2 货运场站枢纽

货运场站是为货物的输送、存储和代理以及通信信息、综合服务等提供的场所，具有运输组织、装卸、中转、存储、通信信息、综合服务等功能，是货运枢纽的基本组成部分。按运输方式的不同，货运场站可分为公路货运场站、铁路货运场站和港口货运场站等。

综合货运枢纽是指服务两种及以上对外运输方式，具有货物集聚、辐射功能，实现不同运输方式之间货物有效换装与衔接，集中布设的具有完善信息系统的货运服务场所。综合货运枢纽按承担功能和服务范围的不同，可分为城市对外货运枢纽和城市内部货运枢纽；按服务对象和服务功能的不同，可分为陆港型、港口型、空港型、生产服务型、商贸服务型和陆上边境口岸型；按主导方式的不同，可分为航空主导型、水路主导型、铁路主导型和公路主导型。

2.3.2.3 枢纽设备配置

枢纽设备配置涵盖宏观和微观两个层面。前者主要是从国家综合交通运输系统的形成与发展来考虑枢纽的总体布局及设备配置，后者则主要是指构成枢纽的各种运输方式的布局及设备配置。枢纽布局与设备配置首先应服从国家和区域综合运输网的总体布局及规划，其次要有利于枢纽内各种运输方式的布局及设备间的相互协调。

知识扩展14

我国综合交通枢纽建设概要

打造综合交通枢纽集群。建设京津冀、长三角、粤港澳大湾区、成渝地区双城经济圈等国际性综合交通枢纽集群，提升全球互联互通水平和辐射能级。培育一批辐射区域、连通

① https://www.gov.cn/jrzg/2010-03/15/content_1556067.htm.

全国的综合交通枢纽集群，合理组织集群服务网络，提高集群内枢纽城市协同效率。

提升北京、天津、上海、广州、深圳、成都、重庆等枢纽城市的全球辐射能级。依托上海浦东、天津滨海、广州白云、成都天府等枢纽机场以及深圳西丽、重庆东站等铁路客运站，建设一批综合客运枢纽场站，推进综合客运枢纽场站间直接连通，实施北京、上海、广州、重庆等铁路枢纽优化工程，提升上海国际航运中心能级，建设天津国际航运中心，建设广州东部公铁联运枢纽、重庆陆港型物流枢纽等综合货运枢纽场站。

增强南京、杭州、沈阳、大连、哈尔滨、青岛、厦门、郑州、武汉、海口、昆明、西安、乌鲁木齐、宁波等枢纽城市的国际门户作用。完善杭州、宁波、厦门、郑州、武汉等枢纽规划，建设南京禄口、杭州萧山、厦门翔安、昆明长水、西安咸阳、武汉西站、宁波西站、海口新海港等综合客运枢纽场站，建设大连、厦门国际航运中心和宁波舟山国家大宗商品储运基地。

提升石家庄、太原、合肥、济南、长沙、南宁、兰州等枢纽城市的全国集聚辐射功能。优化主要枢纽场站及集疏运设施布局，围绕济南遥墙、长沙黄花、南昌昌北、兰州中川等枢纽机场以及雄安站等铁路枢纽站，建设一批综合交通枢纽场站。

（摘自：《国务院关于印发“十四五”现代综合交通运输体系发展规划的通知》[①]。）

2.4 交通运输的载运工具

载运工具按用途可分为客运载运工具（如轨道交通的客车车辆或动车组、民航客运班机、客船等）、货运载运工具（如铁路的货车、公路货车、货船等）和客货混用载运工具（如客货混用飞机、客货混用船等）；按是否带有动力装置可分为带动力载运工具（如汽车、飞机、带动力的铁路动车组等）和不带动力载运工具（如铁路的客货车辆、汽车运输中的拖车、水运的拖船等）；按用途可分为专用载运工具（如铁路的油罐车和特种车、公路运输的公共汽车、水运的集装箱和液化天然气船等）和通用载运工具（如一般的铁路车辆、汽车、轮船等）；按配属方式可分为有固定配属的载运工具（如公路运输的汽车、航空公司的飞机等运行一定时间后必须返回其配属地）和无固定配属的载运工具（如铁路的大部分货车归国铁集团所有，可在全路任何地方使用）。

2.4.1 轨道交通车辆

轨道交通车辆利用热力或电力产生的动力，通过传动装置驱动走行部，借助走行部和轨道之间的作用力与反作用力产生牵引力，从而使车辆、列车沿特定轨道运送旅客和货物。轨道交通车辆依靠轨道支承与导向行驶，司机的作用主要是控制车辆的行驶速度，这是轨道运输与其他运输方式的一个重要差异。

① https://www.gov.cn/zhengce/content/2022-01/18/content_5669049.htm.

按用途不同，轨道交通车辆可分为客车、货车和特种用途车。

按动力分配类型不同，轨道交通车辆可分为动力集中式列车和动力分散式列车。

按车辆类型不同，轨道交通车辆可分为铁路车辆和城市轨道交通车辆。其中，城市轨道交通车辆又可细分为地铁车辆、轻轨车辆、单轨车辆、有轨电车、磁浮车辆、自动导向胶轮车辆和专用车辆等。

按走行原理及轨道类型不同，轨道交通车辆可分为轮轨系统车辆、轮胎-路面系统车辆、磁浮车辆、线性电机车辆和轮轨-轮胎混合形式车辆等。

2.4.1.1 铁路机车

机车是铁路运输的牵引动力。由于传统铁路车辆不具备动力装置，因此需要将其连挂成列，由机车牵引沿钢轨运行。在车站内，车辆的转线以及货物车辆的取送等各项调车作业都要由机车完成。铁路为了完成客货列车的牵引和车站的调车工作，必须确保提供足够数量且牵引性能良好的机车，同时，还必须加强对机车的保养与检修工作，以及正确组织机车的合理运用等。

铁路采用的机车类型有很多，按牵引动力可分为内燃机车、电力机车等，按运用可分为客运机车、货运机车和调车机车。

内燃机车是以内燃机作为原动力的一种机车。内燃机车的热效率可达30%左右，机车的整备时间短，持续工作时间长，初期投资比电力机车少，便于多机牵引。但内燃机车最大的缺点是对大气和环境会造成污染。内燃机车按传动方式的不同可细分为电力传动内燃机车和液力传动内燃机车。相比而言，电力传动内燃机车应用较多。

电力机车的牵引动力是电能，但机车本身没有原动力而是依靠外部供电系统供应电力，并通过机车顶部升起的受电弓从接触网上获取电能并将之转换成机械能来牵引列车运行。电力机车的优点是平均热效率比内燃机车高，牵引力大，速度快，爬坡能力强，环境污染小。因此，它在提高铁路运输能力、合理利用资源、保护生态环境等方面具有优势。

客运机车要求速度高，货运机车要求牵引力大，而调车机车要具有机动灵活的特点。客运机车和货运机车用于牵引客货车辆在铁路线上运行，属于干线机车（也称本务机车）。调车机车主要用于铁路站场内或专用线上车辆的编组、解体、专线等调车作业。

2.4.1.2 铁路车辆

铁路车辆种类繁多，但其结构大致相似，一般由车体、走行部、车钩缓冲装置、制动装置和车辆内部设备5个基本部分组成。

车体是旅客乘坐或装载货物的部分。车体一般和车底架一起构成一个整体，其结构与车辆的用途有关。车底架是车体的基础。它承受车体和所装货物的重量，并通过上、下心盘将重量传给走行部。当列车运行时，它还承受机车牵引力和列车运行中所引起的各种冲击力，所以必须具有足够的强度和刚度。

走行部可以引导车辆沿轨道运行，并把车辆的重量和货物载重传给钢轨。它应保证车辆以最小的阻力在轨道上运行，并顺利地通过曲线。走行部能否保持良好的状态，对于车辆的安全、平稳、高速运行有很大影响。我国铁路的货车大部分是四轴货车，其走行部由两台相同且独立的二轴转向架组成。采用转向架的形式可以缩短车辆的固定轴距，车体与转向架之间可以相对自由地转动，便于通过曲线。同时，转向架结构也可使车辆的载重量、长度和容积有所增加，运行品质得以改善。

车钩缓冲装置的作用是使机车与车辆或车辆之间连挂在一起，并且传递牵引力和制动力，缓和列车运行或调车作业时所产生的冲击力。车钩缓冲装置包括车钩和缓冲器两部分，安装在车底架中梁的两端。车钩具有自动连挂功能。

制动装置是指用外力迫使运行中的机车车辆减速或停车的一种设备。我国铁路车辆的制动机主要包括空气制动机和人力制动机。空气制动机是利用压缩空气产生制动力，一般在列车制动时使用。人力制动机是用人力进行制动，一般只在调车过程中对个别车辆或车组实行制动时使用。

2.4.1.3 铁路动车组

把动力装置分散安装在每节车厢上，使其既具有牵引力，又可以载客，这样的客车车辆叫作动车。动车组就是把几节自带动力的车辆与几节不带动力的车辆编成一组。带动力的车辆叫作动车，不带动力的车辆叫作拖车。

动车组的分类有多种。按照传动类型，可分为电动车组和内燃动车组；按照动力形式，可分为动力集中型和动力分散型；按照传动方式，可分为电传动和液力传动两种类型。由于动车组可以根据某条线路的客流量变化进行灵活编组，因而可以实现高密度小编组发车。动车组具有安全性能好、运量大、往返无须掉转车头、污染小、节能、自带动力等优点。

动力分散型电动车组的动力装置分布在列车的不同位置上，能够实现较大的牵引力，且编组灵活。由于采用动力制动的轮对多，因而制动效率高、调速性能好，且制动减速度大。高速铁路动车组包括牵引控制、动车组总成、车体、网络控制、转向架、制动系统、牵引变流器、牵引变压器和牵引电机九大主要组成部分(图 2-34)，同时包括受电弓、空调系统、

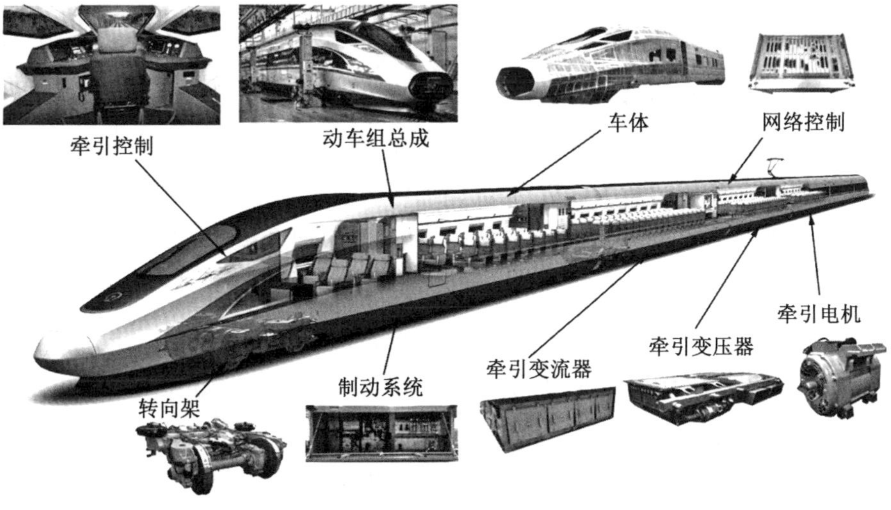

图 2-34　高速铁路动车组的九大组成部分

车钩及缓冲装置、车门、车窗、集便装置、车内装饰、座椅、风挡装置和辅助供电十大配套组成部分。

知识扩展15

高速磁浮列车是什么?

磁浮列车(Maglev Trains)是一种靠磁力(即磁铁的排斥力和吸引力)来推动的列车。轨道的磁力使列车悬浮在空中,列车行进时无须接触地面,因此阻力只有空气阻力。磁浮列车的最高速度理论上可达 600 km/h 以上。我国于 2003 年在上海建设了一段约 30 km 长的高速磁浮示范运营线,并于 2006 年投入运营。2021 年,由中国中车股份有限公司研制,具有完全自主知识产权的世界首套设计速度 600 km/h 的高速磁浮交通系统在青岛成功下线(图 2-35),这标志着我国掌握了高速磁浮成套技术和工程化能力。未来,我国将以工程促发展,推动速度 600 km/h 高速磁浮交通系统的长距离示范运营线建设,同时加快整合速度 600 km/h 级磁浮交通的相关产业链体系。

图 2-35　600 km/h 高速磁浮试验样车

2.4.2　汽车

汽车是道路交通运输的最主要载运工具。汽车由自带的动力装置驱动,由动力装置、底盘、车身、电器及仪表等部分组成,主要用于载运人员和货物。动力装置是汽车行驶的动力源,包括发动机及其燃料供给系统、冷却系统。底盘是接受动力装置发出的动力,使汽车产生运动并保证正常行驶的装置和机构,它包括传动系统(离合器、变速器、方向传动装置、驱动桥)、行驶系统(车架、轮胎及车轮、悬架、从动桥)、转向系统(带转向盘的转向器及转向传动机构)和制动系统(制动器和制动传动机构)。客车一般是非承载式,车身是整体车身。货车是承载式,车身一般包括驾驶室和各种形式的车厢。电器及仪表包括电源、发动机的起动系统和点火系统,以及照明、信号、各种仪表盘等设备。

2.4.2.1　汽车分类

汽车根据功能可分为载货车辆和载客车辆,具体分类标准可以参考我国相关行业规范《机动车辆及挂车分类》(GB/T 15089—2001)。

载客车辆包括轿车、微型客车、轻型客车、中型客车、大型客车和特大型客车(如铰接客车、双层客车等)。

厢式汽车、罐式汽车、包棚式汽车等专用汽车以及由多节车辆组成的汽车列车则都属于载货车辆的范畴。

部分常见汽车类型及其特征如下。

1. 小客车

小客车为二轴四轮车辆,可乘坐 2~6 人,主要作为个人交通工具。按重量和尺寸大小,可分为小型、中型和重型三种。

2. 面包车

面包车通常由小客车或轻型货车的底盘改装而成,可乘坐 6~15 人。

3. 公共汽车

小型公共汽车通常有 15~25 个座位,供短途运送使用,车身长为 5.5~7.6 m,宽为 2.0~2.5 m。中型公共汽车可为二轴或三轴,车身长为 9~12 m,宽为 2.4~2.6 m,约有 45 个座位,最多可容纳 100 人(包括站立的)。若把半挂车固定连接在二轴中型公共汽车上,便组成铰接式公共汽车。其长度为 16~18 m,宽度为 2.6 m,包括站立乘客在内最多约可容纳 150 人。

4. 整车

整车系指载货区和动力设备装在共同的车架上不能分开的货车[图 2-36(a)]。整车包括二轴四轮(轻型货车)、二轴六轮、三轴(双后轴)和四轴(三后轴)货车四种类型。

5. 组合货车

组合货车由牵引车或整车与一个或多个挂车组合而成,称为拖挂车。牵引车和挂车通过铰接方式连接,彼此可相对转动,因而也可称为铰接车。挂车分为两种:一种是前后各有一个或多个轴的全挂式,由整车或带半挂车的牵引车拖带,但不把重量传给前车[图 2-36(b)]和[图 2-36(c)];另一种是后端有一个或多个轴但前端无轴的半挂式,其前端放在牵引车或前面拖车的后端上,并把一部分重量传给前车[图 2-36(d)]。组合货车的总重量一般可达 400~500 kN,通常用于长途运输。

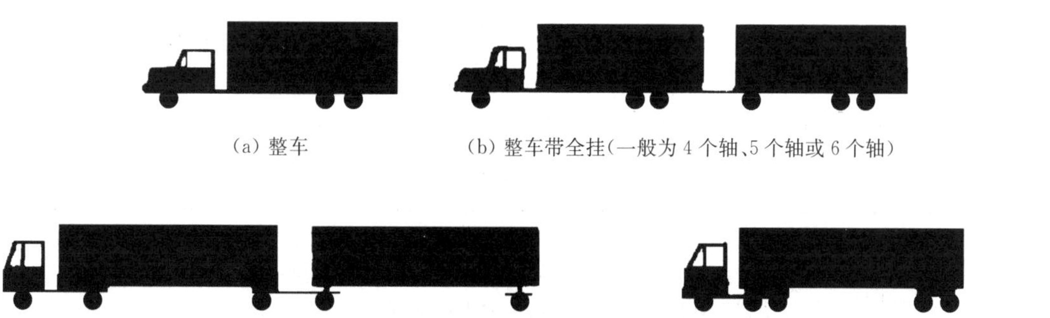

(a) 整车　(b) 整车带全挂(一般为 4 个轴、5 个轴或 6 个轴)

(c) 牵引车带半挂和全挂(一般为 5 个轴、6 个轴或 7 个轴)　(d) 牵引车带半挂(一般为 3 个轴、4 个轴或 5 个轴)

图 2-36　整车和组合货车示意

2.4.2.2 新型汽车

新型汽车主要包括新能源汽车及自动驾驶和智能网联车辆。

1. 新能源汽车

新能源汽车包括混合动力汽车(Hybrid Electric Vehicle,HEV)、纯电动汽车(Battery Electric Vehicle,BEV)、燃料电池电动汽车(Fuel Cell Electric Vehicle,FCEV)和替代能源汽车。

混合动力汽车使用两个或两个以上不同动力源来推进车辆行驶。其基本结构是在纯电动汽车和燃料电池汽车的基础上增加一套辅助动力系统——动力发电组或某种原动机。原动机可以是内燃机、燃气轮机等。按发动机和电动机耦合方式的不同,混合动力汽车可分为串联式、并联式、混联式(串、并联式)和插电式。

纯电动汽车是指以车载电源为动力,用电动机驱动车轮行驶的车辆,包括电动轿车、电动货车和电动客车。纯电动汽车由底盘、车身、动力电池组、逆变器、驱动电动机、电动机控制器和辅助设施等组成。电力驱动及控制系统是电动汽车的核心,也是区别于内燃机车的最大不同点。纯电动汽车与插电式混合动力汽车均需要通过充电桩获取能源。

燃料电池电动汽车是以氢气、甲醇等为燃料,通过化学反应产生电流驱动电动机的清洁能源汽车。燃料电池与传统动力电池最大的区别在于工作原理不同。燃料电池的反应机理是通过电化学反应将燃料中的化学能转变为电能。燃料电池电动汽车的车身、动力传动系统、控制系统等与纯电动汽车基本相同。与纯电动汽车相比,燃料电池电动汽车增加了燃料电池组和储氢罐。

2. 自动驾驶和智能网联车辆

面向自动驾驶及其他高等级服务的智能汽车有智能化和网联化两条技术发展路径。自主式智能主要依赖车载传感器来感知信息,并辅以高精度地图和高精度定位技术。在智能化交通基础设施尚未普及、车用无线通信技术(Vehicle to Everything,V2X)不够成熟的情况下,自主式技术路线是智能化发展的主流路线,但车载设备成本高。网联化发展路径则是以车内网、车际网和车载移动互联网为基础,按照约定的通信协议和数据交互标准,在车—路—云—网之间进行无线通信和信息交换。汽车可通过共用的路侧设备辅助、车路协同实现自动驾驶。

智能网联汽车是指依靠人工智能、移动互联网、大数据等技术的智能化、网联化汽车,可实现更好、更安全的自动驾驶,是新型汽车的主要发展方向。根据《汽车驾驶自动化分级》(GB/T 40429—2021),驾驶自动化等级共分为6级(0级—5级),各等级的定义见表2-7。

表2-7 驾驶自动化等级划分

分级	定义
0级(应急辅助)	系统不能持续执行动态驾驶任务中的车辆横向或纵向运动控制,但具备持续执行动态驾驶任务中的部分目标和事件探测与响应的能力
1级(部分驾驶辅助)	系统在其设计运行条件下持续地执行动态驾驶任务中的车辆横向或纵向运动控制,且具备与所执行的车辆横向或纵向运动控制相适应的部分目标和事件探测与响应的能力

（续表）

分级	定　义
2 级（组合驾驶辅助）	系统在其设计运行条件下持续地执行动态驾驶任务中的车辆横向和纵向运动控制，且具备与所执行的车辆横向和纵向运动控制相适应的部分目标和事件探测与响应的能力
3 级（有条件自动驾驶）	系统在其设计运行条件下持续地执行全部动态驾驶任务
4 级（高度自动驾驶）	系统在其设计运行条件下持续地执行全部动态驾驶任务并自动执行最小风险策略
5 级（完全自动驾驶）	系统在任何可行驶条件下持续地执行全部动态驾驶任务并自动执行最小风险策略

知识扩展 16

自动驾驶汽车运输安全服务指南（试行）发布

2023 年 12 月 5 日，交通运输部办公厅印发了《自动驾驶汽车运输安全服务指南（试行）》（以下简称《指南》），旨在引导自动驾驶技术发展，规范自动驾驶汽车在运输服务领域应用。《指南》明确了应用场景：为保障运输安全，自动驾驶汽车开展道路运输服务应在指定区域内进行，并依法通过道路交通安全评估。使用自动驾驶汽车从事城市公共汽电车客运经营活动的，可在物理封闭、相对封闭或路况简单的固定线路、交通安全可控场景下进行；使用自动驾驶汽车从事出租汽车客运经营活动的，可在交通状况良好、交通安全可控场景下进行；审慎使用自动驾驶汽车从事道路旅客运输经营活动；可使用自动驾驶汽车在点对点干线公路运输或交通安全可控的城市道路等场景下从事道路货物运输经营活动；禁止使用自动驾驶汽车从事道路危险货物运输经营活动。

（摘自：2023 年 12 月交通运输部办公厅印发的《自动驾驶汽车运输安全服务指南（试行）》①。）

2.4.3　船舶

船舶是一种能航行或漂浮于水域中承担运输、作业、作战等任务的载运工具，按不同用途而具有不同的技术性能、装备和结构形式。为了确保船舶在水上安全航行和正常营运，要求船舶具有良好的航海性能和一定的容重性能，主要包括船舶重量性能和容积性能、浮性、稳性、强度、抗沉性、快速性、摇荡性和操纵性。

2.4.3.1　船舶分类

船舶种类繁多，为了便于使用和管理，可将其按不同的原则进行分类。

按用途可分为军用船和民用船。其中，民用船又可细分为运输船、工程船、工作船、渔

① https://xxgk.mot.gov.cn/2020/jigou/ysfws/202312/t20231205_3962490.html.

船和其他特殊用途船等。运输船又称商船，其按用途不同可分为客船和货船。

按航行区域不同，可分为极区船、远洋船、近海船、沿海船和内河船等。

按航行状态不同，可分为排水型船、半潜船、潜水船、气垫船和水翼船等。

按推进动力不同，可分为内燃机船、蒸汽机船、汽轮机船、电力推进船、核动力船和帆船等。

按推进器形式不同，可分为螺旋桨船、平旋推进器船、喷气推进船、喷水推进船和明轮船等。

按机舱位置不同，可分为中机型船、中后机型船和尾机型船等。

按上层建筑形式不同，可分为平甲板型船、首楼型船、首楼和尾楼型船（凹甲板型船）、首楼和桥楼型船以及三岛型船等。

按造船材料不同，可分为钢质船、木质船、铝合金船、玻璃钢船和水泥船等。

2.4.3.2 船舶组成

传统的船舶由烟囱、船尾、螺旋桨和舵、舷、锚、球状船首、船头、甲板、上层建筑（工程）等组成，如图 2-37 所示；另外，还包括锚与系泊设备、舵与操舵设备、救生与消防设备、通信与导航设备、照明与信号设备、通风与空调和冷藏设备、压载水系统、舱底水疏干系统、液体舱的测深和透气系统、海水和生活用淡水系统、船舶电气设备等。

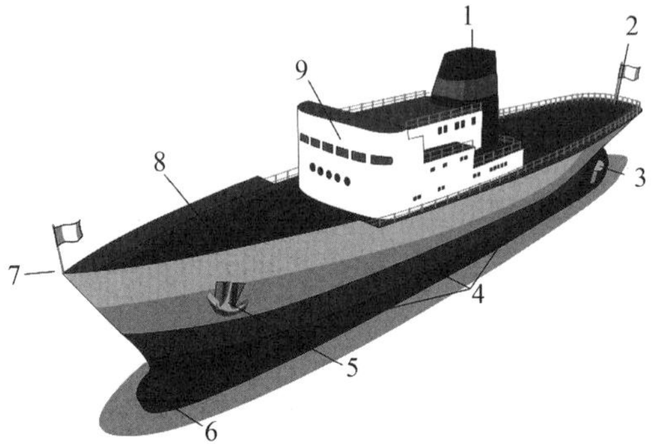

1—烟囱；2—船尾；3—螺旋桨和舵；4—舷；5—锚；6—球状船首；7—船头；8—甲板；9—上层建筑（工程）

图 2-37　船舶的组成

2.4.3.3 智能船舶

智能船舶融合了现代信息技术和人工智能等新技术，具有安全可靠、节能环保、经济高效等显著特点，是未来船舶发展的重点方向。

2018 年 5 月，在国际海事组织（International Maritime Organization，IMO）的海事安全委员会第 99 次会议上，国际海事组织提出了海上水面自主船舶（Maritime Autonomous Surface Ships，MASS）的初步定义，旨在不同程度上可以独立于人员干预运行的船舶。自主船舶定义为如下 4 个等级。

第 1 级：船舶拥有自动化处理及决策支持功能，但海员在船并可随时接管。

第 2 级：实现远程遥控，可从其他地点控制和运营船舶，但海员在船可以操作和控制船舶。

第 3 级：实现远程遥控，海员不在船。

第 4 级：完全自主船舶，船舶可自行决策并采取行动。

知识扩展 17

智能自主船舶引领未来

智能船舶已成为全球航运业的趋势性发展方向，随着对感知、决策、控制等技术的创新研发与应用探索，智能船舶正循序渐进地从局部向全船、从外延到内涵应用拓展，技术方向由信息化、辅助决策向数字化、自主操作不断迭代发展。

人工智能新技术要应用到船舶领域，有三个方面至关重要：其一，如何提高智能化水平和智能等级；其二，如何把人工智能领域最前沿的技术跟航运需求、船舶功能相结合；其三，无论是航运智能系统还是船舶智能系统，对系统本身的可靠性和安全性能力的测试将是非常重要的发展方向。

（摘自：《中国船舶报》2023 年 7 月 14 日第 008 版，内容有删减。）

2.4.4 航空器

2.4.4.1 航空器分类

任何由人制造控制的飞行物体称为飞行器。在大气层中飞行的飞行器称为航空器，而在大气层外飞行的飞行器称为航天器。

根据获得升力方式的不同，航空器可分为两大类：一类依靠空气浮力飘浮于空中，为轻于空气的航空器，又分为气球和飞艇；另一类依靠自身与空气之间相对运动产生的空气动力克服重力而升空，为重于空气的航空器。国际民航组织对航空器的分类如图 2-38 所示。

民用航空器主要为用于商业飞行的航线飞机和通用航空器。

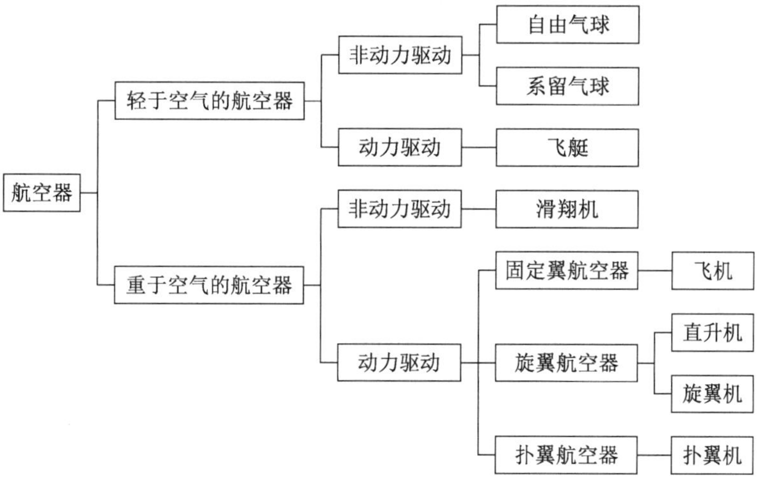

图 2-38 航空器的分类

2.4.4.2 飞机

飞机是指具有机翼、靠自身动力在大气中飞行的重于空气的航空器。飞机主要分为民用飞机和军用飞机两大类。民用飞机又可分为客机、货机、农用机、森林防护机、航测机、医疗救护机、游览机、公务机、体育机、试验研究机、气象机、特技表演机和执法机等。军用飞机通常分为歼击机、强击机、轰炸机、侦察机、运输机和预警机等。

飞机还可按组成部件的外形、数目和相对位置等构造形式进行分类。例如，按机翼的数量可分为单翼机、双翼机和多翼机；按机翼的形状可分为平直翼飞机、后掠翼飞机和三角翼飞机；按飞机的发动机类别可分为螺旋桨式飞机和喷气式飞机。另外，还可按飞机的飞行速度分为亚声速飞机、超声速飞机和高超声速飞机。按飞机的航程可分为短程飞机、中程飞机和远程飞机等。

中国民用航空局按飞机客座数将客机分为大、中、小型飞机。客座数在100座以下的为小型飞机，客座数在100～200座之间的为中型飞机，客座数在200座以上的为大型飞机。另外，短、中、远程飞机的航程划分标准为：航程在2 400 km以下的为短程，航程在2 400～4 800 km之间的为中程，航程在4 800 km以上的为远程。

以民用飞机为例，其基本结构包括机身、起落架、驾驶舱、尾翼和机翼等，如图2-39所示。

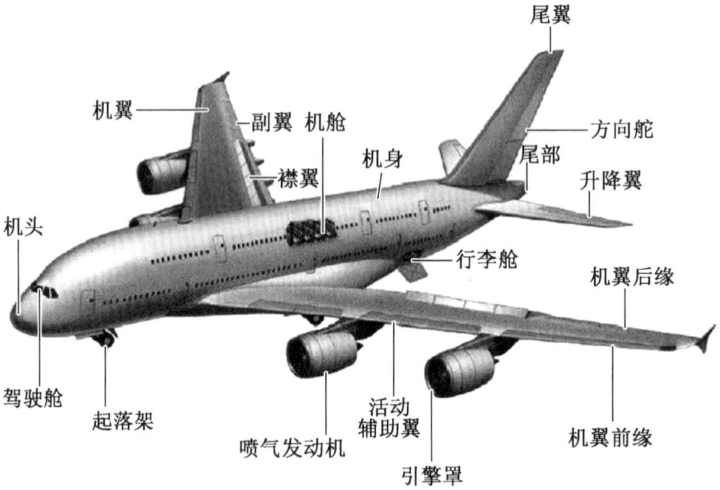

图2-39　民用飞机的基本结构

思政链接5

C919商飞迈出产业化第一步

2023年5月28日，国产C919大飞机首次商业飞行圆满完成，开启了属于中国人自己的大飞机时代。

长期以来，欧美国家主导着航空制造业的行业标准，全球民航大飞机的生产制造几乎成了欧美企业的“专利”，民航飞机市场的近九成份额，被美国波音、法国空客两家巨头瓜分。苦于技术落后，我们不得不受制于人，而且动不动还要缴纳各种巨额“学费”。在飞机制造领域，大型民航客机是对现代高新技术的高度集成，其研发与制造能力是一个国家航空水平的重要体现，也是一个国家整体实力的重要标志。当今世界，能够制造大飞机的国家屈指可数，对于中国而言，大飞机更是承载了几代中国人的“航空梦”。从2007年批准立项到2017年首次试飞，从2022年年底首单交付到此次成功商飞，C919经历了无数次极限试飞的挑战，交出了令同行折服的成绩单，其背后凝聚了无数航空人的汗水、智慧和努力。

C919 大飞机的首次商飞具有里程碑意义，它标志着 C919 大飞机已经从“产品”变成了“商品”，中国也由此打通了代表世界先进制造业水平的大飞机产业链。通常情况下，一架大型民航飞机由 300 万个至 500 万个零部件构成，不仅技术门槛高，还涉及成千上万个供应商。也就是说，在这个庞大的大飞机产业链上，如果没有一个强有力的现代化工业体系作支撑，那么，大飞机制造只能是纸上谈兵。

欣慰的是，C919 大飞机不仅完成了 102 项关键技术攻关，而且在系统集成上实现了技术突破，在倒逼我国工业标准持续升级的同时，带动了一大批新产业发展，以航空业为主轴的科技创新和先进制造业生态正加快形成。比如，C919 大飞机带动了新材料、电子控制、现代制造等新兴产业发展，诸如以第三代铝锂合金为代表的先进材料规模化应用，以钛合金 3D 打印等为代表的先进加工方法等，越来越多地扩散至传统制造业生产中。

C919 大飞机是全球化合作的产物，也是我国加快创新驱动发展战略的一个缩影。C919 大飞机成功研制的背后，是一条我国高端制造业自主设计、系统集成、全球招标、逐步提升国产化的发展新路径。对于 C919 大飞机而言，商业首飞是其漫长产业化之路的第一步。未来，C919 还需用更多的国际订单来赢得市场的青睐。对此，我们充满信心与期待。

（摘自：《经济日报》2023 年 6 月 2 日第 005 版，内容有删减。）

2.4.4.3 新型民用航空器

随着航空技术的发展和人们环境保护意识的提高，新型民用航空器的主要发展要求为绿色、效率、智能和安全。新型民用航空器在应用领域上可分为新型运输客机和新型通用飞机。其中，新型运输客机主要有超声速客机、翼身融合式布局飞机等，其发展方向主要是解决通勤效率、乘客安全以及环境保护等问题。新型通用飞机的发展方向除提高效率、安全性、环保性以外，还着眼于垂直起降航空器在城市通勤中的应用。此外，为减少航空器对环境的影响，新能源动力飞机也是新型民用航空器的一大发展分支。

知识扩展 18

什么是超声速客机？

超声速客机（Supersonic Transport，SST）是指可超声速巡航的民航客机，历史上有协和号及图-144 两款超声速客机投入商业营运。但这两款飞机自问世以来一直备受成本效益、环境破坏等问题困扰，并未得到大规模推广使用。超声速客机尚需进一步提高经济性，减少环境污染，才可能大量进入航线运营。目前，超声速飞机的研究内容主要包括降噪设计、提升能源效率及安全性等，相关法规也在逐步完善。

2.5 扩展阅读

（1）《中长期铁路网规划》，链接：https://www.gov.cn/xinwen/2016-07/20/content_

5093165. htm.

规划原文（pdf 文件）：https://www. gov. cn/xinwen/2016－07/20/5093165/files/1ebe946db2aa47248b799a1deed88144. pdf.

（2）《国家公路网规划》，链接：https://www. ndrc. gov. cn/xxgk/zcfb/ghwb/202207/t20220712_1330358. html? code=&state=123.

规划原文（pdf 文件）：https://www. ndrc. gov. cn/xxgk/zcfb/ghwb/202207/P020220712348051707026. pdf.

（3）《水运“十四五”发展规划》解读，链接：https://www. mot. gov. cn/2022zhengcejd/202202/t20220204_3639756. html.

规划原文（pdf 文件）：https://www. mot. gov. cn/zhuanti/shisiwujtysfzgh/202201/P020220129656216621110. pdf.

（4）《“十四五”民用航空发展规划》，链接：http://www. caac. gov. cn/XXGK/XXGK/FZGH/202201/t20220107_210798. html.

规划原文（pdf 文件）：http://www. caac. gov. cn/XXGK/XXGK/FZGH/202201/P020220107443752279831. pdf.

（5）《中国交通的可持续发展》白皮书，链接：http://www. scio. gov. cn/ztk/dtzt/42313/44564/44572/Document/1695322/1695322. htm.

（6）《铁路路基设计规范》（TB 10001—2016）。

（7）《铁路桥涵设计规范》（TB 10002—2017）。

（8）《铁路隧道设计规范》（TB 10003—2016）。

（9）《铁路信号设计规范》（TB 10007—2017）。

（10）《铁路线路设计规范》（TB 10098—2017）。

（11）《Ⅲ、Ⅳ级铁路设计规范》（GB 50012—2012）。

（12）《铁路车站及枢纽设计规范》（TB 10099—2017）。

（13）《铁路旅客车站设计规范》（TB 10100—2018）。

（14）《高速铁路设计规范》（TB 10621—2014）。

（15）《城际铁路设计规范》（TB 10623—2014）。

（16）《市域（郊）铁路设计规范》（TB 10624—2020）。

（17）《地铁设计规范》（GB 50157—2013）。

（18）《城市轨道交通工程项目规范》（GB 55033—2022）。

（19）《城市综合交通体系规划标准》（GB/T 51328—2018）。

（20）《公路路线标识规则和国道编号》（GB/T 917—2017）。

（21）《公路工程技术标准》（JTG B01—2014）。

（22）《公路路线设计规范》（JTG D20—2017）。

（23）《公路工程标准体系》（JTG 1001—2017）。

（24）《公路路基设计规范》（JTG D30—2015）。

(25)《运输机场总体规划规范》(MH/T 5002—2020)。
(26)《通用机场建设规范》(MH/T 5026—2012)。
(27)《运输机场总体规划规范》(MH/T 5002—2020)。
(28)《海港总体设计规范》(JTS 165—2013)。
(29)《河港总体设计规范》(JTS 166—2020)。
(30)《内河通航标准》(GB 50139—2014)。
(31)《港口与航道水文规范》(JTS 145—2015)(2022 版)。
(32)《输气管道工程设计规范》(GB 50251—2015)。
(33)《输油管道工程设计规范》(GB 50253—2014)。
(34) 徐瑞华,江志彬,徐行方.轨道交通系统行车组织(修订本)[M].上海:同济大学出版社,2023.
(35) 佟立本.铁道概论[M].8 版.北京:中国铁道出版社,2020.
(36) 吴娇蓉,等.交通工程[M].北京:人民交通出版社,2018.
(37) 严作人,陈雨人,张宏超,等.道路工程[M].2 版.北京:人民交通出版社,2011.
(38) 谈至明,赵鸿铎,张兰芳,等.机场规划与设计[M].北京:人民交通出版社,2010.
(39) 江志彬.城市轨道交通网络列车运行组织与管理[M].上海:同济大学出版社,2018.
(40) 唐涛,李开成,等.高速铁路列车运行控制[M].北京:中国铁道出版社,2021.

复习思考题

(1) 轨道运输的系统组成有哪些?
(2) 轨道交通线路等级和技术标准是什么?
(3) 轨道是由哪些主要部件组成的?
(4) 道岔的主要功能是什么?道岔号是如何计算的?
(5) 什么是轨道交通的限界?机车车辆限界和建筑限界分别是什么?
(6) 轨道交通车站与区间的分界点是什么?
(7) 什么是警冲标?警冲标的功能是什么?
(8) 股道有效长是如何计算的?
(9) 轨道交通车站有哪些?各有什么功能?
(10) 什么是轨道交通的信号、联锁和闭塞?各自的功能是什么?
(11) 我国高速铁路列控系统分为几级?各级别的功能差异有哪些?
(12) 城市轨道交通自动控制系统由哪几个子系统组成?各子系统有什么功能?
(13) 城市轨道交通列车运行控制系统的自动化分为几个等级?各级别的功能差异有哪些?
(14) 公路运输系统的组成有哪些?

(15) 公路是如何分级的？
(16) 公路运输的线路设施有哪些？
(17) 公路运输的场站设施有哪些？
(18) 城市道路交通系统是如何分级的？
(19) 什么是交叉口信号相位？
(20) 什么是航道？航道设施主要包括哪些？
(21) 港口水域和陆域的设施分别有哪些？
(22) 机场航站区的基础设施有哪些？各有什么功能？
(23) 机场飞行区的基础设施有哪些？
(24) 目视助航设施有哪些？
(25) 空中交通管制设施有哪些？
(26) 长距离输油管道由哪些设备组成？
(27) 长距离输气管道由哪些设施组成？
(28) 交通运输通道有哪些类型？
(29) 交通运输枢纽有哪些类型？各有什么功能？
(30) 铁路机车有哪些类型？各有什么特点？
(31) 铁路车辆有哪些类型？各有什么功能？
(32) 高速铁路动车组有哪些关键技术？
(33) 汽车是如何分类的？
(34) 新型汽车有哪些类型？
(35) 船舶有哪些类型？
(36) 船舶由哪些部分组成？
(37) 航空器是如何分类的？
(38) 飞机的结构组成是什么？

第3章
运输需求与供给

运输市场包括运输需求与运输供给两个方面。运输需求是运输供给产生的根源,也是运输组织与规划的基础。运输市场的供给由运输需求分析与运量预测所决定。因此,理解运输市场,了解影响运输市场运转的运输政策,把握运输需求与运输供给在运输市场中的相互作用关系,是开展运输组织工作的基础和前提条件。

3.1 运输市场与政策

运输市场是在运输活动出现后才慢慢形成的。当运输服务成为商品之后,即运输生产具有交换属性,并随之出现了专门从事客货运的运输者时,运输市场才具备了形成的基础条件。

政策是指国家或国际组织为实现一定历史时期的任务和目标而制定的约束人们行为的行动依据和行为准则,其通常以具有强制性的规章、制度、法令、条例、政府文件等形式出现。交通运输政策是指在交通运输领域里的政策。交通运输政策是国家或国际组织针对交通规划、建设、养护和营运管理等所制定的指导原则和工作方针,具体体现在与交通运输有关的法律、条例、规章或文件中,目的是维护公共利益和提高交通运输的投入产出效率。

3.1.1 运输市场

3.1.1.1 运输市场概述

1. 运输市场的定义

当我们论述运输市场时,可以从狭义和广义两个不同的角度来理解它。从狭义的角度来看,运输市场主要是指为了满足旅客和货物的空间移动需求而提供座位或装载吨位的特定场所。在这个场所中,运输需求方(即旅客和货主)与运输供给方(即运输业者)以及运输代理者进行各种托运交易活动。简而言之,这是一个专注于实现具体运输交易的地方。从广义的角度来看,运输市场是市场体系中的一个重要组成部分,它不仅包括了上述的运输劳务交易场所,还涵盖了运输各方在交易过程中所产生的各种经济活动和相互关系,包括运输产品如何在生产者和消费者之间流通、运输供给如何与运输需求相匹配、运输部门如何与其他部门协作等。在此,我们主要讨论一般意义上的运输市场问题。

广义的运输市场是一个多维度、复杂的概念,取决于我们分析的角度和侧重点:

(1) 运输市场是运输产品进行交易活动的场所。此处,运输市场是一个具有地理属性的概念,通常被看作是运输供需双方发生产品与服务交换行为的地方。

(2) 运输市场是运输产品及其相关要素(如劳务、资金、技术、信息等)的供求关系的总和。从这个角度来看,运输市场就是由不同供给与需求所构成的复杂网络。这一概念的核心在于买方与卖方力量的结合,买方市场、卖方市场的状态直接反映了这种供求力量对比的结果。

(3) 运输市场是在特定时空条件下对运输产品的现实需求和潜在需求的总和。由于商品的总需求量与消费群在一定时空背景下表现出来的需求总量有关,因此,市场实际上是由具有现实需求和潜在需求的消费者共同组成的。

2. 运输市场的参与者

运输市场是多层次和多要素交织形成的复杂集合,其主要的参与者可归纳为以下 4 个。

(1) 运输需求者。运输需求者包括多元化的客户群体,他们既可以是旅客,也可以是货主。运输需求主体进入运输市场,主要有两种目的:一是通过运输劳务获得运输效用;二是追求经济效益,即用较少的费用使运输效用得以满足。

(2) 运输供给者。运输供给者包括提供运输服务的单位和个人,即提供不同运输方式的运输从业者以及他们的行业组织。运输供给者通过提供运输劳务服务来获得相应的经济回报。

(3) 运输中介。运输中介介于运输需求者和运输供给者之间,以货运代理公司、经纪人、信息咨询公司等中间人的身份提供各种与运输相关的服务。作为独立的市场经济实体,运输中介通过服务供需双方,参与运输市场的各环节活动中,同样以追求经济效益作为其目标。

(4) 政府。政府也是构成运输市场的一个重要因素,由有关机构和各级交通运输管理部门构成。它们不仅代表了国家及公众的利益,还在宏观层面上对运输市场起着监督、管理和调控的重要作用,以确保市场的健康运行,维护公众利益,从而为运输行业的稳定和发展提供有力保障。

在运输市场交易活动中,需求方、供给方以及中介是直接参与者,负责进行客货运输交换活动,成为运输市场的核心行为主体。政府则起到管制、监督、调控的作用,它并非直接参与市场主体的决策过程,而是通过经济激励、法律约束等手段来制定与运输市场运作有关的基本规范与准则,从而引导、约束运输市场的行为主体,确保整个运输市场能够按照既定规则和秩序高效有序地运行。

3.1.1.2 运输市场的影响因素

运输市场的影响因素主要有以下 4 个。

(1) 自然地理因素。运输的本质在于使旅客和货物发生空间转移,即消除地理空间对人员与物资流动的阻隔。因此,自然地理因素是影响运输市场的首要因素,包括国土面积、资源分布和地理条件等。国土面积的大小直接关系到运输市场的规模和容量;资源种类及其地理分布会影响运输市场的结构;地理位置和地形特点则对天然运输资源的可利用性以及不同运输方式在空间上的布局起着决定性作用。这些因素对运输市场的整体规模和结构产生了重要影响。

(2) 经济因素。经济体制对于运输市场的构建和演进具有显著作用。在计划经济体制下,政府主要通过行政计划来管理运输业和调节运输供求。这使得运输市场的职能和作用在一定程度上被弱化。然而,当计划经济体制转向市场经济体制时,政府开始更加关注并充分发挥运输市场的自身作用,逐步推动运输市场的复兴和完善。同时,运输不仅是社会分工和商品经济发展的产物,而且与工业化进程紧密相连、相互促进、相伴而生、相辅相成。因此,经济发展水平必然是运输市场最为关键的影响因素。诸如资源分布与开发状况、能源结构、人口构成及其特性、收入及消费水平、产业结构、生产总值和经济的全球化水平等因素,都直接制约着运输市场的规模、结构及运行效率。

(3) 政策和法律因素。在促进经济增长和维护经济稳定的过程中,运输起到了关键性作用,因此必须为其建立一套专门的法律框架或规则,即所有运输活动必须严格遵循法定的标准和规范。由于各国的经济体系和发展需求各异,故不同国家会根据自身情况制定相应的政策和法律。运输市场是在宏观经济环境中运行的,自然会受到有关政策和法律的影响。更进一步来说,各国的运输业管理体制和运输政策均会对运输市场起着直接调控作用。例如,交通运输企业的成立必须满足特定条件,且有特定的审批程序,以及运营许可证的登记、颁发和管理都必须严格遵循相应的制度。

(4) 技术因素。技术进步在现代运输网络的形成中起着决定性的作用。运输技术的不断革新不仅满足了社会经济和消费者多元化的运输需求,也彻底改变了运输业的面貌,重塑了运输行业的格局,并持续性地优化着运输结构。因此,技术进步已成为运输市场十分重要的外部推动力量。此外,现代网络、人工智能等技术与运输技术的融合,正逐步缩短着地理空间的物理障碍,也为国家(地区)乃至全球运输市场的一体化发展奠定了坚实基础。

3.1.1.3 运输市场的结构

1. 运输市场的状态结构

运输市场的状态结构是指由运输市场运行的不同状况所形成的市场结构。运输市场交易是由供给方和需求方共同构成的。在交易活动的持续过程中,由于供需双方的经济实力和影响力的相对差异使得市场自然而然地展现出不同的状态。

1) 运输买方市场

运输买方市场是指在买卖双方的力量对比中由买方占主导地位的市场。在这种运输市场情境下,运输供给大于需求,因此买方掌握着市场的主动决策权,并成为推动市场走向的主要力量。由于运输供给过剩,货主或旅客在选择运输服务时具有极大的灵活性,可以自由选择多种服务方式,而运输企业则面临着挑战,必须努力开拓销售渠道。同时,同行间展开了激烈的竞争。这种竞争主要体现在价格竞争与非价格竞争上,其中价格竞争尤为关键，往往与质量竞争（包括服务竞争）紧密相连。在运输供给方激烈竞争的过程中，运输需求方往往能够获得更多的利益。

2）运输卖方市场

运输卖方市场是指在买卖双方的力量对比中由卖方占主导地位的市场。在这种运输市场情境下，运输供给小于运输需求，因此卖方掌握着市场的主动决策权，并成为推动市场走向的主要力量。由于供给不足，导致卖方具有较大的议价空间，可以待价而沽，而买方则相对被动，面临激烈的竞争，有时不得不以高价来确保获得所需的运输服务。虽然，这种市场结构对运输服务的供给方看似有利，但长期来看，运输业者容易出现一些负面经济行为，如竞争意识薄弱、忽视技术进步、过度追求利润来借机谋取利益等。因此，这种运输市场的状态结构对运输业乃至整个国民经济的健康发展都是不利的。

3）运输均势市场

运输均势市场描绘了一种运输市场中的理想平衡状态，买卖双方的力量旗鼓相当。这种市场状态是较为完善的，因为它代表了运输供给与需求之间的大致平衡。在这种情境下，市场价格相对稳定，买卖双方均无明显的优势和劣势。这种均衡不仅有利于运输业本身的稳定发展，同时也为国民经济的整体增长提供了平稳的环境。因此，运输均势市场是市场结构中的理想模式。

买方市场、卖方市场和均势市场是运输市场存在着的三种不同状态，它们是供需双方力量博弈的结果。但这种博弈关系不是固定不变的。随着各种经济变量因素（如成本、价格、政策等）的变动，供给与需求也会发生相应变化，从而引发市场的动态调整，导致运输市场的状态也会随之发生改变。

2. 运输市场的空间结构

运输市场空间是指运输主体及其所支配的运输市场客体的活动范围。任何一个实际存在的运输市场，都有其特定的活动范围，这些范围因市场各自的扩散和吸引力度的差异而有所不同。运输市场的空间结构是指不同等级、不同层次的市场空间在整体市场架构体系中的定位及其彼此间的相互关系。从宏观角度来看，运输市场的空间结构可以分为以下三个基本层次：

（1）区域性的地方运输市场是以特定区域为活动空间的运输场所，涵盖城市内部运输市场、城市间运输市场、农村地区运输市场和城乡运输市场，以及南方市场和北方市场等。区域性的地方运输市场通常以大大小小的经济区为主，基于地域分布和生产专业化逐步形成和发展，且随着时间的推移，这些区域性的地方运输市场会逐渐稳步扩大，以适应和满足日益增长的运输需求。

（2）全国统一的运输市场是指覆盖整个国家的领土、领空、领海的一个具有综合性活动空间的运输市场，也是包含了各个地区和各种运输方式的统一的、整体性的运输市场。它是在市场经济不断发展的基础上，并在区域性的地方运输市场成熟的前提下形成的。全国统一的运输市场由多个细分市场组成，包括铁路运输市场、公路运输市场、水路运输市场、航空运输市场和管道运输市场。

(3) 国际运输市场是指不仅以本国，而且以其他国家为活动空间的运输市场。它是随着国与国之间的商品交换及经济社会文化交流的增加而逐步兴起和繁荣起来的，也是随着国际分工的深化、全球经济的发展以及经济生活的国际化应运而生的。因此，国际运输市场是市场经济发展的客观要求和必然趋势。

3. 运输市场的时间结构

运输市场的时间结构是指市场主体支配交换客体这一运行轨迹的时间量度。在运输市场的交易环境中，市场主体之间对运输劳务的权利转移与其价值运动过程，可以有不一样的时间线。从时间结构的视角来看，运输市场通常可以分为两种：运输现货交易市场和运输期货交易市场。

(1) 运输现货交易市场是指进行运输现货交易的市场。交易对象包括拥有运输劳务(现货)并准备交割的运输供给者和需要得到运输劳务服务的运输需求者。运输现货交易是指运输市场上出售运输劳务与货币转移是同时进行的，也称即期交易。广义的现货交易涵盖了远期交易，供求双方只需签订运输合同，约定在未来某一时期内按合同条款履行义务并进行交割。如果现货交易是通过签订运输合同进行的，则运输劳务必须在规定的时间内完成，而合同的修改和取消只有在买卖双方协商一致、相互同意的情况下才能够进行。

(2) 运输期货交易市场是指从事买卖标准化的运输期货交易合同的市场。运输期货交易是指通过签订标准化的运输期货交易合同而达成的交易。运输期货交易双方可以在合约达成之初就签署期货交易合同，并约定在未来的某个具体时间点进行实际交割。此外，期货交易允许“买空卖空”，这意味着交易者无须实际拥有货物即可进行买卖操作。并且根据实际需求和市场情况，交易人还可以自由地增加或减少交易量。

3.1.1.4 运输市场的特征

运输市场作为社会主义市场体系的关键组成部分，无疑也具有一般市场的共性。供需双方是市场主体的两大阵营，各自在市场中占据着重要位置。尽管供给和需求的变化受到多种因素影响，但最终都要受价值规律支配，且都要遵循等价交换的基本原则。然而，由于运输产品的生产过程、需求过程以及产品自身的特殊性，使得运输市场除拥有一般的市场共性以外，还展现出与其他市场产品截然不同的鲜明特点。

1. 运输市场上交换的产品具有无形性、服务性

与一般的商品市场不同，运输市场并不进行实体商品交易，而是进行无形的运输服务交换。在交换过程中，虽然涉及所有权转移，但是购买运输服务的消费者并不是直接获得可消费的物质产品，而只是获得一种能够改变旅客和货物在空间和时间上存在状态的服务，服务内容包括旅客或货物的具体数量、起运和到达的时间及地点等。这种消费并非针对物质产品，而是对运输服务的消费。

2. 运输市场不能以储存来调节产品供求

在运输市场中，运输产品的生产与其消费具有同步性。旅客和货物是直接搭载在运输工具上移动的，它们的空间位置随着载运工具的行进和场所的变换而相应地发生改变。由于运输劳动所创造的产品，即运输服务，在生产过程中即刻被消费掉，因此不存在传统意义上的“成品”可用于存储、转移或调拨。运输服务的供给完全体现在各种运输方式所展现的现实运输能力之中，无法像其他产品那样通过储存或调拨来调节供求状况。唯一的可以满足运输需求的方法是提高运输效率或新增运输能力。而一旦需求下降，部分供给能力便不可避免地会处于闲置状态。

3. 运输市场存在空间上的广泛性和具体位移的特定性

运输产品的交换场所是纵横交错、遍布各地的运输线路和港航枢纽。货运市场也较为分散，只要有货物运输需求，就会有相应的货运交易场所产生。同时，运输产品具有矢量性质，即不同的目的地和起始地之间的运输形成不同的运输产品。这些产品之间不能相互替代，即使具有相同的到发地，也因运输线路的差异而被区别开。只有当相同的旅客或货物在同一起终点并沿相同线路运输时，才能将其视为相同的运输产品。

4. 运输市场供求不平衡，具有较强的波动性

一般情况下，价值规律能够引导市场供求关系走向均衡，并调和供需双方矛盾，确保供求关系在质量、种类等方面保持平衡。然而，考虑到运输需求的多样性和不平衡性、运输业的“超前发展”和先行地位，以及运输市场现有的管理办法、措施和手段的限制等，运输市场的供求状态呈现出不均衡特点。而且，运输服务作为一种没有实物形态的劳务产品，不支持储存待售，也无法像有形产品那样通过储存来调节市场的供求量，故一旦不使用，将会造成无法挽回的损失，致使运能运力浪费。同时，运输受多种因素影响，其波动性较强。因此，我们需要充分发挥运输市场的调节机制，借助价值规律的自动反馈和调节系统，使运输市场的供求关系趋于平衡，或者将供求不平衡差距控制在一定范围内。

5. 运输产品的可替代性较强，各种运输方式之间竞争激烈

在运输市场上，竞争不仅局限于同一运输部门内的不同企业之间，还发生在不同的运输方式之间。现代运输业提供了多种运输方式，其提供的运输产品都可以实现客货的有效位移。这意味着即便是在提供相同数量的运输产品前提下，不同的运输方式也能因其所提供的运输产品质量特性（如运输速度、舒适度、方便程度等）的不同而有所区别。因此，运输产品具有较强的可替代性，这也意味着消费者在选择时有较强的灵活性。这些可以相互替代的运输方式共同组成运输市场上的供给方，但彼此之间又存在着竞争关系。为了保持市场的稳定和公平，对于不同的运输服务要根据质量的差异进行合理的运价比价。为促进各种运输方式间的协调发展，并充分发挥其各自优势，避免无序竞争，需要国家对运输业进行宏观调控和系统规划，以打破条块分割和部门壁垒，实现资源的优化配置，推动综合运输的发展。

6. 运输市场天然容易形成垄断

在运输业的一定发展阶段，某种运输方式往往会在运输市场上形成强大的垄断势力，占据主导地位，即使到了运输市场逐渐成熟和完善时期，垄断的痕迹依然存在。例如，许多发达国家都曾有过大规模建设运河的时期，那时水运是占据主导地位的运输方式，其后铁路又在相当长一段时间内成为运输业的霸主。尽管如今多种现代运输方式并存，竞争成了运输市场运行的主要特征，但各种运输方式仍在自己的优势领域内保持领先地位。特别是铁路和民航等运输行业必须有其高度集中的生产指挥系统，以及铁路和管道在线路方面的独占性，使得这些行业自然而然地呈现出垄断性的经营特点。而这样的市场结构往往阻碍了市场的健康发展，难以形成比较完善的市场，因此各国对运输市场一般都会加以严格管制。

3.1.1.5 运输市场的地位与作用

1. 运输市场的地位

1）运输市场是市场体系的基础

运输是商品流通的载体，商品市场的形成和完善是以货运市场为前提的。同时，劳动力市场的形成是基于劳动力的自由流动，而劳动力的自由流动必须依赖完善且发达的客运市场。因此，运输市场是整个市场体系的基础，可以将其视为重要的要素市场之一。社会再生产的持续推进离不开运输的支持，运输市场的运转状况对产品的流动过程有着直接影响，进而影响整个市场体系的运转效率和国民经济的发展速度。可以说，运输市场的发展规模和水平直接决定了商品生产与交换的规模及程度，只有当运输市场达到一定水平后，商品的生产与交换才能突破区域规模的限制。

2）运输市场是整个市场体系的子系统

运输市场作为市场体系的子系统，其运行机制、市场秩序、市场调节流程都受到市场体系基本规则的制约。在建立和完善运输市场规则时，必须确保规则不能超出市场体系的基本规则框架，且在很大程度上应与市场体系的总体规则同步。

2. 运输市场的作用

只要有商品生产和商品交换的存在，市场就要发挥其功能。运输市场的作用体现在以下两个方面。

1）提供运输供求信息

运输市场最基本的功能是为生产者和消费者提供运输供求信息。从某种意义上来说，运输市场可被视为一个高效的信息网络或信息系统，主要用于促成运输活动交易。运输市场的信息流是双向的：一方面它指导运输生产企业或个人基于市场需求决策其生产规模及所提供产品或服务的类型，以实现最佳的经济效益；另一方面，它让运输需求者能够全面选择运输供应方和运输方式，从而使运输支出得到最大化的价值回报。

2）促进生产力发展

运输作为社会分工深化的自然结果，与商品经济的发展同步成长。在商品经济社会中，发达的运输体系是经济发展的重要条件。社会分工越深化，运输市场规模越大；反过来，运输市场规模越大，又能够推动社会分工的进一步细化和发展。这种运输能力的强大支撑，使得一个国家的生产活动向专业化、规模化、区域化和科学化的方向发展。此外，发达的运输市场还有助于将社会生产扩展到世界范围，使全球各个区域间的经济联系得以加强，从而进一步推动生产力的发展。

知识扩展19

什么是市场?

市场有广义和狭义之分。从狭义上讲,市场是买卖双方交易商品的场所。从广义上讲,市场是指在一定时间、地点条件下商品交换关系的总和,是体现供给与需求之间矛盾的统一体。从市场营销学的角度来看,市场是实现需求和潜在需求的全部。从企业营销的角度来看,市场是人口、购买力和购买欲望三要素的综合。

3.1.2 运输政策

3.1.2.1 运输政策概述

从本质上讲,运输政策是国家为了高效组织和管理运输活动而制定的准则。这些准则被用来规范政府本身、运输供给方、运输需求方以及其他所有相关主体的活动。因此,运输政策从方方面面影响着运输活动。只有熟悉和理解了运输政策的相关内容,运输组织才能顺利地开展。

1. 运输政策的含义

在国家治理领域中,政策是政府为实现一定的目标而制定的具有鼓励或限制各主体活动、协调各主体利益关系的行为准则。运输政策是政府为实现一定时期运输活动的目标而制定的协调参与运输活动的各主体利益关系的行为准则。政策本身具有明确的指导性和方针性,与其密不可分的通常是具体的实施方案或措施。实际上,政策与方案或措施之间的界限并不清晰,有时难以区分。因此,我们会发现存在某项方案或措施就代表了某项政策的情况。

运输政策具有多种多样的形式,一部分经过一定的正式程序而形成文字,例如,《中华人民共和国公路法》《中华人民共和国铁路法》,以及相关的交通行政法规、政府的交通建设计划、有关运输部门的发展目标、投资计划等;还有一部分却并非那么正式,例如,交通运输部官员在记者招待会上的某项声明,或者是在立法机构中对于某项咨询的答复等。

政府有中央和地方之分。中央运输主管部门会发布中央的或国家层面的运输政策,地方运输主管部门也会发布地方的运输政策,前者如国家的运输布局规划,后者如某些地方性的开放给地方运输业者经营的路线等。

2. 运输政策的主要内容

由于不同国家的地理特征、资源状况、经济发展水平各有不同,因而其运输政策内容也存在显著差异。即使同一个国家,当处于国民经济和运输进程的不同发展阶段时,其运输政策的目标、制定背景、调整的重点对象以及政策要求和措施手段等也不一样。近年来,无论发达国家还是新兴发展中国家都逐渐加大了对制定规范的运输政策的重视程度。运输政策的主要内容一般包括以下几方面。

1) 政策目标

政策目标即为制定该项政策所要解决的关键问题。对于大多数国家而言,运输政策的目标大多是很相近的，如加快交通运输业的发展以促进经济发展、提高运输效率、保障社会平等、开发相对落后地区、保护环境和有效利用资源等。运输政策的总目标是：发展、协调和保护由水运、公路、铁路及其他运输方式组成的国家运输体系，以充分满足商业邮政及国防等的需要。

2）政策背景

在国家或地区的不同历史时期或不同经济发展阶段，其所面临的运输问题和相应的运输政策是不同的。因此，运输政策是会变化的。为使公众和政策执行者能深入理解并积极配合政策的执行，以保证政策的顺利推行，一般应对该政策制定的背后逻辑、时机选择及其他背景情况进行说明。

3）政策手段

运输政策的手段主要包括运价调整、税收改革、政府补贴、运输服务购买、运输设施建设、投资融资体制机制的革新、载运工具的废气排放标准和噪声标准制定、运输监管或放松监管实施、新的交通运输业组织管理体制推行、对某种运输方式的国有化或民营化管理、经营许可等。通常，解决不同问题的途径有很多种。因此，想要实现政策目标，就需要因地制宜，根据具体的社会、经济、政治、技术等条件选择最合适的手段。

4）政策实施法规

运输政策与交通运输法规密切相关。通过法律的形式来明确规定一些重要的运输政策目标，不仅加强了其权威性，也能保证它的稳定性。因此，交通运输法规在各国运输政策体系中占据着重要地位。值得注意的是，很多国家的正式文件中并未直接提及运输政策，而是通过一系列交通运输法规来体现其运输政策的核心思想。此外，即使是成文的运输政策有时也只有原则性的抽象概念，必须配合该政策制定可以具体实施的交通运输法规，以确保政策的有效落地执行。

3.1.2.2 主要运输政策

随着我国社会主义市场经济体制的逐步完善，政府职能正逐步聚焦于宏观调控、政策导向、战略规划、协调各方、优化服务和严格监督等方面。就交通运输业而言，国家需要制定完善的运输政策以确保行业能够稳健发展。目前，我国的运输政策主要包括综合性政策以及针对各种运输方式的专项政策。

2021 年 12 月 9 日，国务院印发了《“十四五”现代综合交通运输体系发展规划》。该规划指出，到 2025 年，综合交通运输基本实现一体化融合发展，设施网络更加完善，运输服务更加高效，技术装备更加先进，安全保障更加可靠，发展模式更可持续，治理能力更加完备。当前阶段，综合性政策主要有以下这些。

（1）发展现代综合交通运输体系的政策。我国开启全面建设社会主义现代化国家的新征程，对综合交通运输体系发展提出了新要求。要适应国土空间开发保护、新型城镇化建设、全面推进乡村振兴的要求，优化发展布局，强化衔接融合，因地制宜地完善区域城乡综合交通网络；要坚持以创新为核心，增强发展动力，推动新科技赋能提升交通运输发展质量效率；要增强综合交通运输体系韧性，调整发展模式，将绿色发展理念、低碳发展要求贯穿发展全过程，提高自身运行安全水平和对国家战略安全的保障能力；要将满足人民对美好生活的向往、促进共同富裕作为着力点，转变发展路径，促进建管养运并重、设施服务均衡协同、交通运输与经济社会发展深度融合，以全方位转型推动交通运输高质量发展。

(2) 发展综合运输服务的政策。推进综合运输服务发展和提质增效是现代综合交通运输体系建设的本质要求与根本目的。为加快建设交通强国，推进综合运输服务高质量发展，要构建协同融合的综合运输一体化服务系统，构建快速便捷的城乡客运服务系统，构建舒适顺畅的城市出行服务系统，构建集约高效的货运与物流服务系统，构建安全畅通的国际物流供应链服务系统，打造清洁低碳的绿色运输服务体系，打造数字智能的智慧运输服务体系，打造保障有力的安全应急服务体系，打造统一开放的运输服务市场体系，打造精良专业的从业人员保障体系。

(3) 规范旅客和铁路运输企业的政策。近年来，铁路政企分开改革持续深入推进，铁路营业里程不断增加，高速铁路快速发展，铁路旅客运输领域发生了巨大变化，铁路运输企业不断突破传统客运服务形式，实现服务创新与经营创新。交通运输部公布了《铁路旅客运输规程》(交通运输部令 2022 年第 37 号)，明确了对铁路运输企业和旅客的总体要求；围绕票务重点环节，切实保障旅客运输安全和合法权益；优化旅客的乘车和行李运输环节体验，保障旅客高效出行、便捷出行、安全出行；畅通旅客维权渠道，切实维护旅客的合法权益。

(4) 加强标准化运输体系建设的政策。加快建设交通强国、构建现代化高质量国家综合立体交通网，提升行业治理能力，要求充分发挥标准化的引领作用，建设适应高质量发展的标准体系，促进各种运输方式协调衔接和融合发展。加强标准化管理体系建设，构建适应高质量发展的标准体系，加快服务国家重大战略标准研制，加强重点领域高质量标准有效供给，推进国际标准共建共享，创新标准实施应用和监督管理机制，加强计量、检验检测、认证认可体系建设。

(5) 发展交通运输科技创新的政策。“十四五”开启全面建设社会主义现代化国家新征程，交通运输进入加快建设交通强国、率先实现现代化和高质量发展新阶段，需要更加注重科技赋能、创新驱动，增强发展动力，更好服务和保障人民美好生活的交通需求。重点加强对基础设施、交通装备、运输服务、智慧交通、绿色交通等方面的研究。强化科技创新体系建设，强化交通战略科技力量，加快科技人才队伍建设，强化科技成果推广应用，提升交通科普服务能力，提升国际科技合作水平。

(6) 发展绿色交通的政策。交通运输进入加快建设交通强国、推动交通运输高质量发展的新阶段，服务国家碳达峰碳中和目标，深入打好污染防治攻坚战，必须完整、准确、全面贯彻新发展理念，统筹污染治理、生态保护、应对气候变化，采取更加强有力的措施，大幅提升交通运输绿色发展水平，不断降低二氧化碳排放强度、削减主要污染物排放总量，加快形成绿色低碳运输方式。优化空间布局，建设绿色交通基础设施，优化交通运输结构，提升综合运输能效，推广应用新能源，构建低碳交通运输体系，坚持标本兼治，推进交通污染深度治理，坚持创新驱动，强化绿色交通科技支撑，健全推进机制，完善绿色交通监管体系，完善合作机制，深化国际交流与合作。

(7) 发展数字交通的政策。大力推进交通新型基础设施建设，统筹交通基础设施与信息基础设施融合发展，通过先进信息技术赋能，推动交通基础设施全要素、全周期数字化，建设现代化高质量国家综合立体交通网，促进交通运输提效能、扩功能、增动能。打造综合交通运输“数据大脑”，加快建设数字政府，提升行业管理数字化水平。构建交通新型融合基础设施网络，部署北斗、5G 等信息基础设施应用网络，建设一体衔接的数字出行网络，建设多式联运的智慧物流网络，升级现代化行业管理信息网络，培育数字交通创新发展体系，构建网络安全综合防范体系。

(8) 发展邮政业的政策。邮政业是国家重要的社会公用事业，是服务生产、促进消费、畅通循环的现代化先导性产业。邮政体系是国家战略性基础设施和社会组织系统之一，为国脉所系、发展所需、民生所依。按照“服务全领域、激活全要素，打造双高地、畅通双循环”的思路，到 2025 年，我国邮政业在规模实力、基础网络、创新能力、服务水平、治理效能等方面实现新跃升，在经济社会发展中的基础性、战略性、先导性作用更加突出，在全球邮政业发展中的地位更加凸显。巩固发展邮政事业，加快壮大邮政产业，完善寄递网络体系，发展国际寄递物流，推进行业科技创新，提高行业安全水平，促进行业绿色发展，提升现代治理能力。

(9) 提升鲜活农产品运输服务的政策。随着我国经济社会快速发展，鲜活农产品市场供应不断扩大，品种类别也不断丰富，需要利用安装数字辐射透视成像检测设备和大数据分析等措施，加快探索建立涵盖货源场地分析、实车状态研判、重要节点抽查、技术手段检测、信用积分激励等全链条全过程的智慧检测机制，实现对鲜活农产品运输车辆的精准识别、高效检测和优质服务。

(10) 加快推进汽车客运站转型发展的政策。汽车客运站长期以来在服务保障公众出行中发挥了重要作用。近年来，受公众出行习惯变化、客运服务结构优化升级等因素影响，汽车客运站的客流量大幅下滑，设施利用效率明显降低，汽车客运站服务供给结构性矛盾凸显，转型发展需求日益迫切。要科学优化布局结构，合理调整存量规模，拓展站场服务功能，扩展旅游商贸服务，加强用地综合开发。

3.1.3 运输管制

3.1.3.1 运输管制概述

经济上所谓管制是指政府基于社会公众利益或国家经济发展政策的需要，对某一产业的企业行为所制定的规范及政府对该产业中企业经营活动的干预。管制的基本内容是制定政府政策条例和设计市场激励机制，以干预经济主体(企业)的价格、销售、市场准入或生产决策等。政府管制的产业有公用事业和运输业。运输管制就是政府对运输行业的企业行为所制定的规定，一般包括行业进入与退出管制、费率管制和安全管制等内容。政府主要通过直接供给、许可准入、转移支付、税收补贴、法律规章、政策立法、预测研究、道义劝告等方式进行管制。

1. 运输管制的必要性

运输业需要政府管制，原因在于以下几个方面。

(1) 公用运输业总成本中固定成本占比很大，并呈现出沉没成本的特点。这种特性使得该行业若倾向于大规模的组织与经营，便容易导致市场出现垄断独占的现象。另外，运输业的成本还具有共同成本的特点，这便导致边际成本难以直接分摊到消费者身上。同时，运输业大多具有规模经济和范围经济的特点，容易造成市场机制或价格机能失灵，难以适用效率原则。为了防止业主通过联合垄断等手段损害消费者权益，或者业主间出现恶性削价竞争，政府的介入和干预就显得尤为必要。

(2) 运输业存在一些未能在市场体系中充分体现的外部情况，包括诸如运输排放所造成的空气污染等外部成本以及运输所导致的土地使用的增值等外部利益。当生产者无须承担全部的外部成本时，会造成生产过剩；而当生产者未能获得全部的外部利益时，又会导致生产不足。生产过剩或生产不足都背离了资源有效利用的原则。因此，政府要重视运输业对运输资源的合理利用问题。

(3) 运输服务具有部分公共物品的特性。鉴于公共物品的非排他性，难以区分消费者和消费量，导致收费变得复杂且困难，因此私人不愿意提供，就必须由政府介入生产。另外，政府在决策时，除了注重效率，还需要综合考虑国家安全、公众福利等方面。考虑到国家安全或社会公平等，政府有必要对若干运输行业的供给情况和营运水平实施监管和干预。

(4) 运输产品主要为无形的劳务，无法像实体产品一样进行存储。同时，运输产品具有一致性且需要持续供应以满足市场需求，但消费者的需求会有显著的波动，这便要求运输业具备高度的灵活性和适应性。为确保运输业的供需平衡，政府亦有予以适当管制和调控的必要。

2. 运输管制的目标

运输管制是根据运输经济理论及管制、管理的原则，为界定运输部门各单位间相互关系及行为法则而制定特定的法规。其目的在于推动运输部门之间整体协同发展，提高资源利用率，避免出现不公平的差别对待，并防止过度优惠或竞争行为导致的混乱，从而维护公众利益和保障交通安全。

运输管制的目标主要有以下几点：

(1) 积极推动整体交通运输系统的升级和完善，使之与国家经济发展的需要相匹配。

(2) 为社会大众提供安全、高效、价格合理的运输服务，以满足大众的出行和物流需求。

(3) 促进国家和国际的商业发展，通过构建高效畅通的交通运输网络，为商业交流和合作提供有力支持。

(4) 力求运输与能源、土地利用、环境保护、社会政策(如就业、土地分配等)之间的相互促进及均衡发展。

(5) 保障运输业主的利益及安全经营。

3. **运输管制的措施**

1）报酬率管制

报酬率管制是指受管制的业主在管制者所认定的合理报酬率的限制下追求最大利润。在报酬率限制下，业主若一味地追求利润最大化，会使资本投入过度，以及资源配置不合理，从而导致厂商的平均成本提高和产量的减少。

2）营运比管制

营运比管制即成本加成法管理，是对独占者的总收入与运营费用的差额设定一定的合理范围，管制者在利润为营业费用的合理比率之下，求其最大收入。营运比管制虽在理论上能够避免资本误用，但仍须防止经营业主虚报成本，故政府应加强对经营成本的审计和核查工作。

3）价格管制

价格管制作为常用的调控手段，可分为价格上限与价格下限两种形式。当实施最高价格管制时，会导致消费者需求激增而供不应求，进而催生黑市现象；反之，当实施最低价格管制时，设置的价格底线可能导致生产者提供的产品超过市场需求，进而引发价格竞争和削价行为。因此，价格管制往往会导致市场效率降低。

4）数量管制

数量管制也是常用的管制措施，诸如管制牌照发放、管制进口等。这种管制措施如果过于严格，会导致市场上供需关系失调，也可能造成黑市交易，从而扭曲市场价格机制。因此，政府应审慎权衡，予以妥善运用，以维护运输市场的营运秩序。

5）服务品质管制

运输市场的服务品质在政府管制之下得以规范。服务水平标准通常包括：旅行时间、服务班次数、服务的可靠性和直接性、旅客的舒适程度、安全性等。有研究表明，对于运输服务品质进行合理的监管和调控，有助于提高社会福利水平。

3.1.3.2 国家运输政策及交通运输法制体系

1. **国家运输政策**

运输政策是指在国家社会利益基础上，根据当前环境需要所制定的具有前瞻性、开创性、规范性和整体性的与运输有关的政策。

运输政策是运输领域内制定相关法规的主要依据，也是运输部门营运的最高指导原则。因此，在研究某个国家的运输管制法规之前，必须先对该国的运输政策有全面的了解。政府依据运输政策来制定交通运输管制法规，再凭借运输管制法规的执行来实现其运输政策。所以，运输管制实质上是运输政策的一个环节，是针对特定运输业所采取的包含运输业的费率、路线、合并、退出等在内的特定管制措施。

由于我国各种运输方式归属于不同的政府部门管理，因此各种运输方式都有其专门的法律来对行业进行规范和管理，例如《中华人民共和国铁路法》适用于铁路、《中华人民共和国民用航空法》适用于民用航空。不同法律针对不同交通方式的管理政策给予阐述。

2. 交通运输法制体系

1）交通运输法的概念

交通运输法是调整交通运输关系的法律规范的总称。交通运输关系是在交通运输过程中产生的社会关系，包括交通运输管理关系和交通运输合同关系。交通运输管理关系是国家主管机关对交通运输业实施行政管理的一种关系。交通运输合同关系是承运人与运输使用人（主要是旅客、托运人及收货人）通过运输合同所建立的权利义务关系。

（1）交通运输管理法

交通运输管理法主要采用行政法律手段来调整国家主管机关与运输经营人之间的关系，具体包括交通运输管理体制、建设规划、安全生产、设施保护、运输营业、行政监督和行政处罚等方面的法律规范。在西方国家，习惯把交通运输管理法称为交通运输公法。

（2）交通运输合同法

交通运输合同法采用民事法律手段来调整承运人和运输使用人之间的关系，具体包括运输合同的设立、变更与终止，承运人与运输使用人的权利和义务，承运人责任制度等方面的法律规范。在西方国家，习惯把交通运输合同法称为交通运输私法。

交通运输法包括国内法和国际法。国内法和国际法是两个不同的法律体系，前者规范国内的交通运输行为，后者则规范国与国之间的运输行为，二者之间既有区别又相互渗透、互为补充。

2）交通运输法的特点

（1）法律规范的专业性

交通运输的发展与科学技术的不断突破紧密相连。每种运输方式都遵循各自的客观规律，相应的运输工具也都有各自的技术特点。法律法规的调整必须与之相适应，才能形成各具特色的法律制度。

（2）法律规范的综合性

法律规范的综合性是指调整交通运输关系的法律手段和方法具有多样化。交通运输是整个社会生活中不可缺少的组成部分，它深入物质生产的各个环节以及人们日常生活的消费中。为了保障并推动交通运输业的健康发展，需要将行政、民事、刑事、经济等方面的各种法律手段综合起来使用，才能达到预期的法律效果。

（3）法律规范的强制性

交通运输事业是国家的一种公用事业，在政治、经济和军事方面都具有重要的意义，国家必须对其进行严格管理，才能保证交通运输朝着安全、快速、经济的方向发展。由于交通运输合同不同于一般的合同，在调整承运人与运输使用人的关系时，必须做到既有利于交通运输事业的发展，又能切实保护公众的利益。因此，采用强制性的法律规范就很有必要。换言之，这决定了交通运输法的强制性。

（4）法律规范的国际性

交通运输法的国际性主要源于其运输业务的跨国性质。这种国际性特征在航空和远洋运输中表现得尤为明显。

3.1.3.3 我国的运输管制及交通运输法规

1. 我国的运输管制

目前，我国运输管制的内容主要包括加入和退出管制、费率管制、服务水准管制和运输补贴等。

1）加入和退出管制

加入和退出管制的内容贯穿运输企业从建立到退出的全过程。

我国对道路运输经营实行许可证制度。《中华人民共和国道路运输条例》（2023 年 7 月 20 日第五次修订）第十条规定："申请从事客运经营的，应当依法向市场监督管理部门办理有关登记手续后，按照下列规定提出申请并提交符合条例第八条规定条件的相关材料：（一）从事县级行政区域内和毗邻县行政区域间客运经营的，向所在地县级人民政府交通运输主管部门提出申请；（二）从事省际、市际、县际（除毗邻县行政区域间外）客运经营的，向所在地设区的市级人民政府交通运输主管部门提出申请；（三）在直辖市申请从事客运经营的，向所在地直辖市人民政府确定的交通运输主管部门提出申请。"

《国内水路运输管理条例》第八条规定："经营水路运输业务，应当按照国务院交通运输主管部门的规定，经国务院交通运输主管部门或者设区的市级以上地方人民政府负责水路运输管理的部门批准。申请经营水路运输业务，应当向前款规定的负责审批的部门提交申请书和证明申请人符合条例第六条或者第七条规定条件的相关材料。负责审批的部门应当自受理申请之日起 30 个工作日内审查完毕，作出准予许可或者不予许可的决定。予以许可的，发给水路运输业务经营许可证件，并为申请人投入运营的船舶配发船舶营运证件；不予许可的，应当书面通知申请人并说明理由。取得水路运输业务经营许可的，持水路运输业务经营许可证件依法向工商行政管理机关办理登记后，方可从事水路运输经营活动。"

《中华人民共和国民用航空法》（2021 年 4 月第六次修正）第九十二条规定："企业从事公共航空运输，应当向国务院民用航空主管部门申请领取经营许可证。"第九十三条规定："取得公共航空运输经营许可，应当具备下列条件：（一）有符合国家规定的适应保证飞行安全要求的民用航空器；（二）有必需的依法取得执照的航空人员；（三）有不少于国务院规定的最低限额的注册资本；（四）法律、行政法规规定的其他条件。"第九十六条规定："公共航空运输企业申请经营定期航班运输的航线，暂停、终止经营航线，应当报经国务院民用航空主管部门批准。"

2）费率管制

我国对运输业的费率实行严格管制，各种运输方式的费率均有明确的运价表予以规定，运输企业被要求严格按照运价表收取运输费，并由国务院交通运输主管部门及其下属机构负责监督执行。除非特别批准，否则运输企业不得随意变更运价。

《中华人民共和国铁路法》（2015 年 4 月第二次修正）第二十五条规定："铁路的旅客票价率和货物、行李的运价率实行政府指导价或者政府定价，竞争性领域实行市场调节价。政府指导价、政府定价的定价权限和具体适用范围以中央政府和地方政府的定价目录为依据。铁路旅客、货物运输杂费的收费项目和收费标准，以及铁路包裹运价率由铁路运输企业自主制定。”第二十六条规定：“铁路的旅客票价，货物、包裹、行李的运价，旅客和货物运输杂费的收费项目和收费标准，必须公告；未公告的不得实施。”

《中华人民共和国民用航空法》(2021 年 4 月第六次修正)第九十七条规定：“公共航空运输企业的营业收费项目，由国务院民用航空主管部门确定。国内航空运输的运价管理办法，由国务院民用航空主管部门会同国务院物价主管部门制定，报国务院批准后执行。国际航空运输运价的制定按照中华人民共和国政府与外国政府签订的协定、协议的规定执行；没有协定、协议的，参照国际航空运输市场价格确定。”

3）服务水准管制

服务水准管制的内容涵盖运输业经营的技术和服务准备。《中华人民共和国铁路法》《铁路货物运输规程》《铁路旅客运输规程》《道路旅客运输及客运站管理规定》《道路货物运输及站场管理规定》《国内水路运输管理条例》《水路旅客运输规则》《水路货物运输规则》《中华人民共和国民用航空法》《中国民用航空旅客、行李国内运输规则》《中国民用航空货物国内运输规则》等法规对运输设备的提供、班次、时刻表、票价、运营线路等都有比较明确的规定。例如，《中华人民共和国铁路法》第十三条对铁路旅客运输服务工作作出了具体规定。《中华人民共和国民用航空法》第九十五条对航空服务水平作出了相关规定。而对于交通安全则有诸多交通安全规则加以规范。在我国目前已有的与服务水准管制相关的规定中，有关安全、运输工具、运输业从业技术人员的考核以及运输合同条款等方面的规定较多也较为详细，但对于服务水平、服务次数等的规定大多较为笼统。

4）运输补贴

我国运输补贴分为中央财政补贴和地方财政补贴两级。中央财政补贴主要针对铁路和管道，补贴形式采用的是差额式补贴，即由中央财政拨款对运输企业的运营亏损进行一定的补偿。地方财政补贴主要用于补贴地铁、公共汽车等城市公共交通运输企业，补贴方式同样采用的是差额式补贴。

2. 我国的交通运输法规

我国的交通法分为法律、法规和规章三个层次，包括国务院已发布的有关的行政法规和各级交通运输主管机关制定的行政规章。在交通运输立法方面，我国已颁布了《中华人民共和国海上交通安全法》《中华人民共和国铁路法》《中华人民共和国海商法》《中华人民共和国民用航空法》。在交通运输法规方面，有《中华人民共和国公路管理条例》《汽车旅客运输规则》《汽车货物运输规则》《中华人民共和国航道管理条例》《中华人民共和国水路运输管理条例》《水路旅客运输规则》《水路货物运输规则》《危险货物运输规则》《中华人民共和国石油天然气管道保护法》等。

3.1.3.4 运输补贴

1. 运输补贴的意义

运输系统发展与国家经济发展、社会繁荣及人民生活关系非常密切。作为全社会生产和分配系统的一部分，完善健全的运输系统对于满足国内及国际市场的运输需求均是不可或缺的。所以，政府在推动运输业发展时，始终把建立一个财务健全、服务质量良好的运输服务系统放在首要位置。为此，必须制订合理的运输费率水平与结构。同时，在考虑消费者承受能力及经济、社会服务政策前提下，又必须对运输业实施各种管制措施。其中，对费率的管制有时会导致运输业主无法获得合理的利润。加之运输结构随着科技发展发生了重大变化，部分业主甚至因为这种变化而难以获得足以维持营运的应有收入，进而影响到运输服务质量。因此，政府必须对运输业主采取必要的补贴措施，以激励运输业主增加运能、减轻运营成本负担并获得应有的收入。

公共运输是最需要政府补贴的运输业。基于经济、环境及社会公平等考虑，各国政府普遍都将优先发展公共运输列为其重要的运输政策之一。汽车普及化之后，公共运输面临严重的财务困难，因此政府对公共运输予以补贴就显得尤为必要。

2. 运输补贴的政策目标

1）城际运输业

（1）在总体经济方面，重视运价增长对物价增长的拉动效应，努力维持低运价，以抑制通货膨胀，稳定市场价格，降低本国运输业的运营成本，增加其在国际市场上的竞争力，促进资源的有效利用与合理开发，以带动整个国家经济的发展，特别是促进那些政策扶持下的待开发地区的经济增长。

（2）在个体经济方面，弥补现存市场价格的缺陷，维持及辅助运输企业的生存与发展，激励运输企业在营运模式上加以改进以及在运输技术上进行创新，从而推动运输业朝着更现代化的方向迈进。

（3）强调国防能力的建设与积累，提高机动化水平，增强国防动员能力和应急能力。

（4）鼓励向某些特定地区、部门提供价格优惠的服务，以达到某些特定政策有效落实的目的。例如，我国对边远、少数民族地区实行运价补贴等。

2）城市公共运输业

（1）城市公共运输与城市规模、布局结构、发展情况及城市生活品质等密切相关。政府通过补贴政策对公共运输进行干预，可促使公共运输业的发展与城市交通需求相配合，进而引导城市的建设与发展。

（2）为城市居民提供生活及工作所需的时空位移服务，特别是通勤和通学服务。

（3）考虑贫困及弱势群体的出行需求，使之符合福利原则的政策目标。

（4）维持及改善公共运输服务。

（5）稳定或降低现有票价，改善费率结构，抑制通货膨胀，稳定市场价格，保证经济发展及社会稳定。

（6）提升公共运输系统的使用率。鼓励和促进人们优先利用公共交通，减少和限制私人车辆的过分使用。

（7）缓解交通拥挤。例如，虽然出行高峰与非高峰时段的运营成本与服务需求是不同的，但一般难以实施差异价格，对此可采取非高峰出行补贴的方式，促使高峰期间部分乘车旅客调整其出行时间。如此既可以减少高峰期间的拥挤程度，又可使运输系统的总营运成本降低，同时，也能降低非高峰期间设备的闲置率，增加运输设备的营运效率。

(8) 维持及改善城市环境。由于有些运输方式及载运工具伴生的社会公害(如视觉垃圾、噪声、废气排放等)在营运时常常被从业者忽视,故难以反映出其实际运营成本。通过运输补贴可对这些社会公害开展必要的治理工作。

(9) 提升城市发展质量。通过环境改善、机动性的增加、运输计划配合都市发展需要等方式,都能改善都市生活品质,增强都市功能。

(10) 减少公共运输系统的亏损。暂时性地减轻经营者的损失以实现低成本经营,其作用类似于保护经营。

(11) 资源的高效利用。补贴方式为运输业实施边际成本价格制度提供了可行性。按照经济学原理,边际成本价格下的资源利用最符合社会优化原则。

3. 补贴的方式

政府对运输业的补贴可分为非货币补贴和货币补贴两大类。

1) 非货币补贴

(1) 税费减免。例如,公共运输车辆设备进口关税的减免、牌照税的减免等。

(2) 经营协助。例如,为业主提供技术性的协助以及相关信息等。

(3) 运输管制。例如,通过费率制度实现对使用者的间接补贴、高峰与非高峰时段的补贴和线路间的补贴等内部交叉补贴;对其他载运工具或业主实施例如停车管理等的管制措施,以达到协助公共运输发展的目的;等等。

2) 货币补贴

货币补贴可分为两类:直接补贴和间接补贴。直接补贴是指直接给予业主货币补贴,间接补贴是通过其他方式给予货币补贴。

(1) 直接补贴

政府可以通过优惠贷款或贴息的方式对企业资本投资进行补贴,也可以对企业的营运内容给予补贴。后者可采取多种方式,包括亏损补贴、成本补贴、产出补贴和费率补贴等。其中,亏损补贴是对营运成本与收入之间的赤字予以全部或部分补贴;成本补贴是对企业全部或部分营运成本予以补贴;产出补贴是以企业的产出(如车公里数)或绩效(如成本的效率性)作为补贴的计量单位;费率补贴是就政府规定的费率与营运成本之间的差额予以补贴。各种补贴方式的优缺点如表 3-1 所列。

表 3-1 各种补贴方式的优缺点

补贴方式	优点	缺点
资本补贴	1. 可提升运营服务效率及服务水平,降低运营成本; 2. 服务可扩充至新线及偏远路线; 3. 该补贴方式较易控制和估计	1. 存在投资资源浪费隐患; 2. 易造成设备闲置
亏损补贴	1. 减轻业主财务负担; 2. 该补贴方式简单且易于管理; 3. 可维持效益较低的较差路线的正常经营	1. 不公平; 2. 恶性循环; 3. 无激励业主改善的动机; 4. 给政府带来沉重的负担

（续表）

补贴方式	优点	缺点
成本补贴	1. 减轻业主财务负担； 2. 资金分配方式简单且易于管理； 3. 可对特殊服务的成本给予补贴	1. 成本分配不易； 2. 造成鼓励高成本的现象； 3. 补贴金的分配与绩效无关； 4. 难以估计补贴金额； 5. 导致资源分配不当
产出补贴	1. 依绩效分配补贴，符合公平原则； 2. 有促进经营效率的动机； 3. 促使业主更努力经营	1. 需要业主提供大量且正确的资料； 2. 难以估计补贴金额； 3. 分配困难且难以管理； 4. 难以建立合理的绩效指标； 5. 无法配合业主的财务需要； 6. 导致业主不愿开发新线路
费率补贴	1. 可实现照顾乘客的目的； 2. 可吸引更多人使用公共运输； 3. 可配合业主的财务需要； 4. 资金分配方式较为简单	1. 若使用公共运输的人数有限，补贴规模则难以覆盖经营亏损； 2. 业主将损失的责任推给政府

（2）间接补贴

间接补贴是通过给予诸如公路、机场、港口等的建设费的方式间接给予业主货币补贴。

3.1.3.5 运输管制的发展趋势

传统的政府管制主要采取直接行政干预的方式，即命令业者从事或放弃某些经济活动。近年来，经济学家正致力于倡导政府试行新的市场激励的经济性管制模式，如特许经营的招投标制度、放松管制引入竞争机制、促进企业提高效率、改进服务等。此外，随着经济发展水平的提高以及人们对生活质量和社会福利的日益关注，在完善经济性管制的同时，社会性管制在政府管制中的地位和作用逐步提高，直接体现了政府对消费者利益的保护与可持续发展的关注。

从 20 世纪 80 年代起，以美国 1980 年的《斯塔格斯铁路法》(Stagges Rail Act)引发美国交通运输业放松管制为开端，各国铁路纷纷进行以民营化和商业化为核心的改革，重新塑造了政府与铁路的关系。通过民营化和商业化，铁路企业成为自主经营、自负盈亏的市场竞争主体。

20 世纪 90 年代末，以提高政府的社会性管制为标志，发达国家纷纷制定旨在实现交通运输与整个经济社会发展进一步融合的一体化交通运输政策，以指导未来运输业的可持续发展。其中的典型代表是美国面向 21 世纪的一体化交通运输建设目标，即国际通达(International in Reach)、多式联运(Intermodal in Form)、智能运输(Intelligent in Character)、全面服务(In-collusive in Service)、创新视野(Innovative in Scope)，其内涵包括：①运输方式内部及各运输方式之间的一体化；②运输与能源环境的一体化；③运输与土地利用规划的一体化；④运输与国家、社会安全的一体化；⑤运输与教育、健康和财富创造政策的一体化。

上述运输管制的发展趋势，特别是政府在社会性管制方面的一体化运输政策，不但对运输组织管理的现代化发展具有导向性意义，而且对于未来运输组织的改革和创新也将产生深远的影响。

知识扩展20

中国将重点推进“空中丝绸之路”建设

《“十四五”民用航空发展规划》提出，将进一步畅通国际航空运输通道体系。按照“周边融、走廊通、通道畅”的导向，着力构建与对外开放格局相适应、安全高效的“一圈六廊五通道”体系。其中，重点推进“空中丝绸之路”建设和增强国际航空货运能力两大工程。预计到2025年，通航国家和地区将超过70个，其中共建“一带一路”国家数量超过50个，中国航空企业占我国国际货运市场份额超过40%。

3.2 运输需求

3.2.1 运输需求概述

3.2.1.1 运输需求的定义

运输需求是指在一定时期内和一定价格水平下，社会经济生活在货物与旅客空间位移方面所提出的具有支付能力的需要。在构成实际的运输需求时，两个关键条件不可或缺：一是具有实现位移的意愿；二是具备一定的支付能力。只有当两个条件同时满足时，才能构成现实的运输需求。

在运输需求中，包含以下几个要素：

(1) 流量，即运输需求量，常用货运量和客运量来表示，表明货运需求和客运需求的具体数量与规模大小。

(2) 流向，即货物或旅客发生空间位移时的空间走向，表明货物或旅客的产生地(即起始地)和消费地(即到达地)。

(3) 流程，即运输距离，是指货物或旅客发生空间位移时，从起始地至到达地之间的距离。

(4) 流时，即运送时间，是指货物或旅客发生空间位移时，从起始地至到达地之间的时间。

(5) 流速，即送达速度，是指货物或旅客发生空间位移时从起始地至到达地之间单位时间内移动的距离。

运输需求具有一定的结构，可以根据货物类型、旅客出行目的、出行距离等因素对运输需求进行分类。例如，在铁路货物运输中，可以根据运输种类细分为整车运输、零担运输和集装箱运输。在旅客运输中，按出行目的可细分为公务出行、商务出行、探亲出行和旅游出行等。另外，货物运输和旅客运输均可按运输距离分为短途运输和长途运输。

3.2.1.2 运输需求的特征

与其他商品需求相比，运输需求具有其独有的特征属性，这些特征属性表现在以下6个方面。

1. 广泛性

社会生产和生活的各个角落均会产生运输需求。运输业虽然是独立的产业部门，但同时它也是所有社会活动顺利开展的有力支撑。因而，运输需求是一种普遍性的需求。

2. 多样性

由于货物种类繁多，因此货物运输服务提供者需要根据所承运货物的重量、体积、形状、性质等，采用不同的包装和采取不同的运输技术措施。另外，由于旅客的运输需求与其出行目的、收入水平、职业特征等有关，因而拥有不同目的、收入、职业的旅客对运输服务的质量就会有多样化的要求。

3. 派生性

运输需求是从社会经济活动的需求中派生出来的，因为货主或旅客提出位移要求的真正目的是实现生产或生活的需要，完成空间位移仅仅是实现真正目的的一个必要步骤。因此，从这一角度来看，社会经济活动才是本源需求，运输需求则是派生需求。

4. 规律性

运输需求表现出一定的规律性。一般而言，经济繁荣促使运输需求相应地增长，而经济萧条则会导致运输需求缩减。

5. 不平衡性

运输需求的不平衡性主要体现在时间、空间和方向上。

时间上的不平衡主要源于工农业生产活动的季节性、贸易活动的淡旺季差异以及节假日和旅游季节等。

空间和方向上的不平衡主要原因在于资源的地域性分布、生产力的空间布局、地区间经济发展水平差异以及运输网络的规划布局等。

6. 部分可替代性

运输需求的一部分可以被其他形式替代。例如，在旅客出行方面，随着现代信息技术的不断进步，旅客的部分出行需求可被代替；在工业生产方面，当原料产地和产品市场在地理层面上分离时，人们会考虑是直接运送原料还是运送半成品或产品，由此确定生产地点；某些地区间传统的煤炭运输可以被更为高效、环保的长距离高压输电线路所取代；等等。

3.2.1.3 运输需求的产生及其影响因素

运输需求按照运输对象的不同可分为旅客运输需求和货物运输需求。这两种运输需求的产生存在明显差异。

1. 旅客运输需求的产生

旅客运输需求按照出行目的一般可分为公务出行、商务出行、探亲出行和旅游出行。其中，公务和商务出行需求源于生产活动，通常被称为生产性运输需求。而探亲和旅游出行需求源于消费活动，通常被称为消费性运输需求，相关的运输费用由个人的可支配收入来承担。

影响旅客运输需求的主要因素有以下几个：

（1）经济发展水平。旅客运输需求中有很大一部分是生产性运输需求。经济发展水平的高低和生产发展速度的快慢直接影响这类需求。

（2）居民消费水平。居民消费水平与消费性运输需求关系密切。随着居民消费水平的不断提高，探亲、访友、休养、旅游等消费性运输需求也会随之增长。

（3）人口数量。旅客运输服务的对象是人，因此旅客运输需求的波动变化深受人口数量这一重要因素的影响。人口数量的增减不可避免地会引起旅客运输需求的变化。

（4）运输服务价格。运输服务价格的波动对旅客运输需求的影响是显著的。特别是对消费性运输需求而言，这种影响更大。

（5）运输服务质量。一个安全可靠、响应迅速且便捷的运输服务网络是提升旅客出行意愿的重要因素，它可以刺激旅客运输需求；反之，则会抑制旅客运输需求。

2. 货物运输需求的产生

货物运输需求产生的来源有以下 3 个方面：

（1）生产力布局与资源产地的空间分离。自然资源的不平衡分布是一种自然地理现象。为了满足人类的经济活动需求，必然会促使自然资源从储藏丰富的地区流向资源相对匮乏的地区，这便自然而然地产生了货物运输需求。

（2）生产力布局与消费群体的空间分离。生产性消费的地理分布不仅由生产力布局决定，而且生产性消费的生产环节和消费环节也存在明显的空间分离。由于生产与消费的空间分离不可避免，因此必然产生运输需求。

（3）地区间商品品种、质量、性能、价格上的差异。各地区与国家之间因自然资源禀赋、技术水平实力和产业优势的不同，导致产品存在显著多样性，这种多样性会产生货物运输需求。

影响货物运输需求的主要因素有以下几个：

（1）经济因素。货物运输需求本质上是一种派生需求，它源于社会经济活动这一本源需求。

（2）政治、体制、政策因素。该因素主要包括各国间的外交关系、国家内部的政治动态、国家的经济体制和经济立法等。

（3）技术因素。技术因素是驱动运输需求持续增长的长远性关键因素。纵观人类历史发展过程，科学技术作为生产力的构成要素，自始至终发挥着推动各国经济增长和世界经济国际化的促进作用。

（4）运输网的布局与运输能力。运输网的规划布局和运输能力的强弱直接决定了其能够覆盖的货源吸引范围以及对运输需求的适应程度。完善、合理的运输网络布局和方便、快捷、高质量的运输能力能够极大地刺激运输需求；反之，落后的运输网络和运输能力会抑制运输需求。

（5）市场价格因素。运输价格和运输商品的市场价格波动对货物运输需求有直接的影响。燃油载运工具等价格变动也会引起运输价格的调整，从而导致运输需求发生变化。

3.2.1.4 运输需求曲线

1. 运输需求函数

为了对运输需求量进行分析，我们引入运输需求函数进行分析。运输需求量是指在一定时间、一定空间、一定条件下，运输消费者愿意购买并有能力购买的运输服务的数量。运输需求变动的目的、范围不同，从时间上来说，可以是一年、一个季度、一个月、一天的运输需求量；从空间上来说，可以是一个国家、一个地区、一条线路或一个运输方向的运输需求量；从运输方式上来说，可以是某种运输方式的需求量，也可以是多种运输方式的总需求量。而一定条件则是指前面提到的影响运输需求变化的多种因素。

运输需求量可表示为以下函数：

$$Q=f(P,a,b,c,\cdots) \tag{3-1}$$

式中 Q ——运输需求量；

P ——运价；

$a,b,c,\cdots$ ——除运输价格以外的其他影响因素。

式(3-1)只是表达运输需求的抽象概念，并没有表示出运输需求量与其他自变量的具体关系。想要得到能够运用于实际的运输需求函数，还需经过严谨、具体的经济理论分析以及数据统计和数学计算。

2. 运输需求曲线

运输需求曲线是指在假定除运价以外其他因素都保持不变的情况下，反映运输需求量与运价之间关系的曲线。一般情况下，运价和运输需求量成反比，即当运价下降时，运输需求量反而会增加；反之，运输需求量则会减少。上述规律被称为运输需求定理，可以用图 3-1 表示，横轴 Q 表示运输需求量，纵轴 P 表示运价，D 表示运输需求曲线。

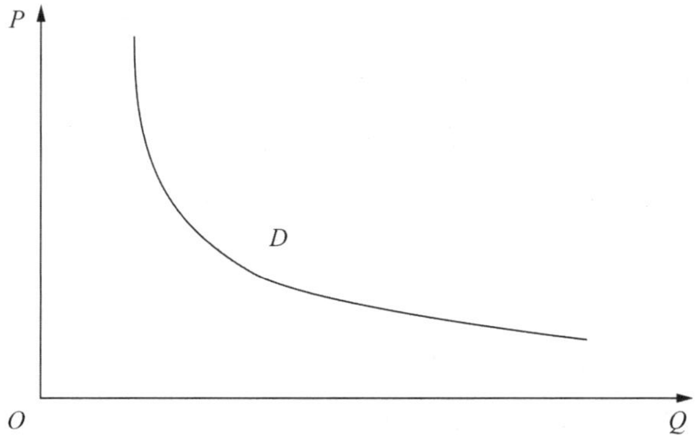

图 3-1 运价与运输需求量之间的关系

3. 运输需求量的变动与运输需求的变动

如前所述，我们要明确区分运输需求量与运输需求这两个概念。这里我们假定影响需求变动的其他因素都不变，运输需求量只随着运价的变化而变化，此时运输需求的函数关系式可以简化表示为 $Q=f(P)$。从图 3-2 来看，运输需求量的变动表现为同一条曲线 D 上各点的上下移动。例如，当运价为 P_1 时，运输需求量为 Q_1；在其他因素不变的情况下，当运价 P_1 降为 P_2 时，运输需求量由 Q_1 变为 Q_2，即运输需求量增加了。运输需求则表示运输需求量与运价之间对应关系的总和。它的变动是在运价保持不变的情况下，由于其他因素的变动引起了运输需求的变动。在图 3-2 中，运输需求量的变动是沿着同一运输需求曲线变动的。在图 3-3 中，假定原运输需求曲线为 D_1，当运价为 P_1 时，运输需求量为 Q_1。当运价保持不变，由于经济的发展和人均收入的增加，运输需求量由 Q_1 增至 Q_2，这就导致运输需求曲线从 D_1 移到 D_2。

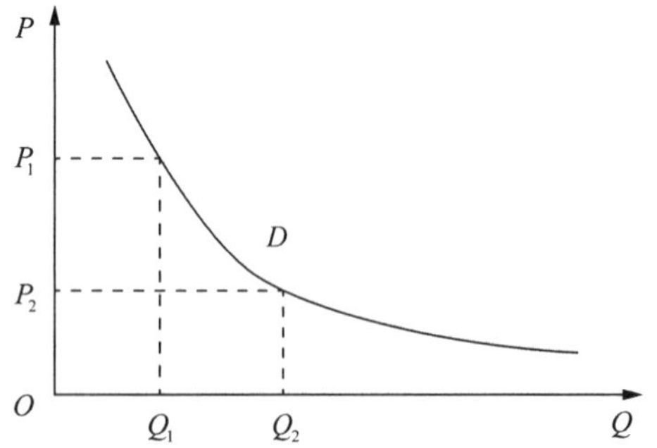

图 3-2　运输需求量变化曲线

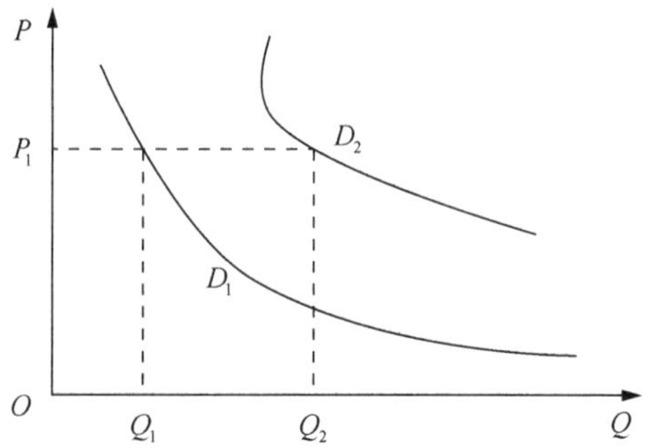

图 3-3　运输需求曲线的变化

3.2.1.5　运输需求与运量预测

“运输需求”与“运量”是两个不同的概念。如前所述，运输需求是社会经济生活在货物与旅客发生空间位移时所提出的具有支付能力的需要，具有“质量”和“数量”两个表征；而运量则是指在一定的运输供给条件下所实现的货物与旅客的空间位移量，仅仅是运输需求“数量”的全部或部分表现。

社会经济生活中的货物或旅客在空间上的位移是通过运量这一指标来体现的。运量可以表现为公路上行驶的汽车流量、航线上的旅客人数或是铁路列车运送的货物吨数。当运输能力完全匹配需求时，运量基本反映运输需求的数量。然而，在运输供给严重不足的情况下，运输业实际完成的运量可能仅是运输需求量的一部分。一旦增加运输设施、扩大运输能力，之前被抑制的运输需求量就会迅速转化为实际的运量，并进一步激发出新的运输需求，即诱发运量。

运输需求、运输供给与运量的关系如图 3-4 所示。该图表明运输需求的真正实现，即运量的形成，是受运输供给条件制约的。

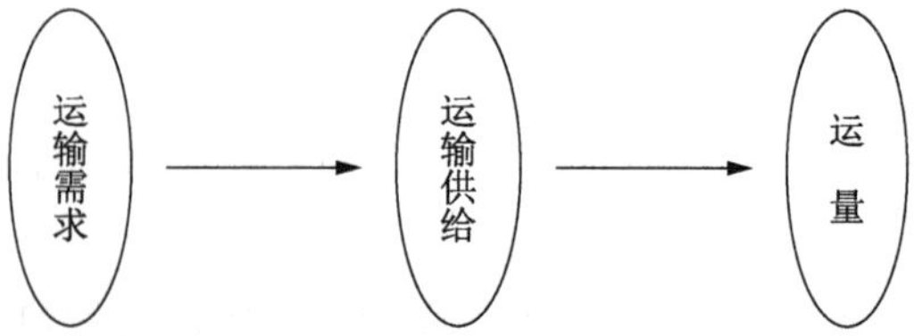

图 3-4　运输需求、运输供给与运量之间的关系

运量预测与其他事物发展预测之间有着共通性，即都是在一定区域、一定时间范围内，对发展变化态势进行描述。但由于预测对象在特点、影响因素、内在变化规律等方面存在差异，使得运量预测与其他事物的预测又存在差别。

3.2.2 运量预测

运量预测是基于运输及其相关变量过去发展变化的过程和客观规律性，结合当前已经出现和正在出现的各种可能性，运用现代管理及数学方法，对运输及其相关变量未来可能出现的趋势和可能达到的水平所做的一种科学推测。运量预测是运输组织的基础，也是运网规划设计、运力资源配置和运营管理控制的前提条件。

3.2.2.1 运量预测的类别

运量预测的范围很广，根据不同的分类标准，可以有不同的分类结果。运量预测按预测经济活动的范围可分为宏观预测和微观预测；按预测的空间层次可分为国际市场预测和国内市场预测；按预测时间的长短可分为短期预测、中期预测和长期预测；按预测方法可分为定性预测和定量预测；按预测对象的多少可分为单一预测和复合预测。

3.2.2.2 运量预测的内容

运量预测的内容根据运输组织需要而定，常见的运量预测有以下 4 个方面。

1. 社会总运量预测

社会总运输量是指全国、省、市、区等一定区域范围内可能发生的客、货运输总量，是由各种运输方式的营业性运输单位承运和非营业性运输单位承运的所有运输需求量，包括国民经济(或某种运输方式)的正常运量、转移运量和新增运量。社会总运量预测是编制国民经济计划和进行运输基础设施建设的重要依据，也是各种运输方式进行规划和编制运输生产计划的重要依据。

因经济社会发展水平的差异，以省、市、区等为预测区域范围的社会总运量预测结果在各个预测区域范围内存在一定的差异。在以省、市、区等为预测区域范围的社会总运量预测中，还可以分为发送量预测、到达量预测、通过量预测三种情况。发送量是在本区域范围内产生而需要的运量；到达量是以本区域范围作为运达目的地的运量；通过量是始发、终到都不在本预测区域范围而又必须途经本预测区域范围的运量。

2. 地区之间的运量预测

在各地区的客货发到量确定之后，还需要预测各地区之间的交流量。地区间的客货交流量是反映地区社会经济空间结构与关系的一个重要方面。从运输组织角度来看，地区之间的运量是配置运力资源和制订运输组织方案的重要依据。

3. 各种运输方式的运量预测

铁路、公路、内河、海运和民航等运输方式的运量预测包括对其货运量、客运量、货物周转量和旅客周转量及其增长变动等指标的预测。在社会总运量预测和地区间运量预测中，均可分为各种运输方式的运量预测。

4. 运输企业在运输市场上的占有率预测

运输企业的竞争力很大程度上是通过其在运输市场上的占有率体现的，因此，对占有率进行预测，实际上也是对运输企业竞争力的一种预测。

在上述 4 种类型的预测中，由于预测的目的和要求不同，因此预测内容的精度也不同，可分为宏观预测和微观预测、长期预测和短期预测。一般来讲，宏观预测与长期预测的内容要宽泛一些，微观预测和短期预测的内容则精细一些。例如，预测运输企业经营的运量，不仅包括客运量、货运量和周转量，还应涵盖上、下行的运量，淡、旺季的运量以及货运量中主要货物的分类和比重与客运量中旅客需求的分类和比例等。

3.2.2.3 运量预测的总体思路与原理

运量预测的内容、范围、方法等的确定，应服务于预测目的，按照预测目的提出预测的各项要求，开展预测工作。在预测过程中，总体思路如下：

(1) 运量的生成预测。在确定了预测区域范围的前提下，选择合适的预测方法，确定该区域范围内的运量、运输需求特点，如季节性特点、品类特点。

(2) 运量的增减变动预测。分析运量在时间、空间上增减变化的规律性，根据影响增减变化的原因，确定在未来一定时期内运量增减变动的数量和比例。

(3) 运量的分布预测。在运量生成预测的基础上，分析运量在预测区域范围内在各个地点的分布情况，包括数量分布、种类分布和时间分布等。

(4) 运量的地区间流量预测。在运量分布预测的基础上，确定各个地点之间用于运输组织的 OD 流量，进而计算某种载运工具所需数量，如所需汽车数、铁路车辆数，并以此作为运输组织的基础数据。

运量预测的出发点是运量的变化具有规律性。在运量预测的过程中，应坚持可知性、系统性、连续性、相似性、因果性和可控性原理。

3.2.2.4 运量预测的常用方法

目前，国内外采用的运量预测方法多种多样，已达 150 种之多。总体来看，运量预测的方法可以归纳为两大类：定性和定量的方法、归纳和演绎的方法。而这两大类方法又是相互包含的，例如在定性方法中可分为归纳和演绎两类，在归纳方法中也可分为定性和定量两类。下面按照定性和定量的分类对运量预测的一般方法作简要介绍。

1. 定性预测方法

定性预测方法是指预测者经过调查研究，掌握资料后凭个人的经验、知识，对经济现象发展前景的性质、方向、规模等做出推断，有时也包括粗略的计算。

定性预测方法主要包括运输市场调查法、德尔菲法等。

2. 定量预测方法

定量预测方法，即数学分析方法，是指运用统计方法和数学模型，对经济现象或经济系统的发展规模、水平、速度和比例关系等做出数量上的估计预测。定量预测方法按不同的标准进行分类，一般可以归纳为三类比较常用的数学模型：因果关系模型、时间关系模型和结构关系模型。

知识扩展21

2022年我国社会总运量是多少?

2022年,我国全年完成营业性货运量506.63亿t,比上年下降3.1%;完成货物周转量226 160.96亿t·km,增长3.4%;完成营业性客运量55.87亿人,下降32.7%;完成旅客周转量12 921.54亿人·km,下降34.6%。

3.3 运输供给

运输供给是运输市场中与运输需求相对应的一个重要范畴,也是运输组织工作必须考虑的一个重要变量,它影响着运输方式的选择、运输费用的高低以及运输质量的好坏等。因此,准确地理解运输供给这个基本概念很重要。

3.3.1 运输供给概述

运输业是一种特殊的产业,因而其供给特点也较为特殊。在其他生产部门,供给就是产业向市场提供的产品数量,而在运输业其产品实际上是客货的空间位移。运输产品在生产过程的同时会被消费掉。因此,运输业的产品无实物形态,也无法转移和储存。

供给是生产者在一定时期和一定价格水平下愿意并且能够提供的某种商品的数量。供给在市场上能够实现必须具备2个条件:一是生产者出售商品的意愿;二是生产者具备生产能力。运输供给是指在一定时间、一定空间、一定运输水平下,运输生产者愿意并能够提供的运输产品和服务。

首先,运输供给是在一定空间上的能力。运输的首要目标是满足国民经济对于分布在一定空间的客货位移的需求数量。

其次,运输系统强调服务特性。国民经济对于运输的需求不仅仅在于运量,还有对安全、准时、经济、可靠等服务水平、供给质量方面的要求。因此,供给除能力以外,还要考虑服务水平。

运输供给能力是指运输设备所能运输的最大的客、货运量,其单位是人(万人)或吨(万吨)。运输系统是由多个子系统组成的,每项运输设备都发挥各自的设备能力。运输是一个连续作业的过程,系统内的各项设备在运输过程中是相互关联的。因此,系统最终的输送能力并不是各个设备能力的简单叠加,而是它们在运输过程中相互配合、协同运作产生的一种综合能力。

运输系统综合运输能力是系统内所有设备合理匹配、有机结合,并通过科学组织所能承载的最大客、货输送量。系统综合运输能力往往会受到系统中能力最弱设备的限制,这个设备的能力就成为整个系统能力的瓶颈,而其他设备的能力会因此产生冗余,从而出现设备多余能力得不到发挥的现象，最终导致设备资金积压。为了提高系统的综合能力，首先要提升瓶颈设备的能力，从而提高系统的综合能力水平，使投资实现最大效益。

3.3.2 运输供给曲线

1. 运输供给函数

运输供给函数是运输供给量与影响它的诸多因素之间的函数。运输供给量是指在一定时间、一定空间和一定条件下，运输生产者愿意并有能力提供的运输服务量。其中，"一定条件"是指影响运输供给的多种因素。

运输供给量可表示为影响它的诸多因素的函数：

$$Q_S = f(P, X_1, X_2, \cdots, X_n) \tag{3-2}$$

式中 Q_S——运输供给量；

P——运价；

$X_1, X_2, \cdots, X_n$——除运价之外的其他影响因素。

2. 运输供给曲线

运价是影响运输供给量的诸多因素中最灵敏、最重要的因素。在其他因素不变的情况下，运价 P 与运输供给量 Q_S 呈正相关。运输供给曲线就是假定其他因素不变，反映运输供给量同运价之间关系的曲线。此时，运输供给函数可简化表示为

$$Q_S = f(P) \tag{3-3}$$

一般情况下，Q_S 与 P 同方向变化，即运输供给量随运价上涨而增加，随运价下跌而减少，这是运输供给的一般规律，如图 3-5 所示，SS 为运输供给曲线。

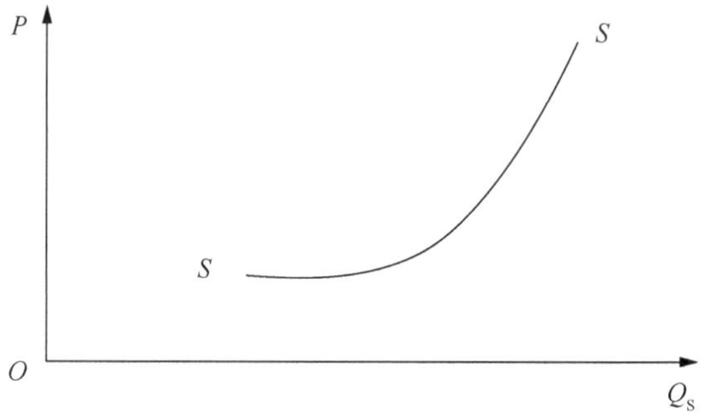

图 3-5 运输供给曲线

运输供给曲线包括企业供给曲线和行业供给曲线两类，它们分别表示企业和行业提供运输服务的数量与运价之间的关系。从几何视角来看，行业供给曲线可由企业供给曲线叠加而成，即将同一运价下的企业供给量进行累加，即可得到该价格下的行业供给量。

3. 运输供给量的变动和供给水平的变动

运输供给量和运输供给是两个不同的概念。运输供给量的变动是指当所有非价格因素不变时，只由于运价的变动所引起的运输供给量的变动，这种变动表现为在同一条曲线 SS 上各点的上下移动，如图 3-6 所示。当运价为 P_1 时，运输供给量为 Q_1；若其他

因素不变，当运价从 P_1 升至 P_2 时，运输供给量 Q_1 也增至 Q_2。运输供给的变动则是假定运价不变，各种非价格因素的变动所引起的运输供给的变动，如图 3-7 所示。假定原供给曲线为 S_1S_1，当运价为 P_1 时，运输供给量为 Q_1；P_1 保持不变，由于其他非经济因素变动对运输供给的影响，运输供给量由 Q_1 增至 Q_2，使得运输供给曲线也由 S_1S_1 平移到 S_2S_2 的位置。

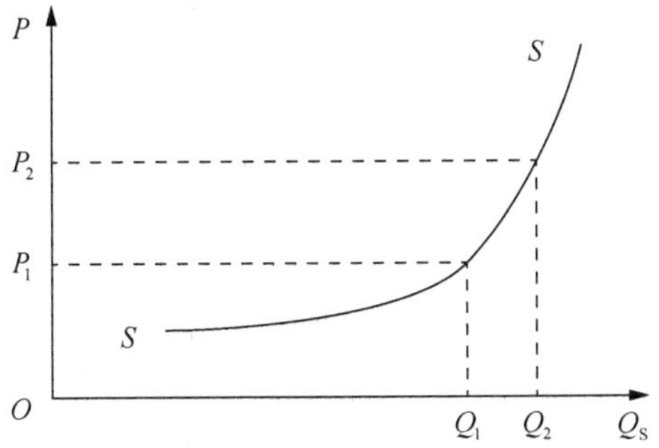

图 3-6　运输供给量变化曲线

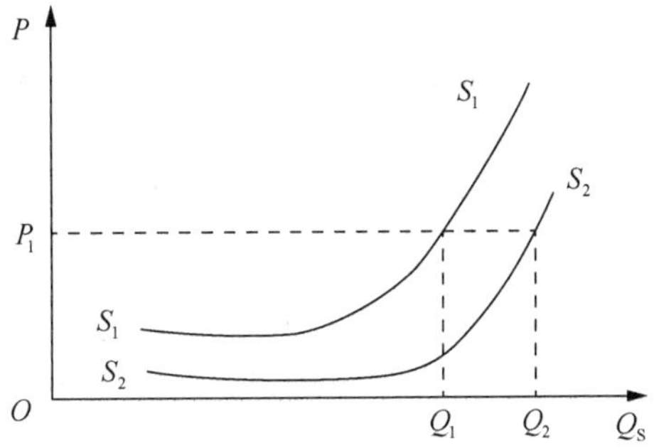

图 3-7　运输供给曲线的变化

3.3.3　交通运输供需均衡分析

运输需求是运输供给的基础，决定了运输供给的规模大小和发展方向。同时，运输需求的满足也会受到来自运输企业的运能、运价以及运输需求本身的时间和空间因素的各种限制。

运输生产是由运输企业来完成的，它为社会提供场所的变动及运输劳务。运输劳务为社会提供的是有效性服务，对社会产生的经济效益是效用性质的，以满足社会的运输需求。

运输供给由 3 个主要供给要素决定，即运输系统的特征、对运输环境的影响和运输消耗。其中，运输系统的特征是指表征运输系统内涵性能的量，如旅行时间、运输能力、运行区间、运输效率等。运输消耗包括运输系统的建设费用、保养费用和运营费用。运输活动的过程如图 3-8 所示。

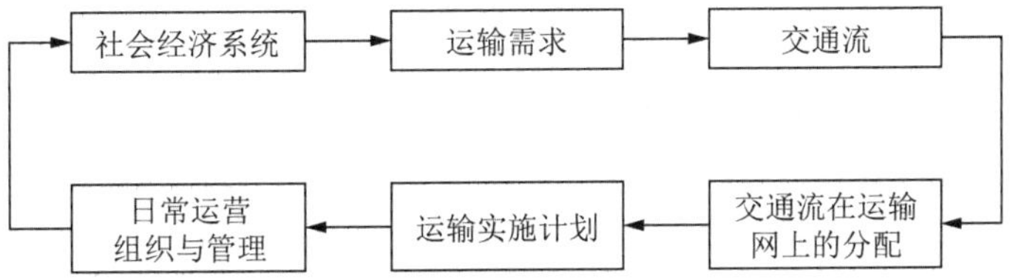

图 3-8　运输活动的过程

1. 供需静态均衡分析

均衡运价和均衡交通量的变化关系如图 3-9 所示。

曲线 DD 与曲线 SS 分别代表运输市场的需求曲线和供给曲线。根据运输市场的需求规律和供给规律，曲线 DD 自左上方向右下方倾斜，表示需求量与运价的变化相反，呈负相关。曲线 SS 自左下方向右上方倾斜，表示供给量与运价（这里的运价为广义运价，它包括实际运价、运行时间、舒适性、可达性等）的变化相同，二者呈正相关。

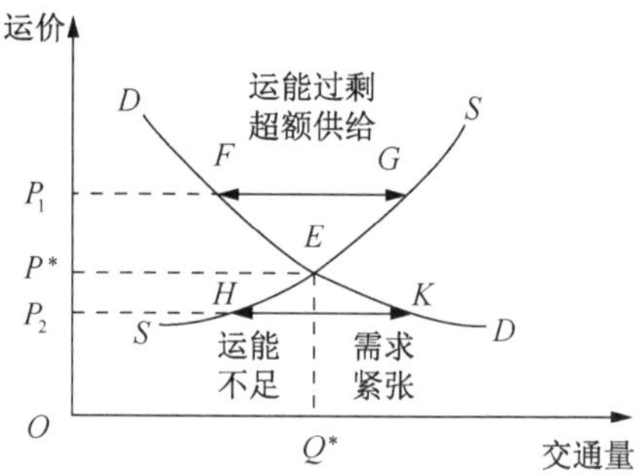

图 3-9　均衡运价和均衡交通量的变化关系

基于均衡分析方法考查均衡运价和均衡交通量时，假定由它们代表的需求状况和供给状况为已知的且既定不变的。曲线 DD 与曲线 SS 的交点 E 表示：当价格为 $Q^*E(=OP^*)$ 时，供给者愿意供给的能力（由曲线 SS 表示出来）和使用者需求的交通量（由曲线 DD 表示出来）恰好相等，这时运价在当前高度稳定下来，不再有任何变动的趋势，称之为运输市场达到均衡状态。这种使得需求量与供给量相等的运价，被称为均衡运价，与均衡运价相应的供应量被称为均衡能力。

可以看出，当运价高于均衡运价时，出现市场供给大于需求的现象，意味着运输能力过剩；反之，当运价低于均衡运价时，市场需求大于供给，造成运输能力紧张。

曲线 DD 与曲线 SS 是原来的需求曲线和供给曲线，由此决定的均衡运价是 OP^*，均衡交通量是 OQ^*。

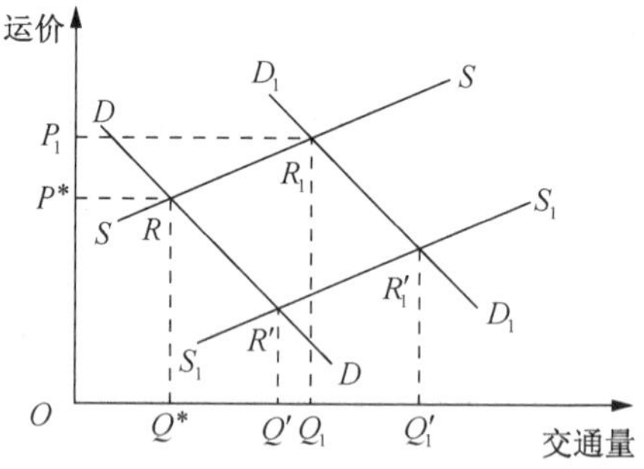

图 3-10　运输需求和供给的变化与均衡运价和交通量的变化关系

运输需求和运输供给的变化关系与均衡运价和交通量的变化关系如图 3-10 所示。假设供给状态不变，但由于本地区人口增多、经济增长及人均收入的增加，使得人们的交通需求增大了，换言之，需求状况发生了变化，表现为需求曲线向右上移动至曲线 D_1D_1。显然，由曲线 D_1D_1 和曲线 SS 所决定的均衡运价，将由 OP^* 升为 OP_1，均衡交通量则由 OQ^* 增为 OQ_1。若要想使均衡价格不变，只能扩大运输系统的能力，增加供给。

再假定需求状况不变，但由于生产技术的提高或产生要素价格的降低，例如，铁路运输线路采取电气化改造方案，公路运输采用大吨位、低能耗的车型等，而使供给状况发生了变化，这表现为供给曲线向右下移至曲线 S_1S_1 的位置，与每一运价相应的供给量较原来有所增加。曲线 S_1S_1 与曲线 DD 交于点 R'，与曲线 D_1D_1 交于点 R_1'，由此可见，曲线 DD 与曲线 S_1S_1 所决定的均衡运价 $Q'R'$ 比 OP^* 低，而均衡交通量 OQ' 则比 OQ^* 大。

可以看出，当需求和供给都增加时，即需求曲线 DD 移至 D_1D_1、供给曲线 SS 移至 S_1S_1，均衡交通量会增加很多，而新的均衡运价可能高于也可能低于原来的均衡运价。

2. 供需动态均衡分析

前文首先说明了基于静态分析方法来决定均衡运价和均衡交通量的问题，然后又说明当已给定的需求状况和供给状况发生变化时，相应的均衡量所发生的变化，但并未论及从原均衡点到达新均衡点的发展变化过程，故称之为静态均衡分析。

与静态均衡分析不同，动态分析研究了供给的发展变化过程。下面以出租汽车运输系统的供给与需求和运输市场上运价的相互作用为例，说明运价和交通量在运输市场上随运价而变化的供求两种力量的相互作用下，在动态时间 t 序列中表现出的发展变化过程。

图 3-11、图 3-12、图 3-13 中 $S_t=f(P_{t-1})$ 表示出租汽车运输系统的供给量。由于城市道路运行状态在一定时间内是相对稳定的，因此出租汽车运输系统供给量的变化主要取决于进入运输市场的出租车的数量和运输能力。$D_t=f(P_t)$ 表示市场对出租车运输的需求。供给量 (S_t)、需求量 (D_t) 和运价 (P_t) 这 3 个变量的下标附以时间变量 t 表示它们在时间 t 的值。

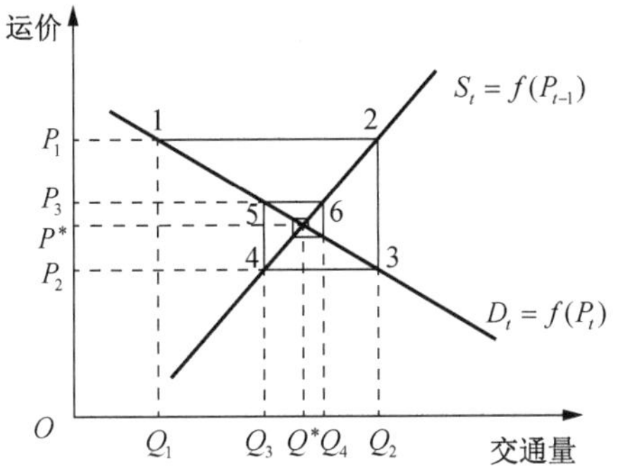

(a) 交通量与运价的变化

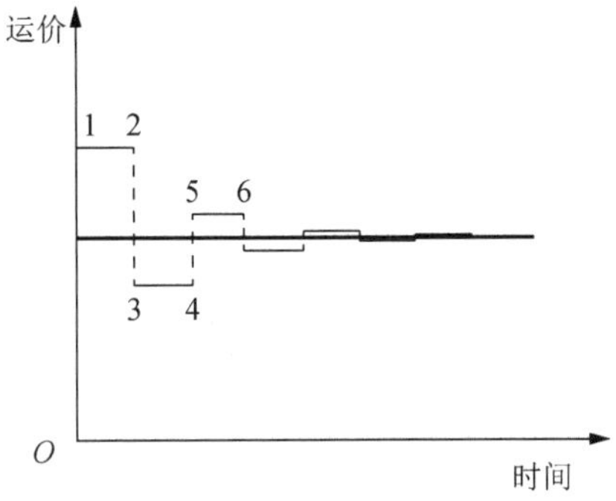

(b)运价随时间的变化

图 3-11 动态的稳定均衡

在动态分析中，我们知道本期的供给量是由上一期的市场价格和需求所决定的。例如，若上一年运价和需求决定的均衡供给量大于实际供给量，即运能紧缺，则运价上涨将导致下一年运输系统的能力增加，反之亦然。

从理论上讲，上例的动态变化途径及趋势可以有 3 种不同的情况。每一种情况取决于供给曲线斜率与需求曲线斜率的对比关系。换言之，每一种情况取决于供给的运价弹性与需求的运价弹性的对比关系。

第一种情况：供给曲线 S_t 的斜率大于需求曲线 D_t 的斜率。在此情况下，运价变动引起的需求量的变动大于运价变动引起的供给量的变动，因而任何超额需求或超额供给只需要较小的运价变动即可消除。此时，运价和交通量的变动的时间序列是向平衡点收敛的，称为动态的稳定均衡，如图 3-11 所示。

第二种情况：供给曲线 S_t 的斜率小于需求曲线 D_t 的斜率。在此情况下，一旦出现失衡，之后各年的供应不足或供应过剩的波动幅度以及市场实际运价的起伏幅度，都会越来越与均衡值相背离，因而运价和交通量的变动时间序列是发散的，称为不稳定均衡，如图 3-12 所示。

第三种情况：供给曲线 S_t 斜率的绝对值与需求曲线 D_t 斜率的绝对值相等。一旦初始状态偏离均衡状态，之后各年的运价和交通量的变动序列将表现为环绕其均衡值无限循环往复地上下波动，波动的幅度既不扩大也不缩小，如图 3-13 所示。

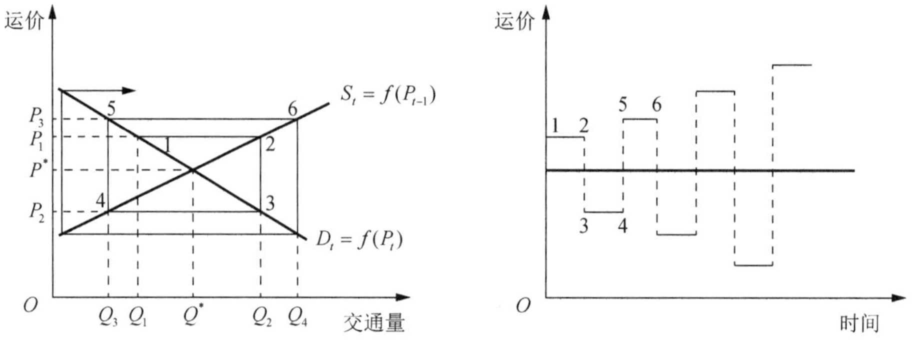

(a) 交通量与运价的变化　　　　(b) 运价随时间的变化

图 3-12　不稳定均衡

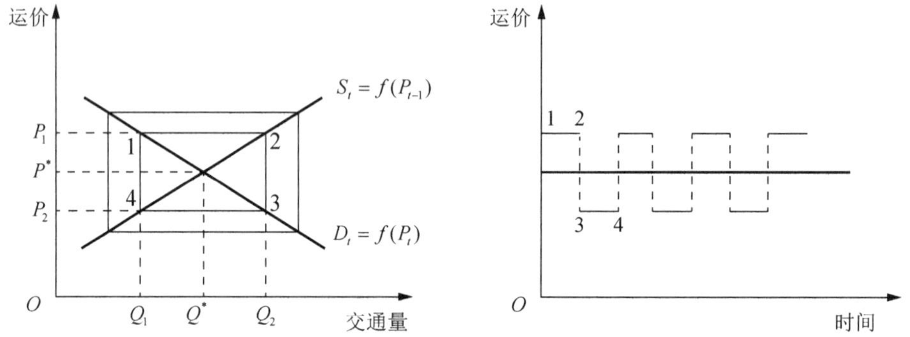

(a) 交通量与运价的变化　　　　(b) 运价随时间的变化

图 3-13　环绕均衡值的循环往复

3. 供需均衡与短缺

在完全自由竞争的市场经济中，运输系统内外部关系受运输市场均衡的影响。而对于有一定计划性质的市场而言，交通运输基础设施建设和运输短缺在其中发挥着重要作用。

短缺是需求与供给之间差异的一种表征，它反映了一定经济条件下生产无法满足实际需求的滞后现象。运输短缺在宏观控制中的作用主要表现为以下几个方面：

(1) 短缺作为供给约束，制约着经济的增长。运输短缺表明多个地区难以从外部获得足够的物资补助，自身的产品也无法送到市场，导致经济损失严重。但经济系统凭借其活动的自组织能力，在一定程度上可对运输短缺进行消化和自我恢复。例如，通过技术进步、产业结构调整、地方市场开拓等，使经济仍能保持一定的增长势头。但这些调整是要付出一定代价的。

(2) 短缺作为非价格信号影响着运输的投入。短缺是影响运输资金分配的重要信号之一。短缺现象越严重，投资计划获得批准的可能性就越大。对于投资决策，短缺信号的作用有一个时间延迟；同时，短缺也存在一个容忍阈值，即只有在短缺达到或超过这个阈值后，才会促使投入的增加。

(3) 短缺作为一个局部信号，会引起不同交通运输方式的运输需求进行替代或转移。运输系统是由多种运输方式构成的综合运输体系，某种运输方式的短缺会引起运输需求在其他运输方式中的转移，这种需求转移又会导致运输投入分配进行相应的变化，从而改变运输系统的格局。

图 3-14 所示为短缺对交通运输系统的作用。短缺使开关 A 断开，抑制需求膨胀，也可以使开关 B 关闭，实现需求转移；同时，也可以关闭开关 C 或开关 D，通过增加运输供给来扩大对运输需求的消化能力。

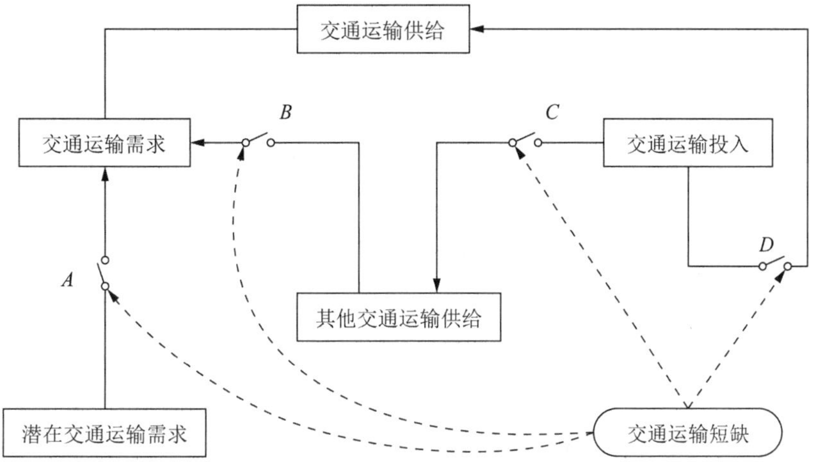

图 3-14　短缺对交通运输系统的作用

思政链接 6

中欧班列运输市场中的问题及对策

中欧班列作为“一带一路”倡议发展的重要载体，为推动我国和中欧班列沿线国家或地区经济互惠、文化交流作出了重要的贡献。通过中欧班列，缩短中国内陆城市到达欧洲各国的时间，深化我国内陆城市与欧洲各国的互联互通，从而推动内陆城市的经济发展。随着中欧班列运输市场的不断扩大，极大地解决了制约我国中西部地区经济发展的对外运输问题。

对中欧班列现有问题从运输需求的角度进行再认识。首先，出口货源争抢与进口货源匮乏问题源于地方政府开通中欧班列的政策支持竞争，以及欧洲对中欧班列的不熟悉，导致未能充分利用这一新兴市场。关键在于如何将潜在需求转化为有效需求，扩大中欧班列的营运范围。其次，中欧班列面临的竞争力不足问题，归因于相对较高的运输成本和各地政府的补贴政策竞争，这些补贴机制扭曲了市场经济机制，干扰了市场正常运行，甚至导致物流倒流现象。为实现中欧班列运输市场的可持续发展，必须建立价值流转机制，合理规范补贴政策，确保经济性是运输市场选择的核心因素。

在运输需求视角下，对中欧班列运输市场提出发展对策。首先，运输服务应多元化，以满足日益增长的市场需求,如通过提供跨境电商、多式联运和冷链物流等服务模式来吸引更多货源,避免市场中的恶性竞争。其次,借助互联网、报纸等多种渠道积极营销中欧班列品牌至关重要,特别是对于不太了解这种新兴运输方式的欧洲和中亚各国而言。通过品牌推广,可以扩大中欧班列的影响力,挖掘潜在运输需求,尤其是沿海城市应利用其地理优势,推动海铁联运,吸引更多企业使用中欧班列。这些措施不仅能扩展中欧班列的运输市场覆盖范围,缓解货源紧张情况,还有助于减少市场对政府补贴的依赖,促进中欧班列运输市场的可持续发展。

(摘自:李廷祯.中欧班列运输市场中的问题及对策——基于运输需求视角[J].中国市场,2020(7):136-138.内容有删减。)

3.4 扩展阅读

(1)《中华人民共和国道路交通安全法》,链接:https://www.samr.gov.cn/zw/zfxxgk/fdzdgknr/bgt/art/2023/art_79dc72ea621f4a9b8adec327abf5d0e1.html.

(2) 交通运输部、国家发展和改革委员会、公安部、财政部、人力资源和社会保障部、自然资源部、国家金融监督管理总局、中国证券监督管理委员会、中华全国总工会《关于推进城市公共交通健康可持续发展的若干意见》,链接:https://www.gov.cn/zhengce/zhengceku/202310/content_6907977.htm.

(3) 严作人,杜豫川,张戎,等.运输经济学[M].2版.北京:人民交通出版社,2009.

(4) 徐建华.交通运输法[M].2版.成都:西南交通大学出版社,2022.

(5) 大卫·博伊斯,胡·威廉姆斯.城市出行预测学:历史现状与未来[M].北京:人民交通出版社,2021.

复习思考题

(1) 政府在运输市场中应该如何发挥作用?

(2) 公共交通的运输需求通过运输价格来调节是否会带来不利影响?

(3) 为了顺利开展运输组织工作,运输管理部门都会定期进行运量的预测,什么场景下运量的预测会出现比较大的偏差?

(4) 当下中国的"供给侧结构性改革"提出"从提高供给质量出发,用改革的办法推进结构调整,矫正要素配置扭曲,扩大有效供给,提高供给结构对需求变化的适应性和灵活性,提高全要素生产率,更好满足广大人民群众的需要,促进经济社会持续健康发展"。请思考运输市场的供给侧结构性改革应该从哪些方面入手。

第4章 运输能力

运输设备由固定设备和移动设备组成。只有当二者的作业能力实现合理、协调配置时，才能实现运输组织的高效率和高效益。为适应需求的动态变化，要求运输生产能力适度超前发展，即需要储备一定的运输生产能力。运输需求量的满足程度取决于运输能力的大小。运输生产能力是在一定时间内，通过一定的设备、人员、环境、组织管理等条件共同作用所体现出来的可能完成的运输数量。运输能力是运输供给量的反映，包括线路能力、交通港站能力等。不同运输方式的能力分析具有通用性，但由于不同的运输方式在设备条件、组织方式等方面存在差异，因此，不同运输方式的运输能力计算方法也有一定差异。本章将重点介绍运输能力的基本概念、交通线路能力的计算方法以及交通港站能力的计算方法。

4.1 运输能力概述

4.1.1 运输能力的定义

为了实现运输生产过程，必须具备一定的运输能力。各类运输方式的运输生产设备是形成运输能力的物质基础。根据运输生产的特点，运输生产设备可分为两大类：一类是固定设备，是指形成运输通道的基础设施，如轨道运输的区间、车站、机务段、动车所和车辆基地等，道路运输的线路设施、场站和停车设施等，水路运输的航道和港口，航空运输的机场和航线等；另一类是移动设备，是指实现运输生产（或服务）对象位移所需的运载动力和载运工具，如轨道运输的机车、车辆和动车组，道路运输的汽车，水路运输的轮船，航空运输的飞机等。运输系统的运输能力既取决于固定设备的设置数量和配置结构，又取决于移动设备的时空配置，还取决于固定设备与移动设备的相互适配。

运输能力也叫作运输生产能力，可以定义为：在一定的设备条件、运输方式、控制条件和环境条件下，单位时间（1 d 或 1 h）内能够生产的运输产品数量。

与运输相关的各个因素都会直接或间接地影响运输能力，主要的影响因素有以下 4 类。

1. 设备条件

设备条件是指运输生产过程中使用的各种设备的技术条件，如铁路的路基和轨道设计标准、机车车辆类型、信号制式等。道路的几何特征包括车道数，车道、路肩和中央带等的宽度，侧向净宽，设计速度，平、纵线形和视距等。各种设备条件决定了运输的数量和运输服务的质量。

2. 交通条件

交通条件是指交通特征，包括交通流中的流向、流量、流时、流距等交通组成以及交通量在交通网上的分方向分布等。

3. 控制条件

控制条件是指交通控制设施的形式及特定设计和交通规则。如轨道交通的自动闭塞类型，道路交通信号的设置地点、形式和信号预定时间。其他重要的交通控制包括各种交通管制。

4. 环境条件

交通环境是指作用于运输过程的所有外界影响与力量的总和。环境条件包括内部环境条件和外部环境条件。其中，外部环境条件如天气、温度、自然灾害等，内部环境条件如道路交通中不同交通工具的形状与大小的差异等。

4.1.2 运输能力的分类

按运输过程及作业环节进行分类，运输能力可分为交通线路固定设备能力、交通移动设备能力和交通港站能力。

4.1.2.1 交通线路固定设备能力

交通线路固定设备能力是指轨道交通区间、公路路段、水运航道、航空机场跑道、空中航线、管道、城市道路按区段或方向，在设定了移动设备类型和一定的管理方法前提下，以固定设备在单位时间（1 d或1 h）内能放行通过的标准重量的最大移动设备数[如轨道交通列车数、公路（城市道路）车辆数、飞机架数]，一般称为通过能力或通行能力。

4.1.2.2 交通移动设备能力

交通移动设备能力是指轨道交通列车、道路车辆、水运船舶、航空飞行器等在设定的固定设备和一定的管理方法前提下，单位时间内完成的运量（如客运人数、货运吨数），一般称为运载能力。

4.1.2.3 交通港站能力

交通港站能力，从运输对象角度，表现为对人或货物的集散、容纳和办理能力；从运输载体角度，表现为对铁路列车、道路车辆、水运船舶、航空飞行器、集装箱等动力载体和无动力载体的各种技术作业和维护管理能力。

移动设备能力是以固定设备能力和交通港站能力为基础的，是运输能力的最终体现。

4.1.3 运输能力的利用

4.1.3.1 能力负荷

对于具体的运输方式和运输环境而言，运输能力是运输设备、交通流和运输组织三者共同作用的结果。其中,运输设备是运输能力实现的基础。运输设备的能力负荷也称能力利用率,是运输设备的实际有效能力与计算能力的比值,反映了运输设备的能力利用水平。能力利用率的计算公式为

$$\varphi=\frac{C_{实}}{C_{能}}\times 100\% \tag{4-1}$$

式中 φ——能力利用率;

$C_{实}$——运输设备的实际有效能力;

$C_{能}$——运输设备的计算能力。

4.1.3.2 运输能力的薄弱环节及其限制作用

在运输生产过程中,运输能力是通过固定设备和移动设备以及运输组织三者的相互作用体现出来的。通常,运输生产过程由若干环节组成,根据每一环节计算出来的运输能力可能各不相同,其中能力最薄弱的设备限制了整个运输系统的能力。因此,在整个运输系统中,运输能力最薄弱的环节总是对运输能力起决定性的限制作用或所谓"瓶颈"作用。

运输系统各个环节的运输能力总是参差不齐的,这使得运输系统的整体能力只受制于某个环节的瓶颈制约而不至于造成整体瘫痪。当运输系统的整体能力受制于某个运输瓶颈而无法满足日益增长的运输需求时,只需要改善运输瓶颈的能力就能收到预期效果。而当某个瓶颈的状况得以改善后,运输系统又会产生新的运输能力最小的环节,这个环节必然是今后不适应运输需求进一步增长的新的瓶颈。因此,运输能力的加强总是针对运输瓶颈环节,使瓶颈环节高于某些其他环节而不至于很快就沦为新的瓶颈。这就导致运输系统各个环节的运输能力呈现出阶段性跳跃式发展的特点。

4.1.3.3 无效能力

运输线路内的各种固定设备所形成的最终通过能力是理论上可能实现的最大运输能力。实际上,除因固定设备的检修或施工形成不能用于运输的固定空隙时间以外,由于移动设备所形成的运输流的多样性,运输流的时间和空间活动特征又带有一定的随机性、波动性和不均衡性,因此,移动设备对运输固定设备的实际占用时间和占用顺序也不尽相同,并且运输流还可能由于占用固定设备彼此间产生干扰和互相妨碍。

在运输生产过程中,计划上安排和实际中被利用的能力总是小于理论上的计算能力。在运输能力中总是存在不能被利用的部分,我们称之为无效能力。而实际被利用的能力,我们称之为实际有效能力。

4.1.3.4 运输能力储备

所谓运输储备能力,是指在一定时期内给定的运量条件下,充分考虑运量波动、维修作业、技术改造和系统发展等因素后,运输系统持有的完成给定运输任务所必需的最小的日常使用能力以外的附加能力。

储备能力分为两类:一类是考虑运量波动和车辆运行波动的储备能力,如考虑运输突发性的故障、中断、调度指挥失误等的储备能力,考虑大、中修施工及施工慢行所预留的储备能力,考虑抢险救灾绕行、军运等不可预测任务的储备能力,这类储备能力体现为对于日

常运输变动的应急和应变能力;另一类是运输系统运营初期的储备能力,为适应系统未来的发展而在技术改造时预留的储备能力,考虑社会经济长远发展规划的储备能力。

能力储备实质上是利用设备冗余或时间冗余来提高运输系统的可靠性,使运输系统的发展能够适应不断增长的运输需求。规定设备的能力储备,实际上也就是界定了运输设备的合理负荷水平。

4.2 交通线路能力的计算方法

交通线路能力是指在设定了载运工具类型和一定的运输组织方法前提下,交通线路上单位时间(通常指 1 h 或 1 d)内能通过的最大载运工具数量。交通线路能力的计算方法有很多,如解析法、数学建模法和计算仿真分析方法等。由于解析法是其他方法分析的基础,下面将对其进行重点介绍。

4.2.1 交通线路能力的通用计算方法

铁路区间、道路交叉口、内河或运河航道、机场跑道等都属于间断流,交通线路能力的计算具有一定的共性:

(1) 都需要考虑一定的设施设备、运行组织控制、环境等条件,在理想条件下计算出的能力需要根据条件进行折减。

(2) 都需要考虑一定的计算期,如铁路区间与内河或运河航道一般为一昼夜,城市轨道交通线路、道路交叉口、机场跑道一般为一小时。

(3) 各种载运工具的运行都具有一定的规律性,一个周期内有可能会有多列(辆、架、艘)载运工具通过。我们把这种规律定义为周期性变化,如铁路为列车运行图周期、道路信号控制交叉口的信号周期、内河或运河航道的占用周期和机场跑道的占用时间等。

交通线路能力的通用计算公式为

$$C_{线路}=\frac{T_0-T_{无效}}{T}\cdot n\cdot f \tag{4-2}$$

式中 $C_{线路}$——交通线路通过能力,单位时间内通过某线路的载运工具数量,列(辆、架、艘)/d 或列(辆、架、艘)/h;

T——周期时间,min 或 s;

T_0——计算的单位时间,取值包括 1 440 min(1 d)或 60 min、3 600 s(1 h)等;

$T_{无效}$——计算单位时间内的无效时间,如因运营服务结束、路段施工、维护等作业无法利用的时间,min 或 s;

n——一个周期内的载运工具数量,列(辆、架、艘);

f——修正系数,如考虑线路的曲线与坡度、载运工具的类型、通过时刻的不均衡性等因素影响需要折算的系数,$0<f\leqslant 1$。

4.2.2 轨道交通线路通过能力的计算方法

轨道交通线路或区段通过能力需要按区间、车站、折返、供电、动车所或车辆基础等设备单独计算，其中能力最薄弱的设备限制了整个线路的能力，该能力即为该线路的最终通过能力。

4.2.2.1 铁路平行运行图通过能力

铁路的通过能力一般是计算一昼夜能通过的列车数量或列车对数，因此，$T_0 = 1\,440$ min，则计算公式为

$$C_{线路} = \frac{1\,440 - T_{无效}}{T} \cdot n \cdot f \quad (列/d或对/d) \tag{4-3}$$

在铁路系统中，$T_{无效}$通常指施工天窗时间；f 称为有效系数，是指扣除设备故障和列车运行偏离、调度调整等因素所产生的技术损失后区间时间可供有效利用的系数，一般可取0.88～0.91。

轨道交通的列车运行会遵循很多规则，按照列车运行速度可分为平行运行图和非平行运行图。平行运行图(简称平图)，主要有以下两个特点：

(1) 运行速度：同一区间内、同一方向上，列车的运行速度相同；

(2) 交会方式：在同一车站，上、下行方向列车交会方式相同。

在平行运行图上，任何一个区间的列车运行线，总是以同样的铺画方式一组一组地反复排列着，这种一组列车占用区间的时间，称为运行图周期，也就是式(4-2)中的周期时间 T。

图 4-1 为常见的平行运行图类型，不同类型运行图的周期不同，所包含的上下行列车数也可能不同。一个平行运行图周期内所包含的列车对数或列数，即为式(4-2)中的 n。

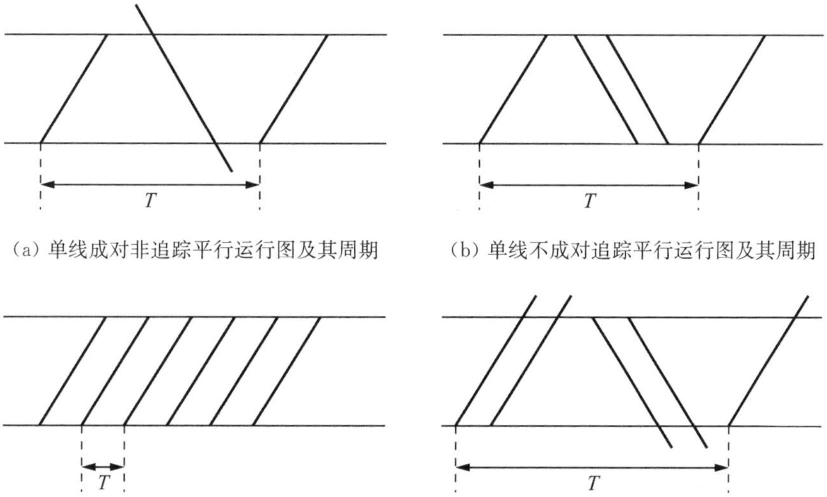

(a) 单线成对非追踪平行运行图及其周期　(b) 单线不成对追踪平行运行图及其周期

(c) 双线追踪平行运行图及其周期　(d) 双线成对追踪平行运行图及其周期

图 4-1　不同类型平行运行图周期示意

1. 单线区段

平行运行图周期 T 一般由周期内列车区间纯运行时分 $\sum t_{运}$、起停车附加时分 $\sum t_{起停}$ 以及车站间隔时间 $\sum \tau_{站}$ 所组成，即

$$T = \sum t_{运} + \sum t_{起停} + \sum \tau_{站}(\text{min}) \tag{4-4}$$

由于不同类型运行图周期 T 的组成及 n 的数值不同，因此，不同类型运行图的通过能力需要分别计算。

在单线区段，通常采用成对非追踪平行运行图，如图 4-2 所示，其周期可以用式(4-5)表示：

$$T = t' + t'' + \tau_{站}^{a} + \tau_{站}^{b} + \sum t_{起停}(\text{min}) \tag{4-5}$$

式中 t'、t''——上、下行列车的区间纯运行时分，min；

$\tau_{站}^{a}$、$\tau_{站}^{b}$——计算区间两相邻车站 a、b 的车站间隔时间，min；

$\sum t_{起停}$——列车起停车附加时分，min。

由于一个周期内包含的列车数为一对，因此 $n=1$。

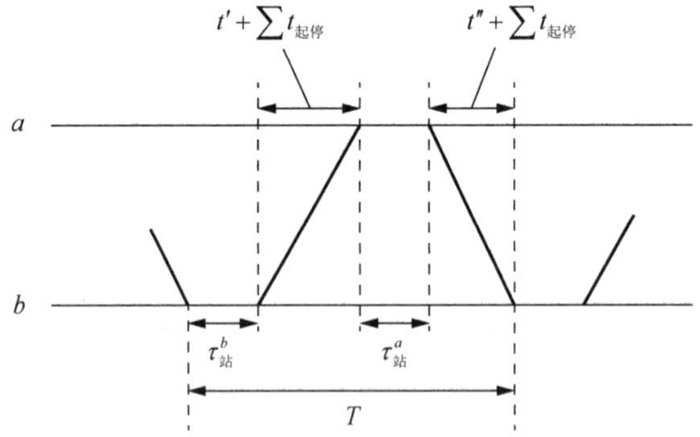

图 4-2 单线成对非追踪平行运行图周期的组成

知识扩展 22

什么是区间纯运行时分和起停车附加时分？

区间纯运行时分是指列车不停车通过两个相邻车站（或车场）中心线所需的区间运行时分。采用牵引计算和试运转相结合的方法按运行方向及列车种类分别查定。

起车附加时分是指列车由车站起动出发比不停车通过车站时所增加的运行时分，需和区间纯运行时分相加来计算区间运行时分。

停车附加时分是指列车到站停车比不停车通过车站时所增加的时分，需与区间纯运行时分相加来计算区间运行时分。

起车附加时分和停车附加时分统称为起停车附加时分。

【例 4-1】 a、b 为某一单线铁路上的两个相邻的中间站，该线路使用半自动闭塞。已知 a 至 b 区间的 $t'=t''=32$ min，$t_{起}=t_{停}=1$ min，$\tau^a_{站}=\tau^b_{站}=3$ min，$T_{无效}=240$ min，$f=1$，假设列车的交会方式如图 4-3 所示，试计算该开行方式下 a 至 b 区间的通过能力 C。

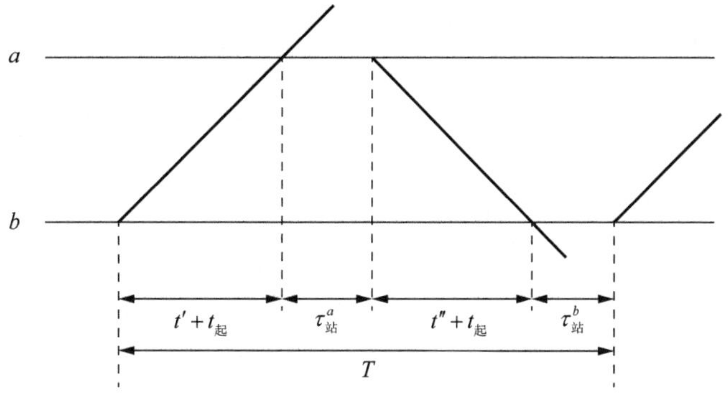

图 4-3 列车交会方式

解 (1) 先计算周期时间 T：

$$T=t'+t''+2t_{起}+\tau^a_{站}+\tau^b_{站}=72\ \text{min}$$

(2) 再计算全天通过能力 C：

$$C=\frac{T_0-T_{无效}}{T}\cdot n\cdot f=\frac{1\,440-240}{72}\times 1\times 1=16.67\ 对/\text{d}$$

2. 双线区段

在双线区段，能力与闭塞类型有关，在非自动闭塞的双线区段，列车追踪采用连发方式，即后一列车出发（或通过）的前提是前一列车到达（或通过）前方车站，如图 4-4 所示。连发时一个周期内只有 1 列车，即 $n=1$，T 的计算公式为

$$T=t_{运}+\tau_{连}(\text{min}) \tag{4-6}$$

式中 $t_{运}$——列车在区间的运行时分，min；

$\tau_{连}$——连发间隔时间，min。

应指出，由于上、下行列车行时分有可能不同，因此需要分别计算。

在自动闭塞的区段，列车可以在区间内追踪运行，如图 4-5 所示。假设追踪列车间隔时间为 I，则周期 $T=I$，且 $n=1$。

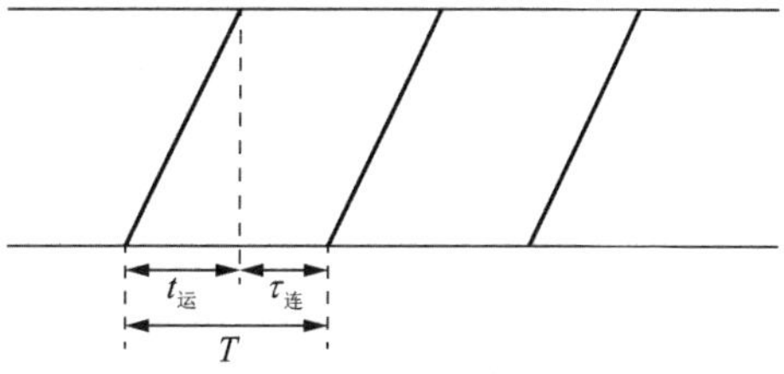

图 4-4 双线连发平行运行图周期

图 4-5 双线追踪平行运行图周期

【例 4-2】 a、b 为某一双线铁路上的两个相邻的中间站，该线路使用自动闭塞，两列车之间的最小追踪列车间隔时间为 $I=5$ min，假设 $T_{无效}=360$ min，$f=1$。试计算该线路 a

至 b 区间的通过能力 C。

解 (1) 先计算周期时间 T:

$$T=I=5\ \text{min}$$

(2) 再计算全天通过能力 C:

$$C=\frac{T_0-T_{无效}}{T}\cdot n\cdot f=\frac{1\,440-360}{5}\times 1\times 1=216\ \text{对/d}$$

4.2.2.2 呈现周期特征的非平行运行图通过能力

在某些情况下,轨道交通线可能会运行不同种类、不同速度或不同停站类型的列车,采用的是非平行运行图。在非平行运行图上,如果不同类型列车之间的关系也呈现出周期性规律特征,则也可以采用通用的解析方法来计算。

以图 4-6 为例,不同类型的列车有可能是运行速度不同,也有可能是停站方案不同,但不论是哪一种情况,不同类型的列车仍然是成组周期规律地开行。因此,只需要找到周期的组合方案以及计算周期时间,就能计算出通过能力。假设列车在中间站的最小停站时间为 $t_{停站}$,前、后两列车到达、出发或通过同一车站的最小间隔均为 I,则不同情况下非平行运行图中一个周期的时间 T、一个周期内的列车数 n 如图 4-6 所示。将计算得到的 T 和 n 代入式(4-2),即可得到通过能力。

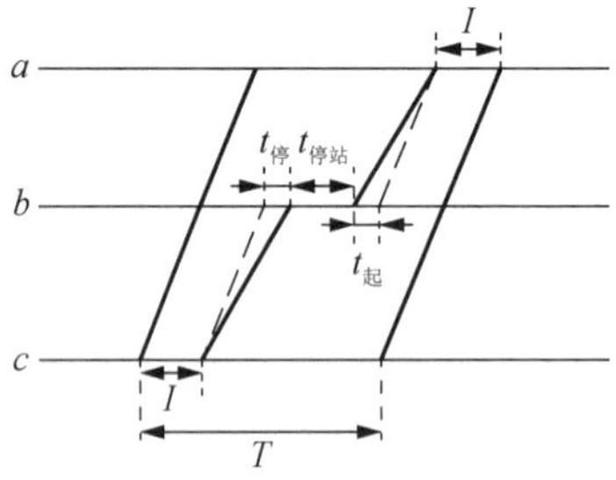

(a) 列车速度相同,无越行
$T=2I+t_{起}+t_{停}+t_{停站}$, $n=2$

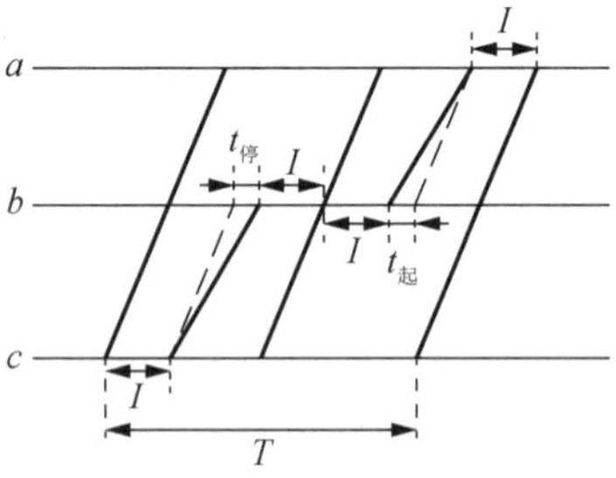

(b) 列车速度相同,有越行
$T=4I+t_{起}+t_{停}$, $n=3$

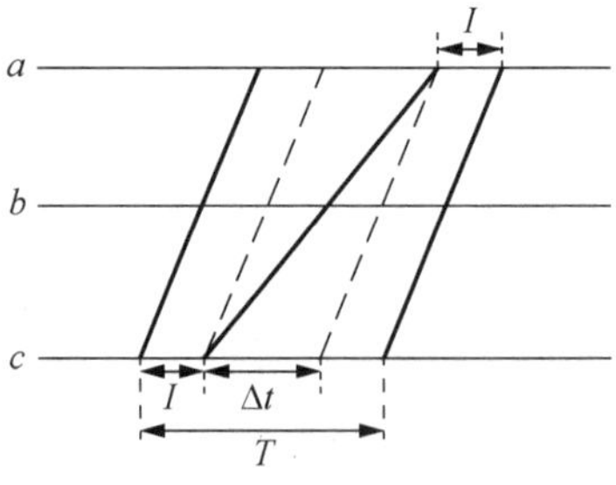

(c) 列车速度不同,无越行
$T=2I+\Delta t$, $n=2$(Δt 为旅行时间差)

图 4-6 呈现周期特征的非平行运行图周期计算方法示意

【例 4-3】 假设某线路开行两种不同停站方案的列车,列车运行图方案如图 4-6(a)所示，$t_{停站}=4$ min，$t_{起}=t_{停}=1$ min，同方向不同列车在各站的到达、通过或出发时刻之间的最小追踪列车间隔时间 $I=5$ min，$T_{无效}=6$ h$=360$ min，$f=1$，试计算该线路 a 至 c 区间的通过能力 C。

解 （1）先计算周期时间 T：

$$T=2I+t_{起}+t_{停}+t_{停站}=16\ \text{min}$$

（2）再计算全天通过能力 C：

$$C=\frac{T_0-T_{无效}}{T}\cdot n\cdot f=\frac{1\,440-360}{16}\times 2\times 1=135\ 对/\text{d}$$

4.2.2.3 高速铁路通过能力

高速铁路由于夜间需要检修维护，通常开设矩形天窗，在平行运行图模式下，高速铁路通过能力除了需要考虑天窗时间的影响，还要考虑由于天窗造成的空费“三角区”的能力影响和运行图中不能利用的无效时间段的影响（图 4-7）。因此，在计算高速铁路通过能力时，式（4-2）中 $T_{无效}$ 的计算公式见式（4-7）。

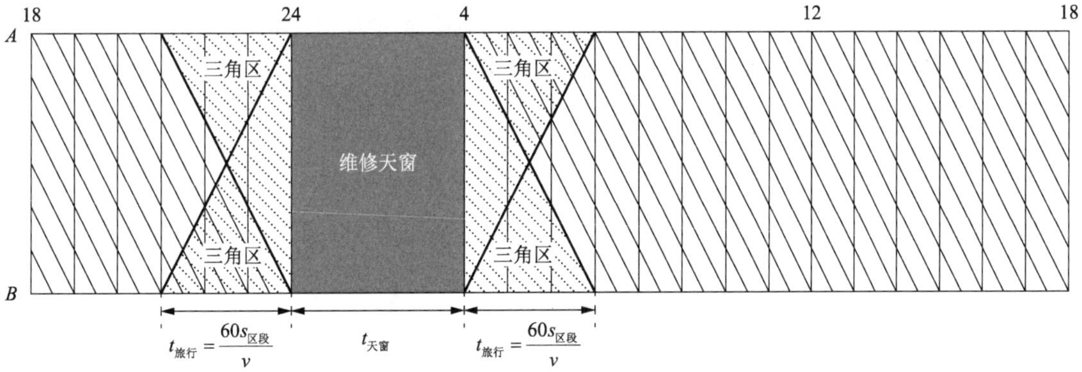

图 4-7 高速铁路通过能力计算原理

$$T_{无效}=t_{天窗}+t_{旅行}+t_{其他}=t_{天窗}+\frac{60s_{区段}}{v}+t_{其他}(\text{min}) \tag{4-7}$$

式中 $t_{旅行}$——列车在客运区段的旅行时间，min；

$t_{天窗}$——维修天窗时间，min；

$s_{区段}$——客运区段长度，km；

v——列车的平均运行速度，km/h；

$t_{其他}$——由于受到高速列车有效到发时间的限制，除维修天窗和空费“三角区”以外，在运行图中不能被利用的无效时间段，min。

【例 4-4】 假设某高速铁路全长 750 km，列车全程运行的平均速度为 $v=250$ km/h，列车的最小追踪列车间隔时间 $I=5$ min，线路维修天窗为 0:00—4:00，$f=1$，$t_{其他}=0$，试计算该线路的通过能力 C。

解 （1）先计算无效时间 $T_{无效}$：

$$T_{无效}=t_{天窗}+\frac{60s_{区段}}{v}+t_{其他}=4\times60+\frac{60\times750}{250}+0=420\ \text{min}$$

（2）再计算通过能力 C：

$$C=\frac{T_0-T_{无效}}{T}\cdot n\cdot f=\frac{1\,440-420}{5}\times1\times1=204\ 对/\text{d}$$

4.2.2.4 城市轨道交通通过能力

城市轨道交通通过能力一般计算一小时能通过的列车数量(列/h)或列车对数(对/h)，T_0=3 600 s，n 和 f 通常取 1,因此,计算公式为

$$C_{线路}=\frac{3\,600}{h_{追踪}}\quad(列/\text{h}或对/\text{h})\tag{4-8}$$

式中，$h_{追踪}$为该线路的最小追踪间隔时间。

城市轨道交通通常采用自动闭塞行车,由于车站一般不设置配线,列车只能在车站正线办理客运作业,后一列车进站的前提条件是前一列车安全离开车站并出清接车进路,最小追踪间隔时间的计算原理如图 4-8 所示。

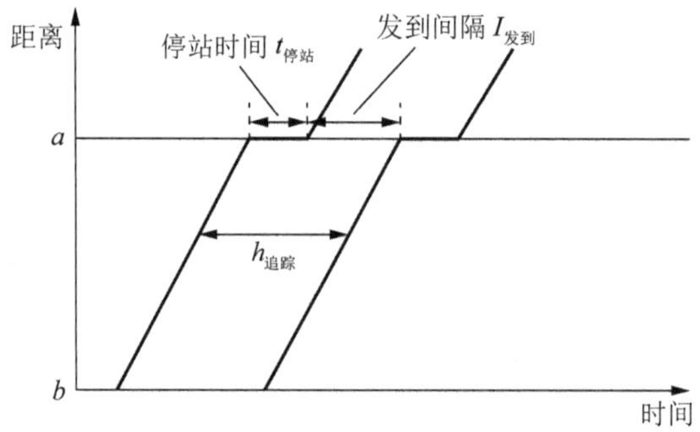

图 4-8 城市轨道交通最小追踪间隔时间的计算原理

因此

$$h_{追踪}=t_{停站}+I_{发到}(\text{s})\tag{4-9}$$

【例 4-5】 假设某城市轨道交通线路的车站停站时间 $t_{停站}$=30 s，$I_{发到}$=90 s，试计算该线路的通过能力 C。

解 （1）计算最小追踪间隔时间 $h_{追踪}$：

$$h_{追踪}=t_{停站}+I_{发到}=30+90=120\ \text{s}$$

（2）计算通过能力 C：

$$C=\frac{3\,600}{120}=30\ 列/\text{h}$$

4.2.3 公路交通通行能力计算方法

公路交通设施的通行能力定义为在一定时段和通常的道路、交通与控制条件,以及规定的服务质量要求下,能合理地期望车辆通过车道或道路的一点或均匀断面上的最大小时流率。

由于不同公路设施的道路条件、交通条件等几乎都不相同,在具体应用时,需要有一种不同公路的通行能力均能与之对比的基本参照通行能力。因此,公路通行能力按使用性质可分为基准通行能力、实际通行能力和设计通行能力。

1. 基准通行能力

在基准的公路、交通、环境和管控条件下,公路设施的一条车道(lane,ln)或特定横断面上,规定时段内的单位时间期望所能通过的最大标准车当量数(passenger car unit,pcu),即为基准通行能力,单位为 pcu/(h · ln)或 pcu/h。在基准条件下,通行能力通常取最大值;非基准条件下,折减系数都小于 1。

基准条件是指天气良好、路面状况良好、公路使用者熟悉交通设施且公路中没有任何障碍。基准条件原则上是指对条件更进一步改进时也不能提高通行能力的条件。

2. 实际通行能力

在实际或设计的公路、交通、环境和管控条件下,公路设施的一条车道或特定横断面上,规定时段内的单位时间期望所能通过的最大车辆数(vehicle,veh)或标准车当量数,即为实际通行能力,单位为 veh/h、veh/(h · ln)或 pcu/(h · ln)、pcu/h。

3. 设计通行能力

在规划或设计的公路、交通、环境和管控条件下,公路设施的一条车道或特定横断面上,相应设计服务水平下公路设施期望所能通过的最大小时流率,即为设计通行能力,单位为 pcu/(h · ln)或 pcu/h。

以上 3 种公路通行能力的定义分别是基于公路、交通管制条件和选用的服务质量要求。基准通行能力与实际通行能力的主要区别在于前者是在基准条件下的通行能力,而后者是在实际(或预计)条件下的通行能力。实际通行能力与设计通行能力的主要区别在于前者是在不论运行质量如何的情况下的通行能力,而后者是在所选用服务水平条件下的通行能力。因此,通行能力分析既常用来确定交通设施在规定的运行质量条件下所能承受的最大交通量,也可用于了解特定交通需求下,公路交通设施的运行质量。这样一来,将公路规划、设计及交通管理等与运行质量联系起来,便能更加合理地使用公路建设资金,提高公路工程和汽车运输的综合经济效益。

公路通行能力的计算方法与公路交通设施的类型有关,因此,在进行通行能力计算时,需要按高速公路基本段、高速公路交织区、高速公路分流与合流区、高速公路施工区、一级公路、二/三级公路、无信号的平面交叉口、环形平台交叉、信号交叉口、收费站等分别确定。详细的计算方法可以参考《公路通行能力手册》。

下面仅以自由流条件下的基准通行能力和城市道路交叉口通行能力为例进行分析。

4.2.3.1 自由流条件下基准通行能力的计算方法

自由流条件下基准通行能力 C_B 是根据自由流速度确定的，按最小车头时距分车道计算。T_0 通常取 3 600 s，$T_{无效}=0$，$T=h$，单位为小车当量[pcu/(h·ln)]，即

$$C_B=\frac{T_0}{T}=\frac{3\,600}{h}\quad[\text{pcu/(h·ln)}] \tag{4-10}$$

最小车头时距（T 或 h）是指在保证安全的情况下前后两辆车通过同一个点的最小时间间隔，其计算原理如图 4-9 所示，计算公式见式(4-11)。

$$T=h=\frac{S_1+S_2+S_0+S_B}{v}\ (\text{s}) \tag{4-11}$$

式中 v ——车辆的行驶速度，m/s；

S_B ——车辆长度，m；

S_1——反应距离，m；

S_2——制动距离，m；

S_0——安全距离，一般取 3 m。

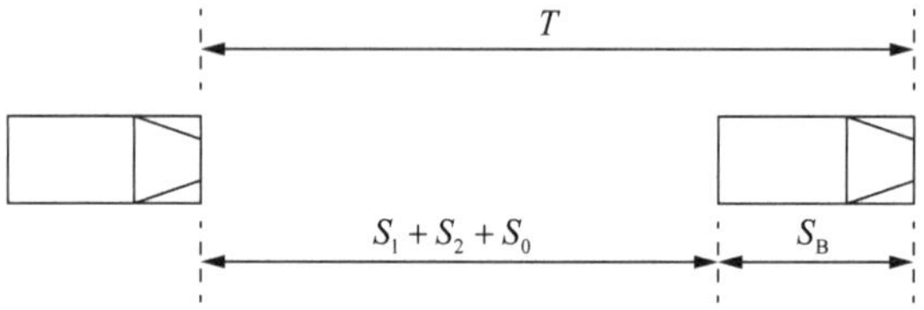

图 4-9 车头时距的计算原理

最小车头时距 h 的取值与道路类型和道路设计速度有关，可查阅《公路通行能力手册》《城市道路工程设计规范》(2016 年版)(CJJ 37—2012)等相关资料。我国《公路通行能力手册》给出的不同自由流速度对应的基本通行能力取值见表 4-1。

表 4-1 不同自由流速度对应的基本通行能力取值

自由流速度/($km \cdot h^{-1}$)	120	110	90
设计速度/($km \cdot h^{-1}$)	120	100	80
基本通行能力/[$pcu \cdot (h \cdot ln)^{-1}$]	2 200	2 100	2 000

4.2.3.2 自由流条件下设计通行能力计算方法

在实际运行环境中，道路的通行能力受服务水平、道路环境、大型车辆、驾驶员驾驶技术、车道宽度和侧向净空等因素的影响。因此，道路设计通行能力需要在计算道路的基准通行能力后，通过修正系数 f 来修正，在高速公路和城市快速路中，道路设计通行能力 C_D 的计算方法为

$$C_D=C_B\cdot f\ (\text{pcu/h}) \tag{4-12}$$

$$f=\gamma_{VC}\cdot f_{HV}\cdot f_{p}\cdot f_{w} \tag{4-13}$$

式中 γ_{VC}——在给定的服务水平前提下，最大服务交通量与基准通行能力之比；

f_{HV}——考虑大型车影响的调整系数；

f_{p}——考虑驾驶员驾驶技术的调整系数；

f_{w}——考虑车道宽度和侧向净空影响的调整系数。

《公路工程技术标准》中规定了不同服务水平下高速公路基本路段 γ_{VC} 的取值，如表 4-2所列。

表 4-2 我国高速公路基本路段服务水平分级

服务水平	一级	二级	三级
γ_{VC}	$\gamma_{VC}\leqslant 0.35$	$0.35<\gamma_{VC}\leqslant 0.55$	$0.55<\gamma_{VC}\leqslant 0.75$
服务水平	**四级**	**五级**	**六级**
γ_{VC}	$0.75<\gamma_{VC}\leqslant 0.90$	$0.90<\gamma_{VC}\leqslant 1.00$	$\gamma_{VC}>1.00$

【例 4-6】 某高速公路设计速度为 100 km/h，每个方向各有 3 条车道，平均车头时距为 1.8 s，服务水平为三级，$\gamma_{VC}=0.75$，考虑大型车影响、驾驶员驾驶技术、车道宽度和侧向净空影响后的调整系数 $f_{HV}\cdot f_{p}\cdot f_{w}=0.6$。试计算该路段的基准通行能力 C_B 和设计通行能力 C_D。

解 (1) 计算基准通行能力 C_B：

$$C_B=\frac{T_0}{T}\cdot n=\frac{3\,600}{1.8}\times 3=6\,000\ (\text{pcu/h})$$

(2) 计算设计通行能力 C_D：

$$C_D=C_B\cdot\gamma_{VC}\cdot f_{HV}\cdot f_{p}\cdot f_{w}=6\,000\times 0.75\times 0.6=2\,700\ (\text{pcu/h})$$

4.2.3.3 交叉口通行能力

信号交叉口处车辆的通行会受到信号配时的控制，车辆只能在绿灯相位时通过。信号交叉口的交通运行状况为间断流，交通流率受道路几何条件、交通条件和信号控制条件的影响。

在城市道路中，理想条件下该车道组一个周期内通过的车辆数 n 的计算公式如下：

$$n=\frac{S}{T_0}\cdot T_{绿}\cdot N\ (\text{pcu/h}) \tag{4-14}$$

式中 S——车道饱和流率，是指在一次连续的绿灯时间内，交叉口进口道上某车道的连续车队能通过停止线的最大流率，通常取 1 800 pcu/h；

N——某车道组的车道数量；

T_0——计算单位时间，即 3 600 s；

$T_{绿}$——交叉口信号周期内该方向的绿灯时间，s。

代入式(4-2)即可求得该车道组的通行能力 C_A，经过整理、简化后的结果如下：

$$C_A=\frac{T_0}{T}\cdot n\cdot f=\frac{S}{T}\cdot T_{绿}\cdot N\cdot f\ (\text{pcu/h}) \tag{4-15}$$

式中 T ——交叉口信号周期，s；

f ——受道路几何、交通和信号控制条件的影响，实际通行能力需要考虑的修正系数。

【例 4-7】 某交叉口某个直行方向的车道组共有 2 个车道。该交叉口的信号周期时间 $T=200$ s，一个周期内该方向绿灯时间 $T_{绿}=60$ s，假设修正系数 $f=0.85$，试计算该车道组的通行能力。

解 (1) 计算理想条件下该车道组一个周期内通过的车辆数 n：

$$n=\frac{S}{T_0}\cdot T_{绿}\cdot N=1\,800\times\frac{60}{3\,600}\times 2=60\ \text{pcu/h}$$

(2) 计算车道组的实际通行能力 C_A：

$$C_A=\frac{T_0}{T}\cdot n\cdot f=\frac{3\,600}{200}\times 60\times 0.85=918\ \text{pcu/h}$$

4.2.4 内河或运河航道通过能力计算方法

内河或运河航道通过能力是指在一定的船舶技术性能和运行组织方法条件下，一定的航道区段在单位时间(昼夜、月、年或航期)内可能通过的船数、船吨数或货吨数。在本书中，将航道通过能力定义为一昼夜内通过的船舶数量。

影响航道通过能力的因素有很多，涉及航道和船舶的技术性能、经济因素、自然因素及运行组织方法等多个方面。这 4 个方面的影响因素，前三者属于客观条件，最后一个是主要取决于人的因素。

4.2.4.1 敞流航道通过能力

敞流航道通过能力可按双向航道、单向航道两种船舶(队)运行模式分别进行计算。

1. 双向航道

所谓双向航道，即容许船舶(队)在航道中任一断面可同时进行上水和下水运行作业的航道。由于顺水与逆水条件下的船舶航行速度和安全控制距离不一样，因此上、下行航道的通过能力应分别计算。航道通过能力与前后行船舶(队)的时间间隔 h 有关，由于上水与下水的 h 计算不同，所以双向航道应分上水运行与下水运行单独计算：

$$\left.\begin{aligned}C_{上}&=\frac{T_0-T_{无效}}{h_{上}}\cdot N\cdot f(\text{艘}/\text{d})\\ C_{下}&=\frac{T_0-T_{无效}}{h_{下}}\cdot N\cdot f(\text{艘}/\text{d})\end{aligned}\right\} \tag{4-16}$$

$$\left.\begin{aligned} h_{上} &= \frac{0.06(m_{上}+1) \cdot L_C}{v_{上}}(\min) \\ h_{下} &= \frac{0.06(m_{下}+1) \cdot L_C}{v_{下}}(\min) \end{aligned}\right\} \tag{4-17}$$

式中 $v_{上}$,$v_{下}$——船舶(队)的上水与下水航速,km/h,且 $v_{下} > v_{上}$;

$m_{上}$,$m_{下}$——船舶(队)之间上水与下水纵向距离系数,通常取 $m_{上}=1$,$2 \leqslant m_{下} \leqslant 5$(视流速大小而定);

$h_{上}$,$h_{下}$——上水或下水前后两船舶(队)通过同一点的最小时间间隔,min;

T_0——计算单位时间,即 1 440 min;

L_C——船舶(队)长度,m;

N——一个船队的船数,艘;

f——修正系数,与航道的地理条件、船舶(队)的不均衡性等因素有关。

2. 单向航道

所谓单向航道,是指仅容许一个方向船舶(队)行驶的弯曲、狭窄、急浅航段。船舶(队)运行方式可采用一上一下、成批上与成批下等模式,可视船流情况、控制段长短具体采用。

1) 一上一下

如图 4-10 所示,一个周期时间 T 的计算公式如式(4-18)所示。

$$T = T_{上} + T_{下} = 0.06(L_K + a \cdot L_C) \cdot \left(\frac{1}{v_{上}} + \frac{1}{v_{下}}\right)(\min) \tag{4-18}$$

式中 L_K——控制段长度,m;

a——控制段长度安全富余系数,$a > 1$。

因此,一天内可以通行的船舶数量为

$$C = \frac{T_0 - T_{无效}}{T} \cdot N \cdot f\ (艘/d) \tag{4-19}$$

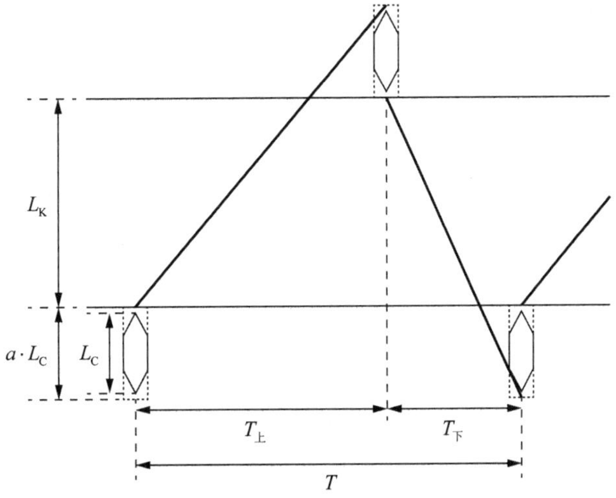

图 4-10 单向航道一上一下周期时间示意

2）成批上、成批下

如图 4-11 所示，一个周期时间 T 的计算公式如式(4-20)所示。

$$T = T_{上} + T_{下} + (k-1)\cdot(h_{上} + h_{下})$$
$$= 0.06(L_K + a\cdot L_C)\cdot\left(\frac{1}{v_{上}} + \frac{1}{v_{下}}\right) + 0.06(k-1)\cdot L_C\cdot\left(\frac{m_{上}+1}{v_{上}} + \frac{m_{下}+1}{v_{下}}\right)\ (\text{min}) \tag{4-20}$$

式中，k 为一个周期内成批上或成批下的船舶(队)数量。

一个周期内每个方向通过的船数 $n = k\cdot N$，因此，一天内可以通行的船舶数量为

$$C = \frac{T_0 - T_{无效}}{T}\cdot k\cdot N\cdot f\ (艘/\text{d}) \tag{4-21}$$

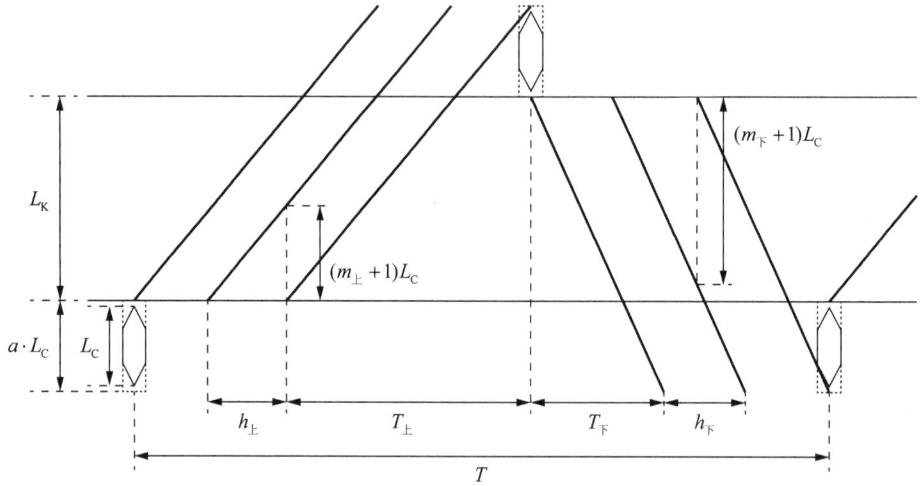

图 4-11　单向航道成批上、成批下周期时间示意

【例 4-8】 某单向航道控制段长度 $L_K = 10$ km，安全富余系数 $a = 1.25$。每个船队共有 $N = 5$ 艘船，船队总长度 $L_C = 400$ m。船队在该航道的上水航速 $v_{上} = 20$ km/h，下水航速 $v_{下} = 25$ km/h。不考虑无效时间 $T_{无效}$ 和修正系数 f 的影响。试计算以下情况该航道单方向的通过能力：

(1) 采用一上一下的运行方式；

(2) 采用成批上、成批下的运行方式，其中有 $k = 2$ 个船队成批上(下)，船队之间纵向距离系数 $m_{上} = 1, m_{下} = 2$。

解　(1) 采用一上一下运行方式

① 计算周期时间 T：

$$T = 0.06(L_K + a\cdot L_C)\cdot\left(\frac{1}{v_{上}} + \frac{1}{v_{下}}\right)$$
$$= 0.06\times(10\,000 + 1.25\times 400)\times\left(\frac{1}{20} + \frac{1}{25}\right) = 56.7\ \text{min}$$

② 计算全天通过能力 C：

$$C=\frac{T_0-T_{无效}}{T}\cdot N\cdot f=\frac{1\ 440-0}{56.7}\times5\times1=126.98\ 艘/\mathrm{d}$$

(2) 采用成批上、成批下运行方式

① 计算周期时间 T：

$$\begin{aligned}T&=0.06(L_K+a\times L_C)\cdot\left(\frac{1}{v_{上}}+\frac{1}{v_{下}}\right)+0.06(k-1)\times L_C\times\left(\frac{m_{上}+1}{v_{上}}+\frac{m_{下}+1}{v_{下}}\right)\\&=0.06\times(10\ 000+1.25\times400)\times\left(\frac{1}{20}+\frac{1}{25}\right)+0.06\times(2-1)\times400\times\left(\frac{1+1}{20}+\frac{2+1}{25}\right)\\&=61.98\ \mathrm{min}\end{aligned}$$

② 计算全天通过能力 C：

$$C=\frac{T_0-T_{无效}}{T}\cdot k\cdot N\cdot f=\frac{1\ 440-0}{61.98}\times2\times5\times1=232.33\ 艘/\mathrm{d}$$

4.2.4.2 船闸通过能力

船闸分为单向单级船闸、单向多级船闸、双向单级船闸和双向多级船闸。单向或双向单级船闸通过能力的计算原理与敞流航道通过能力的计算原理相同，其中 T 相当于平均每一闸次所需要的时间，n 则为每一闸次通过的船数，如此便可计算船闸的通过能力(艘/d)。计算多级船闸通过能力时，只需重新计算上水或下水过程的总航行时间。

4.2.5 机场跑道通过能力计算方法

在飞行区内，跑道或滑行道的通过能力为单位时段(1 h)内可能容纳的最大飞机运行次数。影响机场跑道通过能力的主要因素有以下 4 个：

(1) 空中交通管制因素；

(2) 机队组成；

(3) 跑道布置和使用方案；

(4) 环境因素。

下面重点介绍单跑道通过能力的计算方法。

1. 仅到达或仅出发

假设某机场跑道仅办理飞机到达(即着陆)作业，则计算跑道通过能力的关键是确定飞机的最小着陆间隔 T，示意图如图 4-12 所示。

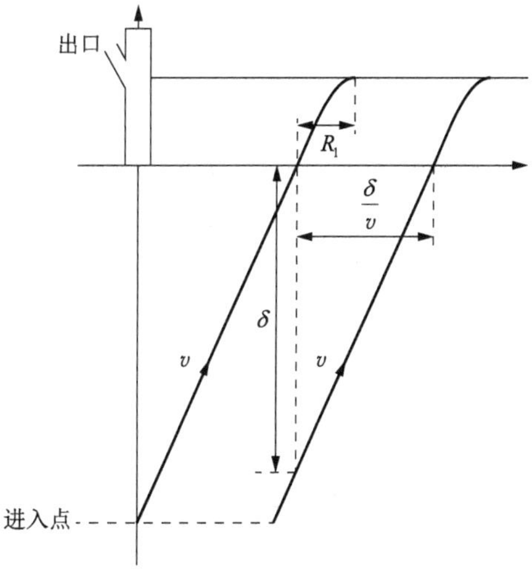

图 4-12 最小着陆间隔示意

假定无误差进近，即管制员在期望的时间点放飞机进入进近入口，飞行员能精确地控制速度和飞机间隔。设飞机的进近速度为 v，则最小着陆间隔 T 为

$$T = 60 \times \frac{\delta}{v}\ (\text{min}) \qquad (4\text{-}22)$$

式中　T ——最小着陆间隔，min；

v ——飞机的进近速度，km/h；

δ ——飞机在空中的最小安全间隔距离，km。

取 $T_0=60$ min，$T_{无效}=0$，$n=1$，根据飞机型号差异、天气、空中管制情况等因素取相应的 f 值，代入式(4-2)，即可计算单跑道飞机到达的能力(架/h)。

若该跑道仅办理飞机出发(即起飞)作业，同样地，可以得到平均最小起飞间隔计算公式。

2. 出发到达混合作业

混合作业形式以下列 3 条作业规则为基础：

(1) 到达优先于出发；

(2) 在一段时间内只有一架飞机能占用跑道；

(3) 如将要到达的飞机离跑道入口小于 δ_d，则出发的飞机不能放行。

假设某跑道同时办理飞机的起飞和着陆作业，且两架飞机到达之间均有一架飞机出发，如图 4-13 所示。设一个周期内出发的飞机起飞后到达飞机的进近速度为 v'，则一个周期时间 T 的计算公式为

$$T = R_1 + 60 \times \frac{\delta_d}{v'}(\text{min}) \qquad (4\text{-}23)$$

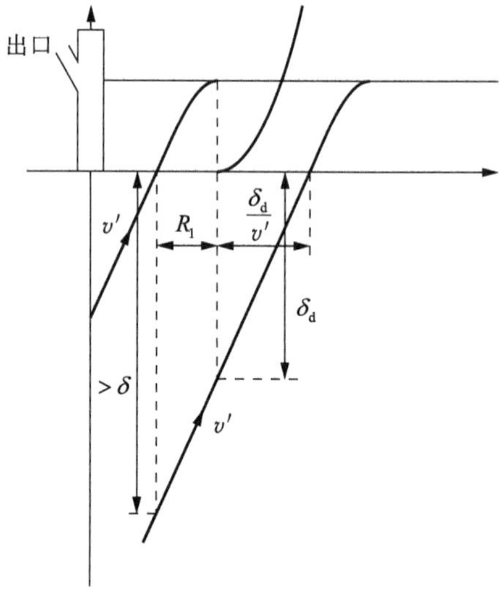

图 4-13　混合作业情况下的时间—距离曲线图

式中　R_1——到达飞机从着陆到滑出跑道的时间，min；

δ_d ——出发飞机滑入跑道时后续到达飞机距跑道入口的最小距离，km；

v' ——出发飞机起飞后到达飞机的进近速度，km/h。

一个周期时间 T 内共有 $n=2$ 架飞机通过该跑道。其他变量取值与仅到达单跑道通过能力相同，代入式(4-2)，即可计算混合作业单跑道飞机通过能力(架/h)。

【例 4-9】 某机场跑道仅办理飞机的着陆作业，假设所有飞机的进近速度均为 $v=250$ km/h，飞机在空中的最小安全间隔距离 $\delta=5$ km，不考虑修正系数 f 的影响，试计算该跑道的飞机通过能力。

解　(1) 计算最小着陆间隔 T：

$$T = 60 \times \frac{\delta}{v} = 60 \times \frac{5}{250} = 1.2\ \text{min}$$

(2) 计算小时起飞能力 C：

$$C = \frac{T_0 - T_{无效}}{T} \cdot n \cdot f = \frac{60-0}{1.2} \times 1 \times 1 = 50\ 架/\text{h}$$

4.3 交通港站能力的计算方法

4.3.1 交通港站能力的通用计算方法

交通港站通过能力是综合交通枢纽、交通运输网络能力的基本构成。在计算交通港站设施能力时，应根据其服务对象、作业环节分别确定影响因素。交通港站设施能力是指单位时间（如 1 d 或 1 h）内可以服务的对象数量，分为港站客运设施能力（服务对象为旅客）、货运设施能力（服务对象为货物）和基础设施能力（服务对象为载运工具）。交通港站设施能力 C 的通用计算公式为

$$C_{港站}=\frac{T_0-T_{无效}}{t_{占}}\cdot n\cdot f \tag{4-24}$$

式中 $C_{港站}$——交通港站设施服务能力，人(t、列、辆、架、艘)/d；

$t_{占}$——单位服务对象（一名乘客、1 t 货物、一列车、一辆车、一艘船、一架飞机）在港站设施中的占用时间，min；

T_0——单位时间，如果是一天，取 1 440 min，如果是一小时，取 60 min；

$T_{无效}$——单位时间内的无效时间，min；

n——港站设施可同时服务的对象数量，人(t、列、辆、架、艘)；

f——修正系数，考虑到服务对象的类型以及时刻不均衡性等因素对结果进行修正，$0<f\leqslant 1$。

4.3.2 交通港站客运服务设施能力计算方法

客运服务设施主要指客运站的服务设施，客运站包括铁路客运站、公路客运站和民航机场候机楼等。客运站服务设施包括候车室、售票房、天桥、地下通道、进出站口等，其能力表示一昼夜内可供服务的旅客数量，单位为人/d。不同设施的能力均可利用式(4-24)计算，不同设施能力的计算公式中各变量的具体含义如表 4-3 所列。

表 4-3 客运站不同服务设施能力计算方法

设施能力	变量含义				
	T_0	$T_{无效}$	$t_{占}$	n	f
候车室候车能力	1 440 min	一昼夜内候车室关闭的时间	旅客在候车室的平均停留时间	候车室同时最多可容纳的旅客数量	可取 1
通道通行能力（天桥、地道、进出站口等）		一昼夜内车站通道关闭的时间	旅客通过通道的平均时间	通道内同时最多可容纳的旅客数量	
售票房售票能力		一昼夜内车站售票房关闭的时间	旅客在售票窗口购票平均所需时间	售票房所含的售票窗口数量	

【例 4-10】 某高速铁路枢纽车站开放时间为每日 5:00—23:00，候车室最多可同时容纳 8 000 人候车，旅客在该站的平均候车时间为 30 min，不考虑修正系数的影响，试计算该站的候车能力 $C_{候车}$。

解

$$C_{候车}=\frac{T_0-T_{无效}}{t_{占}}\cdot n\cdot f=\frac{18\times 60}{30}\times 8\,000\times 1=288\,000\ 人/d$$

4.3.3 交通港站货运服务设施能力计算方法

货运服务设施主要集中在货运场站，包括铁路货运场站、公路货运场站、港口、机场等。货运服务设施能力是指该设施一昼夜内可办理的货物吨数、集装箱数或货车数，单位为 t/d、箱/d 或车/d。不同设施的能力均可利用式(4-24)计算，不同设施能力的计算公式中各变量的具体含义如表 4-4 所列。

表 4-4 货运站不同服务设施的能力计算方法

<table>
<tr><th rowspan="2">设施能力
（单位）</th><th colspan="5">变量含义</th></tr>
<tr><th>T_0</th><th>$T_{无效}$</th><th>$t_{占}$</th><th>n</th><th>f</th></tr>
<tr><td>仓库、货棚、装卸线、堆货场能力(t/d)</td><td rowspan="4">1 440 min</td><td rowspan="2">可取 0</td><td>货物在该场地的平均停留时间</td><td>该场地最大能够堆放的货物吨数</td><td rowspan="2">可取 1</td></tr>
<tr><td>集装箱场能力(箱/d)</td><td>集装箱平均占用箱位时间</td><td>集装箱场总箱位数</td></tr>
<tr><td>货场取送车能力(车/d)</td><td>无法进行取送车作业的时间</td><td>完成一次取送车作业平均所需时间</td><td>一次取送车作业的最大取送车辆数</td><td>与货场双重作业系数有关</td></tr>
<tr><td>货位装卸车能力(车/d)</td><td>无法进行装卸车作业的时间</td><td>每辆车在货位的平均装卸作业时间</td><td>现有的货位数</td><td>与货位有效利用系数有关</td></tr>
</table>

【例 4-11】 某铁路货运站集装箱场共有 600 个箱位，每个箱位可叠放 3 层，每个集装箱在该场的平均停留时间为 240 min，不考虑修正系数的影响，试计算该集装箱场的服务能力 $C_{集}$。

解

$$C_{集}=\frac{T_0-T_{无效}}{t_{占}}\cdot n\cdot f=\frac{1\,440}{240}\times 600\times 3=10\,800\ 箱/d$$

4.3.4 交通港站通过能力的计算方法

交通港站通过能力是指载运工具通过港站的能力，包括轨道交通车站到发线通过能力、港口泊位通过能力和机场机位通过能力等。

轨道交通（包括铁路和城市轨道交通）车站到发线通过能力是在车站现有设备条件下，

采用合理的技术作业过程，一昼夜内能够接发各方向的列车数，单位为列/d。

港口泊位是船舶停靠港口的场所，其能力大小决定了港口货运量的大小。港口泊位能力受停靠船舶类型等因素的影响，可用单位时间(1 d)内可以服务的船数来表示，单位为艘/d。

机场机位(又称门位)指靠近航站楼的一块供单架飞机停靠的空间，用于上下旅客、装卸货物和邮件。机位通过能力是指机场所有的机位在单位时间(1 d)内能够服务的飞机数量，单位为架/d。

载运工具在港站的占用时间包括进入港站的时间、在港站的作业时间以及离开港站的时间，因此 $t_{占}$ 的计算见式(4-25)。

$$t_{占}=t_{进}+\sum t_{作业}+t_{出}(\mathrm{min}) \tag{4-25}$$

式中 $t_{进}$——载运工具进入港站的时间(列车进入到发线、船舶停靠泊位、飞机停靠机位的时间)，min；

$\sum t_{作业}$——载运工具在港站停留过程中办理所有作业的时间之和，min；

$t_{出}$——载运工具离开港站的时间(列车出站、船舶离开泊位，飞机从机位推出的时间)，min。

将 $t_{占}$ 代入式(4-24)，即可计算港站的通过能力：

$$C_{港站}^{通过}=\frac{T_0-T_{无效}}{t_{进}+\sum t_{作业}+t_{出}}\cdot n\cdot f \tag{4-26}$$

式中 T_0——计算单位时间，即 1 440 min；

$T_{无效}$——一昼夜内无法停靠载运工具或无法为载运工具办理作业的时间，min；

n——可在港站同时停靠的载运工具数量(轨道交通车站到发线数量、港口泊位数量、机场机位数量)；

f——修正系数，与轨道交通到发线空费时间、港口泊位的利用率、机场机位的固定使用方案等因素有关。

考虑到港站通常会为不同类型的列车、船舶、飞机设置专用的到发线、泊位或机位，因此，在计算通过能力时，可以对不同类型的到发线、泊位或机位分别计算并求和，得到最终的通过能力：

$$C_{港站}^{通过}=\sum_i C_i=(T_0-T_{无效})\times f\times\sum_i\frac{n_i}{t_{占i}} \tag{4-27}$$

式中 C_i——第 i 种到发线、泊位或机位的服务能力，列/d、艘/d 或架/d；

n_i——第 i 种到发线、泊位或机位的数量；

$t_{占i}$——第 i 种到发线、泊位或机位对应服务的列车、船舶或飞机平均占用的时间(包括进入、离开的时间以及作业时间)，min。

【例 4-12】 某铁路车站到发场共 7 条到发线，列车平均占用到发线的时间(包括进、出站时间及停站作业时间)为 90 min。一昼夜内无法办理列车接发作业时间 $T_{无效}=240$ min，修正系数 $f=0.8$。试计算该站到发线的通过能力。

解

$$C_{到发线}=\frac{T_0-T_{无效}}{t_{占}}\cdot n\cdot f=\frac{1\,440-240}{90}\times 7\times 0.8=74.67\text{ 列 /d}$$

【例 4-13】 某机场共有 80 个机位，其中 60 个机位仅供小型飞机停靠，20 个机位仅供大型飞机停靠。已知小型飞机一次作业占用机位时间为 60 min，大型飞机一次作业占用机位时间为 100 min。不考虑无效时间 $T_{无效}$ 和修正系数 f 的影响，试计算该机场机位的通过能力。

解

$$C_{机场}=(T_0-T_{无效})\times f\times\sum_i\frac{n_i}{t_{占i}}=(1\,440-0)\times 1\times\left(\frac{60}{60}+\frac{20}{100}\right)=1\,728\text{ 架 /h}$$

4.4 扩展阅读

(1) 徐瑞华，江志彬，徐行方. 轨道交通系统行车组织(修订本)[M]. 上海：同济大学出版社，2023.

(2) 江志彬. 城市轨道交通网络列车运行组织与管理[M]. 上海：同济大学出版社，2018.

(3) 吴娇蓉，等. 交通工程[M]. 北京：人民交通出版社，2018.

(4) 谈至明，赵鸿铎，张兰芳. 机场规划与设计[M]. 北京：人民交通出版社，2010.

(5) 杨浩. 运输组织学[M]. 3 版. 北京：中国铁道出版社，2022.

(6) 严作人，陈雨人，张宏超. 道路工程[M]. 2 版. 北京：人民交通出版社，2011.

(7) 长江航道局组织. 航道工程手册[M]. 北京：人民交通出版社，2004.

复习思考题

(1) 什么是运输能力？有哪些类别？

(2) 什么是无效能力？为何需要能力储备？

(3) 交通线路能力的通用计算原理和方法是什么？

(4) 铁路通过能力的计算方法是什么？

(5) 自由流条件下的基准通行能力是如何计算的？

(6) 交叉口通行能力的影响因素有哪些？应如何计算？

(7) 敞流航道通过能力的计算方法是什么？

(8) 船闸通过能力的影响因素有哪些？应如何计算？

(9) 机场跑道通过能力应如何计算？

(10) 交通港站能力的通用计算方法是什么？

(11) 交通港站客货运设施能力的计算方法是什么？

(12) 交通港站通过能力的影响因素有哪些？应如何计算？

(13) 假设某高速铁路(A 为起始站，B 为结束站)全长 1 350 km，列车全程运行的平均速度为 $v=250$ km/h，列车的最小追踪间隔时间 $I=5$ min，线路维修天窗为 0：00—4：00，$f=1$，其他不能有效利用的时间 $t_{其他}=0$，试计算该线路 A 至 B 区段的最大通过能力 C。

(14) 某道路交叉口某个方向的车道组共有 3 个车道(如图 4-14 所示由右向左行驶的方向)。该交叉口信号周期时间 $T=240$ s，一个周期内，该方向直行绿灯时间 $T_{\substack{直\\绿}}=60$ s，左转绿灯时间 $T_{\substack{左\\绿}}=30$ s，假设所有车道的饱和流率均为 1 800 pcu/h，修正系数 $f=0.85$，试计算该车道组的通行能力。

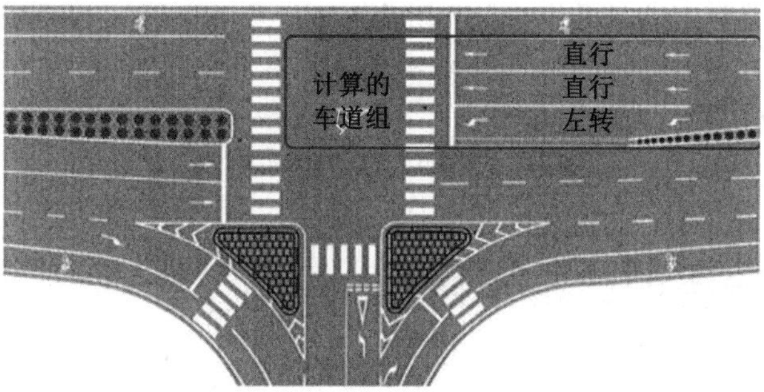

图 4-14　某道路交叉口示意

(15) 某港口共 20 个泊位，每艘船平均占用泊位的时间(包括进、出及停靠作业时间)为 18 h，假设无效时间 $T_{无效}=0$ min，修正系数 $f=1$，试计算该港口的泊位服务能力。

(16) 假设某双线铁路区段 a 至 b 区段，列车间的最小追踪间隔时间 $I=5$ min，$T_{无效}=240$ min，$f=0.8$，所有列车定员为 1 000 人/列，试计算该区段的最大通过能力 C 和最大年输送能力 C_D。

(17) 某机场跑道仅办理飞机的着陆作业，假设所有飞机的进近速度均为 $v=250$ km/h，飞机在空中的最小安全间隔 $\delta=6$ km，修正系数 $f=0.9$，试计算该跑道的飞机起飞能力。

(18) 某码头集装箱场共有 800 个箱位，每个箱位可叠放 2 层，每个集装箱在该场的平均停留时间为 300 min，不考虑修正系数的影响，试计算该集装箱场的服务能力。

第5章 交通运输组织计划

交通运输生产计划是确定一段时间内载运工具、运输通道、其他运输设备和人员的合理使用的运营计划。交通运输组织计划是生产计划的核心，是指为使交通运输任务能够有序、高效、安全的完成而制订的一系列计划。该计划主要包括交通运输班次计划、交通运输时刻表、载运工具运用计划和乘务计划四部分。各项计划之间存在密切的关系，计划的合理编制及互相之间的协调配合是高效、安全地完成交通运输生产的关键。本章将重点介绍交通运输组织计划的概念、运输班次计划、运输时刻表、载运工具运用计划以及乘务计划的编制要求、原则和方法等。

5.1 交通运输组织计划概述

在运输生产过程中，各运输企业必须对运输生产过程进行有效管理，使运输生产可以有序进行。为此，需要制订完善的运营计划，以确定一段时间内载运工具、运输通道、其他运输设备和人员的合理使用，该计划称为交通运输生产计划。尽管各种运输方式的生产计划在形式上有很大的不同，但其组成部分主要可以归纳为两部分：一是规定了一定时间段内(一般按月或旬)具体的技术经济指标，称为战术性运输生产计划；二是对日或班的运输工作做出具体安排，称为实施性运输生产计划。

战术性运输生产计划按其编制期限分为长远计划、年度计划和月度计划。长远计划是较长时期的运量规划，通常为5年或10年，它根据国民经济发展的远景制定，一般规定运输企业所要达到的运量规模和货物周转量等基本经济指标预期达到的目标，并作为其发展规划和技术装备发展的依据。年度计划直接反映计划年度运输企业应完成的运输任务，作为当年运输生产计划的编制依据。月度计划则属于生产计划，是根据需求确定的具体工作指标和工作办法，它既是年度计划在计划周期内的具体安排，又是组织日常运输生产活动的依据。

各类运输方式的战术性运输生产计划的内容及制订的时间段有所不同，总体上包括年、月、旬等，具体见表5-1。

由于日、班工作计划基本上都是日常生产活动的具体安排，与日常调度工作关系密切，因此将在本书第8章中详细阐述。本章重点阐述战术性运输生产计划。

表 5-1　各类运输方式的战术性运输生产计划及其内容

运输方式	计划名称	内容
轨道交通运输	铁路货物运输计划	明确规定货物的运输数量(简称运量)、运量构成和运输方向,按其编制期限可分为长远计划、年度计划和月度计划
	货物列车编组计划	规定了路网上所有重、空车流在哪些车站编成列车,编组哪些种类和到达哪些车站(装卸站或解体站)的列车,以及各种列车应编入的车流内容和编挂办法等,是编制列车运行图的基础
	旅客运输计划	旅客输送过程的详细计划,包括客流计划、票额分配计划、开行方案等
	列车运行图	表示列车在轨道交通线路的区间运行及在车站到发或通过时刻的技术文件,是轨道交通系统组织列车运行的基础
	机车与车辆运用计划	以列车运行图为基础,规定了机车与车辆的详细运用过程,包括数量、存放位置、与运行线的匹配、维修与保养安排等
	乘务计划	以列车运行图和机车与车辆运用计划为基础,规定了司机(乘务人员等)的工作过程,包括人员数量、人员轮班及每天的运行任务等
	施工计划	线路检修、维护和维修等作业安排,包括施工内容、时间及安全控制措施等
公路运输	旅客与货物运输计划	旅客或货物输送的详细计划,包括运输生产计划、车辆运用计划、车辆保修计划、司机运用计划、物资供应计划等
水路运输	船舶运输生产作业计划	对每一艘船具体的运输作业进行规划和安排,包括船舶的装卸计划、航行计划、停泊计划等
	船舶航次计划(或称航次计划命令书)	是对具体船舶提出的一个航次的具体任务,如正确选定停靠港口、充分利用船舶的装载能力、选择最佳货载、合理选择燃料补给地点等
航空运输	航空运输计划	根据国内、国际政治经济的需要,结合民航的生产能力,确定航线、机型、班次,计划旅客运输、货邮运输的数量和距离
	航班计划	航班的详细开行计划,包括起降机场、起降时间、机组人员和设备的配备安排等

在战术性运输生产计划方面,重点是如何将运输需求转化为详细的运输任务,不论是何种运输方式,都离不开交通运输班次计划、运输时刻表、载运工具运用计划和乘务计划等计划的编制,我们将这一类计划统称为交通运输组织计划。运输班次计划是整个运输组织计划的基础,它的制订依据是客货运需求,同时需要考虑时刻表编制的可行性和载运工具的可用性。运输时刻表是班次计划的具体呈现,它依赖于班次计划的安排,并为载运工具运用计划和乘务计划提供了时间依据。载运工具运用计划需根据运输班次计划和运输时刻表的需求,进行载运工具的调度和管理。乘务计划则与班次计划及运输时刻表相协调,以确保有足够的乘务员提供服务。合理的交通运输组织计划可以提高运输效率、减少运营成本、优化服务质量,并确保交通运输系统的安全性和可靠性。各项计划之间存在着密切的关系,如图 5-1 所示。因此,交通运输组织计划的合理编制及互相之间的协调配合是高效、安全地完成交通运输生产任务的关键。

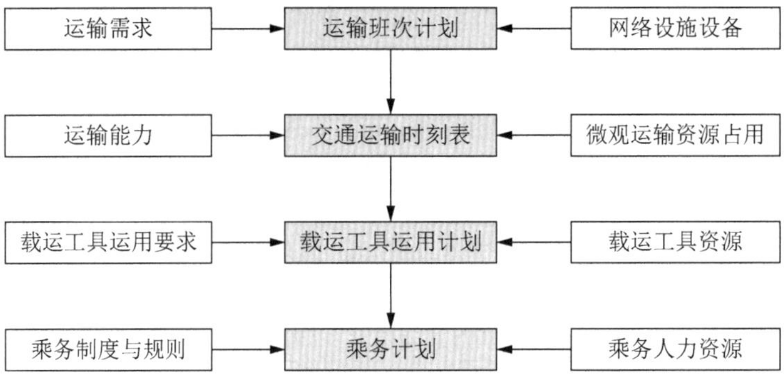

图 5-1 交通运输组织计划生成流程

5.2 运输班次计划

5.2.1 运输班次计划概述

运输班次计划是交通运输组织计划的基础，它根据旅客的运输需求或货物的种类、数量和运输距离等因素，确定特定时间内运班的各要素信息及班次数量，以满足不同目的地和时间段的运输需求。在不同的运输方式中，运输班次计划的称呼有所差异，如在轨道交通运输中称为列车开行方案，在航空运输中称为航班计划，在水路运输中称为班轮计划。运输班次计划不仅涉及载运工具的选择、班次频率、线路规划、站点选择等方面的决策，还直接影响到交通运输生产的效率和成本。因此，合理的运输班次计划需要在规定时间内确保运输任务的完成，并保证一定的旅客服务舒适度及货物的高品质运输，同时实现成本最小化。

5.2.2 运输班次计划编制要求

运输班次计划主要落实两个内容：一是运班的确定，二是班次的安排。载运工具在特定时间由始发站按照线路经过经停站至终点站的运行过程称为运班，主要包括运行（行驶、航行、飞行）线路、运行时间、起讫站点、途中经停站、经停时间等要素。班次是指在单位时间内（通常以一天或一个星期为单位）运行的运班数（包括去程和回程）。为了便于区别和管理不同的运班，需要按照一定的方法给各个运班编上相应的代号，即运班号。运班号在不同的运输方式中的称呼也有所差别，如在轨道交通运输和公路运输中习惯称车次号，在民航运输中习惯称航班号，在水路运输中习惯称航次号。

运输班次计划科学合理与否，直接关系到运输质量和运输费用，同时也关系到运输工作的组织和载运工具的运用效率。编制运输班次计划，首先需要进行客流调查与分析，然后在掌握各线路、各区段的客流量、流向、流时及其变化规律的基础上进行统筹安排，具体要求如下：

（1）根据客货流向及其变化规律，确定班次的始发港站、终点港站和中途经停港站。运班的布局和班次、班期要保证必要的接续，以满足旅客换乘或货物换装的需要。

(2) 根据平均客货流量的大小确定班次的频率。班次的频率必须考虑运输通道的能力及运输能力等约束。

(3) 班期(即运班执行日期)的安排要适应季节、节假日波动的需要，但对于班期、时刻、班期号，非必要不宜轻易更动，以保持连续性，方便乘客掌握其规律。

(4) 在确定运班时，有开辟直达运班条件的应尽可能地安排直达运班，最好不要中途截断分成几个区间运班，以减少不必要的中转换乘或换装。

(5) 保证运力使用的平衡。载运工具在一定的时间里运行的次数、里程应尽可能均匀，同时，力求最大限度地提高载运工具的利用率。

(6) 保证港站工作量的平衡。为了使港站各项服务设施和服务人员得到充分的利用，避免忙闲不均和作业间的相互干扰，载运工具的到发(起降)时刻、停靠地点要适当错开，以免出现短时间内过于集中的情况。

(7) 载运工具类型，如铁路列车等级、编组、定员，公路客车档次，飞机机型等，必须根据运输需要、港站条件、运距长短、经济效益等因素来确定。就国际运输而言，还要根据对等原则，按协议规定来确定载运工具类型。

(8) 在确定班次之间的间隔时，除了考虑需求方面的因素外，同时必须考虑载运工具的周转与合理使用。对于班次比较密集的线路，往往一天内有高峰时段、一周内有高峰日。为了保证各时段(日)的运输需求，运力需预留一定的储备，非高峰时段(日)出现一定的能力虚靡是在所难免的，但必要时，也可对交通需求进行适当的组织和调节，以保证运力有较高的利用率。对于班次比较稀疏的线路，在运力利用效率过低的情况下，可以考虑不同运班共用载运工具的方法，如铁路和公路中常用的长短途套跑、航空运输中的共享航班等。

(9) 为调控客运市场、调整运力布局，在营运线路管理方面，运输行业管理部门要进行统一管理、统筹安排，使各种运输方式及不同经营者处于一种公平、有序竞争的地位，防止由于恶性竞争造成社会资源浪费。

5.2.3 运输班次计划表现形式

由于不同运输方式的运输班次计划的编制方法各不相同，因此下面主要分析铁路、城市轨道交通、公路、航空和水路等运输方式的班次计划的表现形式。

1. 铁路列车开行方案

铁路列车开行方案是以客(货)运量为基础，以客(货)流性质、特点和规律为依据，科学合理地安排旅客(货物)列车开行等级、运行区段、开行数量、编组内容、停站方案、车底运用等内容，体现从客(货)流到列车流的组织方法。为了能直观地体现列车开行的起讫点、运行径路、列车编组和定员以及中途停站等信息，铁路通常采用如图 5-2 所示形式来表示列车开行方案。

2. 城市轨道交通列车开行方案

城市轨道交通通常采用站站停的停站方案，其列车运行在区段内是相对固定的，且采

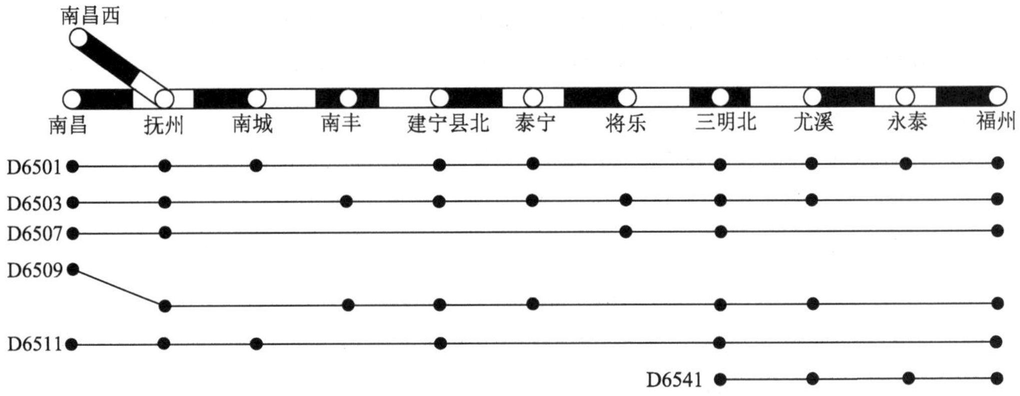

图 5-2　铁路旅客列车开行方案示意

取循环开行模式。因此，列车开行方案主要体现开行交路、开行数量（或间隔）、运输能力等信息，常用图 5-3 所示形式来表示。

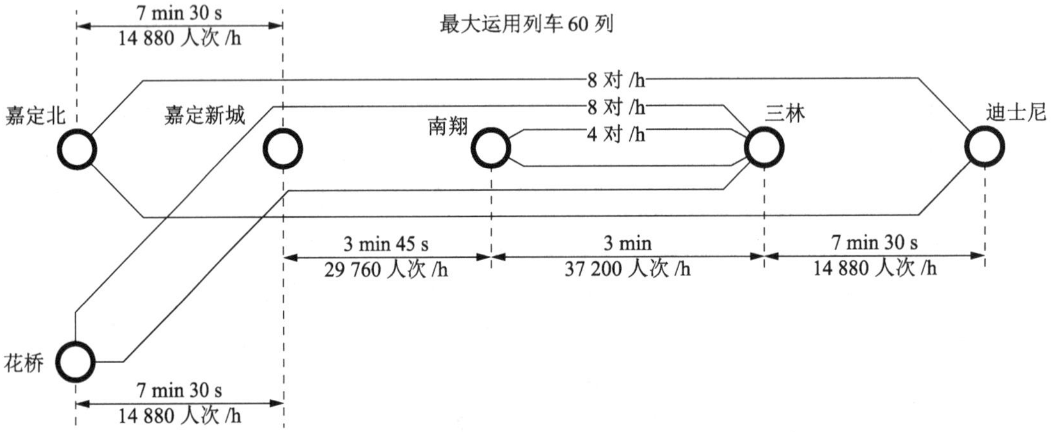

图 5-3　某轨道交通线路的列车开行方案示意

在城市轨道交通系统中，由于不同时段的客流需求不同，因此，不同时段的开行方案有较大差异，常用全日行车计划来表示营业时间内各个时段开行的列车对数（或行车间隔），如表 5-2 所列。

表 5-2　城市轨道交通全日行车计划表

时间段	时间	小时最大断面/人	满载率	开行列数	计算间隔/s	需要开行间隔/s
1	5:00—7:00	7 200	0.9	4.30	837	600
2	7:00—9:30	24 000	1.1	11.73	307	307
3	9:30—16:30	14 400	0.9	8.60	419	419
4	16:30—19:30	21 600	1.1	10.56	341	341
5	19:30—22:00	9 600	0.9	5.73	628	600

3. 公路班次计划

公路班次计划主要包括行车线路、发车时间、起讫站名、途经站及停靠站等，通常会使用一个循环序号(俗称车辆运行路牌)来表示一辆客车在一天内的具体运输任务，运行指定的一个或几个班次。循环序号的内容一般包括代号名称、班次的起讫站名、开到时间、距离里程、车日行程等相关内容。由于班车运行是连续的，因此编排循环代号时要合理分配运行任务，各个代号的车日行程要基本相当，代号与代号要首尾相连便于循环，从而使各单车均衡地完成生产任务，如表 5-3 所列。全部循环序号包括了运输公司所有参与运营车辆的全部班次。有了循环序号，才能进一步编制客车运行作业计划以及进行车辆运行调度。

表 5-3　客车运行周期循环表

路牌号	车次	起站	终站	开车时间	到达时间	距离/km	车日行程/km
2086	1962	南京	上海	7:00	10:05	310	620
…							

在城市公共交通中，常用运行线路与地图结合的形式来表示班次开行方案，如图 5-4 所示。

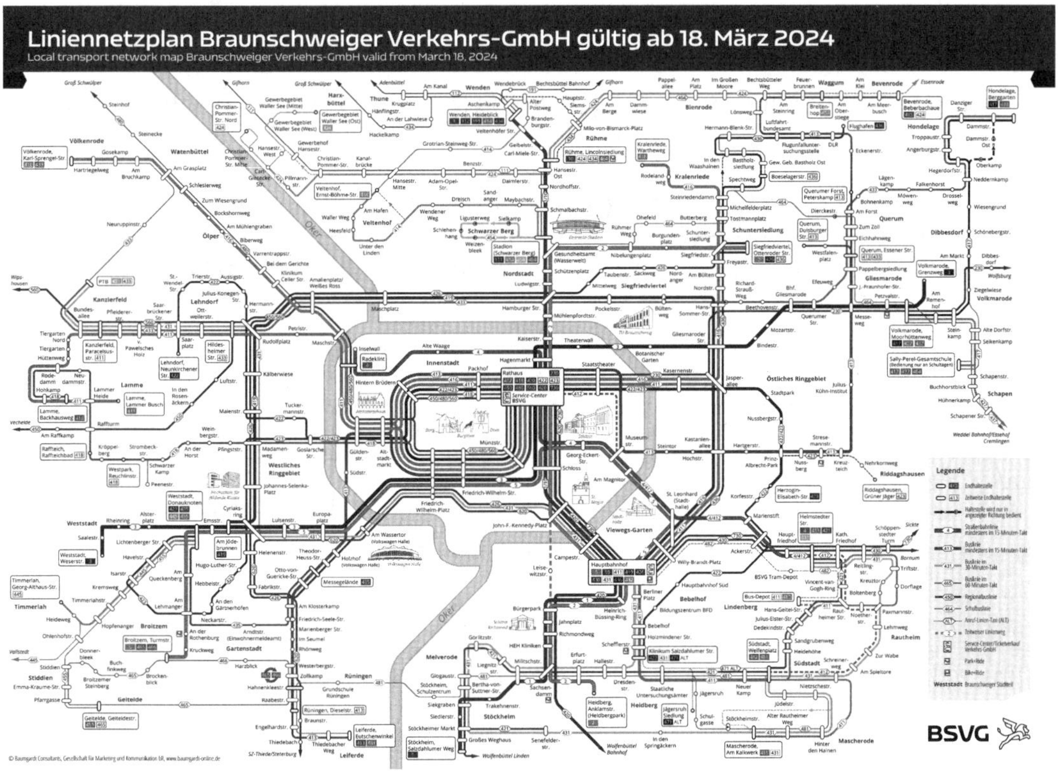

图 5-4　德国不伦瑞克公共交通班次开行图

(图片来源：https://www.liniennetz-bs.de/resources/Server/Download/braunschweig_gesamtnetz.pdf)

4. 航空航班计划

航班计划常用表格的形式表示，主要包括目的地区域、航线、航班号、日期以及相关特殊情况说明等，如表 5-4 所列。

表 5-4　中国—美国的航班计划

目的地区域	航线	航班号	日期	特殊
美国	上海—纽约往返	MU587/MU588	周一、周二/周一、周三	
	北京—洛杉矶往返	CA987/CA988	周日/周日	返程天津入境
	深圳—洛杉矶往返	CA769/CA770	周二/周二	
	广州—洛杉矶往返	CZ327/CZ328	周四、周六/周五、周日	
	厦门—洛杉矶往返	MF829/MF830	周三、周日/周三、周日	
	底特律—首尔—上海	DL289	周三/周五	5 月 1 日起取消
	上海—首尔—西雅图	DL288	周四/周六	
	西雅图—首尔—上海	DL289	周三/周五	
	上海—首尔—西雅图往返	DL284/283	周三、周日/周一、周五	

5. 轮船的客运班轮计划

客运班轮计划也常用表格的形式表示，主要包括开行时段、出发与到达码头、航班时刻（间隔）等信息，如表 5-5 所列。

表 5-5　轮船的客运班轮计划（厦门至鼓浪屿班轮）

开行时段	出发码头	到达码头	航班时刻（发船）
7:50—17:30	邮轮中心厦鼓码头	鼓浪屿三丘田码头	逢每小时 50 分、10 分、30 分
8:20—18:00	鼓浪屿三丘田码头	邮轮中心厦鼓码头	逢每小时 20 分、40 分、整点
8:10—17:10	邮轮中心厦鼓码头	鼓浪屿内厝澳码头	逢每小时 10 分
8:40—17:40	鼓浪屿内厝澳码头	邮轮中心厦鼓码头	逢每小时 40 分
7:00—17:40	第一码头	鼓浪屿内厝澳码头	7:00—17:00 逢每小时整点，17:40
7:40—17:40	鼓浪屿内厝澳码头	第一码头	逢每小时 40 分
1:50—23:45	轮渡码头 2 号厅	鼓浪屿三丘田码头	根据官网时刻表
18:00—0:00	鼓浪屿三丘田码头	轮渡码头 2 号厅	根据官网时刻表
0:00—5:00	轮渡码头 2 号厅	鼓浪屿钢琴码头	逢每小时 45 分
	鼓浪屿钢琴码头	轮渡码头 2 号厅	逢每小时整点

（续表）

开行时段	出发码头	到达码头	航班时刻(发船)
6:00—7:00	轮渡码头 2 号厅	鼓浪屿三丘田码头	6:00
	鼓浪屿三丘田码头	轮渡码头 2 号厅	7:00

5.2.4 运输班次计划编制案例

不论是哪种运输方式，运输班次计划的编制原理基本相同，主要思路都是基于客货运输需求，优化确定不同运班的起讫点、运行路径、停靠点和数量等。下面以城市轨道交通为例，举例介绍运输班次计划的编制方法。

【例 5-1】 如图 5-5 所示，某条城市轨道交通线路包含 3 个站点，a 站至 b 站之间的 OD 需求为 500 人，b 站至 c 站之间的 OD 需求为 1 000 人，列车定员为 100 人。

1. 开行数量的确定

开行数量的计算公式如下：

$$N=\frac{A}{\alpha_{均}}\ (列) \tag{5-1}$$

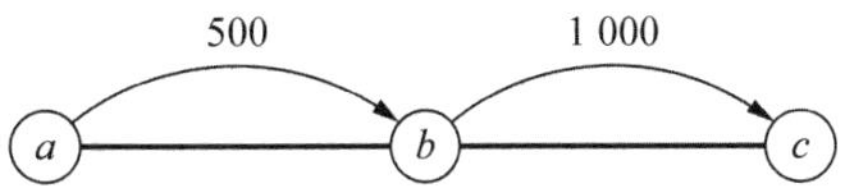

图 5-5　班次计划编制案例

式中　A——两站间的计划客流密度；

$\alpha_{均}$——载运工具的平均定员；

N——开行数量。

结合图 5-5 中所示的客流需求和列车定员，可以计算出 a 站至 b 站之间需要 5 列，b 站至 c 站之间需要 10 列。

2. 起讫点和停站方案

在编制运输班次计划之前要先确定起讫点。根据实际情况和线路的客流特点，选择符合起讫点技术条件的站点作为列车的起讫点，以确定开行区段及停站模式。为了使服务更规律化，停站大多带有一定的规律性，即按一定的停站模式设置停站方案。图 5-6 枚举了 3 种可行的交路与停站方案：①依次停靠 a 站、b 站、c 站；②仅停靠 a 站和 b 站，不经过 c 站；③不经过 a 站，仅停靠 b 站和 c 站。

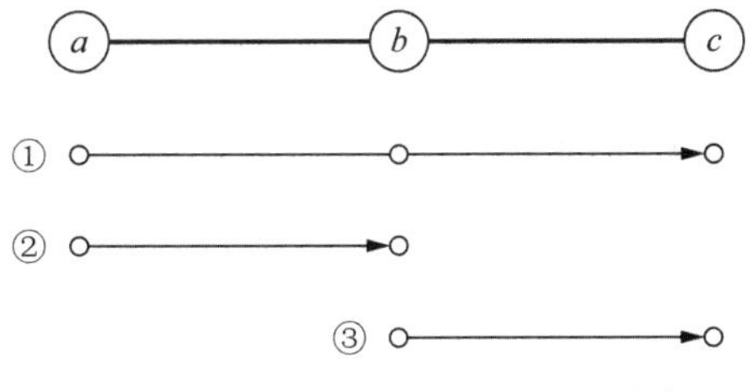

图 5-6　可行的开行区段及停站方案

根据客流与需求相匹配的原则，从可行的停站方案中选择适当的起讫点、经停车站，并标定开行列数。图 5-7 中列举了 4 种可行且满足客流需求的运输班次计划。需要说明的是：方案 1—方案 3 在不同区间的列车开行数量与客流完全匹配，但方案 4 在 a 站至 b 站间的能力为需求的 2 倍，即能力富余。不过，这样的开行方案在某些条件下是必要的，例如，当 b 站不具备折返条件时，就只能采用方案 4 的运输班次计划。

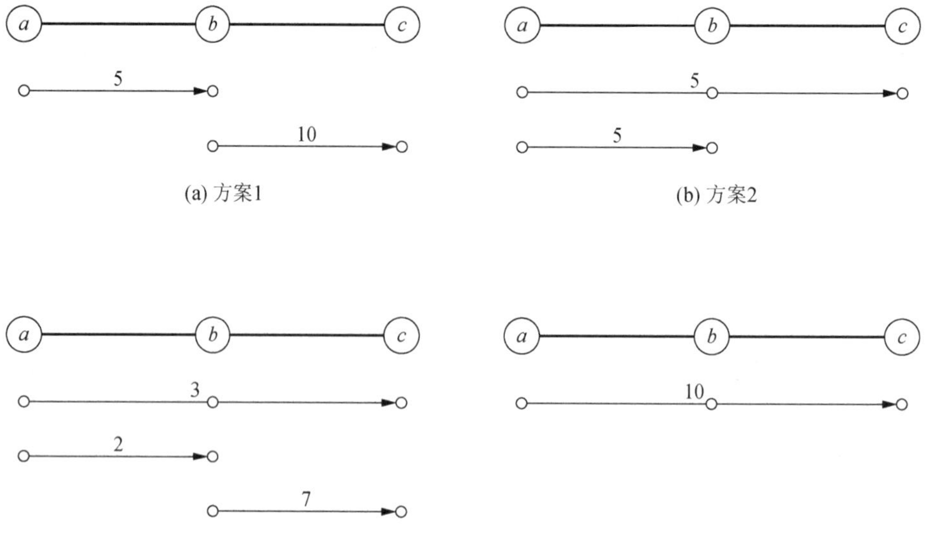

(a) 方案1　(b) 方案2　(c) 方案3　(d) 方案4

图 5-7　4 种可行的运输班次计划

思政链接 7

乡村振兴铁动力　擘画壮美新图景——公益性“慢火车”开行

作为铁路帮扶工作的一张亮丽名片，公益性“慢火车”自 2017 年实现常态化开行以来，承载民生情怀，穿梭城市村庄，架起互联互通、振兴发展的金桥。

强服务、促振兴，公益性“慢火车”传递着“一个都不能少”的温情。

钢轨延伸，大凉山彝族同胞的日子越过越红火。

秋收过后，5633 次列车停靠成昆铁路冕宁站。车门一开，背着箩筐、挑着担子的彝族老乡们就拥向站台。列车工作人员一边搀扶老乡下车，一边感慨地说：“这趟车是沿线群众的幸福车、小康车，能在车上帮一把、扶一把，我就觉得是很幸福的事。”

钢轨延伸，湘西人民的致富路越走越宽广。

湘西地区的 7266 次列车往返于怀化和常德澧县之间，全程 381 km，沿途停靠 41 个站。由列车乘务员组成的“春梅直播服务队”，通过线上线下带货的方式，帮助当地农产品销售开辟新途径。铁路职工们积极开展公益助农活动，制作抖音、微信产品来宣传沿线生态旅游，架起乡亲们的致富金桥。

近年来，公益性“慢火车”的服务质量持续提升，沿线百姓出行的幸福感、获得感不断增强。

国铁集团找准公益性“慢火车”服务乡村振兴的切入点，持续打造公益性“慢火车”品牌。空调车底改造、电子客票升级、停站停点优化、列车“双站长”护航……，不断升级的服务举措彰显着铁路服务保障人民群众美好出行的使命担当。

2022 年 4 月，全国开行的公益性“慢火车”悬挂了统一标识标牌。这一“国企的品牌、社会主义的广告”更加深入人心。

针对不同地区经济社会发展特点和地域特色，国铁集团积极开发“慢火车＋”产品，打造惠农助学、红色教育、民族团结等主题车厢，公益性“慢火车”的品牌越擦越亮。

（摘自：《人民铁道》报 2023 年 1 月 4 日第 001 版，内容有删减。）

5.3 交通运输时刻表

交通运输时刻表是根据运输班次计划制订的具体时间表，它详细规定了每个班次的发车时间、到达时间及途中的停靠点。时刻表的制订需要充分考虑载运工具对基础设施的占用，使得各运班之间能够相互配合，从而安全高效地完成运输任务。从旅客出行角度考虑，时刻表的编制还要考虑旅客运输需求的时变特性以及不同运班之间的合理衔接关系。

5.3.1 交通运输时刻表的含义和作用

交通运输时刻表是表示载运工具在交通港站出发、到达或通过时刻的表格。时刻表的主要内容包括：从某一港站出发到另一个港站的具体运行频数、各次运行的日期、种类、各次运行的编号（如公交车和轨道交通的车次号、民航的航班号等）、运行的出发与到达时刻、运行的具体径路、经由的中间站点、在中间港站的停留时间、运行里程、使用的载运工具种类和运输能力等。

交通运输时刻表是将运输生产与企业生产、社会生活紧密连接起来的纽带。对于运输生产者来说，时刻表是运输生产的一个具体的综合性计划，或一定时期的运输服务网络规划。运输企业内部就是为了时刻表的顺利实施来安排各部门生产任务的。

5.3.2 交通运输时刻表的种类和表现形式

交通运输时刻表按照不同的标准可分为许多种类，按用途可分为运输企业内部用时刻表和向社会公布的服务于旅客和货主的时刻表，按运输种类可分为客运时刻表和货运时刻表，按发布的详细程度可分为简明时刻表和详细时刻表。

1. 轨道交通列车运行图

在轨道交通系统中，供运输企业内部使用的时刻表主要适用于指挥、协调运输生产，且主要以列车运行图的形式表示。列车运行图是运用坐标原理对列车运行时间、空间关系进行图解表示，是对列车运行时空过程的图解。在列车运行图上，对列车运行过程的图解可以有两种不同的形式：一种是以横坐标表示时间，以纵坐标表示距离（从上至下为下行运行方向），这时列车运行图上的水平线表示分界点的中心线，水平线间的间距表示分界点间的距离(或运行时分),垂直线表示时间,如图 5-8(a)所示;另一种是以横坐标表示距离,以纵坐标表示时间,这时列车运行图上的水平线表示时间,垂直线表示分界点中心线,垂直线间的间距表示分界点间的距离,如图 5-8(b)所示。目前,我国轨道交通系统列车运行图采用第一种图形表示形式,即图 5-8(a)。

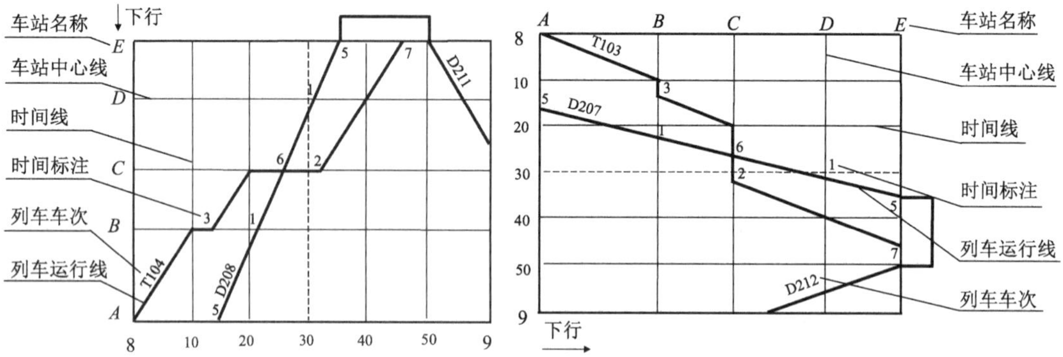

(a) 横坐标为时间,纵坐标为距离　　(b) 横坐标为距离,纵坐标为时间

图 5-8　列车运行图示意

列车运行图是轨道交通各部门的综合计划,所有与列车运行有关的部门,必须严格按照列车运行图的要求来组织本部门的工作。为适应运量变化、技术设备改善以及运输组织方式的改变,每经过一定时期,就有必要重新编制一次列车运行图,并根据实际情况和市场需求不定期地对其做局部调整。按使用范围以及轨道交通线路的技术设备(如单线、双线)和列车运行速度、上下行方向的列车数量、列车的运行方式等条件,列车运行图可分为多种类型:按轨道交通类型可分为普速铁路列车运行图(图 5-9)、高速铁路列车运行图、市域(郊)铁路列车运行图和城市轨道交通列车运行图(图 5-10)等;按照区间正线数可分为单线运行图、双线运行图和单双线运行图。

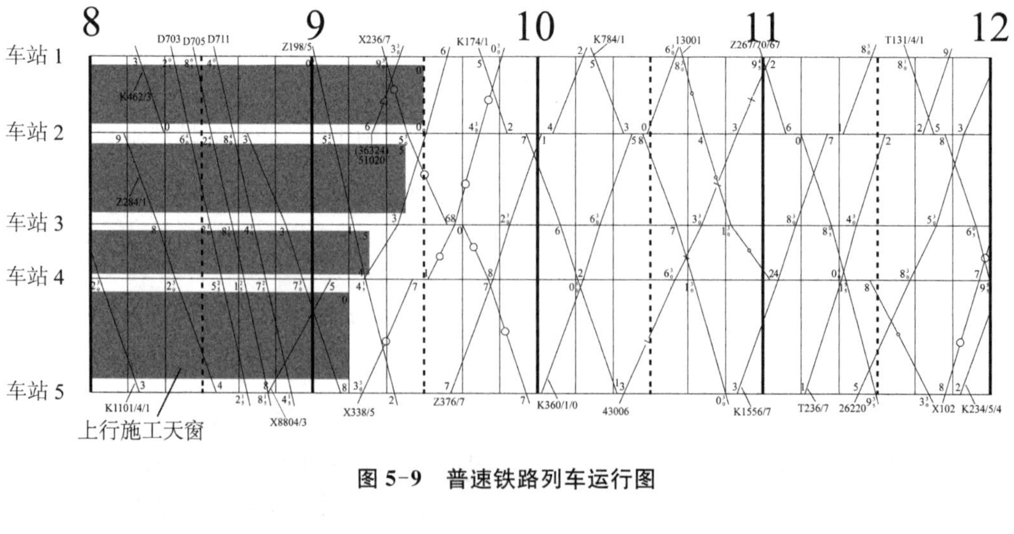

图 5-9　普速铁路列车运行图

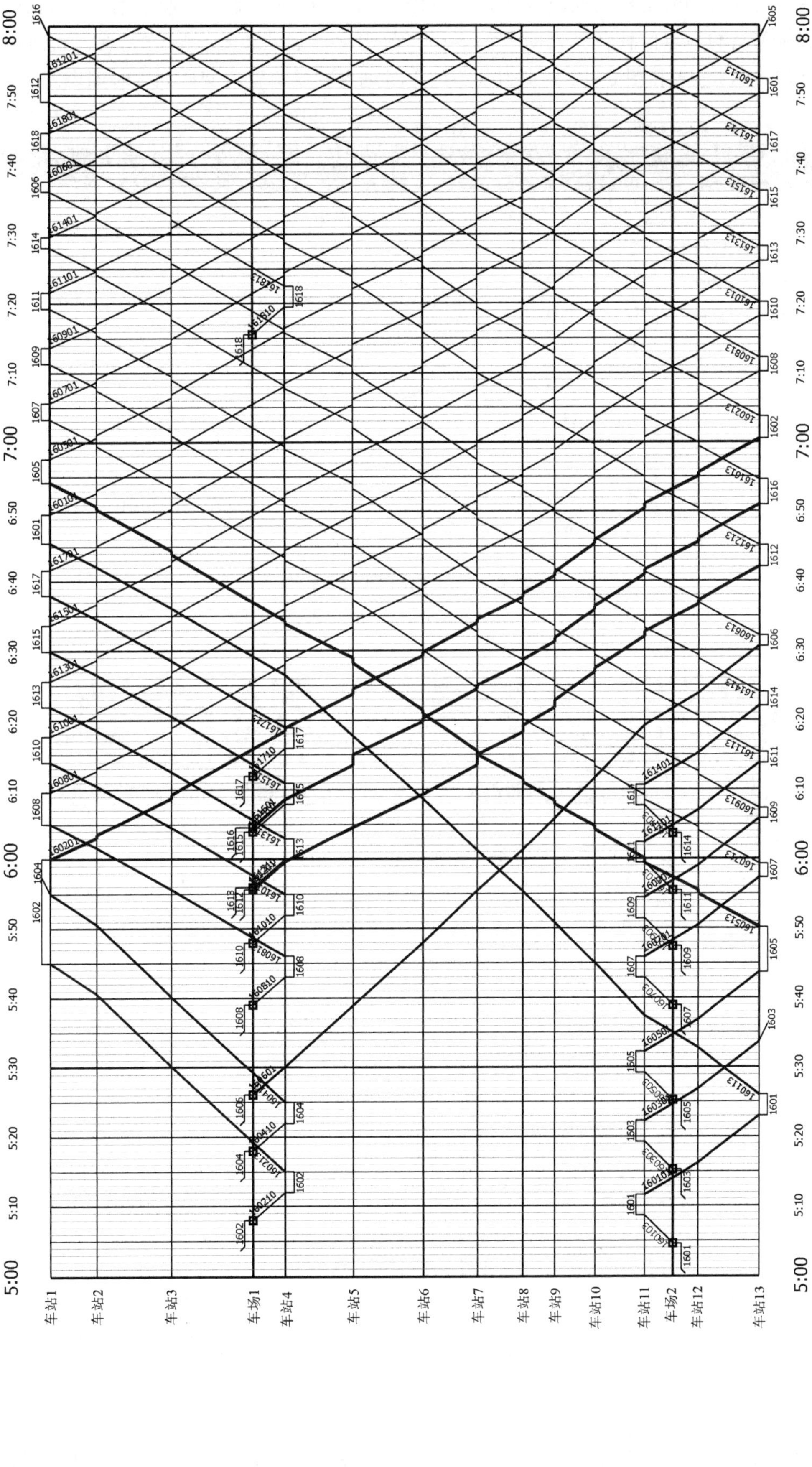

图 5-10 城市轨道交通列车运行图

旅客列车时刻表是根据铁路列车运行图编制结果，提供给旅客了解所有列车始发、终到及沿途停站的站点信息及到发时刻的表格。轨道交通运营企业会以时刻表方式向社会进行公布。图 5-11 和图 5-12 分别为铁路列车时刻表和城市轨道交通列车时刻表。

G100次列车(高速 有空调)，始发站:香港西九龙; 终到站: 上海虹桥; 全程共有10个停靠站:

站序	车站	车次	出发时间 到达时间	历时	商务座 特等座	一等座	二等座	高级软卧 （下）	软卧 （下）	动卧	硬卧 （中）	软座	硬座	无座	其他
1	香港西九龙	G100	11:36 ----	----	--	--	--	--	--	--	--	--	--	--	--
2	深圳北	G100	11:59 11:54	00:18 当日到达	--	--	--	--	--	--	--	--	--	--	--
3	惠州北	G100	12:29 12:27	00:51 当日到达	--	--	--	--	--	--	--	--	--	--	--
4	河源东	G100	12:50 12:48	01:12 当日到达	--	--	--	--	--	--	--	--	--	--	--
5	赣州西	G100	14:03 13:59	02:23 当日到达	--	--	--	--	--	--	--	--	--	--	--
6	南昌西	G100	16:03 15:41	04:05 当日到达	--	--	--	--	--	--	--	--	--	--	--
7	上饶	G100	17:03 17:01	05:25 当日到达	--	--	--	--	--	--	--	--	--	--	--
8	金华	G100	17:49 17:47	06:11 当日到达	--	--	--	--	--	--	--	--	--	--	--
9	杭州东	G100	18:38 18:35	06:59 当日到达	--	--	--	--	--	--	--	--	--	--	--
10	上海虹桥	G100	---- 19:25	07:49 当日到达	--	--	--	--	--	--	--	--	--	--	--

图 5-11　铁路列车时刻表

（图片来源：https://kyfw.12306.cn/otn/queryTrainInfo/init）

1 号线 Line 1　古城站　列车时刻表

Gucheng Station Timetable

列车时刻表仅供参考，实际以现场列车运行情况为准，请注意现场站车广播提示

开往环球度假区站方向 To Universal Resort　工作日 Weekdays

4	57
5	01 04 08 13 16 20 24 27 30 33 36 39 42 46 49 53 56 59
6	02 05 08 11 13 15 18 21 23 26 28 31 33 35 37 40 42 45 48 51 54 56 58
7	00 02 04 06 08 10 12 14 16 18 20 22 24 26 28 30 32 34 36 38 40 42 44 46 48 50 52 54 56 58
8	01 04 06 08 10 13 16 18 20 22 25 28 30 32 34 37 40 42 45 48 52 55 59
9	03 05 08 12 14 17 20 24 26 30 32 36 38 42 44 48 50 54 56
10	00 02 06 08 12 14 18 24 30 36 42 48 54
11	00 06 12 18 24 30 36 42 48 54
12	00 06 12 18 24 30 36 42 48 54
13	00 06 12 18 24 30 36 42 48 54
14	00 06 12 18 24 30 36 42 48 54
15	00 06 12 18 24 30 36 40 46 48 51 53 55 58
16	00 02 05 07 09 12 14 16 19 21 23 26 28 30 33 35 37 40 43 46 49 51 54 56 58
17	00 02 05 08 10 12 15 17 19 21 24 26 28 30 33 36 39 41 43 45 47 50 52 54 57 59
18	01 04 06 08 11 13 15 18 20 22 25 27 29 32 34 36 39 41 43 46 48 50 53 55 57
19	01 04 07 10 14 17 21 24 28 31 35 38 42 45 49 52 56 59
20	03 06 10 13 17 20 24 27 31 34 38 41 45 47 52 56 59
21	03 06 10 13 16 20 23 27 30 34 37 41 44 48 51 55
22	02 09 17 25 33 41 51 57
23	04 11 18 25 33

图 5-12　城市轨道交通列车时刻表（北京地铁 1 号线古城站）

（图片来源：https://bjsubway.com/station/xltcx/line1/2013-08-19/4.html? sk=1）

2. 其他运输方式的时刻表

其他运输方式通常用时刻表表示(图 5-13、表 5-6—表 5-8)。有些时刻表除了给出站点和时刻,还给出了交通工具类型、座位数、舱位(座席)类型、票价等信息。

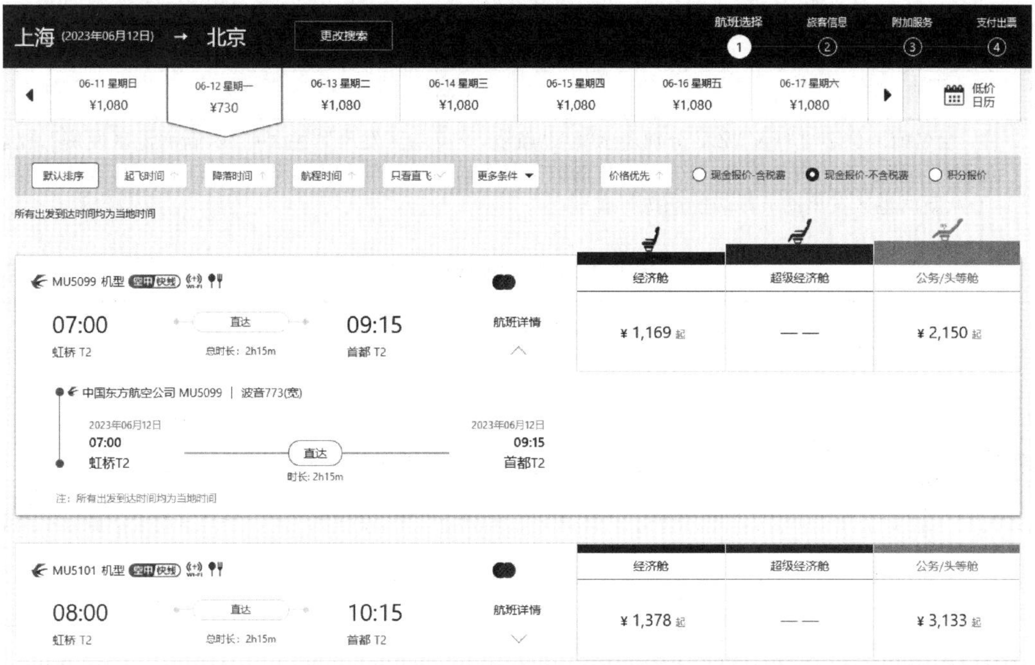

图 5-13 航班时刻表

(图片来源:https://www.ceair.com/)

表 5-6 某水运航线时刻表

2023 年琼州海峡客滚运输班轮化运营班期表						
时间:2023 年 12 月 3 日起						
始发港	秀英港			新海港		
班期	发班时间	船名	到达港	发班时间	船名	到达港
1	0:00	FX20000	海安新港	0:30	ZX40030	徐闻港
2	2:00	FX20200	海安新港	0:35	ZX40035	徐闻港
3	4:00	FX30400	海安新港	0:40	ZX30040	徐闻港
4	6:00	FX40600	海安新港	1:30	ZX50130	徐闻港
5	8:00	FX30800	海安新港	1:35	ZX40135	徐闻港
6	10:00	FX11000	海安新港	1:40	ZX50140	徐闻港
7	12:00	FX31200	海安新港	2:30	ZX40230	徐闻港
8	14:00	FX41400	海安新港	2:35	ZX50235	徐闻港

（续表）

始发港	秀英港			新海港		
班期	发班时间	船名	到达港	发班时间	船名	到达港
9	15:00	FX21500	海安新港	2:40	ZX50240	徐闻港
10	16:00	FX21600	海安新港	3:30	ZX50330	徐闻港
11	……					

注：船名前两位字母“FX”“ZX”分别表示“辅助航线，秀英港区发班”“主要航线，新海港区发班”，船名第三位的数字代表船舶服务等级，第4至7位的数字代表航班发班时刻点，以“ZX50330”为例，表示主要航线3:30从新海港区发出的五星级船舶执行航班。

表 5-7　某航空航线时刻表

中国东方航空上海至成都航班时刻表

日期：2024年2月26日

序号	航班号	起飞时间 机场	降落时间 机场	飞行时长	机型	票价/元		
						经济舱	超级 经济舱	公务/ 头等舱
1	MU5401	8:00 虹桥 T2	11:25 双流 T2	3 h 25 min	B789	2 208	2 438	3 204
2	MU9197	8:15 虹桥 T2	11:35 天府 T2	3 h 20 min	C919	920	—	2 469
3	MU5403	8:35 虹桥 T2	11:55 双流 T2	3 h 20 min	A359	3 090	2 840	3 734
4	MU5405	9:20 浦东 T1	12:35 双流 T2	3 h 15 min	A359	2 002	2 269	3 190
5	MU5409	11:50 虹桥 T2	15:35 双流 T2	3 h 45 min	A359	1 589	3 090	2 906
6	MU5411	12:50 浦东 T1	16:10 双流 T2	3 h 20 min	A320	508	—	2 009
7	MU9187	13:20 虹桥 T2	16:30 天府 T2	3 h 10 min	C919	508	—	5 144
8	MU5413	15:45 虹桥 T2	19:15 双流 T2	3 h 30 min	A359	1 589	1 832	2 906
9	……							

表 5-8　某长途汽车线路时刻表

上海至淮安汽车时刻表				
日期：2024 年 2 月 26 日				
序号	发车时间	出发车站	到达车站	票价/元
1	8:30	上海客运总站	淮安南站	109
2	10:30	上海客运总站	淮安南站	109
3	12:20	上海客运总站	淮安南站	109
4	14:00	上海客运总站	淮安	109
5	15:00	上海客运总站	淮安	100
6	17:10	上海客运总站	淮安	100

5.3.3　时刻表编制需要考虑的因素

从运输企业内部来讲，时刻表是一个综合的生产计划。因此，在编制时刻表时，必须综合考虑企业内部的设备、人员、技术特点及各部门之间的协调，同时考虑服务对象的需求，从而使编制出的时刻表既满足社会需求，又利于企业内部执行。以旅客运输时刻表为例，编制时应考虑下列因素。

1. 充分满足乘客需求

（1）安排的到发时刻需合理。一般，始发时刻不宜过早，到达时刻不宜过晚。对于沿途经过港站的时刻，应便于旅客的中转和换乘。当同一方向上有多个班次运行时，到发时间应前后错开。对于长时间旅行的班次，可以按“夕发朝至”的要求安排始发和终到时刻。

（2）需要考虑旅客中转和换乘的相互衔接和配合。这种衔接和配合主要有长途与长途的衔接配合、不同方向的衔接配合以及不同运输方式间的衔接配合。衔接配合主要考虑避免旅客等待时间过长。

2. 经济合理地利用运输设备

除考虑旅客的需求外，安排到发时刻还应考虑运输工具的合理利用。载运工具在到达港站后或离开港站前，要完成旅客上下和行李包裹装卸等作业。为完成这些作业，港站应有必要的作业时间。在编制时刻表时必须充分考虑完成这些作业所需的时间，以保证载运工具的运行及港站作业的顺利进行。以铁路为例，旅客列车运行图上运行线的铺画方式对车底的运用数量会有很大影响。如图 5-14 所示，通过适当调整列车的到发时刻可使车底由 2 组减少为 1 组。

另外，在载运工具利用和运力安排上要考虑各种运输方式的供给特征和供给能力。铁路时刻表更多地考虑中长距离线路能力和载运工具的运用，更多地体现了统一性和规范化，特别强调严格按图行车以保证有序运行。公路时刻表主要为短途运输服务，运程和时间更多地体现灵活性。航空时刻表则主要考虑到长距离运输存在的不确定性，故在飞行时间安排上存在更大的弹性，在载运工具利用上更强调班次的衔接和周转。货运时刻表

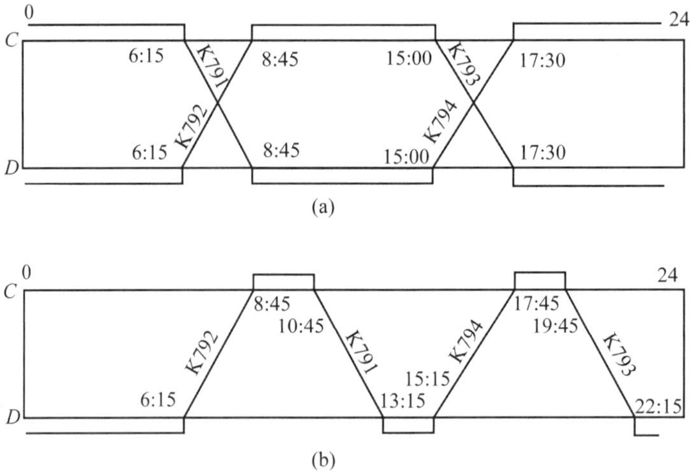

图 5-14　列车周转与到发时刻关系

在服务社会物流运输上具有共同性，但铁路更多地面向大型企业区际大宗物资直达运输，强调车流与列车运行线的紧密结合，也称“流线结合”；公路主要侧重于满足区内、城市小批量、多品类物资流通的时效性要求；航空侧重于满足区际及国际高附加值物资运输的时间要求。

5.3.4　交通运输时刻表的编制案例

由于各种运输方式的技术设备、运输组织过程和生产计划等所考虑的重点均不同，因此，不同运输方式时刻表的编制方法有所差异，但编制的基本原理是相同的。

【例 5-2】　以图 5-7 中的轨道交通线路为例，介绍方案 4（开行 a 站至 c 站的交路，数量为 10 对）条件下的时刻表编制方法。

假设列车计划在 6:00—21:00（共 15 h）开行，a 站至 b 站间的计划运行时间为 13 min（含起动与停车的附加时分），b 站至 c 站间的计划运行时间为 15 min（含起动与停车的附加时分），a 站、b 站和 c 站各停 2 min。

在时刻表编制过程中，应尽可能均衡地铺画运行线，这样有利于车站客运设备的有效利用、保证良好的运行秩序和加速载运工具的周转。因此，根据给定的运行时段（15 h）以及开行数量（10 对），可以计算出列车平均发车间隔为 1.5 h。在此基础上，结合给定的区间运行时分和停站时分，可以计算出每列列车在上下行方向上始发、终到和通过各主要站的时刻（表 5-9）并绘制列车运行图（图 5-15）。

表 5-9　部分列车的详细时刻表

车站	到发点	G001	G003	G002	G004
a	到点	—	—	6:30	8:00
	发点	6:00	7:30	—	—

（续表）

车站	到发点	G001	G003	G002	G004
b	到点	6:13	7:43	6:15	7:45
	发点	6:15	7:45	6:17	7:47
c	到点	6:30	8:00	—	—
	发点	—	—	6:00	7:30

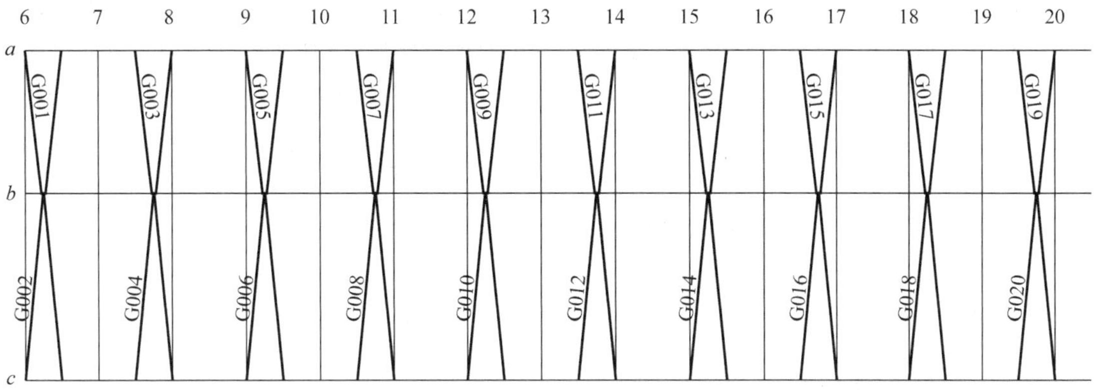

图 5-15　所有列车的列车运行图

5.4 载运工具运用计划

载运工具运用计划是对载运工具的利用时间及内容进行规划，其编制基础是运输班次计划和交通运输时刻表。载运工具运用计划确定了每个载运工具的使用安排，包括配备、调度和维护计划。该计划考虑到运输需求、载运工具的容量和运营成本等因素，在已有运输资源条件下，确保交通运输时刻表的可靠实施，以实现最佳的载运工具利用率和经济效益。

载运工具在载有货物或旅客的情况下的运行称为有载运行，否则称为无载运行。由于运输需求的种类和数量等方面的不均衡性，决定了在某个方向上载运工具（主要是货运载运工具）经常处于有载运行状态，而另一个方向上则经常处于无载运行状态。为提高载运工具的运用效率，就需要充分、合理地利用空载状态的载运工具。因此，载运工具运用计划不仅包含有载运行计划，还包括无载运行情况下的调拨和回空等计划。合理的载运工具运用计划不仅可以提高运输生产的效率，而且可以节约载运工具的数量和运输生产的费用。

在安排载运工具运用计划时，主要考虑运输任务和载运工具的运用指标。通常，运用指标主要包括：载运工具的时间利用指标（如铁路的货车周转时间、公路运输的平均每日出车数、出车时间利用率等）、速度利用指标（如铁路的货车日车公里、公路运输的平均日车公里、技术速度、营业速度等)、行程利用指标(有载行程占总行程的比例)、载重利用指标(如静载重利用率、动载重利用率)等。

5.4.1 载运工具的维修和整备

为保证载运工具有良好的状态、能安全地进行运输生产,必须经常对载运工具进行检查和维修。载运工具的保养、整备工作一般在载运工具的整备场所内进行。检查、维修的方式主要有"状态修"和"预防修"两种。状态修是指在设备工作寿命期内,按照规定的状态值来监察其运行参数,当运行参数超出规定的状态界限值时进行维修或更换。状态修要求必须有先进的设备来准确掌握载运工具运行参数的动态变化,使其在控制之内。预防修是指在规定的时间内或规定的运行里程内,在设备可能出现故障或危害之前对设备进行检查,一旦设备运行参数超出规定值,便进行维修。预防修一般分为日常检修和定期检修两大类。

货运载运工具的运送对象为货物,要求载运工具具有良好的状态。货运载运工具主要的整备内容为检查和维修,一般运行相对较长时间后在检查、维修场所进行。对于客运载运工具而言,除一般的检查维修以外,还须进行清洗、消毒以及其他整备工作。

5.4.2 载运工具的合理配置原则

载运工具的合理配置就是规划、确定某种运输方式应具有的载运工具的种类和数量。载运工具的配置原则是在满足运输需求的基础上,使运输效率最优,主要从需求的特殊性、效率、数量、质量等几个方面来考虑。

在普速铁路上,作为动力装置的机车和作为载体的车辆一般是非固定组合的。因此,载运工具的合理配置还应包括动力装置和载体的合理配置。

载运工具合理配置的另一层含义是载运工具预备数量(或比例)的确定问题。由于受到一些随机因素的干扰,运输过程经常会发生偏离原来计划的情况,当原计划要使用的载运工具无法按照既定要求送达指定地点时,为保证运输计划的顺利进行,通常会利用备用载运工具替代原计划的载运工具。备用载运工具的数量(或比例)和备用地点的确定需要考虑经济性、可靠性和运输组织要求等因素。

5.4.3 载运工具运用数量的计算

载运工具的运用数量与载运工具的全周转时间($T_{周转}$)及需要开行的间隔(I)有关。全周转时间是指载运工具在指定起讫站的始发、终到点之间运行一周所花费的总时间,该时间由运行时分、停站时分和在始发、终到站的停留时间四部分组成,如图 5-16 所示,$T_{周转}$ 的计算公式为

$$T_{周转}=t^{b,a}_{旅行}+t^{a}_{折返}+t^{a,b}_{旅行}+t^{b}_{折返} \tag{5-2}$$

式中 $t^{b,a}_{旅行}$——b 至 a(上行)旅行时间,s;

$t_{旅行}^{a,b}$——a 至 b(下行)旅行时间,s;

$t_{折返}^{a}$——列车在 a 站的折返停留时间,s;

$t_{折返}^{b}$——列车在 b 站的折返停留时间,s。

载运工具运用数量($N_{载运}$)的计算公式为

$$N_{载运}=\left\lceil \frac{T_{周转}}{I} \right\rceil (列) \tag{5-3}$$

式中,$\lceil x \rceil$ 表示不小于 x 的最小整数。

另外,载运工具运用数量的计算也可以通过图解法来得到。在运行图的某一时刻,作一条与横坐标垂直的直线,然后数出该直线与运行线(包括车底的折返线)的交点数,这个数值就是该时刻的运用车数量。图 5-17 所示时刻的运用车数量为 7 列。

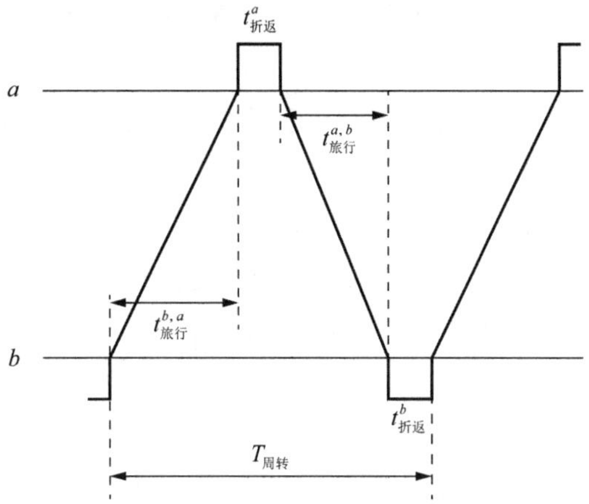

图 5-16 全周转时间的计算原理

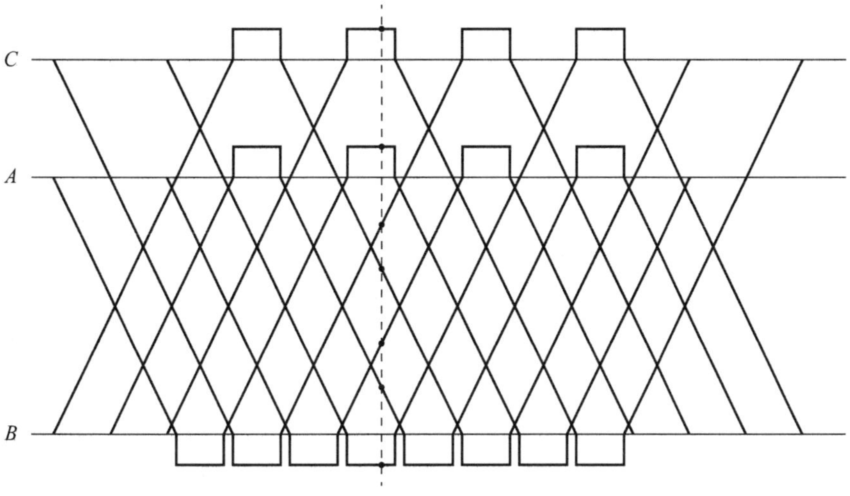

图 5-17 运用车数量图解法

5.4.4 载运工具运用计划编制需要考虑的因素

运输任务确定后,需要利用具体的载运工具来完成,因此,就要编制载运工具运用计划,即对哪一类型的、哪个载运工具,在哪个时段(时刻)完成哪个具体任务作出安排。在编制载运工具运用计划时,通常要考虑以下因素:

(1) 运输任务。所有给定的任务不能有任何遗漏地交由具体的载运工具来承担,且同一载运工具在同一时刻不能被指派承担两项及以上的任务。

(2) 载运工具的种类。在安排具体任务时,要考虑载运工具与任务的匹配性,考虑专用工具与通用载运工具的适应性与差异性，考虑载运工具的载运能力与运量要求的匹配性。

(3) 运用规则。为保证运输安全，载运工具须状态良好且预留出各类技术作业时间及检修时间。在编制运用计划时，须遵守相应的运用规则，一般包括载运工具一次最长可运用时间、最长可运行距离、最小折返时间或转场(线)时间、检修周期、检修场所、检修时间等。

(4) 运用指标。运用指标主要包括完成运输任务所需的载运工具数量、运用里程、工作时间、非工作时间等。好的运用计划应尽可能地减少载运工具的运用数量，增加其工作时间，减少非工作时间，使各载运工具间的运用实现平衡。

(5) 载运工具的检修制度。载运工具在使用过程中，都需要定期进行检修，以保证其运营状态的安全与可靠。以城市轨道交通为例，车辆的定期检修是一项有计划的预防性维修制度。车辆检修宜采用日常维修和定期检修相结合的检修制度。车辆日常维修和定期检修的修程和周期应根据车辆技术条件、车辆的质量和既有车辆基地的检修经验来确定。

(6) 载运工具的备用需求。当为了应对日常运营过程中载运工具的临时故障，或根据客货流需求的临时变化需要增加载运工具的投入时，需要考虑载运工具的备用需求。

5.4.5 载运工具运用计划的编制案例

仍以图 5-7 中所示的轨道交通线路为例，以图 5-15 所示编制好的列车运行图为基础，编制该运行图方案下的载运工具运用计划。在编制载运工具运用计划时，需要考虑车辆基地的位置(假设案例中的 a 站和 c 站都具备存车条件)和列车在折返站的折返作业时间要求。

【例 5-3】 假设 a 站与 c 站的折返作业时间为 15 min。列车 G001 到达 c 站后，可以接续 G004 继续运行，同样地，G002 到达 a 站后，可以接续 G003 继续运行。列车在 a 站和 c 站的实际停留时间为 60 min，因此，该条件下载运工具(车底)的运用计划如图 5-18 所示。在该运行图方案条件下，需要配置的最小车底数量为 2 组(图中编号为 01 和 02)。

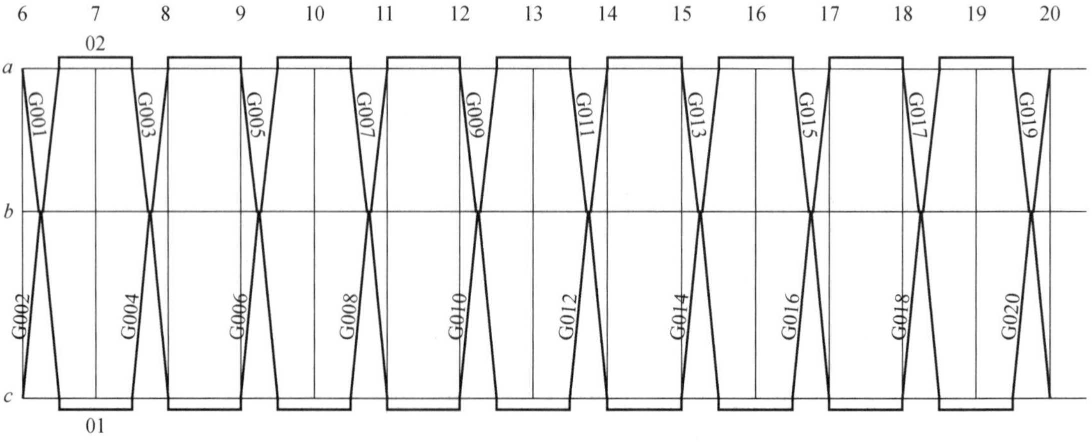

图 5-18　折返作业时间为 15 min 条件下的车底运用计划

上述 01 或 02 通常称为载运工具(车底)的任务号(详细的任务对应表 5-10)。在每天的日常运用中,还需要将车辆基地的实体车底(对应车底编号)与任务进行匹配,最终排定车底的出段顺序、时间和担当车次以及回段顺序、时间和返回方向。出段时间根据计划列车运行图规定的时刻确定,出段时间应分别明确乘务员出勤时间、车底出库时间(表 5-11)。同样地,回库时间和返回方向也根据计划列车运行图确定。在具体规定车底的运用时,应注意使各车底的走行公里数能在一定时期内大致均衡。

表 5-10　车底的运用任务表

任务号	担任车次	出车位置	收车位置	首任务发车时间	末任务收车时间
01	G001/G004/G005/G008/G009/G012/G013/G016/G017/G020	*a*	*a*	6:00	22:00
02	G002/G003/G006/G007/G010/G011/G014/G015/G018/G019	*c*	*c*	6:00	22:00

表 5-11　车底的日常运用计划

日期	出车位置	任务号	车底编号	首任务发车时间
1 月 1 日	*a*	01	1011	6:00
1 月 1 日	*c*	02	1012	6:00
1 月 2 日	*a*	01	1013	6:00
1 月 2 日	*c*	02	1011	6:00

5.5 乘务计划

乘务计划是根据前 3 个计划的共同约束制订的乘务员工作计划。它确定了乘务员的工作班次、轮班制度及乘务任务的分配。乘务计划的制订应考虑到乘务人员的数量、工作时间、工作内容等。乘务计划的合理编制,需要确保每个班次都有足够的乘务员进行服务和安全监管,同时,乘务员的工作安排合理便不会导致过劳、工作不均衡等问题的出现,从而确保能够安全顺畅地提供运输服务。

5.5.1 乘务员的值乘制度

操纵、驾驶载运工具,使载运工具按运输计划运行的人员被称为乘务员(又称司机或驾驶员)。为完成同一驾驶任务由多名乘务员组成的小组被称为乘务组。乘务员可以操纵的载运工具类型都有驾驶资格与驾驶条件的严格规定。乘务员有固定所属,他们的工作被称为值乘。值乘一般由所属地开始,并在所属地结束。当乘务员长时间值乘而不能返回所属地时,为保证运行安全,乘务员须在所属地之外休息一定的时间。

广泛采用的值乘制度有包乘制和轮乘制。

1. 包乘制

包乘制是指载运工具的值乘乘务员固定，由若干名乘务员包乘包管，其特点如下：

(1) 乘务员能够比较全面地掌握值乘载运工具的性能、熟悉载运工具的情况。这有利于他们处理载运工具运行时发生的故障。

(2) 有利于管理、监督。

(3) 有利于载运工具的维护、保养。

(4) 定人包管对于提高载运工具的技术状况有一定的好处。

(5) 载运工具使用相对不均匀、不平衡。

(6) 需配备的乘务员人数较多。

(7) 乘务员劳动生产率较低。

(8) 对载运工具运用计划的编制要求较高。

2. 轮乘制

轮乘制是指载运工具的值乘乘务员不固定，由各名乘务员轮流值乘，其特点如下：

(1) 可减少参与运行的乘务员数量，有效降低运营成本。

(2) 乘务员运用灵活，有利于合理安排乘务员作息时间，均衡工作时间和工作量，提高工作效率和管理效率。

(3) 对列车乘务员的技术素质要求较高，对载运工具性能的适应性要求较高。

(4) 不利于载运工具的保养和维护。

5.5.2 乘务轮班制度

乘务轮班制度是指乘务员每日值乘班种的规则，包括“常日班”“两班一运转(做一休一)”和“四班二运转”等。轮班制度与运输工具的服务时间关系密切，以轨道交通为例，有部分工种通常需要 24 h 不间断服务(高速铁路、城市轨道交通等夜间列车停运期间也有很多维修任务，因此需要 24 h 值守)。“四班二运转”是轨道交通常用的一种运转制度，其轮转规则为：白班、夜班、休息、休息。表 5-12 所列为某城市轨道交通线路的各班基本作业时间，表中“夜班”工作时间跨越两天。实际上“四班二运转”中第一个休息日并非完全休息，而是需要在当日凌晨 4:00—11:30 之间完成一定的驾车任务。因此，“四班二运转”轮转规则为：白班、夜班、早班、休息。其中，夜班、早班需要连乘完成，乘务员夜间留宿在车辆基地。

表 5-12 “四班二运转”基本作业时间

班种	出勤时间	退勤时间	工作时间
白班	8:00—11:00	14:00—19:30	约 10 h
夜班	14:00—19:30	次日 8:00—11:00	约 14 h(夜间休息时间不计)

不同轮班模式下所需的司机数量为一天中所有班组所需司机数量的总和。实际工作

中，针对不同的运行图和车底周转计划，各轨道交通运营企业所采用的轮班模式不一定是标准模式。运营企业可以根据实际情况采用个性化的轮班模式，如增加小单班（或称尖峰班、替饭班）、增加日勤班等，这种情况被称为混合轮班模式。混合轮班模式针对实际需求，可以降低运营成本，但乘务计划的编制难度有所增大。

5.5.3 乘务员数量的计算

乘务员数量的配置与值乘制度及轮班制度有关，也与乘务规则及备用人员的配置要求有关。

在包乘制模式下，需要配置的乘务员数量 $N_{乘务}$ 的计算公式如下：

$$N_{乘务} = n \cdot (m \cdot N_{载运} + N_{备用}) \tag{5-4}$$

式中 n ——当前轮班制度配备的班组数量；

m ——一班内同一载运工具配置的乘务员数量，人；

$N_{载运}$——某一确定的载运工具运用计划下投入的载运工具数量，列(辆，架)；

$N_{备用}$——每一班配置的备用乘务员数量，人。

在轮乘制模式下，乘务员需要在特定的轮换点（通常是两端站点）进行轮乘作业，因此，需要配置的乘务员数量 $N_{乘务}$ 的计算公式如下：

$$\left.\begin{aligned} N_{乘务} &= n \cdot (N_{载运} + N_{轮乘} + N_{备用}) \\ N_{轮乘} &= \sum N^i_{轮乘} = \sum \left\lceil \frac{t_{休息} + t^i_{作业} - t^i_{折返}}{I} \right\rceil \end{aligned}\right\} \tag{5-5}$$

式中 $N_{轮乘}$——所有港站需要配备的轮乘乘务员总数，人；

$N^i_{轮乘}$——港站 i 需要配备的轮乘乘务员数量，人；

$t_{休息}$——乘务员轮乘时的最小休息时间，s；

$t^i_{作业}$——载运工具在港站 i 需要乘务员配合的总作业时间，s；

$t^i_{折返}$——载运工具在港站 i 的折返时间，s；

I ——开行间隔，s。

5.5.4 乘务计划编制方法

乘务员值乘内容的安排称为乘务计划，它是根据运输任务和其他一些有关的乘务规则编制的，由计划人员编制的乘务计划一般分为单次值乘计划和月度值乘计划。单次值乘计划是指乘务员一次出乘计划，包括从所属地出勤开始到返回所属地退勤为止的全部内容。月度值乘计划是指对乘务员（组）一个月的值乘任务的安排，由多个单次值乘计划构成。

在编制乘务计划时，主要考虑以下几方面的内容：

(1) 运输任务（由时刻表规定）。计划人员的工作是将全部运输任务不能有任何遗漏地分配给乘务员（组）执行，确定应完成的乘务任务。

(2) 乘务规则。为保证运行安全，乘务员的工作时间、休息时间等都有严格的规定，且对单次值乘和月度值乘需分别规定。有关单次值乘的规定主要有：最长工作时间(从出勤到退勤)、连续驾驶时间(或距离)、折返换乘地点、折返换乘休息时间等；有关月度值乘的规定主要有：月度总值乘时间(或距离)、在所属地休息的次数和时间、在所属地以外过夜休息的次数和时间、深夜工作的次数、大休(48～72 h)的次数等。不同运输方式还有更多更细致的规定。

(3) 质量指标。质量指标主要包括有效劳动时间、均衡、效率等。其中，有效劳动时间是指在总的工作时间(从出勤到退勤)中用于驾驶的时间。均衡是指在月度值乘计划中，各个乘务组的值乘内容结构(如总乘务时间、在所属地以外休息的次数)的差别应尽可能的小。效率是指在保证运输任务完成和满足乘务规则的基础上，尽可能地减少乘务员(组)的数量。

以城市轨道交通为例，城市轨道交通乘务计划在编制时需要事先确定正线配备人数、备用人数，以及制订乘务轮班制度等。基本流程如下：

(1) 确定乘务员数量(含备用)。

(2) 设定基本乘务驻点，包括出退勤地点、轮换休息地点、用餐地点等。

(3) 选择乘务轮班制度。

(4) 确定乘务员基本工作指标，如每日或每周最长工作时间、每日最大驾驶里程等。

(5) 根据列车运行图，基于设立的乘务驻点，将其拆分为乘务任务段。

(6) 将任务段组合，形成可行的乘务任务。一个合理的乘务任务需满足若干条件，如连续驾驶时间、轮转休息时间、用餐时间等均不能超过规定的标准。

(7) 编制乘务任务配对方案。将运行图拆分的所有任务段进行配对，形成若干乘务任务，当所有任务段均被安排完成后，所形成的乘务任务集合即为乘务任务配对方案。一个合理的乘务任务配对方案须满足以下条件：①所有任务段包含在乘务任务中，即合理的配对方案必须保证乘务任务包含了所有运行图中的任务段，不得出现遗漏；②所有任务必须为合理乘务任务，即合理乘务任务须满足所有约束，如连续驾驶时间约束、休息时间约束、用餐时间约束、出退勤地点约束、工作量约束等。若乘务任务方案中所有的乘务任务均为合理乘务任务，则该方案为合理方案，否则为不合理方案。

(8) 编制乘务任务轮班方案。乘务任务轮班方案是在乘务任务配对的基础上，基于特定的轮转制度安排乘务员一个阶段的工作计划。

(9) 乘务计划结果文件编制与打印。乘务轮转工作编制完成后，乘务计划编制的工作便基本完成了，后期需将编制结果整理成规定文件，并打印分发给对应的乘务员。常用的文件包括乘务任务详情表和轮班表等。

5.5.5 乘务计划编制案例

仍以图 5-7 中的轨道交通线路为例。

【例 5-4】 *以图 5-15 所示编制好的列车运行图和图 5-18 所示编制好的载运工具运用*

计划为基础，编制乘务计划，同时，需要考虑乘务的值乘制度和轮班制度。

1. 包乘制

在包乘制条件下，假设轮班制度为“两班一运转”，基于图 5-18 所示编制好的载运工具运用计划，可以确定乘务员的乘务任务，如图 5-19 和表 5-13 所示。

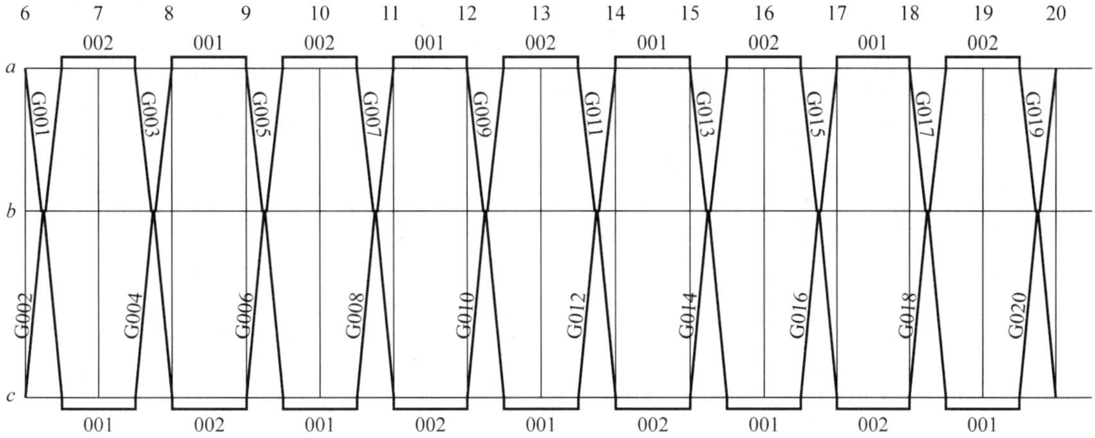

图 5-19　乘务员的乘务任务(包乘制)

表 5-13　乘务任务表(包乘制)

任务号	接车时间	接车地点	任务车次	交车地点	交车时间
001 (两名乘务员轮换)	6:00	*a*	G001/G004/G005/G008/G009/ G012/G013/G016/G017/G020	*a*	20:00
002 (两名乘务员轮换)	6:00	*c*	G002/G003/G006/G007/G010/ G011/G014/G015/G018/G019	*c*	20:00

不考虑备用乘务员，计算需要配备的乘务员数量：

$$N_{乘务}=n\cdot(m\cdot N_{载运}+N_{备用})=2\times(2\times2+0)=8\ 名$$

即在包乘制条件下，每班至少需要 4 名乘务员，两班至少需要 8 名乘务员才能完成运行图任务要求。

基于“两班一运转”的轮班制度，编制乘务员的轮班计划表，见表 5-14。

表 5-14　轮班计划表(包乘制)

任务号	日期						
	09/01	**09/02**	**09/03**	**09/04**	**09/05**	**09/06**	…
乘 1/乘 2	001	休息	001	休息	001	休息	
乘 3/乘 4	002	休息	002	休息	002	休息	
乘 5/乘 6	休息	001	休息	001	休息	001	
乘 7/乘 8	休息	002	休息	002	休息	002	

2. 轮乘制

假设该线路采用“四班二运转”的轮班制度，白班司机工作时间为 6:00—14:00，夜班司机工作时间为 14:00—22:00，乘务员在 a 站、c 站进行轮班休息，最小的休息时间为 90 min，此时对应的乘务任务如图 5-20 和表 5-15 所示。

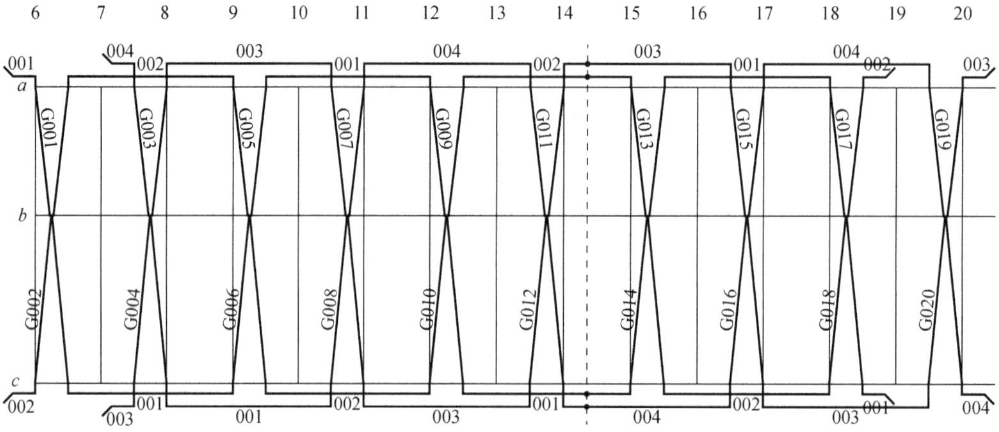

图 5-20　乘务员的乘务任务（轮乘制）

表 5-15　乘务任务表（轮乘制）

任务号	接车时间	接车地点	任务车次	交车地点	交车时间
白班 001	6:00	a	G001/G006/G009	c	12:30
白班 002	6:00	c	G002/G005/G010	a	12:30
白班 003	7:30	c	G004/G007/G012	c	14:00
白班 004	7:30	a	G003/G008/G011	c	14:00
夜班 001	15:00	c	G014/G017	c	18:30
夜班 002	15:00	a	G013/G018	a	18:30
夜班 003	16:30	a	G015/G020	a	20:00
夜班 004	16:30	c	G016/G019	c	20:00

不考虑备用乘务员，计算需要配备的乘务员数量：

$$N_{轮乘}=\sum\left\lceil\frac{t_{休息}+t^{i}_{作业}-t^{i}_{折返}}{I}\right\rceil=2\times\left\lceil\frac{90+0-60}{90}\right\rceil=2\text{ 名}$$

$$N_{乘务}=n\cdot(N_{运载}+N_{轮乘}+N_{备用})=4\times(2+2+0)=16\text{ 名}$$

即在轮乘制条件下，每班至少需要 4 名乘务员，4 班至少需要 16 名乘务员才能完成运行图任务要求。

基于“四班二运转”的轮班制度，编制乘务员的轮班计划表，见表 5-16。

表 5-16 轮班计划表(轮乘制)

任务号	日期							
	09/01	09/02	09/03	09/04	09/05	09/06	09/07	09/08
乘 1	白班 001	夜班 001	休息	休息	白班 002	夜班 002	休息	休息
乘 2	白班 002	夜班 002	休息	休息	白班 003	夜班 003	休息	休息
乘 3	白班 003	夜班 003	休息	休息	白班 004	夜班 004	休息	休息
乘 4	白班 004	夜班 004	休息	休息	白班 001	夜班 001	休息	休息
乘 5	休息	白班 001	夜班 001	休息	休息	白班 002	夜班 002	休息
乘 6	休息	白班 002	夜班 002	休息	休息	白班 003	夜班 003	休息
…								

5.6 扩展阅读

(1) 徐瑞华,江志彬,徐行方. 轨道交通系统行车组织(修订本)[M]. 上海:同济大学出版社,2023.

(2) 江志彬. 城市轨道交通网络列车运行组织与管理[M]. 上海:同济大学出版社,2018.

(3) 杨浩. 运输组织学[M]. 3 版. 北京:中国铁道出版社,2022.

(4)《铁路行车组织词汇》(GB/T 8568—2013)。

(5)《道路运输术语》(GB/T 8226—2008)。

复习思考题

(1) 交通运输组织计划包括了哪些子计划? 各子计划之间的关系是什么?

(2) 运输班次计划的编制要求是什么?

(3) 不同运输方式的运输班次计划表现形式有何差异?

(4) 交通运输时刻表的含义与作用分别是什么?

(5) 交通运输时刻表的种类和表现形式是什么? 有何差异?

(6) 什么是列车运行图? 如何表示?

(7) 编制时刻表需要考虑的因素有哪些?

(8) 载运工具合理配置的原则是什么?

(9) 编制载运工具运用计划需要考虑的因素有哪些?

(10) 乘务员的值班制度有哪些? 有何差异?

(11) 乘务员的轮班制度有哪些? 什么是"四班二运转"?

(12) 编制乘务计划时主要考虑的内容是什么?

(13) 假设某运输线路设置 3 个站点,A 站同时为车辆基地,下行方向各站点间的小时 OD 需求如图 5-21 所示,如果该载运工具定员为 300 人,站站停列车在各区间的运行时间均为 20 min,在 C 站的停站时间为 4 min,在 A 站、B 站的换端(或掉头)作业时间最小为 5 min。

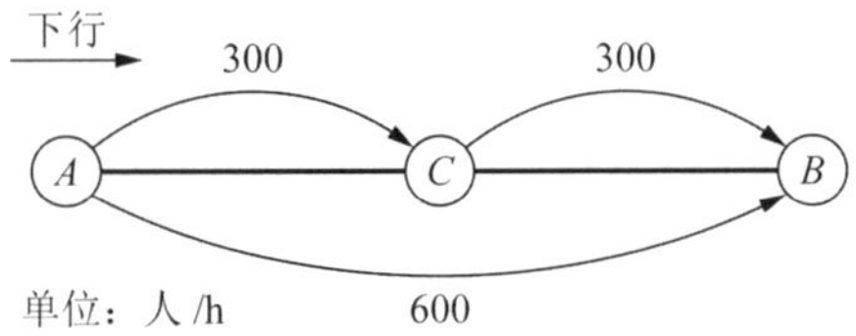

图 5-21 某运输线路

① 试给出该线路下行方向可行的班次开行方案(至少 2 种);

② 假设该线路只开行 A—C—B 的班次,各班次在所有车站都停站,编制该线路的时刻表;

③ 在编制好的时刻表基础上,计算该方案条件下需要的载运工具运用数量;

④ 假设 A 站配置了 3 组载运工具,编号分别为 C1、C2、C3,B 站配置了 3 组载运工具,编号分别为 C4、C5、C6,请你安排这 6 组载运工具第 1 天和第 2 天的运输任务;

⑤ 假设该线路的司机采用包乘制(每组载运工具配 2 名司机,班制采用两班两运转,即做一休一,即第一天上班,第二天休息,第三天上班,第四天休息……),每一班另配 1 名备用司机,试计算:如需要满足上述运输任务,该线路最少需要配备多少名司机?并给出所有司机当天的详细乘务计划。

第6章

旅客运输组织

旅客运输任务是指充分满足旅客的旅行需求，安全、准确、迅速、便利地运送旅客、行包、邮件至目的地，并为旅客提供优质的服务。旅客运输组织简称客运组织。从综合运输视角来看，旅客运输组织需要在客运方式结构、技术经济特性、客流需求特征的基础上，以出行者服务效益最优和社会化成本集约为目的，合理配置和调度各种运输方式的运力资源，对线路规划、时刻表、车辆使用计划、人员排班计划等与运营组织相关的工作进行统筹管理，以实现客运系统多方式高效协作、乘客便捷出行、整体能耗及碳排放降低等目标。本章将重点介绍旅客运输组织的基本概念、客流分析、客运港站运输组织以及旅客运输一体化等内容。

6.1 旅客运输组织概述

6.1.1 旅客运输的分类

根据旅客从出发地到目的地过程中经由运输区段的数量和使用运输方式的数量，可以将旅客运输划分为直达运输、中转运输和联程运输。

旅客使用同一运输方式且仅经过一个运输区段的属于直达运输。直达运输过程简单，主要是有秩序地组织旅客在港站内通行、检票进站、组织乘降及途中服务。

旅客使用同一运输方式且需经由不同运输区段的属于中转运输。在铁路或城市轨道交通出行中，旅客可以在同一车站内换乘其他去向的列车。在民航运输组织中，机场为需要换航站楼的中转旅客提供专门的驳运服务或设施；对于国际航班，机场还需要为旅客办理出入境手续。对于铁路和民航运输，中转旅客的托运行李需要被有效分拣并随同旅客转乘的运输区段继续运输。

旅客跨不同运输方式完成出行的属于联程运输，如“航空＋铁路”“铁路＋公路”“航空＋公路”等联程运输形式。联程运输通常需要利用综合交通枢纽或接驳系统来完成。通过代码共享发售旅客联程运输电子客票，为旅客提供“行李直挂”服务，推动跨方式安检互认、信息资源共享，统筹布局客运枢纽设施等是未来联程运输的发展方向，有利于提高旅行的便利性和运输效率。

6.1.2 旅客运输组织的内容

旅客运输服务过程包含 3 个环节：进出港站、运输途中和中转换乘。对客运生产部门而言，旅客运输的作业内容包括客运计划、运行服务和统计分析。旅客运输组织的内容如图 6-1 所示。

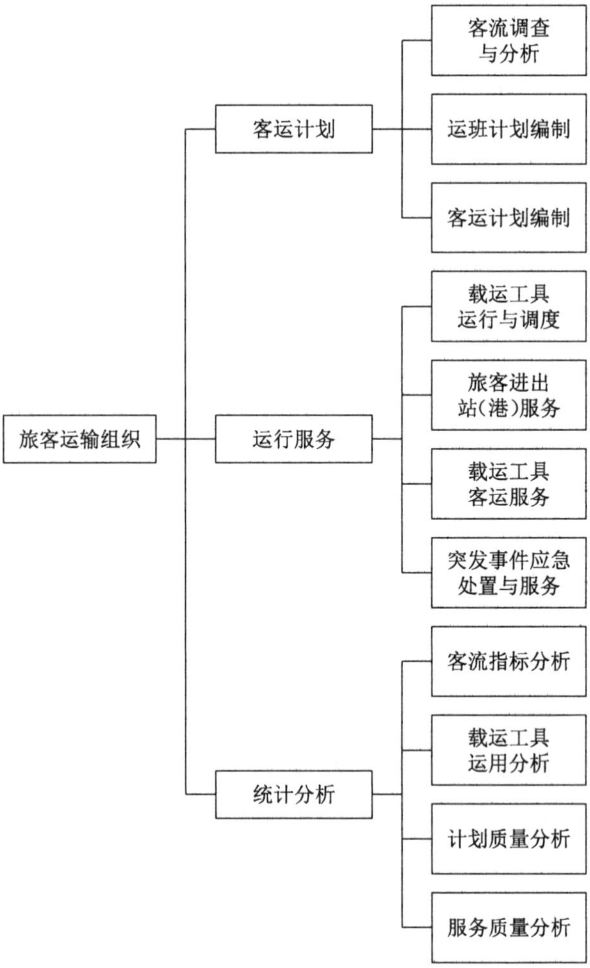

图 6-1 旅客运输组织内容

6.1.3 旅客运输的特点

旅客运输作为现代交通体系的重要组成部分，其目的是为人们进行经济和文化生活提供出行支持。旅客运输的服务对象主要是旅客，其次是行包和邮件。旅客运输的特点如下：

(1) 在旅客运输过程中，旅客有着较强的自主性。根据旅行需要，旅客可以自主选择出发时间、车次、到站和席别，自行购票(托运行李)、候车、检票、上车；在到达目的地后，旅客自动下车、验票、出站(领取行李)。因此,旅客运输组织的重点是设计满足不同需要的旅客运输产品并提供优质的旅行服务。

(2) 客流流量及流向的随机性较大。流量和流向是由旅客旅行活动自然形成的,且受多种社会因素的影响。因此,必须调查客流、详细周密地分析客运统计资料,以便掌握客流的变化规律,编制旅客运输计划。

(3) 旅客运输在时间上的波动性较大。客流量在季度、月、周、日和一日内各小时内常常会出现波动。因此,客运技术设备、客运能力和载运工具等必须保有一定的后备,以便采用不同的客运组织方式应对不同的客运量峰值期。

(4) 旅客运输相对货物运输而言,在安全性、准确性、可靠性和方便性等方面的要求更严格。旅客运输一般有较为固定的时刻表。

(5) 为方便旅客换乘,客运站房一般设在客流易于集散处。

(6) 旅客在旅行中有不同的物质文化生活需求,如饮食、盥洗、休息、舒适的环境等。运输企业应不断地创造良好的旅行环境并提供优质的服务,以满足旅客需求。

6.1.4 旅客运输组织的基本原则

为保证优质、高效地完成旅客运输任务,旅客运输组织必须遵循以下几项原则:

(1) 基于国家整体利益,认真执行国家的各项方针政策。旅客运输应随着国家政治、经济的中心任务及旅客运输市场需求的变化而变化。只有全面规划、合理安排、优质高效地组织旅客运输,才能更好地服务于工农业生产、国防建设、人民出行和经济发展的需要。

(2) 保证旅客运输安全。旅客运输在改变旅客空间位置的过程中必须保证旅客的生命和财产安全,同时不能损伤旅客的心理和生理机能。衡量旅客运输质量的重要标志之一就是旅客运输的安全性。

(3) 不断提高旅客运输的服务质量。旅客运输服务是一种社会服务,不仅要充分满足人们的核心需求——“行”,而且要尽可能地满足人们在出行中的“食”“住”以及其他延伸需求。因此,旅客运输服务必须以满足旅客需求为核心,提供安全、迅速、便捷、舒适、经济的服务,以适应不同旅客群体的多元化需求。同时,考虑到出行其实是旅客的一种自主行为,在购票、候车、乘降、换乘、行包托运、事故赔偿等环节,都应简化流程以方便旅客,并为旅客创造良好的文化氛围、卫生条件和旅行环境。

(4) 提高旅客运输的经济效益。运输行业兼具公益性和商业性的特点,运输成本既涉及内部管理又涉及外部环境。因此,政府应给予运输行业尤其是承担公益性的旅客运输企业(如城市公共交通)一定的补贴。另外,运输企业内部管理也要不断优化,如科学规划运输组织过程、促进各部门的协调配合工作、高效利用各项技术设备资源和人力资源等。同时,必须合理地编制旅客运班计划、客运时刻表,经济合理地使用客运运力,以确保运输潜力得到充分挖掘和有效运用。

(5) 促进各种交通运输方式的联合运输发展。铁路、公路、航空、水运等各种交通运输方式在组织旅客运输时实行联合运输,以实现各种交通运输方式的优势互补,紧密协作。

各种交通运输方式联合运输的核心在于优化运输路线设计、合理安排换乘时间、简化联程手续、便利旅客乘降等，从而满足人们的旅行需求。

6.1.5 旅客运输的种类

旅客运输通常可以按照载运工具、运输距离、运输区域、经营方式等来分类。

1. 载运工具

旅客运输按载运工具可分为轨道交通运输、公路运输、航空运输和水路运输。

2. 运输距离

旅客运输按运输距离可分为长途运输、中途运输和短途运输。不过对于长途运输、中途运输和短途运输的划分并没有十分严格的标准，而且不同运输方式的划分标准也有明显差异。

3. 运输区城

旅客运输按运输区域可分为国际运输和国内运输。国际运输是指运输路径至少跨越两个国家的运输。国内运输则是指在本国内部各地区之间的运输。

4. 运输范围

旅客运输按运输范围可分为城际运输和城市运输。城际运输是指通过运输工具完成旅客在不同城市间运输通道上的空间位移。城市运输则是在一个城市内部进行的，旨在满足居民就业、购物、娱乐、就医等日常生活和工作的需要而进行的一类运输。

5. 经营方式

旅客运输按经营方式可分为班线客运和合同客运。班线客运的主要特点是线路、站点和时刻表是固定的。合同客运则是依据与顾客签订的合同来提供定制的客运服务，如员工通勤包车、接送学生的学校包车和旅游包车等。合同客运的行车计划、流程由顾客来安排。

6.1.6 旅客运输的发展趋势

旅客运输的发展趋势主要体现在高速化、现代化、联合化和大容量化。

1. 不断提高旅客运输速度

速度是旅客运输最重要的技术指标和主要的质量指标。各种运输方式都在致力于研发新的载运工具、构建高质量的运输通道以及采用先进的运输组织系统来提高旅行速度。运输速度的提高需要一定的条件支持，同时也会带来综合运输质量的提升。

2. 大型客运港站的综合现代化

旅客运输现代化的重要标志之一是大型客运港站的综合现代化。同时，大型客运港站的综合现代化对于提升工作效率、提高服务质量、加速管理现代化具有重要意义。现代化的大型客运港站应具备一流的形象、一流的管理、一流的技术设备和信息系统。

3. 发展联合运输服务

旅客从出发地到目的地的过程中常常会涉及多种运输方式，经过多个运输区段。因此，政府和运输企业正在不断地从港站的选址和布局规划、客运时刻表的编制、载运工具停靠点配置、支付结算方式、交通信息共享等方面加强协作，以保证不同运输方式下由多个运输企业共同完成的旅客联程运输在空间衔接、时间匹配以及支付结算方式上的顺畅性，从而最大限度地发挥运输网络的整体功能。

4. 大容量运输方式重新受到重视

二战后，一些国家把交通运输发展的重心向公路和民航倾斜。当然，成功的背后也带来了诸如交通拥堵、环境恶化等一些负面影响。这使得人们又开始重新认识轨道交通运输的优势，尤其在发展城市及市郊旅客运输、应对客运大通道上的运输需求时，再度转向了大容量的轨道交通。

6.1.7 旅客运输产品

现代营销理论强调产品的概念是一个整体性概念，它包含 3 个层次：①核心产品；②形式产品；③附加产品。客运产品的整体概念也包含 3 个层次，如图 6-2 所示。从核心产品层次上来说，客运产品是旅客的位移。这是基于其使用价值角度定义的。旅客一旦购买了客运产品，通常就能满足自己从出发地到目的地的位移需求，这是产品的核心内容。实现旅客位移是所有交通方式客运服务的基础，缺失了这个层次，客运产品就失去了存在的根本意义。

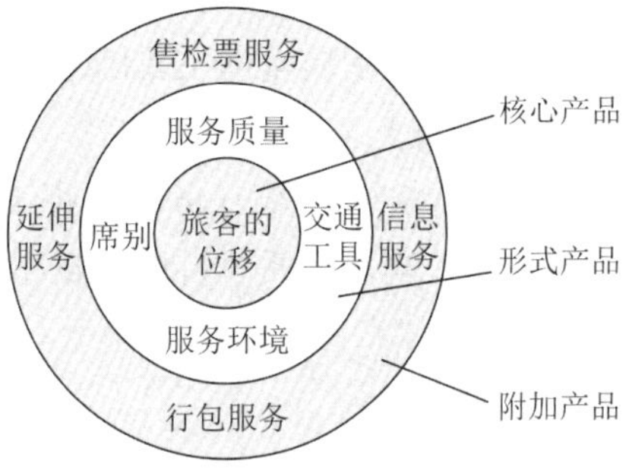

图 6-2 客运产品整体概念示意

从形式产品层次上来说，客运产品是可供旅客选择的各类载运工具及席别。形式层产品是核心层产品的载体，是核心层产品的形式表现。通过形式产品可实现客运产品的基本效用。客运企业必须聚焦旅客的旅行需求，并据此来不断地改进现有产品或设计新产品。

附加层次上的产品即是客运企业提供给旅客的各种便利服务、旅行生活所需的保障条件以及其他的衍生服务。唯有提供比其他同行企业更多的保障和更便利的服务，客运企业才能增强其市场竞争力，进而吸引更多的旅客。

客运新产品不一定是完全创新的产品，只要产品的三个层次中有一个层次发生了较大变化，为旅客带来了新体验，为企业增加了效益，就可视为新产品。通常，新产品的设计主要集中在形式产品层和附加产品层两个方面。

6.1.8 旅客运输产品的质量特性

旅客运输产品虽无实物形态，但和工农业产品一样，也具备质量特性。旅客评判旅客运输产品好坏的依据是这些产品的质量特性能否满足需要或满足的程度有多少。旅客运输的生产过程是要求能安全、迅速、及时地改变旅客的空间位置。同时，旅客的位移在时间、空间上要求准确，在费用上要求经济。此外，旅客运输产品的生产和消费是同步发生的，产品不能存储和调拨。运输企业应保证载运工具具备充分的能力，以满足旅客的出行需求，并为旅客提供舒适的环境、便利和文明的服务。这些都决定了旅客运输产品的质量特性。因此，旅客运输产品的质量特性应是安全、准时、迅速、经济、便捷和舒适的。旅客据此来判断产品的优劣。下面将分别说明这些质量特性。

1. 安全

安全是客运工作的重中之重。客运人员的最基本职责就是确保旅客的安全。当然，旅行过程中，除了要确保人身安全，还要保障财产安全，保证旅客携带的行包完好无损。

2. 准时

在保障安全的前提下，旅客都希望能准时到达目的地，以便能衔接后续的接送安排，以及与其他交通方式的换乘等。因此，准时成了旅客对客运工作的一个基本要求。为此，客运企业应采取一切措施，准时发车，正点运行，准时到达目的地。

3. 迅速

客运服务最重要的质量指标之一是旅客输送速度。旅客在途中的各种消耗时间是影响旅客旅行生活质量的主要因素。

4. 经济

在确保完成运输任务的前提下，应尽量减少物化劳动和活劳动，这有助于降低旅客的费用支出。当其他质量特性大致相同时，经济性便成为旅客选择不同客运方式的主要考虑因素。

5. 便捷

旅客购票、上下车(机、船)、行包托运及提取等的手续要尽量简便。为方便旅客，可采取增加售票点和窗口、优化客票预售、改善行包接送等措施。

6. 舒适

随着人们生活品质的提高以及交通运输的不断发展，人们对旅行舒适度的要求也在不断提高。因此，持续升级交通工具的技术和设备、改善客运站服务设施等成为满足舒适度要求的关键所在。运输企业通过提供热情周到、文明礼貌的服务，可以全面提升旅客的旅行体验。

思政链接8

春运70年，铁路速度见证时代之变(2024春运一线)

发送旅客从2 300万人次到4.8亿人次，从绿皮车到动车组列车，从硬板票到电子客票……走过七十载，如今的春运，既有高铁路网拉近家的距离，也有公益“慢火车”开行在山间，发生了巨大变化。

走过七十载，春运发生了巨大变化。

1954年，铁路春运累计发送旅客2 300万人次；2012年春运，攀升至2.21亿人次；2024年春运，全国铁路预计发送旅客4.8亿人次，较2012年翻了1倍多。

从绿皮车到动车组列车，从硬板票到电子客票，从2 300万人次到4.8亿人次……列车一路前行，服务广大旅客。

从繁华热闹的大都市到安静祥和的小乡村，从冰雪世界到热带海滨，从烂漫花海到雪山脚下，高铁把辽阔的中国大地以前所未有的方式连接起来。

截至2023年底，动车组列车累计发送旅客196亿人次。目前，高速铁路承担了全社会23%左右的旅客发送量、31%左右的旅客周转量，承担了铁路76%左右的旅客发送量、66%左右的旅客周转量，基本解决了原来客运高峰期运力严重短缺的问题。

一枚小小车票，同样是春运70年变化的最佳物证。

20世纪90年代之前，车票是偏窄偏厚的硬纸板票，座位号靠售票员手动粘贴。

1997年，计算机打印的红色软纸票正式投入使用，售票速度从几分钟压缩到几十秒，首次实现"一窗有票，窗窗有票"。

2007年，磁卡票开始出现，乘客可自助刷票进站。

2020年6月20日起，电子客票在全国铁路推广实施，火车票进入无纸化时代，刷身份证即可进站乘车。

票变了，买票的方式也变了。

2012年春运，火车票第一次实行网络售票。走过十余年，线上购票、电子客票已成为主流。如今，"铁路12306"App一年售出车票30亿张。

如果说亲情是结，那么，春运就是连接这些结的线。铁路春运七十载，车轮轧过铁轨，载满乡愁的列车向着家的方向一路奔驰……

（摘自：《人民日报》2024年2月22日 第10版，内容有删减。）

6.2 客流分析

客流分析是旅客出行需求分析的关键。客流分析是指借助定性和定量的分析手段，了解交通网络各线路、各节点在不同时间与空间上的需求，是运力安排、计划编制、载运工具组织及运营效果分析的基础。

6.2.1 客流的定义

客流是指单位时间内交通线路上乘客流动人数和流动方向的总和。客流的概念既表明了乘客出行时刻和在空间上的位移及其数量，又强调了这种位移带有方向性和起讫位置。客流包括流量、流向、运距、时间和类别五个基本因素。其中，流量表示旅客数量的多少；流向表示旅客流动的方向；运距表示载运工具载运旅客的起讫点（上车点至下车点）之间的路程长度，一般以公里为计量单位；时间表示旅客出行所耗费的时间；类别是指旅客的构成。客流量是反映一定时期社会经济发展、人民物质文化生活水平、旅游业发展和人口增长速度等因素的一个综合性指标。

客流是合理组织客运业务的基本依据，也是规划客运站场、进行客运设施建设的基础数据资料。影响客流形成的因素有很多，通常包括人口数量及其分布、人口构成、人均收入、经济发展水平、运输业的发展和运输网布局、旅游业的发展及客运服务质量等。此外，经济体制也在很大程度上影响客流的形成。

6.2.2 客流指标

客流指标主要包括到发量、进出站量、周转量、出行特征、强度、客流不均衡程度等。随着售检票技术的快速发展，对于客流指标的统计越来越便利，也越来越精准。例如，铁路售检票系统可以得到不同车站间的交互量，不同列车车次和不同座席的人数等；城市轨道交通的自动售检票（Automatic Fare Collection，AFC）系统可以得到所有乘客的出行起讫点（Origin-Destination，OD），不同时段的进出站、换乘和断面等客流指标。

下面以某一交通线路为例，假设该线路共有 n 个港站，编号为 $1 \sim n$，基于任意两港站间的 OD 客流量（$P_{\text{OD}}^{i,j}$），可计算以下指标。

（1）港站进站量（$P_{\text{进}}^{i}$）

统计一定时期内在该港站进站的乘客数，公式见式(6-1)。

$$P_{\text{进}}^{i} = \sum_{j} P_{\text{OD}}^{i,j}\text{（人次）} \tag{6-1}$$

式中　$P_{\text{进}}^{i}$——港站 i 的进站量，人次；

$P_{\text{OD}}^{i,j}$——由港站 i 始发至港站 j 终到的客流量，人次。

（2）港站出站量（$P_{\text{出}}^{j}$）

统计一定时期内在该港站出站的乘客数，公式见式(6-2)。

$$P_{\text{出}}^{j} = \sum_{i} P_{\text{OD}}^{i,j}\text{（人次）} \tag{6-2}$$

式中，$P_{\text{出}}^{j}$ 为港站 j 的出站量，人次。

（3）港站客运量（$P_{\text{运}}^{i}$）

统计一定时期内港站为乘客提供进站、换乘服务的总次数。对于单一线路，港站客运量的数值等于港站进站量，即

$$P_{\text{运}}^{i} = P_{\text{进}}^{i}\text{（乘次）} \tag{6-3}$$

式中，$P_{\text{运}}^{i}$ 为港站 i 的客运量，乘次。

（4）港站乘降量（$P_{\text{乘降}}^{i}$）

统计一定时期内港站为乘客提供进站、换乘、出站服务的总次数。对于单一线路，港站乘降量的数值等于港站进站量与港站出站量之和，即

$$P_{\text{乘降}}^{i} = P_{\text{进}}^{i} + P_{\text{出}}^{i}\text{（人次）} \tag{6-4}$$

式中，$P_{\text{乘降}}^{i}$ 为港站 i 的乘降量，人次。

(5) 断面客流量（$P_{断面}^{i,i+1}$）

统计一定时期内线路某一方向上相邻两港站间通过的乘客数量，公式见式(6-5)。

$$P_{断面}^{i,i+1}=\sum_{m\leqslant i<i+1\leqslant n} P_{OD}^{m,n}（人次） \tag{6-5}$$

式中，$P_{断面}^{i,i+1}$为港站 i 至港站 $i+1$ 间的断面客流，人次。

(6) 线路客运量（$P_{运}^{线}$）

统计一定时期内线路运送乘客的总次数，公式见式(6-6)。

$$P_{运}^{线}=\sum_{i} P_{运}^{i}=\sum_{i} P_{进}^{i}=\sum_{i} P_{出}^{i}=\sum_{i,j} P_{OD}^{i,j}（乘次） \tag{6-6}$$

(7) 线路客运周转量（L）

统计一定时期内乘客在本线的乘坐距离总和，公式见式(6-7)。

$$L=\sum_{i,j} P_{OD}^{i,j}\cdot l_{i,j}（乘次·km） \tag{6-7}$$

式中，$l_{i,j}$ 为乘客乘坐该线路在港站 i 至港站 j 之间的距离，km。

(8) 线路平均运距（$\bar{l}$）

统计一定时期内某一条线路上乘客一次乘坐载运工具的平均距离，公式见式(6-8)。

$$\bar{l}=\frac{L}{P_{运}^{线}}（km） \tag{6-8}$$

(9) 线路客运强度（β）

统计一定时期内线路单位运营长度上平均承担的客运量，公式见式(6-9)。

$$\beta=\frac{P_{运}^{线}}{l_{线}}（乘次/km） \tag{6-9}$$

式中，$l_{线}$ 为线路运营长度，km，$l_{线}=l_{1,n}$。

(10) 线路负荷强度（γ）

统计一定时期内线路单位运营长度上平均承担的客运周转量，公式见式(6-10)。

$$\gamma=\frac{L}{l_{线}}（乘次·km/km） \tag{6-10}$$

【例 6-1】 假设某线路共有 4 个港站，某日各港站之间的 OD 客流量和运行距离等参数如图 6-3 所示，各项客流指标的计算结果如下。

(1) 港站进站量

a 站进站量：$P_{进}^{a}=P_{OD}^{a,b}+P_{OD}^{a,c}+P_{OD}^{a,d}=0.5+0.3+1.0=1.8$ 万人次

c 站进站量：$P_{进}^{c}=P_{OD}^{c,d}=0.8$ 万人次

b 站、d 站的进站量：0

(2) 港站出站量

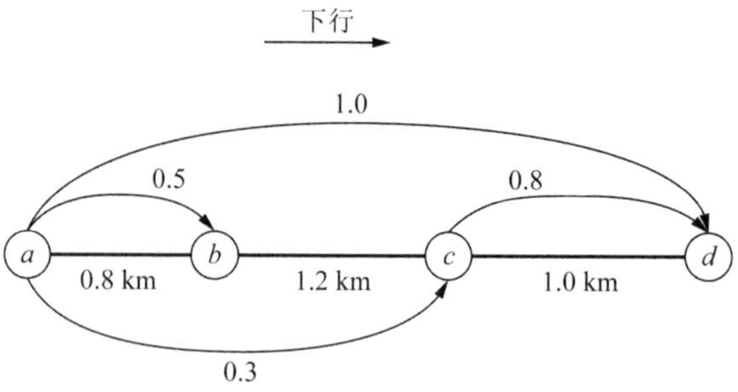

图 6-3　单线客流计算实例(单位：万人次)

b 站出站量：$P_{出}^{b}=P_{OD}^{a,b}=0.5$ 万人次

c 站出站量：$P_{出}^{c}=P_{OD}^{a,c}=0.3$ 万人次

d 站出站量：$P_{出}^{d}=P_{OD}^{a,d}+P_{OD}^{c,d}=1.0+0.8=1.8$ 万人次

a 站出站量：0

(3) 港站客运量

a 站客运量：$P_{运}^{a}=P_{进}^{a}=1.8$ 万乘次

c 站客运量：$P_{运}^{c}=P_{进}^{c}=0.8$ 万乘次

b 站、d 站的客运量：0

(4) 港站乘降量

a 站乘降量：$P_{乘降}^{a}=P_{进}^{a}+P_{出}^{a}=1.8$ 万人次

b 站乘降量：$P_{乘降}^{b}=P_{进}^{b}+P_{出}^{b}=0.5$ 万人次

c 站乘降量：$P_{乘降}^{c}=P_{进}^{c}+P_{出}^{c}=1.1$ 万人次

d 站乘降量：$P_{乘降}^{d}=P_{进}^{d}+P_{出}^{d}=1.8$ 万人次

(5) 断面客流量

a—b 间：$P_{断面}^{a,b}=P_{OD}^{a,b}+P_{OD}^{a,c}+P_{OD}^{a,d}=0.5+0.3+1.0=1.8$ 万人次

b—c 间：$P_{断面}^{b,c}=P_{OD}^{a,c}+P_{OD}^{a,d}=0.3+1.0=1.3$ 万人次

c—d 间：$P_{断面}^{c,d}=P_{OD}^{a,d}+P_{OD}^{c,d}=1.0+0.8=1.8$ 万人次

(6) 线路客运量

$$P_{运}^{线}=\sum_{i}P_{进}^{i}=1.8+0.8=2.6 \text{ 万乘次}$$

(7) 线路客运周转量

$$L=P_{OD}^{a,b}\cdot l_{a,b}+P_{OD}^{a,c}\cdot l_{a,c}+P_{OD}^{a,d}\cdot l_{a,d}+P_{OD}^{c,d}\cdot l_{c,d}$$
$$=0.5\times0.8+0.3\times2.0+1.0\times3.0+0.8\times1.0=4.8 \text{ 万乘次}\cdot\text{km}$$

(8) 线路平均运距

$$\bar{l}=\frac{L}{P_{运}^{线}}=\frac{4.8}{2.6}\approx1.85\text{ km}$$

(9) 线路客运强度

$$\beta=\frac{P_{线运}}{l_{线}}=\frac{2.6}{3.0}\approx 0.87\ 万乘次/\mathrm{km}$$

(10) 线路负荷强度

$$\gamma=\frac{L}{l_{线}}=\frac{4.8}{3.0}=1.60\ 万乘次\cdot \mathrm{km/km}$$

6.2.3 客流分析的目的

客流分析主要是对客流的时空特性进行分析。客流时空特性包括客流的时间动态性和空间动态性。时间动态性是指随时间变化而表现出的客流量变化趋势。空间动态性主要是指不同位置、不同方向上的动态性。港站和线路具有不同的动态性特点。对客流进行精细化分析的目的主要有以下几点。

1. 掌握交通网络发展及客流成长规律

交通网络发展是指交通建设和运营过程中网络布局、网络结构、线路里程和运营模式的演化过程。客流成长是指随着社会经济发展和交通网络日趋成熟,客流走向、客运量、客流结构等各类客流指标发展变化的过程。交通网络发展和客流成长是相互依存、交替成长的关系。但发展成长的规律是复杂的,可以通过交通网络发展和客流成长阶段相关性的精细化分析,提出满足客流输送需要的合理交通网络建设时序及动态匹配的运营组织模式。

2. 编制运输组织计划

在常规运营条件下,网络运输组织计划的编制可以通过对一段时间内的客流数据进行分析,总结变化规律,然后依据分时最大断面客流量和乘客服务水平的要求确定详细的运力安排。同时,受临时性社会活动及重大节假日活动的影响,特殊日期的能力配置也需要分析特殊日期客流在线网上的分布特征,分析局部、邻线以及整个网络受到的影响,判断运营组织方案的合理性,从而为缩短服务间隔、扩大能力等措施提供依据。以轨道交通为例,在编制运输组织计划时,可以用运能运量适应性评估图来分析运能与运量的匹配情况,在线路最大断面的分时特征图上,可以加上计划能力线(图 6-4),如果计划能力线能覆盖所有断面,表示能力供给可以满足线路的需求。当然,计划能力线不能与断面相隔太远,如果过远,表示能力富余,则需要修改运输计划,调整能力供给,使能力与实际运量达到最佳匹配。

3. 编制网络客运组织方案

网络客运组织方案涉及宏观和微观两个层面。宏观层面上,网络客运组织是指将线网上的客流通过不同的线路输送到其目的地所采用的运力配置、客流路径选择诱导等一系列方法和措施。微观层面上,网络客运组织是指在港站层面,根据对站点设备、设施和空间的分析,以及对港站某个时间段进出乘客数量的预测,制订符合站点实际情况的乘客进站(港)、乘坐载运工具(或换乘)、出站(港)疏导和指引的方案,以及根据方案所进行的站点服务人员组织。

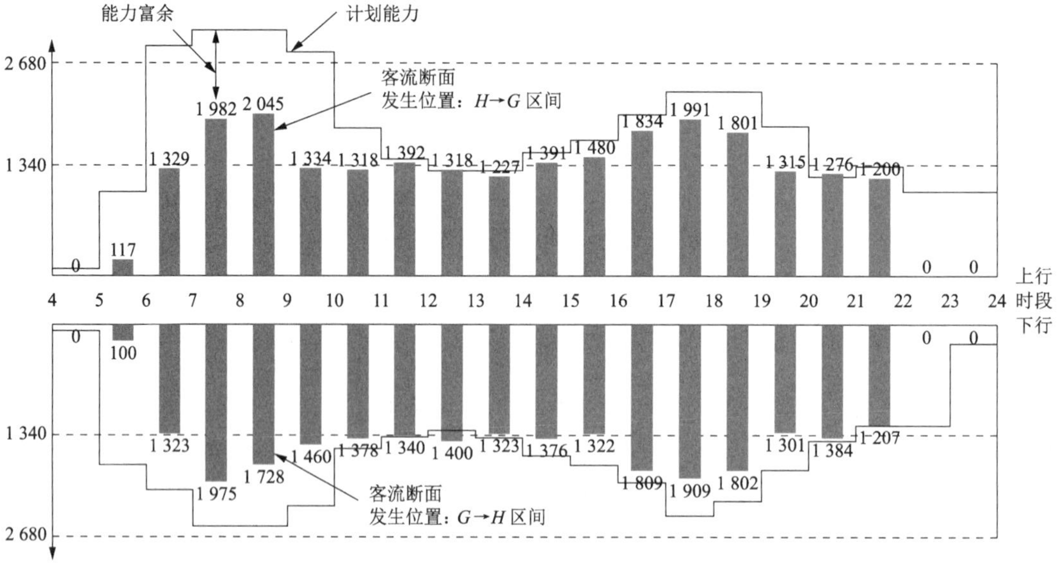

图 6-4　运输能力适应性评估

4. 辅助网络应急处置

在应急条件下，当网络发生大客流事件时，可以通过实时的客流采集手段及时了解站点客流的动态变化情况，估计突发事件影响人数，并根据载运工具的运行情况，合理安排乘客疏散工作；还可以根据离线客流数据，采用计算机仿真等技术对载运工具运行与线网客流变化过程进行模拟仿真，以评估调整后的运输方案与客流的适应性，为制订故障处置预案提供科学依据。此外，可以通过对历史客流数据的分析，研究在故障条件下网络可达性的变化和客流重新分布的情况，利用乘客信息发布系统，为乘客提供合理的路径信息，并为有效疏导乘客、维护网络运行秩序提供技术支持。

5. 评估客流服务水平

根据网络客流的时空分布特征，可以分析评估交通网络的客流服务水平，并对服务水平较低的指标有针对性地进行优化改善。比如，通过分析各线路断面的满载率、交通衔接方式构成、港站拥挤水平、换乘系数、旅行时间和旅行距离等指标，可以找到网络中运能紧张、潜在的安全风险或不合理换乘衔接路径等问题，并加以改进。

6.3 客运港站运输组织

6.3.1 客运港站工作组织

客运港站是指专门办理旅客运输业务的节点，是运输企业旅客运输的基本生产单位，也是运输企业的“窗口”，一系列旅行手续均在此办理，旅客列车在此到发及作业。客运港站的工作水平会影响到旅客、运输企业和城市三个方面。客运港站工作组织包括客票发售、行李受理和交付。

1. 客票发售

售票是出售有效乘坐权(座位权,包括火车无座位权)工作的总称,主要包括售票、退票、客票变更等内容。售票的形式,按操作主体可分为自动(售票机)售票和人工售票;按售票场所可分为窗口售票、预约售票、流动售票、网上售票和车(船)上售票;按旅客特征可分为团体售票和个人售票。售票工作的基本要求是方便、准确、迅速、及时。

2. 行李受理和到达交付

行包是行李、包裹的简称。行包运输是旅客运输的组成部分。行李是指旅客随身携带的物品,包裹是指除行李外须随客车(船、机)运送的一般货物以及无客票交运的小件物品。行包受理作业包括行李承接、保管、装车(船、机)等;行包到达作业包括行李的卸车(船、机)、保管、交付等。行包根据其与旅客经济利益关系的区别,通常分为以下3类。

(1) 随身携带物品。当旅客持有有效客票时,可随身携带符合体积、重量限制及限额件数内的物品,这类行李在不同运输方式中都普遍存在。

(2) 免费行包。在某些运输方式(如民航)中,承运人会为持有客票(除婴儿票外)的旅客免费运输一定限额内的行李。

(3) 付费行包。旅客托运超过免费额度的行李需按标准付费。行包运输组织的原则是:先行李,后包裹;先中转,后始发;保证行包安全、迅速、准确、便利地运到目的地。

3. 候车(船、机)服务

候车(船、机)服务工作是旅客运输中的关键环节,它直接反映了运输服务水平。候车(船、机)服务主要涵盖以下内容。

(1) 环境与设施:保持候车(船、机)区域清洁,为旅客提供必需的饮水、座椅及相关旅行资料,诸如客运班次表、线路图、票价表、换乘时刻表等。

(2) 秩序与信息:维护候车(船、机)室的良好秩序,及时通知旅客客运信息,解答旅客的咨询,主动协助旅客解决各种难题。

(3) 增值服务:设置小件物品寄存处、问询处等辅助服务窗口。

4. 检票、组织旅客乘降工作

检票是对客票检查核实并记录的过程。检票有两大作用:一是确认承运方与旅客双方运输合同的开始或终止;二是确认旅客所持客票与其即将开始的行程是否相符。发车(船、机)前,站务人员要有序组织并引导旅客检票上车(登船、登机),防止发生误乘等情况;车(船、机)到达后,接站工作人员引导旅客下车(船、机),提取行李并核查票据是否正确。

5. 载运工具组织及日常维护、后勤保障

载运工具组织包括安排载运工具的来源,并将载运工具从停放场所(停车场、码头、停机坪)停靠到指定上客点;当载运工具到达后,指挥载运工具停靠在指定的停放处。日常维护主要是指清洁载运工具并对其性能进行检查。后勤保障包括提供和更换载运工具上的能源、水和日常生活用品等。

6.3.2 客运港站客流组织

客流组织是为实现乘客的运送任务，通过合理布置客运设施与设备，按照预先设定的路线对客流采取有效、有序分流或引导措施。客流组织的核心是保证客流运送的安全、通畅，减少乘客出行等待时间，避免拥挤，保证乘客在大客流发生及出现紧急情况时能及时疏散。

客流组织的原则如下：

(1) 合理安排港站售检票、出入口及楼梯、扶梯的位置，使行人流动路线简单明确，尽可能地减少客流交叉及对流。

(2) 完善港站内外乘客导向系统的设置，使乘客快速分流，减少客流聚集和过分拥挤。

(3) 使乘客能够顺利地换乘其他交通工具。换乘过程中，人流与车流的行驶路线要严格分开，以保证行人安全以及车辆行驶不受干扰

(4) 满足换乘客流方便、安全、舒适的基本要求。如适宜的换乘步行距离、恶劣天气下的保护、全天候的连廊系统、对残疾人专门设计的无障碍通道等，还有适宜的照明、开阔的视野以及突发事件应急系统等。

(5) 应急条件下的客流安全组织。在突发事件条件下，较易形成短时大客流，易发生拥挤与踩踏风险，需要加强客流组织与引导，做好应急联动与协同。

客流组织工作中，港站的流线组织、限流组织、大客流组织和换乘组织是日常工作的难点与重点。

6.3.2.1 流线组织

在客运港站内，旅客、行包和交通车辆的流动过程和流动路线简称为"流线"。流线组织是否合理不但会影响客运站的作业效率和能力，而且直接关系到客运设备的运用及旅客服务质量的好坏。流线按流动方向不同可分为进站和出站两大流线；按流动实体不同可分为旅客流线(简称人流)、行包流线(简称货流)和车辆流线(简称车流)。

站内流线组织应遵循以下原则：

(1) 各种流线避免互相交叉干扰。尽量将到、发客流分开，将长途与市郊客流分开，将客流与行包、邮政流分开，将到达行包与发送行包流线分开。在职工较多的车站，还应考虑将职工出入口与旅客出入口分开。

(2) 最大限度地缩短旅客的走行距离，避免流线迂回。首先应缩短多数旅客的进站流线，尽量把站房入口与检票口之间的距离缩短；其次，要给其他活动程序不同的旅客创造灵活的条件，以便他们都有可能按照自己的程序以较短的路线进站。

以铁路客运站为例，流线疏解的基本方式有以下 3 种。

(1) 在平面上错开流线，即通过站房及各种客运设备的布局，使各种流线在同一平面上左右错开自成系统，以达到疏解的目的。为配合站前广场的车流组织，通常将进站客流安排在站房的右侧，将出站客流安排在站房左侧。这种方式适用于中、小型或单层的客运站，如图 6-5所示。

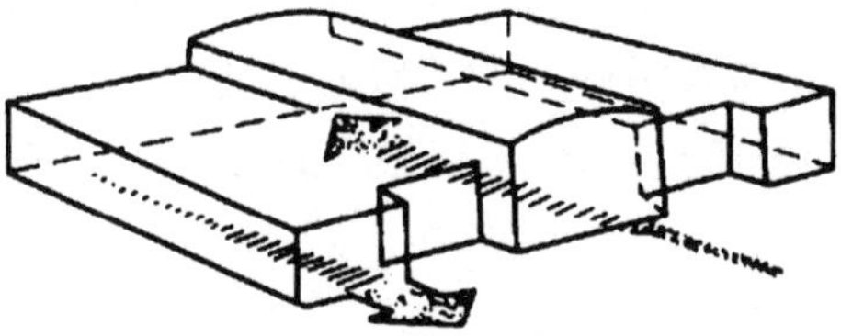

图 6-5　进出站流线在同一平面上错开示意

图 6-6　进出站流线利用空间错开示意

(2) 在空间上错开流线，即进出站客流在空间上错开，通常是进站客流走上层，出站客流走下层，以达到疏解的目的。这种方式适用于大型双层客运站，如图 6-6 所示。

(3) 在平面和空间上错开流线。流线既在平面上错开又在空间上错开。进站客流由站房右侧下层入站，经扶梯进入上层候车，然后经天桥或高架交通厅(检票厅)检票上车；出站客流经地道由站房左侧下层出站，如图 6-7 所示。这种方式不但流线明显分开，而且流线距离也缩短了，适合于大型双层客运站。特大客运站如北京、上海等火车站就采用这种方式来达到疏解流线的目的。

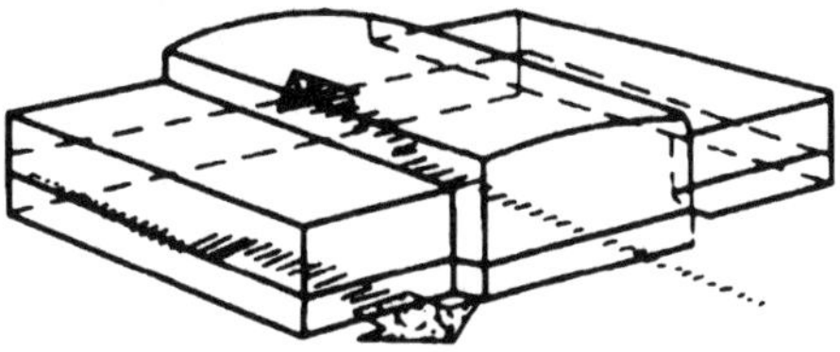

图 6-7　进出站流线在平面和空间同时错开示意

以上海虹桥火车站为例，为加快旅客进站速度，可根据不同旅客类型，对进站流线进行分流组织。例如，为方便重点旅客和携带大件行李的旅客，让旅客分别从走行距离最短和次短的南 12 门、南 10 门进入候车区；而对于没有行李或带小件行李的旅客来说，他们走行较为方便，可安排他们从较远的南 8 门进入候车区，如图 6-8 所示。

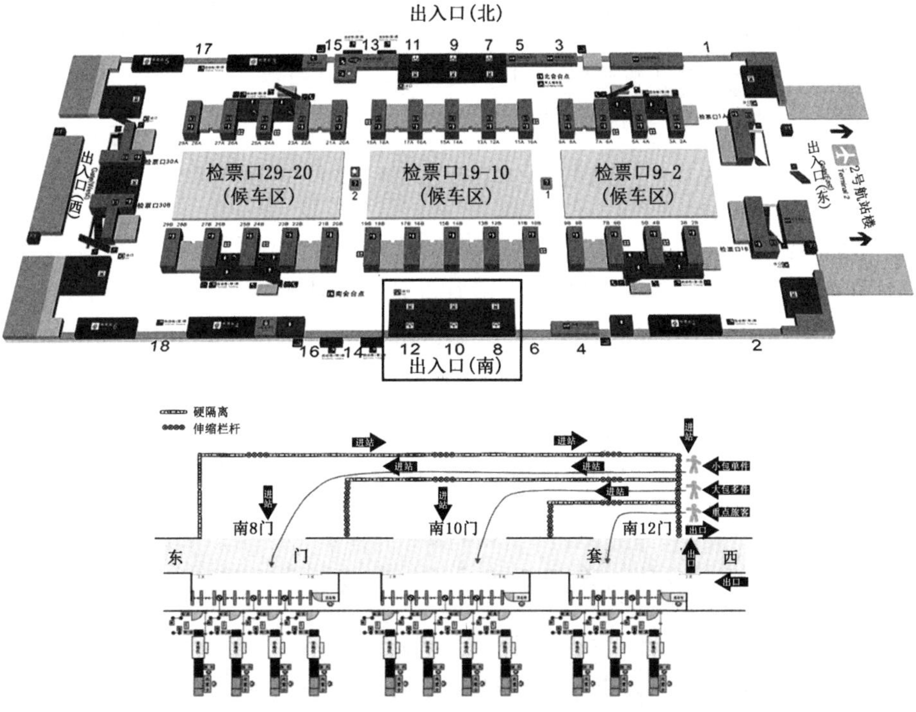

图 6-8　上海虹桥火车站的进站客流流线组织

同样地，在西进站通道（图 6-9），当客流量较小时，组织旅客沿图示的三级通道通行；当客流较大时，为减少自动扶梯口的客流拥挤，组织旅客沿图示的二级通道通行；当遇大客流时，则引导乘客沿图示的一级通道在站内沿蛇形通道走行，以保证旅客的安全。

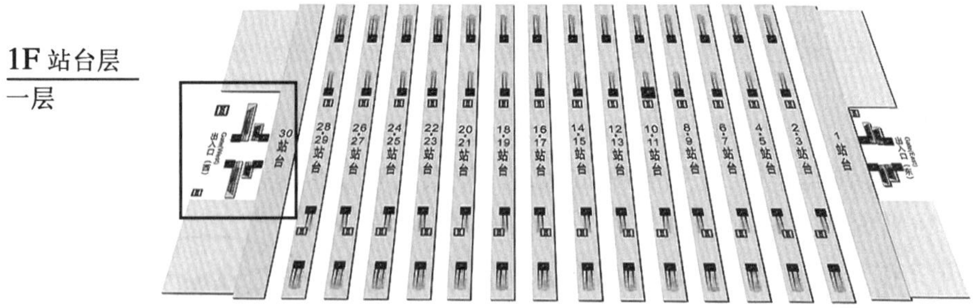

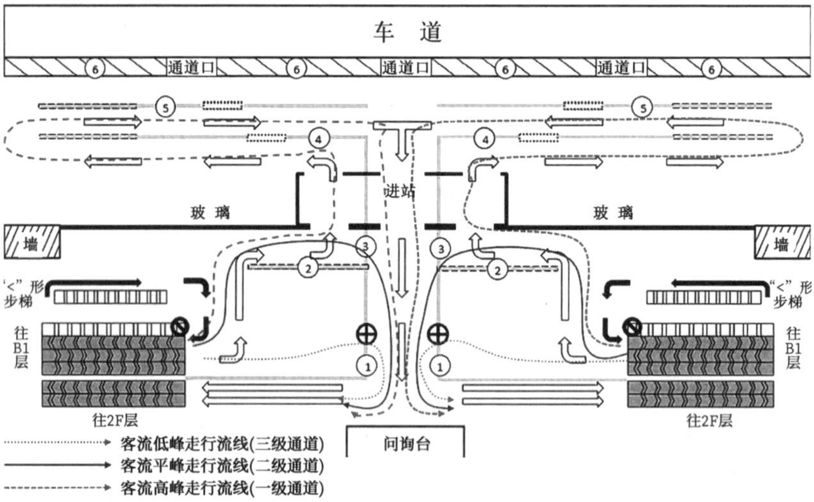

图 6-9　上海虹桥火车站西进站通道的流线组织方案

6.3.2.2　限流组织

限流也称客流控制，是指一定时间内限制进站上车或换乘通行的客流量，是城市轨道交通系统中一种常用的大客流应对策略，既能保障乘客安全，有效预防因大客流可能产生的拥挤、踩踏等风险，又能有效地优化各车站的进站客流，使其与载运工具的运力匹配，从而提升设施利用率，保障线路顺畅高效运营。限流体现了“用时间换安全”和“牺牲局部保全局”的思想。此方法被广泛应用在城市轨道交通等大运量客运系统中。

知识扩展 23

为什么车厢还有空位，车站却要限流

大家乘车时看到的只是一个车站的客流情况，而地铁客运组织并不能只单独考虑某一个车站，需要综合考虑整条线路甚至线网的客流，只有整条线路运营顺畅，大家出行才最快捷。简单地说，如果某个车站的站台上人较多，若车站不进行客流管控，列车过早满载，后面车站的乘客将很难上车，随着客流持续进入站台，会造成候车秩序混乱。

因此，当大客流车站限流后仍无法缓解本车站的大客流压力，本线路的其他车站也会配合限流，以避免列车过早满载。限流的目的是均衡线路上各车站的客流，确保每个车站都有部分乘客能够上车。

（来源：广州地铁微博，2023 年 2 月）

根据限流的实施条件及特点，限流组织可分为常态限流和临时限流两类。常态限流是指在一定时期或某些特定日期的特定地点和特定时段都采取限流措施，如工作日早晚高峰时段的能力紧张区段、可预知大客流事件（如节假日期间、大型体育赛事、大型展览会、大型文艺活动）等。临时限流是指由于运营延误或在突发事件条件下，网络发生客流拥挤并有安全风险时，在某些地点与时段采取限流措施。

限流措施与限流级别、限流强度有关。限流级别按照客流规模与运力的不匹配程度，可分为车站级限流、单线级限流和路网级限流三种。车站级限流可以根据不同的客流强度划分不同的客流等级。同时，根据车站客流拥挤度和突发事件等级，实施等级应由低级向高级逐级执行。限流强度是指单位时间内限制进站的人数，应根据路网、站点、载运工具等设施的特征和布局情况以及各设施的最大能力范围来确定。

限流措施有客流控制和站车协同两种。客流控制是指减缓乘客进站速度和控制单位时间内的乘客进站量。站车协同措施则是组合实施客流控制与列车运行调整措施，从而缓解客流在站内集聚的问题。

知识扩展 24

上海地铁的常态限流措施

随着上海地铁网络化运营的不断深入，客流增长速度非常快，工作日日均客流超过 1 000 万人次，多条线路的列车满载率在早高峰时段超过了 100%，部分断面客流饱和度达 130%。为了应对激增的网络客流，上海已将限流纳入常态化管理。

上海地铁的限流启动时刻取决于线路客流的时间分布规律及运输能力短缺时段。常态限流时间包括早高峰和晚高峰，限流持续时间主要取决于高峰客流的持续时间，与站台的能力和列车满载率等因素有关，且持续时间均大于 30 min。

上海地铁的限流车站主要以车站的进出站客流量作为选择依据。选择进站量大而出站量少的车站作为主要的限流车站。在早高峰时段，限流车站多分布在城市外圈；在晚高峰时段，限流车站多分布在城市内圈。车站内限流位置主要集中在手扶梯、进站闸机、售票机、换乘通道及车站的出入口等处，根据限流等级，按“站台层→站厅层→换乘通道→出入口”的顺序来实施。

上海地铁根据客流规模与运输能力的不匹配程度将限流级别划分为车站级限流、单线级限流和路网级限流三种。实施等级则根据车站客流拥挤程度和突发事件等级“由低级向高级”逐级执行。限流措施分客流控制与站车协同两种。客流控制措施包括设置栅栏、放慢安检速度、减缓人工售票、减少闸机开放数量以及封闭自动扶梯、自动售票机和车站进出口等。常用的列车调整措施有加车、扣车、跳停、变更交路、备车投用等。

6.3.2.3 大客流组织

大客流是指交通站点在运营过程中的某一时间段内候车、停留的乘客数量超过了该站点设计的最大允许客流容量，或是指载运工具的实际载客量已经超过了设计载客量，并有继续增加的趋势。如果不采取紧急措施，极有可能发生人员伤亡等意外事件。

在交通网络化运营条件下，大客流的发生除了会对发生位置产生直接影响，还会因载运工具与客流相互作用导致对发生位置的周边站点或线路产生影响，严重时，甚至可能向网络进行传播。大客流在网络中的传播机理主要体现在站点服务水平和列车运行影响两个方面。大客流集中到达，在短时间内站点产生乘客聚集，随之引发站台或候车区乘客密度增大，进而容易导致载运工具的出发延误。大客流的影响也容易通过换乘站点在路网中呈网络化或线性传播，对路网中其他车站的服务水平以及载运工具运行造成一定的影响。

大客流组织的目的是在保证客流安全的前提下，尽快疏散客流。大客流组织的主要措施有以下这些：

（1）增加载运工具的运能。根据大客流的方向，当大客流发生时，加开载运工具，提高运能，保证大客流的疏散。

（2）增加售检票能力。售检票能力是大客流疏散的主要障碍之一。站点在设置售票和检票位置时，应考虑提供疏散大客流的通道。在应对大客流疏散时，可事先准备好足够的车票，在地面、通道、站厅处增设售票点，同时增设临时检票位置以便于疏散大客流。

（3）采取临时疏导措施。在大客流组织中，临时合理的疏导对客流方向进行限制是一项很重要的组织措施，主要包括出入口疏导、候车区域疏导和楼扶梯疏导等。出入口疏导是根据临时售、检票位置的设置来限制客流方向，从而保持通道畅通，维持出入口秩序。候车区域和楼扶梯的疏导主要是为了尽量保证客流能够均匀地上下扶梯并尽快上下列车，从而保证候车安全。常用的疏导措施主要有设置临时导向、设置警戒绳、采用人工引导以及通过广播宣传引导等。

（4）关闭出入口或进行进出分流。大客流往往难以预测，因此，为了保证大客流发生时可以安全地疏散客流，当难以采用有效的措施及时疏散客流时，可采用关闭出入口或对部分出入口限制乘客进入站点的措施来阻止一部分客流或延长大客流疏散的时间。

（5）其他载运工具协同。当发生大客流时，如果客流积压严重，需要申请其他载运工具来配合疏导客流，同时需要公安等其他部门进行协同处置。

知识扩展25

上海地铁的大客流处置

上海地铁将大客流分为日常大客流、节假日与重大活动大客流以及突发大客流三类。不同类型大客流的特征及主要措施如图 6-10 所示。大客流的处置遵循“科学预判，分级响应”“控外疏内，整体控制”“强化联动，及时疏导”和“有序指挥，畅通信息”四个原则，具体如图 6-11 所示。

- 大客流分类
  - 日常大客流
    - 特征
      - 工作日早晚高峰通勤客流
      - 客流集中在固定时段、固定车站
    - 主要措施
      - 提前告知（公告、媒体宣传等）
      - 现场引导（人工、广播）
      - 限流措施（设置防护栏、调整设备能力、减缓进站速度等）
  - 节假日与重大活动大客流
    - 特征
      - 春运、冬至等节日客流（通常在节日前一天客流量最大）
      - 体育赛事、文艺演出等活动客流（通常在散场时段客流量最大）
    - 主要措施
      - 制订专项保障方案
      - 延时运营以保障乘客出行
      - 应急公交接驳
      - 特色服务举措
  - 突发大客流
    - 特征
      - 设施设备故障
      - 恶劣天气或自然灾害
      - 火灾、治安案件
      - 恐怖袭击
      - 瞬时客流集聚
    - 主要措施
      - 制订大客流现场处置“一站一预案”
      - 定期开展大客流演练
      - 多渠道信息发布
      - 运力动态调整（加开、变更交路、扣车、跳停等）

图 6-10　上海地铁大客流分类

- 上海地铁大客流处置原则
  - 科学预判分级响应
    - 根据车站、线路大客流形成规律及突发故障波及范围等，科学预判大客流等级
    - 根据预判结果，果断启动大客流响应工作
    - 如发生运营事故，积极与地区公安响应配合
  - 控外疏内整体控制
    - 控制外部客流输入，疏导内部客流
    - 大客流处置方案统筹考虑站点大客流对相关线路及线网的影响
    - 调整列车运行计划，有效管控客流量，均衡换入客流
    - 同时结合线网分流、诱导等措施，有序缓解线路、站点的大客流压力
  - 强化联动及时疏导
    - 遇大客流时，“一站一预案”适时启动
    - 会同地区公安机关、消防等部门迅速进行应急联动处置
  - 有序指挥畅通信息
    - 根据实际情况适时启动大客流不同等级响应程序
    - 车站值班站长和站区民警作为大客流处置现场的第一责任人
    - 依据各自职责，协同实施大客流现场处置

图 6-11　上海地铁大客流处置原则

6.3.2.4　换乘组织

各种运输方式具有各自不同的特点，综合交通系统的高效运作有赖于各种运输方式之间的协调，因此有必要做好城市公共交通系统中各种运输方式间的衔接。

1. 城市间（境外）公共交通的衔接分析

城市公共交通不仅为市内交通服务，同时还承担着接驳城市间客运的任务。城市通过

公共交通系统接驳轨道、水运、空运、公路等运输方式，从而实现城市与外界的联系。轨道、水道、公路及空中航线是运输的长通道，而火车站、港口码头、长途汽车客运站、航空港则是这些通道的衔接点。因此，城市公共交通必须加强与上述衔接点的联系，从而有效衔接城市间的客运。

2. 城市内公共交通衔接分析

城市客运交通系统包括了公共交通方式和非公共交通方式。从可持续发展的角度来看，除了做好城市客运交通系统与城市大系统的协调，还应做好城市交通系统内部各子系统间的协调，包括公共交通与自行车交通的衔接、公共交通与小汽车的衔接、轨道交通与常规公交的衔接、轨道交通与出租汽车的衔接、常规公交与出租汽车的衔接等。

交通换乘衔接组织是指交通管理部门为保证交通对象能够实现出行目的而协助其在不同运输方式或交通设施间搭乘转换，以及在此过程中提供的载运接驳设施（如衔接通道及线路、换乘站厅）等交通服务。公共交通换乘组织系统包括客运换乘枢纽的基础设施建设、运输方式间的运能衔接与组织以及换乘信息服务建设等。

由于各种运输方式的衔接最终将落实在公共交通换乘枢纽的组织上。枢纽换乘组织措施可分为系统措施和细化措施。系统措施主要是从规划布局角度考虑，而细化措施主要是从建设和运营体系角度考虑。系统措施主要包括：综合换乘枢纽的合理布局、公共交通线网的优化设计、公交车首末车站的合理布局、运能的合理配置、停车换乘系统的合理布局、小汽车和自行车停车场容量规模配置、公共交通站点的合理布局。细化措施主要包括：换乘联系通道的布置与建设；共用站厅站台与换乘联系通道的布置与建设；站前广场等换乘设施的建设；建立城市内交通和对外交通联运体系，包括联运措施的建立、联运票价的制订、联运利益的合理分配方案；建立城市内的交通通票体系，包括通票的发行、价格制订；制订停车优惠政策及安全管理措施等。

6.3.3 客运港站设施设备优化

交通站点是由多种类型的设施设备、不同出行目的地的乘客以及工作人员组成的复杂系统，承担着乘客集散和中转的纽带功能。确保站点设施设备的正常高效运转是车站日常管理的关键工作之一。复杂的客流时空分布特征和多样化的客流流线组成增加了站点的管理难度，尤其是还要针对不同运营场景不同运营时段的客流流向与流量特征，因此需要协同优化各类设施设备的运用方案以实现站点运作的高效、可靠和安全，同时节省运营成本。

车站智能化是未来发展的主要趋势。随着车站智能化程度的不断提升，对于设施设备的控制与管理可以逐步实现远程化与自动化。尤其是随着大量设施设备的运行状态和区域客流分布等多源数据的不断积累，可以结合多源大数据来分析设施设备的运用方案并对其进行优化。

知识扩展26

基于数据驱动的某轨道交通车站(A站)闸机运用优化

A站为三线换乘地铁站,每日客流量大,并且该站处于市区商业区,客流潮汐现象明显,早高峰进站客流量大,晚高峰出站客流量大。以A站10号出入口闸机优化为例,该站进站闸机共有5台(编号为G006—G010),出站闸机共有5台(编号为G056—G059,G109)。根据A站的历史客流数据,客流变化趋势按每一时段15 min的间隔来统计各时段的历史最大客流量,并以此作为构建闸机分时运用方案的输入客流。统计10号口进、出站闸机工作日各时段的客流量,结果如图6-12和图6-13所示。

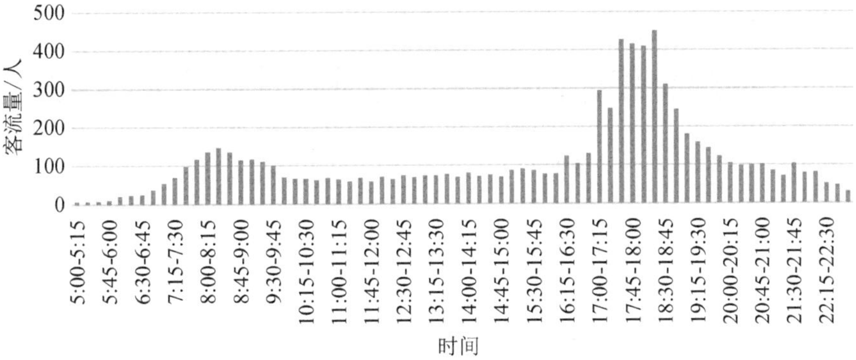

图6-12　10号口进站闸机工作日各时段客流量

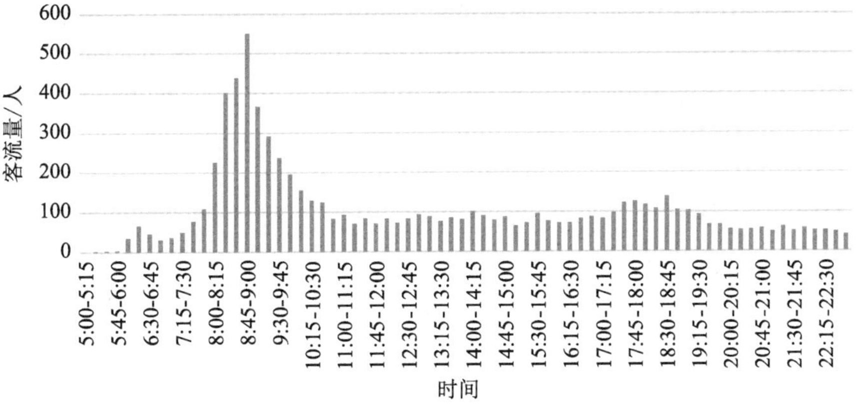

图6-13　10号口出站闸机工作日各时段客流量

闸机运用方案优化是基于历史客流数据、运行图数据、运营时段、运营模式、维保记录、运营环境等信息,考虑乘客排队长度、乘客排队时间、闸机利用率范围、闸机投入最大数量和最小数量等约束条件,以闸机运用均衡、运营成本最小、服务水平最高等为目标,通过构建多约束、多目标的整数规划模型,最后求得闸机的分时段运用方案,具体包括闸机的运用时段、开放数量和开放方向等,如图 6-14 所示。

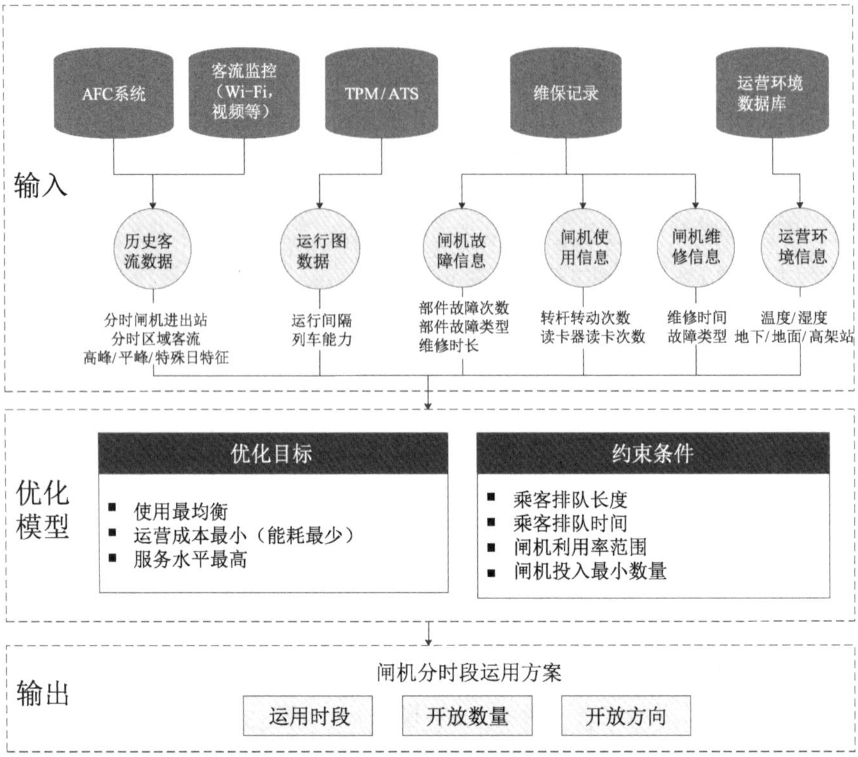

图 6-14　闸机运用方案优化的数据驱动模型

根据设定的输入参数和输入客流,利用建立的闸机数量约束、服务水平条件,以运营成本最小为目标函数的闸机分时段运用优化模型为基础,设计优化程序。以 A 站 10 号口出站闸机工作日为例,可得到各时段的闸机最优运用数量,如图 6-15 所示。

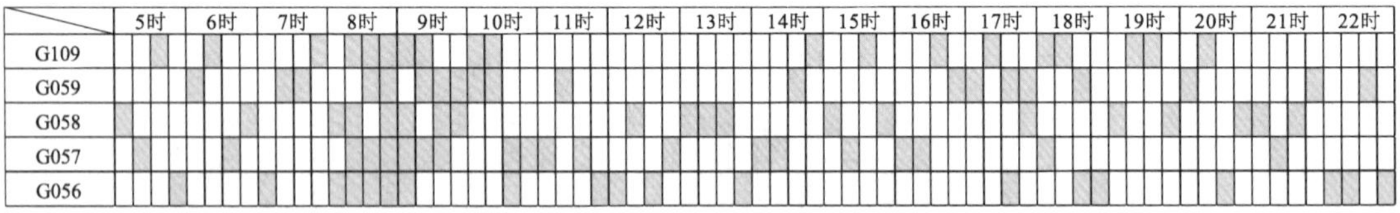

说明：15 min 为一格,阴影表示该设备在该时段使用,白色表示关停。

图 6-15　出站闸机工作日方案的优化结果

通过对比可以得到,分时段运用方案下闸机的运用次数大大减少,实际运用时间相比传统模式也有所减少,并且一天的运营成本也远小于传统模式下的运营成本。

6.4 旅客运输一体化

6.4.1 旅客联程运输的发展

旅客联程运输是指通过对旅客不同运输方式的行程进行统筹规划和一体化组织，实现旅客便捷高效出行的运输组织模式。《交通强国建设纲要》中明确了旅客联程运输便捷顺畅的发展目标，提出了打造旅客联程运输系统的发展任务。旅客联程运输可充分发挥各种运输方式的比较优势，在提高综合运输组合效率和服务品质、提升旅客满意度方面均具有重要的作用。

目前，旅客联程运输主要有以下 5 种模式。

(1) 空铁联运：将高速铁路运输与民航运输有效衔接，形成空铁一体化的运输链条，为旅客提供高效便捷的联运服务。

(2) 空巴联运：通过营运客车(机场大巴或班线客车)连接机场与出行起讫点，实现公路与民航两种运输方式的联运，提升机场对周边城市的辐射能力。

(3) 空海联运：将民航运输与客船运输或邮轮运输相结合，为旅客提供跨民航与水路两种运输方式的联运服务。

(4) 公铁联运：将公路运输与铁路运输相结合的一体化运输模式，在操作过程中，主要用大巴车接驳高速铁路运输，以方便旅客及时换乘。

(5) 第三方联运：由在线出行服务平台整合不同运输方式票务信息资源，为旅客提供客票信息查询、跨方式出行规划、联程客票销售等“一站式”出行服务的联运服务模式。

经过一段时期的发展，我国旅客联程运输取得了显著的成绩，空铁、空巴、空海、公铁等联运模式加速发展。但同时也存在基础设施未能统一规划和跨方式衔接不畅等问题。例如，在基础设施方面，机场航站楼与其他运输方式的衔接仍需加强，旅客联程运输发展的基础设施条件仍需进一步改善和提升。在联运服务方面，行李直挂、联运票务、安检互认等主要的旅客联程运输服务内容在全国的普及率仍较低。

知识扩展27

《关于加快推进旅客联程运输发展的指导意见》的解读

2018 年 1 月，交通运输部、国家发展改革委、国家旅游局、国家铁路局、中国民用航空局、国家邮政局、中国铁路总公司联合出台了《关于加快推进旅客联程运输发展的指导意见》。该意见中明确了旅客联程运输发展的重点任务。

1. 加快完善旅客联程运输服务设施。按照“统一规划、统一设计、统一建设、统一运营管理”的要求，统筹布局一体化综合客运枢纽；鼓励各种运输方式推动售票、取票、乘降、驻车换乘(P+R)等联运设施设备共建共享；鼓励枢纽场站设置封闭、连续的联运旅客换乘通道，在保障运输安全的前提下，推动跨方式安检互认，从而减少重复安检；完善枢纽站场联运服务功能，鼓励在枢纽站场根据需要配设城市候机(船)楼、高铁无轨站、旅游集散中心等联运服务设施，开展摆渡服务，实现无缝衔接。

2. 积极优化旅客联程运输市场环境。加快培育专业化旅客联程运输经营主体，鼓励成立旅客联程运输企业联盟，并通过建立健全旅客联程运输经营主体信用评价体系来规范联运经营。民航机场经营主体应开放道路接续运输服务市场，为道路运输企业开通机场接续运输线路提供便利，优化跨省(区、市)机场巴士线路管理政策。同时，加快推进道路和水路客票实名制，为联运旅客实名查验、一证通达、安检确认创造条件。

3. 着力提升旅客联程运输服务品质。积极探索旅客联程运输电子客票，鼓励各种运输方式改进售检票系统功能，创新身份查验方式，方便旅客验票乘车；鼓励不同运输方式企业积极发展"空铁通"、公铁联运等服务产品，为旅客提供"行李直挂"服务，同时创新旅游交通产品，促进"运游结合"，通过丰富运输产品和服务供给，切实增强旅客出行的幸福感。建立健全城市交通与城际交通协调联动机制，深化企业合作，统筹开通公交专线、夜间班次和定制客运服务，提升旅客"最先和最后一公里"出行效率。

4. 努力提高旅客联程运输信息化水平。鼓励运输企业以及各类信息服务主体利用电子显示屏、微信等手段，向旅客及时公布旅客联程运输班次运行信息、换乘时间预估等信息，为旅客制定调整出行方案提供便利。同时，推进运输企业间信息的开放共享、数据交换与整合利用，为运输企业开展旅客联程运输服务组织提供支撑。鼓励综合客运枢纽建设统一的综合信息服务平台，实现枢纽内不同运输方式间实时共享公共客运服务信息。

5. 逐步健全旅客联程运输法规标准体系。加快推进综合运输服务相关法律法规制定，明确旅客联程运输发展中各方的权利义务；积极开展旅客联程运输法规规则研究，推动旅客联程运输信息开放共享、联运设施衔接等相关工作；建立健全旅客联程运输标准体系，加快研究制定旅客联程运输信息代码、标志标识、服务质量要求等标准规范，鼓励联盟或协会制定相关团体标准。

(摘自：https://www.mot.gov.cn/zhengcejiedu/lvkelcysfz/xiangguanzhengce/201801/t20180122_2981857.html)

6.4.2 旅客联程运输组织

联程运输的运输组织是以旅客在不同载运工具间，或同一载运工具内的换乘为对象，重点保证旅客换乘时的同步性和便捷性，需要在运班计划、客运时刻表、港站使用方案、客运服务等方面做好衔接与协同。

1. 运班计划的协同

不同运输方式运班起讫点的设置要紧密配合，如公路运班应该覆盖铁路、航空运输不能通达的城市。各种运输方式内部的载运工具类型及相互衔接的不同运输方式之间的载运工具类型都要与客流层次相匹配，如机场大巴应选用较高档的客车。设计运输产品时应考虑联程运输的需求。例如，欧洲铁路开行的汽车列车(旅客的汽车可停放在指定车厢)就是为了满足一些旅客的铁路旅行和自驾相结合的出行需求而专门设计的。

2. 客运时刻表的协同

客运时刻表的编制是实现联程运输的重要环节。列车、飞机、轮船的运营起止时间要与城市公共交通相配合。在客流量大的季节,列车、飞机、轮船会增开部分早、夜列车、航班。相应地,城市公共交通也应增开早、夜班车以实现良好对接。另外,针对有大量旅客在不同运输方式间换乘的,不同运输方式的客运时刻表也应尽量衔接,以保证换乘时间不会太长或太短。另外,不同运输方式的运班到发频率要相互协调配合。例如,当有大量的铁路旅客需要换乘公路运输时,公路需增开足够数量的班次以做好旅客服务。在我国,铁路列车的载客量较大,当列车密集到发时,需要考虑城市交通的疏散能力。

知识扩展28

上海地铁10号线的延时运营服务

为满足夜间高铁到达的客流衔接要求,上海地铁10号线推出了延时运营服务的举措。根据不同日期特征的客流需求,上海地铁10号线在周日—周四常态末班车(22:30)后,增开22:45、23:00两班定点加班车;在周五和周六,将末班车延迟至次日0:00。虹桥火车站高铁和地铁10号线衔接时刻表示意如图6-16所示。

上海虹桥站
铁路到达时刻表(部分)

车次	到达时刻	始发站
G7462	23:00	温州南
G7163	23:03	亳州南
G1306	23:04	广州南
G1947	23:05	焦作
G1257	23:08	长春西
G7536	23:08	温州南
G1472	23:12	萍乡北
G157	23:13	北京南
D2205	23:16	成都东
G159	23:18	北京南
G7167	23:20	亳州南
G1785	23:22	武汉
G1660	23:24	厦门北
G7548	23:27	杭州东
G161	23:32	北京南
G1939	23:43	西安北
G1425	23:54	长沙南

10号线首末班车时刻表

车站	首班车发车时刻				末班车发车时刻(周日—周四)				末班车发车时刻(周五—周六)				
	基隆路方向		航中路方向	虹桥火车站方向	基隆路方向		航中路方向	虹桥火车站方向	基隆路方向		航中路方向	新江湾城方向	虹桥火车站方向
航中路	5:30	—	6:26(到达)	—	22:25	—	23:36(到达)	—	22:25	—	23:36(到达)	—	—
紫藤路	5:32	—	6:23	—	22:27	—	23:34	—	22:27	—	23:34	—	—
龙柏新村	5:34	—	6:21	—	22:29	—	23:32	—	22:29	—	23:32	—	—
虹桥火车站	—	5:25	—	6:22(到达)	—	**22:30**	—	23:42(到达)	—	22:30	—	**次日0:00**	次日0:47(到达)
虹桥2号航站楼	—	5:26	—	6:21	—	**22:31**	—	23:41	—	22:31	—	**次日0:01**	次日0:45
虹桥1号航站楼	—	5:29	—	6:18	—	**22:34**	—	23:38	—	22:34	—	**次日0:04**	次日0:42

10号线虹桥火车站往五角场方向常态末班车后定点加班车时刻表

定点加班车	途经上下客站			途经下客站	终点站
	虹桥火车站(周日—周四)	虹桥2号航站楼(周日—周四)	虹桥1号航站楼(周日—周四)	虹桥路、陕西南路、南京东路、海伦路、四平路	五角场
第一班	**22:45**	22:46	22:49		
第二班	**23:00**	23:01	23:04		

图6-16 虹桥火车站高铁和地铁10号线衔接时刻表示意

3. 港站使用方案的协同

大多数客运港(站)都采用站台固定使用的方案。这既方便旅客旅行,也有利于开展联程运输。客运港(站)的使用方案还需兼顾旅客与其他方式的换乘,确保站内流线(到达、出发和中转流线)顺畅,减少交叉和不必要的绕行。同时,为减少乘客的手续,可以将不同港站的功能进行合并,例如在城市的交通站点开设航站楼等。

知识扩展29

深中“水上巴士”

深圳宝安国际机场是深莞惠、广佛肇、珠中江三大城市群的交会地，也是一座具备实现多种运输方式联运的综合交通枢纽。其中，深圳宝安国际机场码头是深圳宝安国际机场海陆空联运的重要组成部分。2017年8月18日，深中“水上巴士”正式开通，深圳宝安国际机场中山港城市候机楼也同步启用，实现空海联运服务模式。

中山港城市候机楼位于中山港候船楼内，距离中山市区车程约半小时。此后，珠江西岸地区旅客前往深圳宝安国际机场乘机，可在中山港客运码头一站式办理值机、行李托运等手续，乘船抵达深圳宝安国际机场码头后也无须提取托运行李，直接乘坐免费穿梭巴士前往航站楼乘机即可，待到达目的地后，再提取托运行李，使旅客在出行中充分体验空海联运的便利。

此外，为服务珠三角及澳门、香港的旅客出行，加强机场码头与珠三角主要城市群的联系，深圳宝安国际机场码头每天有多班高速客船往返于香港机场和澳门之间，并在深圳市区及珠海、中山、佛山、香港、澳门等8地共设有20余座城市候机楼，开通城际快线20余条，一般1～2 h便可由深圳宝安国际机场到达珠三角各个城市。随着深圳宝安国际机场加快国际航空枢纽建设，并通过多种运输方式联运来推动机场综合交通体系的功能升级，日后，周边城市居民往来深圳宝安国际机场将会更为便捷。

4. 客运服务的协同

客运服务协同是联程运输的关键，如实现交通信息“一张图”、联程运输“一张票”、无缝换乘等。

知识扩展30

东方航空“空铁通”

2012年4月12日，中国东方航空集团有限公司与上海铁路局正式签署战略合作协议，联合推出了“空铁通”联运产品，为旅客提供更加便捷的旅行服务。旅客可通过东方航空服务热线或者全球任意一个东方航空客票销售网点购买“空铁通”联运产品，实现苏州、无锡、常州、宁波4个城市与东方航空上海虹桥国际机场、浦东国际机场进出港航班的双向联运。2020年8月25日，“东方航空”App与“铁路12306”App全面实现系统对接，旅客可以通过任一方App，一站式购买东方航空、上海航空的航班与高铁车次的组合联运客票，这是国内铁路和民航售票平台的首次系统级对接。东方航空“空铁通”服务采用的是“虚拟航班”的理念，将铁路车次以虚拟航班形式录入机票订座系统，并以东方航空“MU”两字码与东方航空的航班号编码显示。旅客在购买东方航空实际承运并开通联运产品城市的出发或达到机票的同时，可预订中国境内铁路段车票，做到了“一次订座、一票到底”，从而提升了旅客出行的便捷性和舒适感。东方航空“空铁通”旅客出行流程示意图如图6-17所示。

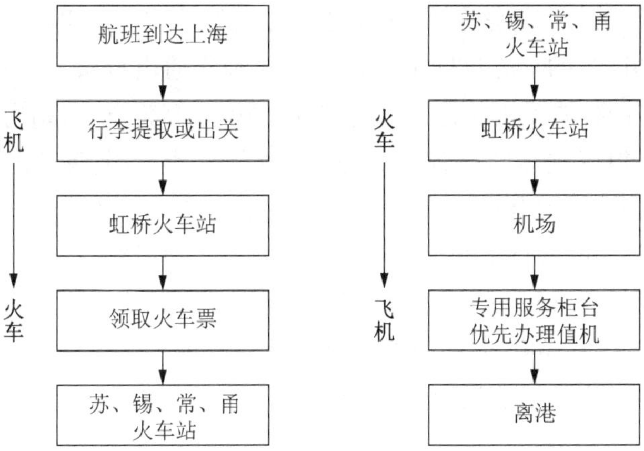

图 6-17　东方航空“空铁通”旅客出行流程示意

6.4.3　“出行即服务(MaaS)”系统

实施旅客联程运输的两类重要技术条件是交通基础设施的衔接度和不同运输方式的信息系统构成要素间连接的可能性。随着信息技术的快速发展,不同运输方式间的信息交互和集成变为可能,“出行即服务”(Mobility as a Service,MaaS)理念、模式及相应的系统应运而生。一次完整的出行即服务示意图如图 6-18 所示。

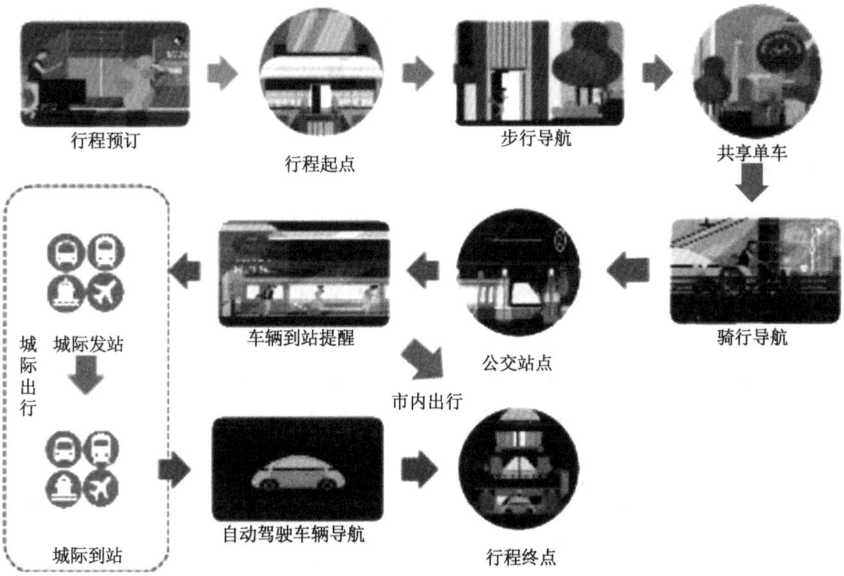

图 6-18　一次完整的出行即服务示意

在旅客运输中，MaaS 模式主要为旅客提供高效、灵活、安全、绿色的交通系统，通过对各种运输方式的出行服务进行整合，即采用数字界面汇总和管理出行相关服务的供应以满足用户出行需求。MaaS 的核心目标是通过集成多种交通出行服务方式，为出行者提供更有效的出行服务，借助智能手机的普遍应用、互联网的迅猛发展，打造“出行即服务”联运经营人平台，作为统一组织主体整合各种交通出行服务。将一次联运出行定义为一个完整的、一体化的出行服务，承担全程组织责任，以“一站式”服务将旅客从自行组织出行的工作中解脱出来。按照一定的条件要求，为用户规划包括多种运输方式的、不仅覆盖全国而且可能覆盖全球的最优化出行路径。旅客确认方案后，便可在平台自行办理购票、付款、电子出票、办理登乘、改签等一系列手续。同时，基于用户的出行需求共享数据可帮助交通运营者改善服务。MaaS 平台的功能如图 6-19 所示。

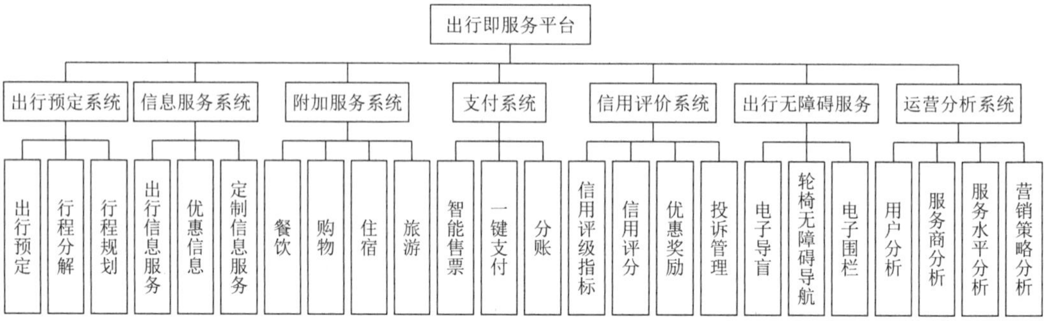

图 6-19　MaaS 平台的功能

《交通强国建设纲要》中明确提出“大力发展共享交通，打造基于移动智能终端技术的服务系统，实现出行即服务”。《推进综合交通运输大数据发展行动纲要（2020—2035 年）》也提出“鼓励各类市场主体培育‘出行即服务（MaaS）’新模式，以数据衔接出行需求与服务资源”。

知识扩展 31

上海 MaaS 系统建设

2022 年 10 月，上海市绿色出行一体化平台“随申行”App 正式上线。“随申行”是上海推出的交通行业生活数字化转型 MaaS 品牌，提供全面、绿色、一体化交通出行和一站式的“出行+”互联网服务。“随申行”App 聚焦公交、轨道交通、轮渡等公共交通以及一键叫车、智慧停车等出行服务，为市民打造全方位、换乘优惠、多模式出行的交通方式，引导低碳出行。未来，“随申行”App 将升级到区域级 MaaS 技术，并逐步将出行服务拓展至长三角等其他区域，力争建设有感受度和体验度的交通出行生活场景，全方位打造数字生活生态圈，让市民出行“换乘零等待、支付零转换、服务零距离”。

6.5 扩展阅读

(1)《铁路旅客运输服务质量　第 1 部分:总则》(GB/T 25341.1—2019)。

(2)《铁路旅客运输服务质量　第 2 部分:服务过程》(GB/T 25341.2—2019)。

(3)《铁路旅客运输词汇》(GB/T 13317—2010)。

(4)《民用航空旅客运输术语》(GB/T 18764—2002)。

(5)《2022 年交通运输行业发展统计公报》,链接:https://www.gov.cn/lianbo/bumen/202306/content_6887539.htm.

(6) 中华人民共和国交通运输部. 中国城市客运发展报告(2022)[M]. 北京:人民交通出版社,2023.

(7) 王先进,贾文峥. 中国城市轨道交通运营发展报告(2021—2022)[M]. 北京:社会科学文献出版社,2022.

(8) 上海市人民政府. 上海市交通发展白皮书(2022 版)[M]. 上海:上海人民出版社,2023.

(9)《铁路旅客运输规程》,链接:https://xxgk.mot.gov.cn/jigou/fgs/202211/t20221117_3710710.html.

(10)《交通运输部关于修改〈道路旅客运输及客运站管理规定〉的决定》,链接:https://xxgk.mot.gov.cn/2020/jigou/fgs/202312/t20231204_3961964.html.

(11)《公共航空运输旅客服务管理规定》,链接:https://xxgk.mot.gov.cn/2020/jigou/fgs/202103/t20210315_3530413.html.

(12)《交通运输部关于修改〈国内水路运输管理规定〉的决定》,链接:https://www.gov.cn/gongbao/content/2020/content_5512559.htm.

(13) 解读《中国城市轨道交通智慧城轨发展纲要》,链接:http://rtai.org.cn/list8/18095.html.

(14) 关于《关于加快推进旅客联程运输发展的指导意见》的解读,链接:https://xxgk.mot.gov.cn/2020/jigou/ysfws/202006/t20200623_3315462.html.

(15) 解读《中国旅客联程运输发展报告(2021)》,链接:https://www.zgjtb.com/2022-03/02/content_307339.html.

(16)《国家综合立体交通网规划纲要》,链接:https://www.gov.cn/zhengce/2021-02/24/content_5588654.htm.

(17) 齐凯锐. 出行即服务(MAAS)框架[EB/OL]. [2020-07-12][2024-05-26]. https://zhuanlan.zhihu.com/p/158978410.

(18) 刘向龙,刘好德,李香静. 出行即服务(MaaS)研究与探索[M]. 北京:人民交通出版社,2020.

复习思考题

(1) 简述旅客运输的特点。

(2) 简述旅客运输组织应遵循的基本原则。

(3) 简述旅客运输的发展趋势。

(4) 什么是客流？客流包含哪几个基本要素？

(5) 简述客流分析的目的。

(6) 客运站主要工作有哪些？

(7) 什么是流线？流线疏解的基本方式有哪些？

(8) 什么是大客流？大客流组织的主要措施有哪些？

(9) 什么是旅客联程运输？为什么要发展旅客联程运输？

第7章 货物运输组织

相较于旅客运输，货物运输是通过载运工具完成货物位移的过程。货物运输是整个物流系统中一个极为重要的环节，在物流活动中处于中心地位。为了提高货物运输的效率、降低运输成本、保护环境，货物运输组织要注重对运输方式、运输路径及载运工具的合理选择。从综合运输视角出发，货物运输组织需要以畅通生产和消费两端的社会生产流通为目的，统筹配置铁路、公路、水路、航空、管道等各种运输方式的运力资源；从安全、高效、经济、绿色等目标出发，合理发挥各方式的技术经济特点，实现货物运输生产的分工协作、连接贯通，畅通国民经济循环。本章将重点介绍货物运输组织的基本概念、货物装卸作业组织、货物配送作业组织、港站与枢纽货物运输组织、特种货物运输组织、集装箱运输组织以及货物多式联运运输组织等内容。

7.1 货物运输组织概述

7.1.1 货物运输分类

货物运输根据不同的分类标准可以有多种不同的分类，按运输方式可分为铁路运输、公路运输、航空运输、水路运输和管道运输等；按载运工具单元所装载的货物批数，可分为单批运输和组批运输；按运输区域可分为国际运输和国内运输，也称为外贸运输和内贸运输；按载运工具使用单元可分为零担运输(或拼箱运输)和整车(或单元)运输；按经营方式可分为定线运输和非定线运输；按货物种类可分为普通货物运输和特殊货物运输；按特殊货物的不同运送要求可进一步细分为危险货物运输、鲜活货物运输、超限货物运输、超长货物运输和笨重货物运输；按参与运输方式的数量可分为单一运输和多式联运。

7.1.2 货物运输组织内容

货物运输是货物从发货地到目的地的运输过程。首先，货主或托运人需要向运输企业提出运输需求申请，运输企业按照确定的业务流程，从货主或托运人手中收取货物，通过一定的组织方法，按约定价格将货物运输到收货人手中。货物运输组织可以看作货物运输企业在生产和经营实践中发展起来的对于运输资源进行科学、经济、合理的配置及利用的理论和技术。

货物运输组织流程可分为5个部分：提出运输需求、运输需求受理、制订运输方案、组织货物装运、货物到达和交付。

1. 运输需求的提出

运输需求的提出是货主或托运人与运输企业的初始接触。在此阶段，货主或托运人提供货物的基本信息、数量、目的地和要求等。运输企业负责收集和记录这些信息。

2. 运输需求的受理

在运输需求受理阶段，考虑到货物运输的可行性、运输方式的选择、运输时间和价格的合理性等，运输企业需要对收到的运输需求进行评估和审查。

3. 运输方案的制订

根据受理的运输需求，运输企业制订具体的运输方案，具体包括：选择最适合的运输方式（如公路运输、铁路运输、海运、空运或管道运输）、路线规划、货物的包装和保护措施，以及交付时间和费用等因素的协商。

4. 货物装运的组织

在货物装运组织阶段，运输企业负责统筹安排货物的装卸和运输过程。它们负责确保货物按照运输方案和协议进行装载、包装和标记，并且能够安全地运输到目的地。

5. 货物到达和交付

货物到达和交付是运输过程的最后一步。在到达目的地后，运输企业负责与收货人联系，并安排货物的交付。收货人会对货物进行检查，并在确认无误后签收。此时，货物运输流程的任务便告完成。

货物运输组织的主要内容包括：根据载运工具的容许空间、设备条件、容许负荷，合理安排货物种类，确定合理的货物装载方案；根据货物发送需求，合理地确定货物运到期限，并根据载运工具的运行要求，安全、高效、经济地设计发送、途中、到达作业的各个环节，同时提供全程性的货物监控服务和信息查询服务；面向区域或者全国货运网络，编制货物运输计划，实现运输能力的最佳运用、运力资源的最佳配置；面向多种类型的货运市场，设计有竞争力的货物运输产品，如快捷货物运输、重载运输、多式联运、国际联运、企业定制运输服务；等等。

7.1.3 货物运输的特点

1. 广泛性

货物运输作为物流系统中的重要环节，为各个行业和领域的企业提供了关键的供应链服务，支撑着经济的正常运行和发展。货物运输的对象涵盖了工业产品、矿产品、农产品、林产品、渔业产品和畜牧产品等。随着科技的发展和社会的变迁，新产品的问世和旧产品被逐渐淘汰导致了货物运输的品类和品名不断发生着变化。

2. 方向性

资源分布及生产力配置的差异性使得货物运输具有往返程货运量不相等的方向性特

点。由于我国的自然资源(如煤炭、石油、天然气、铁矿石等)主要分布在西部和北部内陆地区,而工业主要集中在东部沿海地区,这便导致了资源开发和生产的地区分布不平衡。这种自然资源和工业布局的错位态势决定了我国的货运结构以能源、原材料和初级产品为主,同时,也决定了物资的基本流向为由北向南和由西向东。

3. 时间性

货物运输需求在年度、季度、月份和日期间分布不均衡是很常见的现象。比如,农业产品的收获季节会导致运输需求在某些月份集中增加,而在其他月份需求相对较低;同时,节假日或促销活动也会引发短期内的运输高峰。在工业生产方面,一些行业会有固定的生产周期或订单季度,这便导致在某些时间段内对原材料或产品的运输需求激增,而在其他时间段运输需求则相对减弱。

4. 集中性

虽然货物运输的运输对象差异很大,但市场相对集中。货物运输的集中性普遍存在于大容量的运输方式,如铁路运输和水运。大型工矿企业、贸易中心以及生产基地等通常会形成铁路货物运输的集散中心,大宗物资(如煤炭、矿石、石油、粮食等)通过水运实现集中运输。这些集中性使得货物能够被批量集中运输,从而降低运输成本,提高运输效率。

5. 复杂性

相比旅客运输,货物运输涉及更多的环节和组织,包括货物的集散、装卸、中转等。为了提高货物运输的效率,企业需要考虑多个因素,例如运输方式的选择、运输路径的确定以及载运工具的优化。因此,货物运输的过程不仅仅是简单的货物运送,还需要考虑货源组织、中转组织、货物配送以及工农业生产等各个环节的协调和管理。这使得货物运输组织变得更加复杂,涉及更多的部门和机构间的合作与协调。此外,企业还需考虑多层次的供应链关系、多种运输方式的选择和组合、复杂的物流网络以及信息技术的应用,以便优化货物运输流程,提高运输效率和服务质量。为了适应货物运输的复杂性,企业需要良好的运输规划和管理,以确保货物能够安全、准时地到达目的地,并满足客户的需求。

7.1.4 货物运输的发展趋势

货物运输普遍向集中化、大型化、集装运输、直达化、快速化和物流化方向发展。

1. 集中化

集中运输是指把货运作业集中在少量技术装备先进、货物装卸和运输能力大、劳动生产效率高的货运中心进行,以实现规模化和集约化经营。这种方式可以提高货运中心和港站的作业效率,最大化地利用货运设备及装载机器,有助于合理利用基础设施投资,推进货物运输的现代化发展。货运作业的集中化是社会化大生产的必然趋势。

2. 大型化

大型化是交通运输业实现规模经济的发展方向。各种运输方式均表现出大型化的趋势。例如,在铁路运输中,大型化表现为重载化。重载运输的主要特征是开行超常规的长大列车,提高列车的牵引重量,充分发挥铁路在集中、大宗、长距离、全天候运输方面的优势，从而大幅增加运输能力，提高运输效率并降低运输成本。在水路运输中，大型化表现得尤为明显。现代海洋运输中，船舶尺寸日益增大，同时，油轮、散货船和集装箱船的载重量和容积不断增大。在公路运输中，货物运输普遍采用大吨位拖车的甩挂运输方式以提升运输效率。在航空运输中，大型化体现在高性能、大运载量、低油耗的新型飞机不断投入使用。在管道运输中，大型化体现在大口径和超长距离的管道建设。

3. 集装运输

集装运输涵盖集装箱运输和集装化运输，是一种先进的散杂件货物运输方式。适箱货物主要采用集装箱运输，而非适箱货物则使用集装化运输。集装箱运输是利用集装箱这一大型标准化容器进行货物运输。集装化运输也称货捆运输、单元运输或束装运输。它通过使用托盘、集装笼、集装架、集装桶、集装袋等集装器具，或通过捆扎方法，将裸装货物、散粒状货物、小体积的商业包装货物等组合成特定规格的运输单元，以铁路、水路、公路进行输送。这样的运输方式不仅便于装卸、搬运和交付，还能充分利用载运工具，提高其周转率，同时也能确保货物质量，提升运输效率，实现多式联运和门到门运输。

4. 直达化

直达运输是一种具有巨大社会经济效益的货物运输组织方式。它可以加速载运工具周转，加快货物运送，提高港站的作业能力，减少运输资源消耗，降低运输成本，从而创造更大的经济效益。货物直达运输是提高运输效率和效益的有效方法，也是挖掘运输潜力、扩大运输能力、满足运输需要的必要措施。

5. 快速化

快速货物运输是适合于高附加值货物的一种运输方式。铁路货运快速化主要通过开行多种类型的快速货物列车来实现，如快速普通货物列车、快速集装箱列车、快速鲜活货物列车、快速行李包裹列车、快速邮政列车和高速货运列车等。公路快速货运系统专为时效性要求较高的货物服务，该系统基于高等级公路网络以及多层次、网络化的货运站场体系进行货源集散，并使用技术先进、结构合理的运输车辆，借助高效的通信信息技术进行管理，通过科学有效的运输组织，以确保货物和信息能够安全、准确、快速地流动。

6. 物流化

货物运输融入社会物流及其管理领域，成为社会物流系统和供应链系统的重要组成部分，包括货物的运输、仓储、包装、搬运装卸、流通加工、配送等环节。货物运输物流化的重要标志是各类专业化物流园区和综合化物流枢纽的建设与运营。物流园区的运作实践，改善了货物运输条件，减少了不合理运输，提高了货物运输效率，保证了货物运输的安全和质量，也降低了物流成本。综合化物流枢纽已成为国家和地区物资储备和调拨的新型基地、商品市场宏观调控的重要依托以及货物多式联运的中枢节点。

知识扩展 32

高铁货运

2022 年 12 月，《“十四五”现代物流发展规划》出台。其中提到“结合电商、邮政快递等货物的主要流向、流量，完善铁路（高铁）快运线路和网络”“加快推进铁路场站快运服务设施布局和改造升级”以及“建设专业化铁路（高铁）快运物流基地”。

2023 年 7 月 12 日，中国中车研制的 CRH2A 型动车组担当的 DJ881 和 DJ882 次列车，分别从成都双流西站和昆明洛羊镇站双向始发对开，利用整列动车组开展高铁快运批量运输试点工作正式开启。试点期间每天上午开行一对列车，行经沪昆高铁、成贵高铁，全程 1 127 km，全程运行时间 5 h 51 min，沿途站不进行货物装卸作业。经过改造后的动车组 8 节车厢全部用来装载货物，满载货运量超过 70 t、最高可达 80 t，抵得上近 5 架波音 737 全货机的运载量。

据报道，2023 年“双 11”期间，铁路部门充分利用每日清晨开行的 40 列全列无乘客的“高铁确认车”空间装运快件，以及每日利用车厢富余空间及高铁快运柜存放快件的高铁载客动车组 1 350 列以上。自 2023 年 11 月 1 日铁路部门启动“双 11”电商网购高峰期快运服务以来至 2023 年 11 月 11 日，中铁快运累计发送货物 37 073.3 t，同比增长 26%，其中 11 日当天发送货物 3 607.7 t。

相较于客运领域的迅速发展，我国高铁货运领域尽管经历了近 10 年的探索，但仍处于初级阶段，市场份额相对较小，运输能力有限，发展潜力尚未得到充分挖掘。不过，2023 年其迈出了扎实的几步，无论是整列动车组批量运输试点运行，还是首个高铁快运物流基地的投运，相较于以往的探索都属跨越式发展。

（摘自：九州物流网发布的“‘挤上’牌桌的高铁货运，能跑多远?”一文[①]，内容有删减。）

7.2 货物装卸作业组织

7.2.1 货物积载与配载

7.2.1.1 载运工具的积载与配载

积载与配载是货物装载和运送作业的基础，是在货物装载到载运工具之前进行的一项精细、复杂的关键性工作。其目的是确保载运工具和货物的安全，合理利用载运工具，正确组织装卸作业，以便高效优质地完成货物运输任务。

配载是指为具体运班（如车次、航次、航班）选择和安排货物。承运人根据托运人的计划确定载运工具的具体运班所需装运的货物的种类、数量和体积。配载的结果是编制运班装货清单，内容包括卸货港站、装货单号、货物名称、件数、包装、重量、体积及积载因数等；另外，若有特殊货物，还要注明特殊货物的装载要求。

积载是指在配载的基础上，根据装货清单对于货物在载运工具上的配置和堆装方式进

① http://www.wl890.com/zhwuliu/23163.html.

行合理安排,如确定货物在各货舱、各层舱或车辆中的品种、数量和堆码位置以及正确的堆装工艺。积载方案通常采用计划积载图来表示。

计划积载图详细标明了载运工具拟装载的各票货物的信息,包括名称、装货单号、卸货港、包装、件数、重量、体积及货位示意图(对于集装箱则简化为箱号与相应位置)。水路运输中的完整积载图还应包括航次的起始港、中途港和终点港,预计到港和离港时间,装货后船舶的吃水深度及装卸货物的特殊要求等。铁路运输和公路运输中完整的配载单应包括车次的起始站、经停站和终点站,各站货物的数量及其在车上位置的安排情况。民航运输中完整的积载图应包括航班的起始机场、经停站和终点机场,装载前后飞机的重心位置和飞机的载重平衡图以及货物的配置情况等。

配载和积载是两个紧密联系但又有所区别的不同工作阶段。配载是积载的前提和基础,应为积载创造便利条件;积载则是配载的延续和具体实施,以确保配载计划能够顺利完成。

7.2.1.2 货场积载

货场积载系指根据运班(具体到单位载运工具)的积载图(积载计划),按照合理、有效、有序的原则,将需要装载的货物集中堆放在货场的特定位置。如果需要装载的货物票数较多,通常要编制货场积载图,如果需要装载的货物票数很少,则不一定要编制积载图,一般根据经验堆放即可。

货场积载图通常包括以下要素:

(1) 货物位置。图中用符号或标记表示货物的位置,例如方块、圆圈或其他形状,每个符号代表一个货物单元或货物堆。

(2) 堆垛方式。图中显示货物的堆叠方式,如平堆、立体堆、棱角堆等,以展示不同形式的堆放布局。

(3) 区域标识。图中可以划分不同的区域,并用符号或颜色来表示不同的区域,如不同的货物类型、目的地、更衣区等。

(4) 装载顺序。根据装载计划或顺序要求,可以在图中标注货物的装载顺序,以指导装卸人员进行装载操作。

(5) 尺寸和比例。图中通常会维持一定的比例,以展示货物的尺寸和相对位置,从而更准确地反映实际的货场情况。

7.2.1.3 积配载的基本要求

积配载工作必须确保载运工具的安全,保证货物完好,满足载运工具的技术性能,方便装卸,并具备良好的经济效果。积配载工作的总体要求是安全、优质、快速和经济。相关运输人员必须掌握积配载的基本规律,正确分析和解决各种问题,编制出合理的货物积载图以供实际操作使用。

1. 充分利用运输工具的装载能力

载运工具的装载能力是指该载运工具在具体运班中所能承担的货物种类、重量、体积,主要包括载重能力(净载重量,民航运输中为最大业务载重量)、容积能力及其他装载能力

（如装运特殊货物的舱室结构及设备的条件和性能）。充分利用载运工具的装载能力意味着使载运工具的净载重量、货舱容积或车辆装载容积及装运特殊货物的条件得到最大限度的利用，实现满载满容。具体要求如下：

（1）准确确定和使用飞机和车辆的最大承载重量以及船舶的装载水线，以确保载运工具不超载，可以安全运行。

（2）合理确定载运工具的运班储备量，如油料、水、食品等，以确保在运输过程中遇到突发情况时能够应对和维持正常运行。

（3）在水路运输中降低船舶的固定载荷，即减少那些不直接与货物运输相关的重量，这些重量包括但不限于船体结构、机械设备、家具、备件和供应品等。

（4）合理搭配轻重货物，尽量实现满载满容。通过合理搭配轻重货物，可以使货物的重心分布更加平衡，降低载运工具的翻倾风险、减少油耗，并且最大化地利用载运工具的载重能力。

（5）合理确定货物的放置位置，并通过紧密堆装的方式来减少载运工具的空间浪费。合理确定货位是指根据货物的大小、形状和特性，合理安排货物的堆放位置，以便充分利用载运工具的空间。紧密堆装是指在确保货物安全的前提下，尽可能紧密地堆放货物，以减少载运工具的空间浪费，提高装载率。

（6）利用舱面甲板装载适运货物。在水路运输中，舱面甲板通常用于装载不需要入舱的货物，如集装箱、车辆、木材等。利用舱面甲板装载货物可以提高船舶的装载率以及运输能力，同时也便于货物的装卸和保管。

2. 确保载运工具和货物的运输安全

载运工具强度是指车（船、机）体结构在各种负荷（包括水和空气的压力）作用下保持不损坏和不发生重大变形的能力。从积载角度考虑，主要是载运工具的纵向强度和局部强度。货物在货舱或车厢的装载不应使载运工具的纵向强度和局部强度受损，避免载运工具的某个断面产生过大的弯矩，引起过大的变形；防止甲板或舱（车）底板单位面积所承受的实际负荷量超过允许的安全负荷量。货物在配装时，积载图应遵守货物配装限制的相关规定以确保货物安全，避免运输途中发生各种事故，如货物污损、腐蚀、燃烧、爆炸等。

3. 保证载运工具的适度稳性和操纵性

载运工具的稳性和操纵性是非常重要的性能指标。稳性（在民航运输中也称安定性）是指载运工具受外力扰动偏离平衡状态发生倾斜，当外力消除后可不经驾驶员操纵自行恢复至原来平衡状态的能力。对于船舶航行和飞机飞行来说，稳性是非常重要的性能，因为它们需要在各种复杂的气象条件下保持稳定运行。操纵性包括方向稳定性和回转性。方向稳定性是指载运工具保持运行方向不变的能力。回转性是指载运工具改变运行方向的能力。操纵性对于任何一种非轨道运行的运输方式而言都是十分重要的，因为它关系到载运工具运行方向的控制能力。一旦载运工具丧失或降低了操纵性，就无法在既定的线路上正常运行，可能会导致事故。

4. 保持载运工具的合理重心位置

为了确保载运工具的稳定性和安全性，要求载货后载运工具的重心位于纵向中心线上，以保持其横向平衡，不至于发生横向侧翻。除列车、挂车和驳船之外，对于其他载运工具的重心位置还有一些具体的要求，因为重心位置会直接影响到其运行性能。例如，对于船舶来说，重心位置会影响到其在水中的浮力和稳定性；对于飞机来说，重心位置会影响到其在空中的飞行稳定性和操纵性。

5. 保证货物的运输质量

根据运班配载计划的安排，将所有的货物放置在最合理的位置上，以满足中途港站卸货的顺序要求，这也便于装卸作业并缩短载运工具在港站的停留时间。合理安排货物的装载顺序和位置，可避免在中途港站进行卸货作业时因卸货顺序不当导致货物积压和载运工具停留时间过长；同时，还可以减少货物之间的摩擦和碰撞，降低货物的破损率，提高货物的安全性。

知识扩展33

因积载疏忽造成的事故[①]

2022 年 9 月 18 日凌晨，一艘 1984 年建造的集装箱船 B 轮（长 81 m，宽 15 m）在土耳其伊斯肯德伦港的卸货作业中失去了稳性而沉没，船上大量集装箱落入水中。该船在初始装货过程中一切正常，之后，船员发现船舶突然间明显地倾斜，随后，船内迅速涌进了大量海水。船长立刻采取措施，试图让船舶回归正常状态。但是，在经过多次尝试后，船舶的倾斜越来越明显，直至该轮沉没，多数装船集装箱落水。

2018 年 9 月 26 日，散货船 C 轮在平潭屿头岛南面水域载运海砂约 5 000 t 驶往浙江宁波，航经长乐东洛岛东北水域，因大风浪产生的横倾力矩引起舱内货物移位导致船舶发生倾斜、甲板上浪、船体进水，由于完货后未进行平舱，砂堆呈斜坡状，且砂堆与舱壁之间均留有空间，叠加受风、浪、涌影响，倾覆力矩不断加大，引发舱内货物迅速向一侧集聚移位，使船舶倾斜幅度持续加大后造成迅速翻沉，2 名船员失踪。

7.2.2 货物装卸作业

货物装卸是对货物在港站界域内的位移活动的总称，包括将货物从载运工具挪到地面或相反的过程、在不同载运工具间的垂直位移（即狭义的装卸）以及在不同堆放地间的水平位移（俗称捣短或搬运）。装卸工作是指在货物运输过程中，载运工具在起运地装货或在到达地卸货时进行的全部作业的总称。货物装卸是物流中的一个重要环节，其与货物运输密切相关。货物装卸作业的效率在很大程度上影响和制约了工作效率。

7.2.2.1 装卸机载

装卸机械是用来完成船舶与车辆的装卸，场库货物的堆码、拆垛与转运以及舱内、车内作业的起重机械。装卸机械是现代化港站不可缺少的设备。装卸机械的种类很多，通常可

① https://xindemarinenews.com/topic/PSC/2023/0317/46470.html.

分为两类：一类是固定在货位或泊位上为装卸车、船服务的装卸机械和固定在仓库或堆场为进出库服务的装卸机械；另一类是可从事各种作业的流动机械，主要有起重机械、连续输送机械、装卸搬运机械等。

7.2.2.2 装卸工艺

装卸工艺是指在港站进行货物装卸作业的方法，即使用装卸机械和配套工具等物质手段，遵照技术标准和规范，执行一定的操作过程，经济合理地完成货物装卸作业的方法。其主要内容包括操作方法、作业技术标准和规范，以及维护工艺纪律的生产组织程序。

装卸作业的操作方法是指在装卸作业过程中具体实施的操作步骤和技巧。这些方法包括但不限于货物的吊装方法、加固方法、拆码货组方法、水平搬运方法、堆装作业方法等。此外，装卸作业的操作方法还包括如何正确使用机械和工具，以及每个作业环节的具体操作细节，如摘挂钩的动作、指挥手势等。装卸作业技术标准和规范是确保装卸作业顺利进行和提高效率的必要条件，具体包括了货物的堆码标准、装车标准、码舱标准、机械运用规范、工具的使用标准、船舶的配载技术等内容。这些标准和规范对于保证装卸作业的安全、高效和有序进行至关重要，同时也是维护装卸作业现场秩序和工艺纪律的基础。

货物在港站的换装通常有两种形式：直接换装和间接换装。直接换装是指货物从一个载运工具直接换装到另一个载运工具，中间没有经过其他环节，如货物从货船直接换装到火车上，或者从卡车直接换装到集装箱船上。这种换装形式相对简单，减少了中转时间和成本，但可能会受到载运工具的兼容性限制。间接换装是指货物先在港口的仓库或堆场中进行储存，然后再换装到其他载运工具。这种形式的换装不仅增加了额外的操作环节和时间成本，还可能需要进行货物的分类、重新包装或等待合适的载运工具。

在直接换装作业中，货物只需要经过一个操作过程，即直接从一种载运工具换装至另一种载运工具，相对来说操作简单且高效。在间接换装作业中，货物通常需要经过两个以上的操作过程，这不仅会增加人力和物力的消耗，同时也会增加操作风险。在实际操作过程中，选择直接换装还是间接换装取决于多种因素，包括载运工具的可用性、货物性质、装卸效率、港口设施的配置、客户需求等。

7.2.2.3 装卸作业自动化

在广泛采用装卸机械化技术基础上，进而实现装卸作业自动化，是运输企业技术进步的重要体现。装卸是港口生产的中心环节，港口装卸作业自动化是提高港口效能和效率的关键，也是运输业新技术应用的典型代表。集装箱自动化码头的建设与运营起自20世纪90年代，目前已经发展至第四代，以上海洋山港四期自动化码头和青岛港集装箱自动化码头为代表。

全自动化码头的实现离不开先进的码头智能生产管理控制系统（Terminal Operation System，TOS）。该系统的核心是码头作业调度系统，包括岸桥作业调度、场桥作业调度、轨道吊作业调度和自动导引车作业调度。此外，该系统还具备远程控制、智能理货、收发箱、船舶管理、进出场车辆闸口管理，以及商务、单证、操作、计费、大数据分析等功能。通过控制系统的作业计划编制和自动化流程设计，由计算机网络控制各种机械设备，并通过对现场工况的感知和作业进程的反馈，调整设备工况，安全高效地完成码头作业，实现岸边装卸无人化、水平运输无人化、堆码提箱无人化和闸口查验无人化。

全自动化码头可以有效提升作业的安全性和可靠性，降低劳动强度，减少人工成本，也可以大大提高作业效率，是码头的主要发展方向。

知识扩展 34

上海洋山深水港

洋山深水港位于杭州湾口、长江口外的浙江省嵊泗崎岖列岛，由大、小洋山等数十个岛屿组成，是中国首个在海岛建设的港口，也是距离上海最近的深水良港。主港区西北距上海市南汇区芦潮港 30 km，其最西北端的小乌龟岛距芦潮港仅 27.5 km。小洋山与芦潮港间建有双向 6 车道大桥(东海大桥)，大桥全长 32.5 km，是连接上海国际航运中心洋山深水港的交通大动脉，也是全港水、电和通信管线的唯一载体。2023 年，洋山深水港集装箱吞吐量突破 2 500 万 TEU，同比增长 4.6%，在上海港集装箱年吞吐量 4 900 万 TEU 中的占比提升至 51%，创下新的历史纪录。

上海洋山深水港四期码头是全球最大的单体自动化智能码头和全球综合自动化程度最高的码头，是中国经济融入全球经济的重要象征(图 7-1)。上海洋山深水港四期码头总用地面积 223 万 m^2，共建设 7 个集装箱泊位，集装箱码头岸线总长 2 350 m。洋山深水港采用中国自主研发的自动化作业系统，衔接上海港的各大数据信息平台，实现了码头主要业务环节生产调度的自动化。洋山深水港的开港，标志着中国港口行业在运营模式、技术应

图 7-1 洋山深水港四期全自动码头

(图片来源：https://www.gov.cn/xinwen/2022-05/19/content_5691371.htm#6.)

用以及装备制造上实现了里程碑式的跨越升级。

（摘自:《中国交通的可持续发展》白皮书，内容有删减。）

7.2.3 载运工具的载质量利用

载运工具在货物运输中起着至关重要的作用，提高载运工具的使用效率不仅能降低运输成本，还能提高运输效率。载运工具的使用效率主要体现在两个方面，即最大程度地利用载运工具的承载能力和有效容积。

载运工具载质量利用有两方面含义：一方面是要充分利用载运工具的承载能力（即标记载质量），最大限度地利用载运工具的承重能力，确保在安全范围内装载货物；另一方面是要充分利用载运工具的有效容积，确保货物占据整个容积空间，避免出现空载或未充分利用容积的情况。

货物有重质和轻浮之分。重质货物可以装满载运工具的标重，但不一定会充分占据有效容积；而轻浮货物可能会填满容积，但达不到标记载质量。因此，需要根据货物的性质和重量进行分类并合理搭配，以充分利用载运工具的承载能力和容积，避免出现空载或负载不足的情况。

1. 合理调配使用载运工具

合理调配使用载运工具是从运输系统的整体来研究提高载运工具载质量的利用效率。其衡量指标是载运工具的动载重。所以，合理调配使用载运工具必须从以下三个方面来考虑：①提高载运工具的平均静载重；②提高有载动载重；③减少空率。

合理调配使用载运工具，要注意以下两点：①载运工具与货物配合；②载运工具种类流向适合货物。

2. 巧装满载

巧装满载是指通过各种方法和策略来改进装载方法，以提高载运工具的装载量，进而提高运输效率及降低运输成本，主要的方法有以下这些：

（1）改善货物包装及状态。通过机械打包、包装标准化、机械解体等方法，使货物的比重和状态与通用载运工具相适应，从而减少空间浪费，提高装载效率。

（2）轻重配装。根据货物的轻重特性进行合理配装，以充分利用载运工具的承载能力和容积，达到节约吨位的目的。

（3）合理装载货物。根据载运工具的长度、宽度和高度，合理地摆放货物，以充分利用其有效容积，提高装载量。

（4）正确测定货物体积。确保对货物体积进行准确的测量，避免因结果不准确而出现亏吨的情况。

（5）制定装载技术标准。制定适用于不同载运工具和货物的装载技术标准，规范装载操作流程，保证装载效率和安全。

知识扩展35

运筹学中的背包问题

运筹学中的背包问题是一个经典的组合优化问题，旨在给定容量和一组物品的情况下，需要选择一些物品放入容器中，使得总体价值最大化，同时又不超过容器的容量限制。背包问题在实际生活中具有广泛的应用，如货车或背包装载物品数量和重量的决策、投资组合、硬件资源分配等。背包问题可以通过多种算法求解，其中动态规划和贪心算法是解决背包问题的主要方法。

7.3 货物配送作业组织

7.3.1 货物配送与物流

配送是物流中一种特殊的、综合的活动形式，是物流活动在终端环节的具体体现，几乎涵盖了物流的所有功能要素。配送活动通常包括了装卸、包装、保管、运输等内容，最终完成货物的送达任务。而在某些特殊的配送中，可能还包括加工活动，这使得配送的范围和内容变得更加广泛。配送中的运输是实现配送目标的主要手段，因此配送有时会被简单地看作是运输活动的一种。当然，这种简化有助于聚焦配送的核心任务，即如何高效地将货物从配送中心或仓库送至消费者手中。而配送的关键在于如何优化这个过程，确保货物能够被快速、准确、低成本地送达目的地。

从配送的实施形态角度来看，配送的概念可表述如下：按用户订货要求，在配送中心或其他物流结点进行货物配备，并以最合理的方式将货物送交给用户。现代经济中的送货也不同于一般的送货，强调在多货主多车辆送货的复杂情况下，在满足货主对送货时间要求的条件下，使车辆调配、走行路线规划选择以及送货前的配货、配装等合理化和最优化。这是一个多目标综合优化决策问题。

复杂供应链网络让物流运作变得非常复杂。配送中心在现代物流运作中扮演着至关重要的角色，可被看作负责组织配送销售或供应、执行具体物流配送工作的流通节点。为了能更好地准备送货编组，配送中心通常会采取零星集货、批量进货等资源搜集工作以及对货物的分拣、配备工作。因此，配送中心担负着集货中心和分货中心的职能。同时，配送中心还拥有较强的流通加工能力，以实现高效的配送。此外，配送中心需要确保货物能够快速送达目的地。在实际运营中，配送中心可根据需求和功能划分为多种类型，如专业配送中心、柔性配送中心、供应配送中心、销售配送中心、城市配送中心、区域配送中心、储存型配送中心、流通型配送中心和加工配送中心等。不同类型的配送中心适用于不同的物流需求和运营场景，目的是提供更高效和专业的配送服务。

7.3.2 货物配送分类

根据配送的主体和客体、配送的服务形式以及配送的组织形式等可以对货物配送进行分类。按不同服务方式划分的配送类型如下：

（1）定时配送。定时配送是指按规定的时间间隔进行物品配送，每次配送的品种和数量均可按计划执行，也可按事先商定的联络方式下达配送通知，按客户要求的品种、数量和时间进行配送。

（2）定量配送。定量配送是指按规定的批量进行配送，但不要求严格的时间，只是规定在指定的时间范围内配送即可。这种配送方式由于每次配送的品种、数量固定，且备货工作较为简单，不用经常改变配货备货的数量，因此可以按托盘、集装箱及车辆的装载能力来规定配送的定量，既能有效利用托盘、集装箱等集装方式，也可做到整车配送，所以，配送效率较高，成本较低。

（3）定时定量配送。定时定量配送是指按照规定的配送时间和配送数量进行配送，兼有定时、定量两种方式的优点，具有较高的服务质量水平，但组织工作难度很大。这种配送方式由于适合范围有限，因此通常只适合在生产稳定、产品批量较大的客户中推行。

（4）定时定量定路线配送。定时定量定路线配送是在规定的线路上按规定时间表进行物品配送。这种配送方式有利于安排车辆及驾驶员，在配送用户较多的地区，可以减少配送工作组织的难度，适用于消费者集中以及配送数量、品种及时间等都较稳定的地区，如连锁商品配送活动。

（5）即时配送。即时配送是指完全按照客户提出的时间数量方面的配送要求随即进行配送的方式。这种方式使客户可以将安全库存降低为零，以即时配送代替安全库存，实现零库存经营。

（6）准时配送。准时配送是指以需定供，即供方根据需方的要求，按照所要求的品种、规格、质量、数量、时间等将物品配送到指定地点的配送方式。准时配送可以使客户有效安排接货的人力、物力并实现零库存、零废品，也可以避免商品积压、过时变质等情况的发生。

7.3.3 货物配送的一般流程

配送的功能要素包括备货、储存、分拣及配货、配装、配送运输、送达服务和配送加工。

1. 备货

备货是配送的准备工作或基础工作，包括筹集货源、订货或购货集货、进货及有关的质量检查、结算交接等。配送的优势之一就是可以集中用户需求进行一定规模的备货。备货是决定配送成败的初期工作，如果备货成本太高，会大大降低配送的效益。

知识扩展36

运筹学中的运输问题

运输问题是研究把某种商品从若干个产地运至若干个销地而使总运费最小的一类问

题。运输问题也是具有一定模型特征的线性规划问题。运输问题的经典例题包括产销平衡问题、产大于销问题、产小于销问题、弹性需求问题和中间转运问题等。在运筹学中，常用表上作业法来求解最优方案。多中心的备货其实就是一类典型的运输问题。

2. 储存

配送中的储存可分为储备和暂存两种形态。储备是按照一定时期的配送经营要求，形成的对配送资源的保证。这种类型的储备数量较大、储备结构较完善。暂存是在具体执行配送时，根据分拣配货要求，在理货场所进行的少量储存准备。暂存数量只会对工作的便利性产生影响，而不会影响储存总效益。此外，还有一种形式的暂存是在分拣配货后形成的对发送货物进行的暂存，其主要目的是调节配货与送货的节奏，暂存时间通常不会很长。

3. 分拣及配货

分拣和配货在配送中起着至关重要的作用。它们是完善了送货过程、支持送货的一项准备性工作。这也是配送企业在送货时进行竞争和提高自身经济效益的必要延伸。分拣和配货的存在使得送货服务水平得到了大幅提升。

4. 配装

当单个用户的配送量无法充分利用车辆的有效载运负荷时，就需要进行配装，即集中不同用户的配送货物进行搭配装载，以最大程度地利用运能和运力。与一般送货相比，配装可以显著地提高送货水平并降低送货成本，因此在现代配送系统中配装扮演着重要的角色。配装是现代配送与传统送货的重要区别之处，体现出配送系统的现代化特征。

5. 配送运输

配送运输属于末端运输、支线运输。与一般运输形式相比，配送运输的特点在于距离较短、规模较小、额度较高，通常使用汽车进行运输。与干线运输相比，配送运输的路线选择是个难点，主要原因是配送用户多、城市交通路线较为复杂。因此，如何组合成最佳路线，并将配装和路线优化很好地进行搭配，成为配送运输中的一大难点。

知识扩展37

运筹学中的旅行商问题

运筹学中的旅行商问题(Traveling Salesman Problem，TSP)又叫货郎担问题，它是一个经典的组合优化问题。经典的TSP可以描述为：一个商品推销员要去若干个城市推销商品，该推销员从一个城市出发，需要经过所有城市后，回到出发地，应如何选择行进路线，以使总的行程最短。从图论的角度来看，该问题实质是在一个带权完全无向图中，找一个权值最小的哈密顿(Hamilton)回路。由于该问题的可行解是所有顶点的全排列，随着顶点数的增加，会产生组合爆炸，它是一个NP完全问题。由于其在交通运输、电路板线路设计以及物流配送等领域内有着广泛的应用，国内外学者对其进行了大量研究。早期的研究者使用精确算法求解该问题，常用的方法包括分支定界法、线性规划法、动态规划法等。但是，随着问题规模的不断增大，精确算法变得无能为力。因此，在后来的研究中，国内外学者重点使用近似算法或启发式算法，具体主要有遗传算法、模拟退火法、蚁群算法、禁忌搜索算法、贪婪算法和神经网络算法等。

6. 送达服务

将货物成功送达用户并不是配送工作的完结，在送货和用户接收货物的过程中经常会出现不协调，这可能会导致货物移交失败。因此，为了确保运达货物的成功移交，并且能顺利完成相关手续和结算，应注意卸货地点和卸货方式。

7. 配送加工

在配送过程中，虽然配送加工这一功能要素不具有普遍性，但它能显著提升用户满意度，因此，它是具有重要作用的一个功能要素。配送加工是流通加工的一种，但与通常的流通加工又有所不同，更多地依赖于用户需求，且加工目的单一。

货物配送的一般流程是比较规范的，如图 7-2 所示，但也不是所有的配送都是如此，不同产品的配送可能有其特殊之处，例如燃料油配送就不存在配货、分放、配装工序；水泥及木材配送则又多出了一些流通加工的过程，而流通加工可能会在不同环节出现。

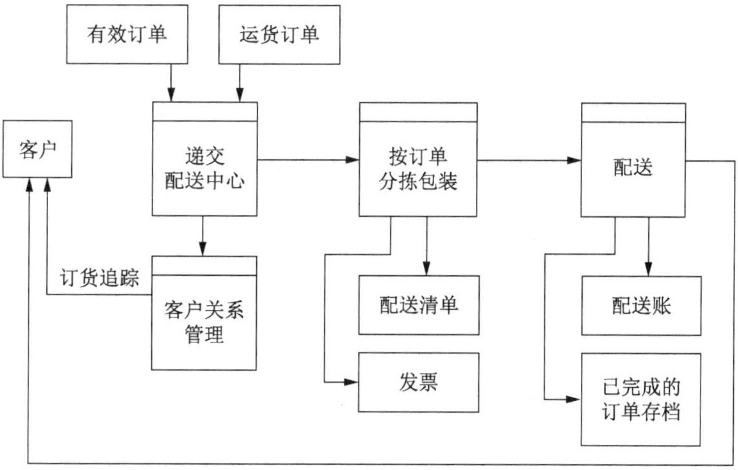

图 7-2　货物配送的一般流程

7.4 港站与枢纽货物运输组织

货运网中货物集散、中转，货物换装以及交通工具进行技术作业的专门地点被统称为货运港站。货运港站是货物运输生产的基地，是联系货物运输部门与用户，也是服务于社会及国民经济的纽带。为了更加有效地利用港站的技术设备，提高设备能力的利用率和作业效率，减少不必要的转移和等待，使运输更加顺畅有序，便于生产组织与管理，就需要根据货物运输作业的特点，并结合设备的性能与功能，对技术设备进行合理的分工安排。

7.4.1 铁路货运站作业组织

7.4.1.1 货运站货运作业流程

铁路货运站办理的货运作业包括整车、零担和集装箱三种。以整车运输为例，其全过程如下：发送作业(包括托运、受理、收费、进货检查、货物保管、装车、制票、递送票据等)、途中车站作业(包括货运检查交接、换装整理、运输交更等)、货物到达货运站的到达作业(包括接收重车和票据、卸车、货物保管和发出到货通知、交付、搬出货物等)，如图 7-3 所示。

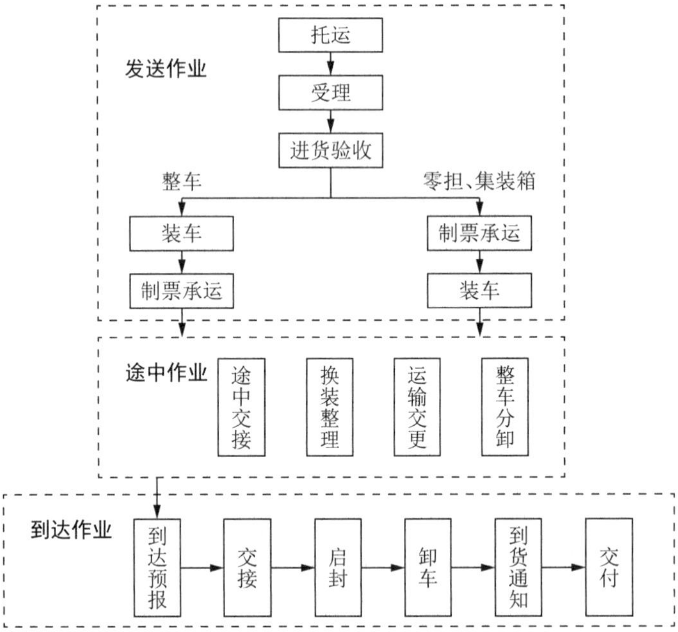

图 7-3 铁路货运站基本作业流程图

知识扩展38

上海铁路货运枢纽的变化

上海铁路枢纽现有货运办理站 19 个，其中有货场的货运站 12 个。这些货运站主要沿着京沪、沪杭引入线及其延伸线分布，大部分货运站都位于上海市区的西部及北部地区。自 2013 年起，上海铁路枢纽的货运量一直呈下降趋势，2017 年较 2013 年到达量下降了近 50%，发送量下降了近 30%。同时，上海铁路货运量占社会总货运量的比重不超过 1%，且持续下降。各货运站能力利用率低，同时，铁路货运量结构正在发生改变。因此，铁路货运站需根据货运需求结构的变化进行相应的布局和功能的调整，以适应物流体系的发展趋势。

7.4.1.2 货运站货运作业组织

铁路货场是车站进行货运作业的场所，也是车站的一个生产车间。货场管理是铁路货物运输生产管理中至关重要的一环，旨在经济合理地利用货场设备，高效地组织货运作业，提高作业能力和运输效率，确保按时完成国家规定的货物运输任务，并保证货物的质量完好、数量准确。

货运作业方案中对各项作业都有完成时间要求。为了确保作业能准时完成，需要对取送车作业设定一个时间限制，但允许有一定的弹性调整，比如前后不超过半小时。因此，货场工作人员需要对整个车站的工作进行统筹安排，加强计划的制订和执行。为了能安排定时取送车，就要了解车流到达的规律，从而使装卸作业能够均衡地进行，并满足车辆的出发需求，保持整个作业流程的顺畅，但需注意避免出现调机过度繁忙的情况。

7.4.1.3 技术站货物运输组织

除办理货运作业的港站之外，还有专门办理载运工具技术作业（如动力接驳能源补给、载运工具的中转拆分组合和技术检查等）的技术站。以铁路系统从事列车和车辆技术作业的技术站为典型代表，在技术站办理的货物列车主要包括无改编中转列车、部分改编中转列车、到达解体列车和自编始发列车。在技术站办理的货车主要包括有调中转车、无调中转车和货物作业车（或称本站作业车）。技术站对各种车流要分别办理不同的技术作业，如同工厂生产产品一样，要按照一定的程序进行，这就是车站技术作业过程。由于铁路技术站的车场配置不同，办理的列车和车流性质各异，因此，列车和车流在站的技术作业过程与相应的走行径路（流线）也不相同。铁路技术站应根据设备的特点，按照《铁路技术管理规程》《铁路行车组织规则》、列车编组计划和列车运行图的规定，合理运用各种技术设备，总结和推广先进的工作方法，组织预先作业、平行作业和紧密作业，并在《车站行车工作细则》中加以规定。

7.4.2 公路货运站作业组织

公路货运站是公路运输办理货运业务、仓储保管、车辆保养修理以及为用户提供相关服务的场所，也是公路货物运输的生产与技术基地。其中，设在多条运输干线交会处或多种运输方式衔接地，能够共同办理多种运输业务，可为客户提供综合性运输服务的场所被称为运输枢纽。场站承担货物集散、中转换装、车辆运行组织、后勤保障和综合服务等功能，在公路运输系统中发挥着基地、桥梁、纽带的作用。

公路货运站有零担货运站、集装箱货运站和中转站等。以公路零担货运站为例，它集零担货物的收集、整理、仓储、编组、装运、中转、分发、交付等环节于一体，实现零担货物运输各个环节间的衔接与贯通。

7.4.3 港口货运作业组织

港口是各种运输方式的集合点，是运输枢纽，在货物多式联运中扮演着重要角色。一些发达国家不仅注重港口基础设施和海运船队的发展，还重视配套建设，确保海运船队、专用码头、内陆集疏运网络间可以相互匹配，以便形成完善的多式联运综合运输系统。资料统计显示，港口换装、堆放和保管的费用占总运输费用的1/3以上。港口枢纽是以货物多式联运为主要功能，围绕货物装换、堆存保管和运送作业，将码头泊位、装卸作业区、货物（或集装箱）堆场、仓储库区以及相关辅助设施连片布局。衔接公路或铁路线路及场站的面状枢纽是港口城市的物流基地和内外联系的重要功能区域。

在生产过程中，为了获得最佳的经济效益，生产过程的组织必须保证生产过程符合连续性、协调性、均衡性和经济性原则。船舶在港作业的全过程包括联检（对外轮）、引船入港、靠泊、卸货、移泊、装货、各种辅助作业及各种技术作业、燃料供应、办理货运文件、办理离港手续、引船出港等。

7.4.4 航空货运站作业组织

航空货运是一种快捷的现代运输方式。它具有速度快、超越地理限制、运价高、货物的广泛性（普通货物、邮件、鲜花、贵重物品）以及运输的方向性（来回程运量有差异，通常是经济发达和开放程度高的地区货运量大）等特点。

航空货物运输生产的核心任务在于确保承运人根据货运单上记载的发运日期和具体航班要求，合理组织运输资源和运输能力，以便将货物安全、及时地运送至指定目的地。这一过程不仅涉及运力组织，还包括服务质量保证及多个环节的协同工作，以确保货物运输的效率和可靠性。

7.4.5 枢纽货运换装作业组织

交通枢纽是路网各大通道或线路的交叉点，也是客流、物流和车流的集散中心。它不仅保证了路网畅通、实施着运输宏观调控，还是各种运输方式相互联系、相互配合的重要环节，更是支持所在地区经济和社会发展的重要基础设施。

换装作业是指将货物从一种载运工具上卸下后转装到另一种载运工具上的作业过程。枢纽的换装能力通常是货物多式联运系统的瓶颈。如何提高枢纽换装作业的效率，是货物多式联运研究的重点问题。《国家综合立体交通网规划纲要》提出，到2035年，国家综合立体交通网设施利用率更加高效，多式联运占比、换装效率显著提升；多式联运换装1 h完成率达到90%以上。由此可见，枢纽换装组织在综合立体交通网络中发挥了重要作用。

7.5 特种货物运输组织

根据货物自身性质及运输条件的不同，货物可分为普通货物和按特殊条件办理的货物。其中，按特殊条件办理的货物是指货物本身性质特殊，在运输、装卸、保管中需采取特殊措施的货物，一般包括阔大货物、危险货物和鲜活货物，这类货物又统称为特种货物。随着经济的发展和人们生活水平的提高，特种货物运输需求逐年增长。铁路运输因其安全性好、运输能力大、运输成本低的特点，承担了很大一部分特种货物的运输任务。特种货物在运输过程中对装运车辆、装载方法或储存条件、运输组织方法等有着不同于普通货物的特殊要求。本节以铁路和公路为例介绍特种货物的运输组织。

7.5.1 阔大货物运输

阔大货物也称大件货物或超限货物，是指在尺寸或重量上超出一般载运工具标准限制的货物。阔大货物是超长货物、集重货物、超限货物、超重货物的总称，具有长、大、重的特点。阔大货物多属国民经济发展需要的大型设备，主要包括各种类型的汽车、拖拉机、农业机械、重型车床、大型锅炉、大型变压器、水电站设备、化工厂及炼油厂设备、国防建设的大型设备、大型钢梁、钢管以及 25 m 以上的钢轨和水泥预应力梁等产品。

阔大货物外形复杂、体积庞大、价格昂贵，对运送条件要求高，不仅在车辆使用上要严格挑选，而且必须按照阔大货物装载的基本技术条件来确定货物装载方案，以保证运行安全和货物安全。

以铁路为例，铁路阔大货物运输是指运用铁路来搬运尺寸或重量超过一般铁路设施或运输标准规格的货物。由于阔大货物的特殊性，其运输通常需要定制化的解决方案和额外的安全措施。

阔大货物一般使用平车装运。铁路平车按其结构及车体外形可分为普通平车和长大货物车两类。部分阔大货物也可使用敞车装运。敞车从其基本结构来看，与普通平车相似，但集中承载能力远不如平车大。普通平车的车体为一平板，由钢质底架上铺地板构成。为了提高通用性，有些普通平车加装了活动的端板和侧板，竖起时可以装载矿石、石砟等比重较大的散堆装货物。普通平车属于底架承载结构，车底架承受其自身及所装货物的全部重量，并传递给车辆转向架，车底架同时可承受车钩的纵向作用力。

长大货物车主要用于装运普通平车无法装运的长大笨重货物。根据车体结构的不同，我国现有的长大货物车可分为凹底平车、落下孔车、长大平车、钳夹式两节平车和双支承平车五种。

货物装载因受到车辆的技术规格、铁路限界和运行条件等因素的影响，要求必须对装在货车上的货物在重量、高度、宽度、长度和重心位置等方面加以限制，以确保货物、车辆的完整和列车运行的安全，同时，经济合理地利用货车的载重力。

知识扩展39

铁路超级超限运输　力保国家重点工程

2020 年 3 月 15 日清晨，一列装载着 6 台特殊大型设备的专列，缓缓驶进云南省楚雄州的大德站。这是铁路部门为保障"西电东送"重点输电工程关键项目——昆北换流站建设急需的大型变压器运输，而专门开行的 70002 次超限货物运输专列。

70002 次货运专列 3 月 12 日从广西钦州港站出发，途经广西、云南两省区，抵达大德火车站，运行距离 1 054 km。专列装载的变压器最大单台重量 321 t，宽度超过 4 m，属于超级超限货物。铁路部门专门安排了特种货车装载运输，每辆货车长达 60 m，车轮数量达 48 个。

铁路运输的超限货物是指货物的高、宽等外部尺寸超出铁路机车的车辆限界，超级超限属于超限的最大程度。为此，铁路部门专门核查调整了沿线隧道、站台等设施设备的限界，优化了沿途车站的通行方案，同时按照疫情防控要求，优化作业组织，减少人员聚集，做好健康卫生防护。

（摘自：央视网，2020 年 03 月 16 日[①]，内容有删减。）

7.5.2 危险货物运输

危险品是指在生产、储存、运输、使用或处理过程中可能对人体健康、安全或环境造成危害的物品或物质。联合国关于危险货物运输的建议书中将危险品分为 9 大类，这种分类在全球危险品规则中被广泛采用。

（1）爆炸品：指易于爆炸的物质，可以分为爆炸品物质和物品两类。

（2）气体：包括可压缩气体和液化气体，如可燃气体、非可燃气体和毒性气体。

（3）易燃液体：液态状态下易燃烧的物质，包括汽油、染料、溶剂等。

（4）易燃固体：易燃燃烧的固体物质，包括可燃固体和自反应物质。

（5）氧化剂和有机过氧化物：可引发或助长燃烧反应的物质。

（6）有毒和感染性物质：如毒药、农药、重金属等。

（7）放射性物质：具有放射性特性的物质，如铀、钚等。

（8）腐蚀性物质：具有腐蚀性质的物质，如酸、碱等。

（9）杂项危险物质和物品：包括一些有特殊需求的危险品，如电池、磁体、航空器油等。

此外，各国和各类运输（如海运、航空、道路等）监管机构也制定了自己的规定和指南，以具体界定危险品的定义及其分类、包装、标识、运输、存储和处理等方面的要求。

以铁路为例，《铁路危险货物运输管理规则》规定，在铁路运输中，凡具有爆炸、易燃、毒害、感染、腐蚀、放射性等特性，在运输、装卸和储存保管过程中，容易造成人身伤亡和财产毁损而需要特别防护的货物，均属危险货物。危险品必须按照规定的方式进行管理和控制，遵守相应的法律法规，以预防或减小风险和潜在的伤害。

铁路要求从业人员严格执行《中华人民共和国安全生产法》《危险化学品安全管理条例》等一系列法律、法规，并且明确提出了“安全第一、以人为本、依法行政、预防为主”的安全管理方针。危险货物在运输过程中容易发生爆炸、燃烧，毒害、感染、腐蚀、放射性等事故，由于它们性质不尽相同，发生事故的原因和后果也不一样。有的货物能燃烧或爆炸，有的货物虽不能燃烧，但具有腐蚀性和毒害性，有的货物还同时具有两种甚至更多的危险性。为了对性质相近的货物确定相应的运输条件，以保证运输安全和提高运输效率，在铁路运

① https://news.cctv.com/2020/03/16/ARTIoPUOH8uvYsXB3KzjHztC200316.shtml.

输中，把危险货物划分为9个大类，每类又分成了若干项并规定了相应的危险性级别。

公路危险货物运输同样涉及一系列复杂的程序和规定，如从事营业性道路危险货物运输的单位，必须具有10辆以上专用车辆的经营规模，5年以上从事运输经营的管理经验，配有相应的专业技术管理人员，并已建立健全安全操作规程、岗位责任制、车辆设备保养维修和安全质量教育等规章制度。凡装运危险货物的车辆，必须按国家标准《道路运输危险货物车辆标志》(GB 13392—2005)悬挂规定的标志和标志灯；同时，根据所装危险货物的性质，配备相应的消防器材和捆扎、防水、防散失等用具等。

7.5.3 鲜活货物运输

鲜活货物通常指的是那些需要在运输和储存过程中保持新鲜度的物品，包括农产品、花卉植物、医药产品、活体动物。它们往往具有易腐性、活性或其他特殊的保存要求。总体而言，鲜活货物可分为易腐货物和活动物两大类。

易腐货物是指若按照一般条件保管和运输则极易受到外界条件的影响而损害其品质的货物，或在运输过程中需按特殊条件办理的一类货物，主要包括肉、鱼、蛋、奶、鲜水果、鲜蔬菜冰、鲜活植物等，其主要特点是易于腐烂变质、病残死亡。易腐货物由有机物、矿物质和水等化学成分组成，有机物主要包括蛋白质、脂肪、糖类、维生素及酶、有机酸，而矿物质主要包括钙、磷、铁、镁、钠、碘等。各种易腐货物的组成成分以及各成分在易腐货物体内的分布特性有很大的差别，因而不同易腐货物的性质存在很大的差异。易腐货物是各种组成成分以不同的分散度综合而成的复合体，具有胶体和真溶液所固有的复合体性质。例如，果蔬类易腐货物的肉质部分是由细胞组成的类似海绵的结构，其中散布有各种糖类的水溶液，有形成胶体的体系、高分子体系和以真溶液形式存在的细分散体系。易腐货物的物理性质主要包括易腐货物的比热容、传热系数、冻结温度和密度。这些性质对易腐货物的加工、储存和运输都有重要的影响。易腐货物在运输和储存时对环境条件(如温度、湿度、通风等)有着严格的要求。这对于防止微生物生长和化学变质是至关重要的。

活动物是指在运输过程中仍保持其活性的各类动物，包括家禽和家畜(如鸡、鸭、猪和牛等)、宠物(如猫、狗等)、动物园里的各类动物(如动物园运输的各种哺乳动物、鸟类和爬行动物)、水族业的活鱼和其他水生动物、蜜蜂等用于农业的昆虫。

运输活动物时，需要考虑动物的生存需求和福利，如适当的空间、舒适的环境以及足够的食物和水等。特别是跨境运输活动物，需要严格遵守国际法规和标准，确保动物的福利不受侵犯。

以铁路为例，铁路鲜活货物运输设备主要包括运输鲜活货物的车辆、集装箱以及其他为鲜活货物运输而服务的相关设备。其中，车辆有加冰冷藏车、机械冷藏车、冷板冷藏车、隔热车、冷藏车、家畜车、活鱼车等；集装箱有冷板冷藏箱、夹套冷藏集装箱、气调冷藏集装箱等。活动物运输的最大特点是运输过程中要进行饲养、饮水、换水、洒水、看护等工作，必须做到“养运结合”，以确保活动物的安全。

7.6 集装箱运输组织

7.6.1 集装箱运输概述

顾名思义，集装箱运输是以集装箱这一特定的货运单元为载体，将货物集合组装成集装单元，以便在现代流通领域内运用大型装卸机械和大型载运工具进行装卸、搬运作业和完成运输任务的一种新型、高效率和高效益的运输方式，其主要特点如下：

(1) 标准化。集装箱的尺寸和规格通常遵循 ISO 标准[①]，以便在不同载运工具间进行转运，这有助于减少装卸操作的复杂性和成本。

(2) 密集性。集装箱可以通过堆放和堆积的方式进行运输，这有效地利用了载运工具的空间，提高了货物的装载率，从而节约了运输成本。

(3) 高效率。集装箱装卸效率高，可以通过机械设备快速地进行装卸作业，从而节约了时间和人力资源。此外，集装箱可以直接装在载运工具上，避免了货物中转和分拨的过程，提高了载运工具的利用率，加快了货物的流转速度。

(4) 高质量。集装箱作为固定的运输单元，具有密封性能，能够保护货物免受外界环境的影响。同时，集装箱的多式联运可以实现整个运输过程中较少的转运和中转，从而避免了货物丢失、损坏或拆包的风险。

(5) 低人力成本。相较于传统的散装货物运输，集装箱运输在装卸和搬运环节上需要更少的人力投入。集装箱的机械化操作和标准化流程减少了人力成本，提高了工作效率。

7.6.2 铁路集装箱运输

我国铁路集装箱运输始于 20 世纪 50 年代，在经历了起步、徘徊、调整阶段后，自 20 世纪 90 年代开始，进入快速发展阶段。近年来，我国铁路在集装箱运输装备发展、网络布局优化、技术创新、运输组织变革等方面取得了令人瞩目的成就。在货运业务中，集装箱运输一直作为重点开拓、大力发展的工作重心。

铁路集装箱运输计划的实质是将适箱货流组织成箱流，将箱流组织成车流，以保证均衡运输。集装箱运输方案可以协调铁路内外的关系，使产、供、运、销各个环节紧密衔接，从而更好地为客户服务。

铁路集装箱发送量呈逐年上升趋势，虽远不及港口集装箱吞吐量和公路集装箱发送量，但铁路集装箱运输作为一种安全、便捷的运输方式正在被广大货主所接受。

① ISO 标准是由国际标准化组织(International Organization for Standardization，IOS)制定的，旨在促进商品和服务的国际交换，以及在智力、科学、技术和经济领域开展合作。

思政链接9

中欧班列跑出互利共赢"加速度"

在陕西西安国际港站内，一列列中欧班列往来穿梭。搭乘中欧班列，来自中亚的小麦、蜂蜜等优质农产品进入国内市场，新能源汽车、光伏组件等"中国制造"走向海外。奔驰不息、联通万里的"钢铁驼队"，助力不靠海、不沿边的三秦大地，站上了我国向西开放的前沿。

中欧班列开创了亚欧国际运输新格局，搭建了沿线经贸合作新平台，有力保障了国际产业链供应链稳定，为世界经济发展注入新动力。目前，中欧班列已通达欧洲25个国家217个城市。数据显示，2023年1—11月，中欧班列累计开行16 145列，发送货物174.9万TEU，同比分别增长7%、19%，综合重箱率100%，货物运量已超2022年总运量。不断上扬的数字，凸显了我国外贸稳中向好发展态势，折射了高水平对外开放不断迈出新步伐。

中欧班列服务品质持续提升，离不开我国推进高水平制度型开放的不懈努力。比如，在江苏，中欧(亚)班列全面应用铁路"快速通关"模式，铁路进出口货物转关运输效率和便利化水平得以提高，单趟班列缩短运行时间2～3天，企业申报成本降低约20%。提高沿线通关便利化水平，不断优化口岸营商环境，持续完善国际运输规则……稳步扩大规则、规制、管理、标准等制度型开放，中欧班列将进一步提升亚欧大陆互联互通水平，跑出互利共赢"加速度"。

(摘自：《人民日报》2024年1月4日第005版，内容有删减。)

7.6.3 公路集装箱运输

现代国际标准中集装箱的外形和尺寸基本与卡车车厢类似，甚至在现代物流过程中使用的ISO标准的托盘尺寸也是脱胎于对卡车车厢内尺寸的"整数分割"。集装箱运输与公路卡车运输有着密切的联系。

公路集装箱运输是一种"门到门"运输，这是集装箱运输的突出特征，也是其优越性所在。公路运输以其机动灵活、快速直达的优势，成为集装箱运输中的重要环节。同时，其可自成为一个独立的集装箱运输系统，为货主提供运输服务。公路运输以其机动灵活、快速直达的优势，在集装箱运输与多式联运中成为重要的环节。所以，公路集装箱运输在集装箱内陆运输系统和海陆联运中都占据着重要的地位。

从事公路集装箱运输的主要是各类集装箱卡车运输公司。集装箱卡车运输公司的车辆配备数与运力是固定的，但运输市场对集装箱卡车的需求在数量、流向、时间、地域上是不均衡的，这是公路集装箱运输在货源组织方面最突出的特点，也是该过程中最大的矛盾。总的来说，在集装箱运输大系统中，普遍存在运力与需求之间的不平衡，但相对于铁路、水路的集装箱运输子系统来说，公路集装箱运输中需求的波动与供需矛盾更为突出。

7.6.4 水路集装箱运输

水路集装箱运输以海上国际集装箱运输为主，也包括内河集装箱运输。

海上国际集装箱运输多为班轮运输。国际集装箱班轮运输是指集装箱船舶按照预先公布的船期表和相对固定的费率，在固定的国际航线上以既定的挂靠港口顺序运输集装箱的一种经营方式，分为定线定期集装箱班轮运输和定线不定期集装箱班轮运输。定线定期集装箱班轮又称核心班轮，集装箱船舶在航行过程中严格按照预先公布的船期表运行，到离港口的时间基本固定不变；定线不定期集装箱班轮运输中没有事先制定的船期表，也没有固定的航线和挂靠港，而是追随货源，按照货主对运输的要求安排船舶就航的航线、组织货物运输并根据租船市场的行情确定运价或租金水平的经营方式。

内河集装箱运输是指在内陆水路上进行的集装箱运输，通常是用于连接内陆地区和沿海港口的货物运输。内河集装箱运输与海上国际集装箱运输有所不同，采用吨位较小的集装箱船舶，以适应内河的特殊环境和水深限制。内河集装箱港口的设施通常规模较小，操作流程较为简化。

集装箱码头是集装箱运输的枢纽，是各种运输方式相互衔接的换装点和集散地。集装箱码头生产管理系统包括以下 4 个关键子系统：集装箱装卸及堆存系统、集疏运系统、联检作业系统和管理信息系统。这些系统的协调运作有助于确保集装箱的高效装卸、运输和管理。

以海上国际集装箱运输为例，其货运流程如图 7-4 所示。

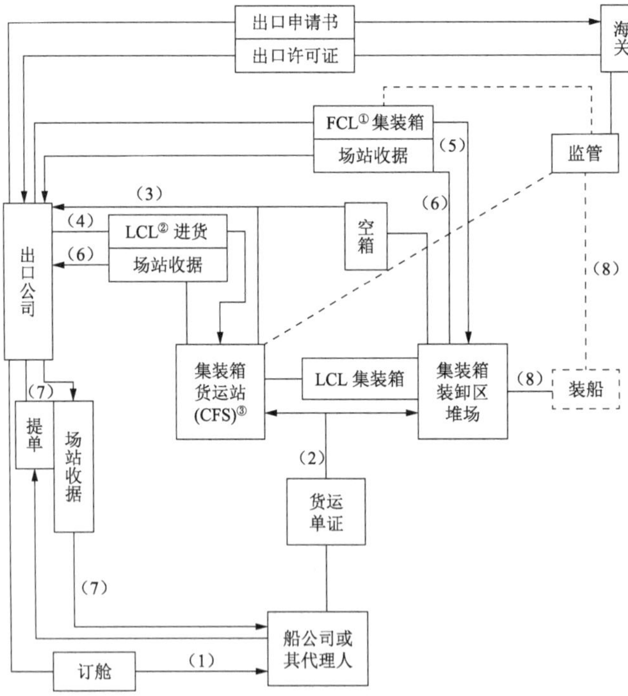

图 7-4 海上国际集装箱运输流程

① FCL：Full Container Load，整箱货，指一个柜子的货都是一个客户的。

② LCL：Less than Container Load，拼箱货，指把多个客户的货装在同一个柜子里。

③ CFS：Container Freight Station，集装箱货运站。

(1) 订舱或托运。托运人应在船舶到港前的规定时间内提出订舱要求,向船公司或其代理人订舱,接受订舱的船公司或其揽货代理人根据货主提供的有关资料编制订舱单。

(2) 分送货运单证。根据所有订舱单资料,船公司编制详细的订舱清单。再分别送集装箱装卸作业区和货运站,安排空箱出借或办理货物交接。

(3) 整箱货提空箱。出口公司(发货人)凭订舱单或托运单去船公司指定的集装箱装卸区堆场提取空箱,发货人和堆场负责人共同填制集装箱设备交接单(出场)。

(4) 拼箱货装箱。发货人将不足一整箱的货物交给集装箱货运站,由货运站根据订舱清单的资料,核对场站收据箱。

(5) 整箱货交接。由发货人自行负责装箱并将加海关封志的整箱货运至集装箱装卸区堆场,堆场根据订舱清单核对场站收据及装箱单,验收货物。

(6) 集装箱交接签证。集装箱装卸区堆场验收货物和集装箱后,在场站收据上签字并将签收的场站收据交还出口公司(发货人),出口公司(发货人)可凭此换取提单。

(7) 换取提单。出口公司(发货人)凭经签署的场站收据,向负责集装箱运输的人或其代理人换取提单,然后去银行结汇。

(8) 装船。集装箱码头根据待装船的货箱情况制订装船计划,在船舶到港前,处于海关监管之下,将待装船集装箱移至前方堆场,待船舶停泊后完成装船作业。

7.6.5 航空集装箱运输

随着航空运输的发展,航空公司货物运输也开始逐步采用集装箱运输方式。航空集装箱运输始于 20 世纪 30 年代的航空托盘,但真正的航空集装箱运输是在 20 世纪 70 年代波音 747 这样的大型宽体运输机问世后才开始的。随后,航空集装箱在航空领域的应用逐渐增多。航空集装箱的使用有助于缩短航空公司飞机在各个站点的货物装卸时间,同时也降低了人工操作成本和库区拥挤,缩短了货物滞留时间,简化了地面处理,减少了货物损坏的风险。但受到飞机负荷、运输成本和联运组织等因素的限制,航空集装箱运输目前仍处于相对小规模的状态。

7.7 货物多式联运运输组织

7.7.1 货物多式联运概述

多式联运是指两种及两种以上的运输方式参与的联合运输组织形式,在运输条件、运送条件、换装作业、费用清算和事故理赔方面,须有各方均能适用的规章制度。按联合运输的地域范围划分,可分为国内多式联运和国际多式联运两种。

根据《联合国国际货物多式联运公约》,国际货物多式联运是指按照多式联运合同,以至少两种不同的运输方式,由多式联运经营人将货物从一国境内接管货物的地点运至另一国境内指定交付货物的地点的运输。国际多式联运的主要特点是：由多式联运经营人与托运人签订一份运输合同，统一组织全程运输，实行运输全程一次托运、一单到底、一次收费、统一理赔和全程负责。多式联运是一种以方便托运人和货主为目的的先进的货物运输组织形式。国际多式联运是在集装箱运输的基础上发展起来的新型运输方式，一般以集装箱为媒介，把海上运输、铁路运输、公路运输、航空运输和内河运输等传统的单一方式运输有机地结合起来，成为一体，构成一个连贯的过程来完成国与国之间的运输。

多式联运是货物运输的一种较高级的组织形式，它集中了各种运输方式的特点，扬长避短，融会一体，组成连贯运输，达到简化货运环节、加速货运周转、减少货损货差、降低运输成本、实现合理运输的目的，它与传统的单一运输方式相比，具有无可比拟的优越性。

知识扩展40

西部陆海新通道铁海联运"一单制"创新

中国（重庆）自由贸易试验区依托西部陆海新通道物流和运营组织中心，通过铁路集装箱班列衔接全球海运网络，建立"一次委托""一次保险""一单到底""一次结算"的全程"一单制"服务模式，提升多式联运一体化服务水平。"一单制"解决了联运标准规则不健全、铁路和海运两种运输方式协同衔接不畅通和价格高的问题，同时丰富了企业融资方式，优化了企业物流成本。

（摘自：重庆市商务委员会官网，2020年8月17日①，内容有删减。）

7.7.2 货物多式联运特点

货物多式联运是综合运输思想在运输组织领域的体现，是综合性的运输组织工作。这种综合组织是指在一个完整的货物运输过程中，不同运输企业、不同运输区段、不同运输方式和不同运输环节之间衔接和协调组织，其内容主要包括以下几个方面。

（1）不同运输方式的衔接。在货物的全程运输过程中，通过将两种或两种以上的载运工具（方式）进行衔接，以实现货物从起始地到目的地的连续运输。这种衔接可以是不同运输企业、不同运输区段之间的衔接。

（2）同一运输方式的衔接。在货物的全程运输中，同一种载运工具进行两程或两程以上的运输，需要进行衔接。例如，在长途公路运输中，可能需要在中途换乘不同的运输车辆。

（3）多家经营和多种运输方式的联合经营。在货物的全程运输中，可能涉及多家经营和多种运输方式的联合经营。例如，通过铁路、公路、航空等多种运输方式的组合，实现货物的快速运输和灵活调配。

（4）货物生产、供应、运输、销售企业的协作组织。在货物的全程运输中，涉及货物的生产、供应、运输和销售企业之间的协作组织，包括货物的协调配送、运输合同的订立、货物交

① https://sww.cq.gov.cn/zymyq/cxcg/cxjy/202008/t20200814_7784477.html.

接手续的办理等。

总的来说，联运行业属于运输行业。它不是一种新的运输方式，而是一种新的运输组织形式，是在货物多次中转连续运输的全程运输过程中，在不同运输区段、不同运输方式的结合部（中转、换装地点）发挥纽带、贯通和衔接作用。联合运输的运输组织工作，除上述衔接性工作以外，还包括把原来由货主自己（或委托代理人）订立运输合同、办理货物交接和办理所需要的手续及各种运输服务事宜，转变为由联运企业或联运管理机构统一组织办理。在联合运输组织业务中，联程是核心，衔接与协作是关键。

知识扩展41

《交通强国建设纲要》中的"公转铁"建设要求

《交通强国建设纲要》明确指出："优化运输结构，加快推进港口集疏运铁路、物流园区及大型工矿企业铁路专用线等'公转铁'重点项目建设，推进大宗货物及中长距离货物运输向铁路和水运有序转移。推动铁水、公铁、公水、空陆等联运发展，推广跨方式快速换装转运标准化设施设备，形成统一的多式联运标准和规则。发挥公路货运'门到门'优势。完善航空物流网络，提升航空货运效率。推进电商物流、冷链物流、大件运输、危险品物流等专业化物流发展，促进城际干线运输和城市末端配送有机衔接，鼓励发展集约化配送模式。综合利用多种资源，完善农村配送网络，促进城乡双向流通。落实减税降费政策，优化物流组织模式，提高物流效率，降低物流成本。"

（摘自：《交通强国建设纲要》，https://www.gov.cn/zhengce/2019-09/19/content_5431432.htm? eqid=bf2262de0000917600000003647844f3.）

7.7.3 货物多式联运类型

根据不同的原则，多式联运可分为不同的类型。典型的多式联运主要包括：围绕港口枢纽开展的海铁联运和海公联运，围绕铁路枢纽开展的公铁联运，围绕航空枢纽开展的空铁联运和空公联运。

1. 海铁联运

海铁联运是以港口为核心节点，实现货物在船舶和铁路车辆之间的换装。根据铁路作业区所处位置的不同，海铁联运可分为铁路作业区在码头后方的"铁—堆场—海"模式，铁路作业区在码头周边的"铁—公—海"模式，铁路作业区在码头前沿岸桥下的"车船直取"模式。海铁联运是我国水运集装箱集疏运大力推广的联运形式。

2. 海公联运

海公联运是以港口为核心节点，实现货物在船舶和公路车辆间的换装。在该模式下，水路和公路交接的地点主要是码头堆场，公路负责水路进出口箱的集疏运。海公联运目前是我国水运集装箱主要的集疏运方式。

3. 公铁联运

公铁联运是以铁路货运场站为核心节点，实现货物在铁路和公路之间的换装。公铁联运主要以铁路作为干线运输方式，公路负责末端“门到门”的接取送达。

4. 空铁联运

空铁联运是以航空枢纽为核心节点，实现货物在航空和铁路之间的换装。根据民航货物运输的技术经济特点，通常与民航进行衔接的应为高速铁路或高等级快速货物列车。

5. 空公联运

空公联运是以航空枢纽为核心节点，实现货物在航空和公路之间的换装。空公联运的服务范围半径很大，公路的集疏运范围并不仅限于机场所在区域，有时集疏范围可以达到4 000 km，如上海与乌鲁木齐之间的空公联运。

6. 海铁公联运

海铁公联运是以港口和铁路货场为核心节点，实现货物在船舶、铁路、公路间的换装。其中，海运负责跨国运输，铁路负责内陆运输，公路负责“门到门”的末端接取送达。通过把海运低成本、铁路快速性和公路灵活性结合起来，实现较低成本、较快速的运输。

7.7.4 货物多式联运的组织形式

从工作性质角度来看，货物多式联运的全过程可分为实际运输过程和全程运输组织业务过程两部分。实际运输过程由各种运输方式的实际承运人完成，而全程运输组织业务过程则由多式联运的组织者完成，内容包括商务性事务和衔接服务性工作的组织实施。货物多式联运的运输组织方法包括协作式多式联运和衔接式多式联运。其中，协作式多式联运属于初级形式的多式联运，首先各种方式运输企业和中转港站共同组成联运办公室，其次由该机构制订货物全程运输计划。

随着市场经济的发展，目前大多采用的是衔接式多式联运。衔接式多式联运是指由一个联运企业综合组织的两种或两种以上载运工具的连续运输。这类联运属于企业经营行为。由于联运企业不具备指令性计划的权威性，因而在不同运输区段的衔接组织工作中，无法直接将计划指令由前一区段的运输企业传递给下一区段的运输企业，而是需要由本人或其委托人从前一区段承运人那里接收货物，再通过与下一区段的承运人订立合同并将货物交与其的方式来完成运输衔接工作。在衔接式多式联运中，各区段的运输衔接工作是由联运经营人完成的，而不是由指令性计划来安排的。

衔接式多式联运的全程运输组织业务是由多式联运经营人完成的，这种联运组织下的货物运输过程如图 7-5 所示。

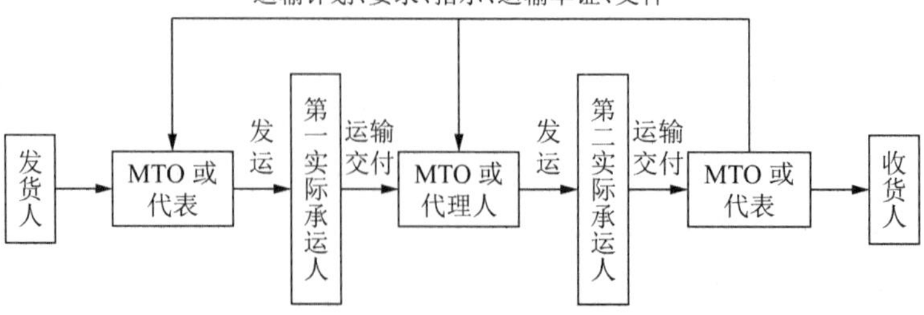

图 7-5 衔接式多式联运过程示意

在衔接式多式联运中,发货人首先需要向多式联运经营人(Multi-modal Transport Operator,MTO)提出托运申请,然后多式联运经营人根据自己的情况决定是否接受,若接受则双方签订货物全程运输的多式联运合同。货物交接通常在合同指定的地点完成,这种地点可以是发货人自己的工厂、仓库,或是指定的货运站中转站、堆场或仓库。随后,联运经营人会签发多式联运单据。

在接受货物托运后,多式联运经营人会制订全程运输计划并确定零星货物集运方案,包括规划运输路线、划分运输区段、确定中转及换装地点、选择各区段的实际承运人,并把计划发给相关的分支机构或委托代理人。然后,根据计划与各区段的实际承运人分别签订货物运输合同,以便按时保质保量地完成货物的全程位移。多式联运中的衔接工作由联运经营人或其代理人完成,包括从前程实际承运人手中接收货物再向后程承运人交接货物,直至最后在目的地向收货人交付货物。

与发货人订立运输合同后,多式联运经营人会按照双方协议(协议内容包括货物全程运输衔接及其他与货物运输有关的服务业务)收取全程运费、服务费以及保险费等费用。多式联运经营人在与各区段实际承运人签订各分运合同时,需向其支付运费及其他必要的费用;在各衔接地点委托代理人完成衔接服务时,也需向代理人支付委托代理费用。

知识扩展42

宁波舟山港渝甬集装箱海铁联运示范通道

渝甬集装箱海铁联运通道是依托宁波舟山港及国家铁路网,综合国铁以及宁波舟山港的多方优势,实现真正意义上的协作共赢。一方面,有效减少了作业环节,提高了操作干预强度。港口端,铁路直通宁波舟山港码头,集装箱可快速直通直航母船边,真正意义上达到无缝衔接。经由渝甬海铁联运通道,57 h 即可到达宁波舟山港(母船港,不用通过驳船中转)。另一方面,渝甬集装箱海铁联运通道通过聚合宁波舟山港资源,为客户提供密集航线、集装箱晚到港免费加载、船公司舱位优先保障、用箱紧张时优先保障等特色便利服务,为客户有效避免相关物流隐性成本的支出。

渝甬集装箱海铁联运通道作为江运、陆运及其他运输通道的补充物流通道,通过优化作业环节,为重庆市政府及当地生产外贸企业有效地打通了安全便利、节本增效的海铁物流大通道,特别是满足了在江运拥堵及其他特殊情况出现时的物流需求。

该班列自2018年1月23日开行以来,截至2022年10月30日,已累计开行1 224列,累计到发集装箱总量9.3万TEU,其中外贸占比高达97%。2022年,班列发运密度达10~12班/周(每班35~50车),基本实现天天班开行,部分时间段实现一天两班开行。

(摘自:https://www.sohu.com/a/607542036_265147,内容有删减。)

7.8 扩展阅读

(1)《铁路货物装载加固技术要求》(TB/T 30004—2021)。

(2)《集装箱运输术语》(GB/T 17271—2023)。

(3)《国际货运代理铁路联运作业规范》(GB/T 38709—2020)。

(4)《铁路危险货物品名表》(TB/T 30006—2022)。

(5)《铁路货物装载加固规则》(铁总运〔2015〕296 号)。

(6)《铁路集装箱运输规则》(铁总运〔2015〕313 号)。

(7)《铁路超限超重货物运输规则》(铁总运〔2016〕260 号)。

(8)《铁路货物装卸安全技术规则》(铁总运〔2015〕244 号)。

(9)《铁路危险货物运输管理规则》(铁总运〔2017〕164 号)。

(10)《中国民用航空危险品运输管理规定》(CCAR—276—R1)。

(11)《多式联运货物分类与代码》(GB/T 42820—2023)。

(12)《多式联运运载单元标识》(GB/T 42933—2023)。

(13)《货物多式联运术语》(GB/T 42184—2022)。

(14)《系列 2 集装箱　分类、尺寸和额定质量》(GB/T 35201—2017)。

(15)《港口作业安全要求　第 4 部分:普通货物集装箱》(GB 16994.4—2023)。

(16)《海运危险货物集装箱装箱安全技术要求》(GB 40163—2021)。

(17)《危险货物运输包装通用技术条件》(GB 12463—2009)。

(18)《水路危险货物运输规则(第一部分)水路包装危险货物运输规则》(1996 年 11 月 4 日交通部令 1996 年第 10 号发布)。

(19)《国家综合立体交通网规划纲要》链接:https://www.gov.cn/gongbao/content/2021/content_5593440.htm? eqid=ebf0cef1000054bc00000004647f0fd1.

(20)《中欧班列发展报告(2021)》,链接:https://www.ndrc.gov.cn/fzggw/jgsj/kfs/sjdt/202208/t20220818_1333112.html.

(21)《铁路集装箱运输规则》,链接:https://ec.95306.cn/infoDetail-legalInfoMore.

(22) 交通运输部关于修改《道路危险货物运输管理规定》的决定(中华人民共和国交通运输部令 2023 年第 13 号),链接:https://xxgk.mot.gov.cn/2020/jigou/fgs/202312/t20231204_3961925.html.

(23) 交通运输部关于修改《国内水路运输管理规定》的决定(交通运输部令 2015 年第 5 号),链接:https://www.gov.cn/gongbao/content/2017/content_5203622.htm.

(24) 刘作义,郎茂祥. 铁路货物运输[M]. 北京:中国铁道出版社,2021.

复习思考题

(1) 货物运输的特点和货物运输组织的基本要求是什么?

(2) 什么是载运工具载质量利用？提高载运工具载质量利用有哪些措施？

(3) 什么是积载？什么是配载？对积载和配载有哪些基本要求？

(4) 什么是配送？配送有哪些功能要素？

(5) 载运工具载重量利用有哪些指标？

(6) 阔大货物装载应满足的基本要求有哪些？

(7) 铁路鲜活货物运输的设备有哪些？

(8) 集装箱运输的特点有哪些？

(9) 发展多式联运应具备什么条件？

(10) 衔接式多式联运与协作式多式联运的区别是什么？

(11) 根据各种运输方式的技术经济特征，以法兰克福到上海、义乌的国际集装箱为例，分别从运输速度优先、运输成本优先、运输可靠性优先的角度，设计可能的多式联运模式。(提示：法兰克福可利用铁路、公路、运河与汉堡港和鹿特丹港连接；欧亚有可达的陆上联系通道。)

(12)《交通强国建设纲要》指出到 2035 年，基本形成“全球 123 快货物流圈”(国内 1 天送达、周边国家 2 天送达、全球主要城市 3 天送达)，货物多式联运高效经济。试分析货物多式联运在支撑“全球 123 快货物流圈”过程中发挥的作用。

第8章 日常运输生产计划与调度

由于现代运输企业的生产环节多、连续性强、协作关系复杂,因此运输系统的运作经常会受到各类因素的扰动,进而影响整个运输系统的正常运行。生产调度的主要目标是确保系统的运作能按计划有序进行。加强生产调度工作,对于及时了解、掌握运输过程,研究分析影响运营秩序的各类因素,进而采取相应的调整策略,使系统尽快恢复至正常的运营状态而言是非常重要的。本章将重点介绍运输调度的主要内容、港站运输生产计划与调度、运输企业生产计划与调度以及运输统计与分析。

8.1 概述

在运输生产过程中,各运输企业为完成计划规定的运输任务必须采用科学有效的管理手段和严格的控制策略,以确保整个运输过程的稳定与高效。为了对动态的运输生产过程进行控制,必须制订较为完善的运营指标体系,以确定一段时间内运输设备和人员的合理使用办法,而制订控制指标体系的计划被称为交通运输的日常运输生产计划。

为确保运输生产处于正常状态,必须经常分析运输生产指标的完成情况,并基于具体的运输工作条件对生产过程进行灵活调整。各运输企业的调度系统作为为完成这一任务而设置的日常生产指挥部门,除制订运输生产计划以外,还要对生产过程进行必要的调控,即运输生产调度。

生产调度的必要性是由运输企业生产活动的性质决定的。加强生产调度工作,可以及时了解、掌握生产进度,分析影响生产的各种因素,并依据具体情况灵活调整策略,从而有效缩小生产差距,确保运输系统的高效稳定运行。

从日常生产计划和调度的关系上来讲,生产调度就是组织执行日常生产计划的工作;生产调度以生产计划为依据,生产计划要通过生产调度来实现,二者相辅相成,密不可分。生产计划的编制和日常生产的调度工作基本上都是由各种运输方式中的日常生产指挥部门完成的。日常生产指挥部门一般被称为调度部门。

由于各运输方式的特点不同,因而其日常运输生产调控的对象及所采取的调控手段也有所不同,但其中的基本规律是一致的。总体而言,可调控的对象和工作包括:通道的占用计划和调整、载运工具的使用计划和调整、技术作业的计划和调整、客货运作业的计划和调整、运输设备的检修或施工计划和调整等。

在运输生产过程中，快速与准确是两大核心要求。快速是指能够迅速识别各类偏差并采取行动。准确则体现在对情况的准确判断、原因的准确查找以及对策的准确制定等方面。因此，需要成立运输生产调度机构，明确各级调度工作各自的分工，并建立一套切合实际且行之有效的调度工作制度，从而为客货运输的高质量完成提供支撑。

为了对复杂的运输生产活动进行全面的指挥和监督，在各级运输调度机构中实行分工管理原则，以便将整个运输生产活动按业务性质分为若干部分。在此基础上，还需设置不同职务的调度员来分别管理一定的工作。以路局调度所为例，一般主要设有以下几类调度员：

(1) 计划调度员，负责编制和调整管辖区域的列车工作计划，并协助值班主任(调度长)组织实现日班计划；

(2) 列车调度员，又称行车调度员，负责管辖区段内所有与列车运行有关的工作；

(3) 机车调度员，负责机车运用的调度工作；

(4) 货运调度员，负责管辖区段内装卸作业及管内重车的输送工作；

(5) 客运调度员，负责旅客计划运输及客车的运用。

此外，根据各铁路地区货流和设备的具体情况，还可以设有以下这些调度员，包括：预确报调度员、特种运输调度员、零担货物调度员、篷布调度员、罐车调度员、车辆检修调度员、军事运输调度员、电力牵引区段的电力调度员等。值班主任负责领导全班各工种调度员实现运输工作日班计划，协调各工种调度员的工作。全路调度指挥中心与铁路局调度指挥中心也相应地配备了有关工种的调度人员，形成分级、分工管理的铁路运输调度工作系统。铁路运输调度系统的岗位设置如图 8-1 所示。

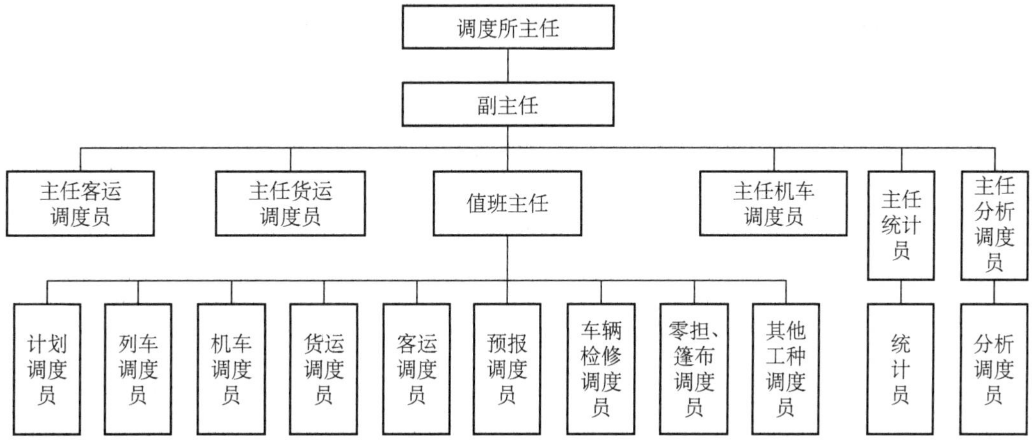

图 8-1　铁路运输调度系统的岗位设置

航空、水运和公路的管理方式与铁路有所不同，一般情况下港站与运输公司之间基本独立，其调度部门基本上是按独立企业为单位分别设置的。

8.2 港站运输生产计划与调度

除铁路以外，交通港站基本上是作为独立企业存在的，其生产计划和调度指挥方式与其所服务的运输企业有所不同。而铁路（包括城市轨道交通）车站只是所属运输企业下的一个组成部分，其计划指标由运营企业规定，其调度指挥也仅限本站范围，且总体上需要服从整个运营企业的统一调度，如此既能在集中统一管理下发挥自身能力、提高自身运输绩效、争取收益最大化，又能在必要时通过牺牲自身效益满足局部服从全局的要求。

8.2.1 港站运输生产计划

交通港站包括铁路车站、航空站、港口和汽车车站。其运输生产计划包括月度生产计划和日常计划两部分。为保证月度计划的实现，有些运输方式还特别制订了旬度作业计划。

月度生产计划主要包含工作量计划、重点物资装卸计划（货运系统）和主要技术经济指标计划。由于航空站和汽车车站的主要业务为客运作业，且其作业流程相对简单，因而其月度计划往往不会进行详尽的编制。相较之下，港口和铁路车站的作业相对复杂，涉及货物组织、装卸设备使用、载运工具运行组织、载运工具出入港站的时间安排、港站内技术作业组织以及与其他运输部门配合等多项内容，因而其内容和指标体系较为完整。

由于港口和铁路车站的生产计划较为复杂，下面将重点介绍。

8.2.1.1 港口运输生产计划

港口运输生产计划是港口计划体系的基础，具体包括月度生产计划、旬度作业（指泊）计划、昼夜分班作业计划和单船作业计划等。各计划的主要内容如表 8-1 所列。

表 8-1 港口运输生产计划及其内容

计划名称	内容
月度生产计划	是为保证年度计划的完成而制订的生产计划，是年度生产计划的具体化，包括吞吐量计划、月度装卸工作计划、月度机械运用计划、月度堆存计划以及月度港内驳运工作计划等
旬度作业计划	是月度生产计划的详细执行方案，其主要任务是根据本旬度来港船舶的装卸货种、数量、流向及本港作业条件精准安排船舶泊位，也称旬度指泊计划
昼夜分班作业计划	是港口生产的指导依据，主要根据港口昼夜能力和运输生产任务情况，对来港载运工具的装卸、港内运输以及各项辅助作业作出全面、详细、科学的计划，具体包括车、船的装卸顺序、作业地点、作业方案等
单船作业计划	是船舶在港作业过程的实施方案，它详细规定了船舶从抵港时起至发航时止的所有作业项目以及各个作业项目的作业程序与作业时间，包括装卸作业计划、船车直接换装作业计划、船舶技术作业计划、作业地点和辅助作业安排等

8.2.1.2 铁路车站生产计划

在货运方面，铁路车站生产计划包括月度货物运输计划和旬度货物运输计划。在客运方面，铁路车站生产计划主要是指车站旅客输送日计划。在具体技术作业组织方面，铁路车站生产计划包括班计划、阶段计划和调车作业计划等。而且不同性质的车站需要单独制订与其有关的作业计划。各计划的主要内容如表 8-2 所列。

表 8-2 铁路车站生产计划及其内容

计划名称	内容
月度货物运输计划	是车站根据货源情况，结合本站的设备条件、装卸及搬运能力，向铁路局集团公司提出下月的计划安排意见，经铁路局集团公司批准下达，规定了车站应完成的发送货物任务，包括发送量、分品类和分方向(去向)的发送量。以批准的月度货物运输计划为依据，车站应制订旬间日历装车计划，按日组织好货源并提报次日要车计划
车站作业计划	有技术作业的车站(技术站和货运站)需要编制车站作业计划，包括班计划、阶段计划和调车作业计划。其中，班计划是车站最基本的计划，它体现了铁路局调度所对车站规定的每班(12 h)任务和要求；阶段计划是一个班各阶段工作的具体安排，是完成班计划的保证；调车作业计划是列车解体、编组和车辆取送作业的具体行动计划
旅客输送日计划	是车站根据客流变化情况编制的旅客乘车组织计划。计划经客调批准后，各站即可据此组织发售车票和中转签证。该计划编制实行固定票额与日计划相结合的方法，根据分配票额的规定数量，确定分车次、分区段的旅客发送日计划。当客流发生变化时，需要提出调整票额或增减车辆的计划，并及时上报给铁路局集团公司客运调度，由其调整后下达执行

8.2.2 港站运输调度工作

港站调度指挥工作除制订运输生产计划任务以外，还包括港站内运输设备、载运和装卸工具的运用、技术作业过程控制、进出港站通道占用顺序的调整等方面的指挥及统计分析工作。航空站和汽车车站的调度指挥工作主要侧重于技术设备运用和进出港站指挥两方面内容。由于航空站空域存在潜在冲突风险，对安全的要求极高，因此其航站调度工作内容更为丰富。

港站运输调度工作的主要内容包括出入港站运输通道占用调整、装卸作业的调整、技术作业过程的调整、其他设备的运用调整和统计分析工作等。

在港站工作中，可能会用到的其他设备有铁路技术站的驼峰和调车机车、航站的停机坪、港口的各种码头等。这些设备的运用需根据运输需求进行相应调整，以确保运输任务的顺利完成。在此基础上应尽可能地提高设备运用效率。

统计分析工作不仅是对港站工作实绩的统计、考核和评价，也是为总结经验以提高调度工作水平和优化未来工作的一个必要步骤。

8.2.2.1 铁路车站调度

铁路车站调度人员主要通过编制阶段计划来实施调度指挥。

阶段计划的核心在于确定出发列车的车流来源以及调车机车运用和到发线运用的合理安排。调度人员在选择每列出发列车的车流来源时，需同时兼顾其他出发列车的集结过程，以确保本阶段和本班所有出发列车都有对应的车流来源。调车机车运用计划旨在明确每台调车机车在本阶段需完成的调车任务及其时间分配，并尽可能地使各台调车机车的作业在内容和时间方面相互配合。到发线运用计划是规定本阶段内所有到发列车占用到发场线路的计划，应主要考虑紧凑使用到发线和减少交叉干扰等问题。

当由于客观情况的变化导致原定计划无法实现时，车站调度人员应采取必要的调整措施，以确保车站运营的稳定与高效。

8.2.2.2 港口调度

港口运输生产调度系统由调度计划、值班调度、快速统计和综合分析等部分组成。其中，调度计划负责月以下货物装卸作业计划的编制与执行。值班调度负责昼夜分班作业计划的具体执行，并实时监控计划的实施情况。快速统计和综合分析工作包括计划完成情况统计及定期进行分析总结。

港口调度的核心职责是全面组织指挥全港日常装卸生产工作，具体包括生产计划的编制与实施，优化资源利用，平衡调整各作业区的作业安排，做好车、船、货的衔接工作，分析运输质量并提出改进措施，物资供应协调，日常生产统计，编制调度工作小结，组织合理运输等内容。

8.2.2.3 航空站调度

目前，我国民航的航行管制由航行调度和飞行管制两部分工作组成。航行管制的主要任务包括：做好飞行的组织和保障工作、防止飞机在空中和在机场地面活动中相撞、合理控制空中交通流量、提供保障安全飞行的情况、提供安全措施和建议、保证导航设备全天候健康服务、提供遇险飞机的情况等。

航空站指挥调度室是最基层的航行管制单位，包含航行调度室和航行管制室两个部分。航行调度室负责飞行的组织工作，航行管制室负责飞行的管制工作。航空运输企业调派飞机、空勤组和对飞机进行飞行管理的工作被称为航行调度。其主要工作包括：飞行预先准备、飞行直接准备和飞行实施三个阶段的航行调度工作，流量控制，飞机航班时刻表的执行，飞行结束后的航行调度工作等。

8.3 运输企业生产计划与调度

8.3.1 运输企业生产计划

与港站相同，运输企业生产计划包括月度生产计划和日常计划两部分。其中，月度生产计划一般包括客货运输运量计划、设备检修计划、载运工具运用计划、运行组织计划等，主要通过一系列运营指标来反映。日常计划一般指日班计划，主要反映对日常工作的控制和指挥。运输企业的生产计划具有一定的相通性，其核心是运班计划、时刻表计划、载运工具运用计划和乘务计划等内容。

8.3.2 运输企业调度工作

除制订运输生产计划任务以外，运输企业调度工作还包括了日常客货运输任务的调整、载运工具的分布调整、载运工具的运行指挥、与其他运输企业的协调和统计分析等。这些工作内容实质上是对日常计划的实时调整和优化，且基于调度部门对当前运输形势的深入分析和精准判断。总的来说，调度工作的主要内容包括运输流的调整、运行秩序的调整、运行路线的调整和统计分析工作。

8.3.2.1 铁路调度工作

铁路运输调度工作的基本任务是：合理组织运输生产，保证或超额完成运输生产任务及各项技术指标；同时，必须使车辆分布和车流结构经常处于技术计划规定的正常范围内。铁路调度部门的两大核心任务：一是车流调整，旨在优化车流分布，提升运输效率；二是运行指挥，旨在确保列车运行的有序与高效。

1. 车流调整

车流调整是调度工作中的一项重要内容。车流结构及车辆分布偏离标准是进行日常调整的主要原因。当车流结构发生较大变化时，会造成有些线路或车站的能力紧张甚至可能形成堵塞，而有些线路则出现能力虚靡。车辆分布不均则会导致某些地区车辆短缺，以至于无法完成运输任务，或者导致车辆积压，严重时可能造成堵塞。

车流日常调整措施包括：根据目的地和货物品类调整装车，改变部分车流的运行径路，组织重、空车辆向某地加速运送，指定额外的空车调整任务以及调整备用车辆等。按照调整对象的不同，车流调整方法可分为重车调整、空车调整和备用车调整。

1）重车调整

重车调整是车流调整工作的重点。这是因为在运用车中重车占很大比重，重车的流向和数量，即重车流的结构，决定着各区段的行车量、空车流的结构和车站的卸车任务。重车调整措施主要有方向别装车调整、限制装车和停止装车、密集装车以及变更车流运行径路等。在日常运输工作中，应根据车流预测资料，运用车分布情况，各方向、各区段的列车运行情况，主要技术站、枢纽、卸车地区的作业情况，卸车站的卸车能力和搬运能力等来确定重车调整措施。

2）空车调整

空车调整是为了合理分布运用车和保证装车需要而进行的车流调整方法。空车调整包括正常调整、综合调整和紧急调整。空车是装车的保证，重车是空车的来源，二者只有按照计划紧密地结合起来，才能发挥出运用效率。

3）备用车调整

备用车是指为了保证完成临时紧急运输任务和适应日常运输变化需要而储备的技术

状态良好的货车。备用车必须按规定办法严格管理,不能随意动用,必要时可根据需要对货车进行列备或解备。

2. 运行指挥

正常情况下,铁路列车应严格按列车运行图运行。但由于种种原因,列车运行又难免偏离列车运行图,为此需要对列车运行进行调整。

在铁路上,列车调度员对列车运行所采取的调整工作是通过3～4 h阶段计划的编制与执行来进行的。列车调度员首先应致力于组织列车正点始发。但列车在区段运行过程中,由于途中运缓、作业延误等原因,往往始发正点的列车不一定就能运行正点或到达正点。尤其是在列车密度较高的线路上,前行列车的晚点往往会传播给后行列车,引起列车后效晚点。列车调度员应根据各阶段列车的实际运行情况,贯彻“先客后货”“先快后慢”原则,按规定的列车等级进行运行调整,并尽可能地使晚点列车恢复正点运行。

编制及下达阶段计划后,列车调度员的日常工作就是组织有关站段的作业人员共同实现阶段计划。为此,列车调度员应经常检查各站段的计划执行情况,掌握区段内列车及邻区段列车(与本区段相接续的列车)的运行情况,本区段始发列车的车流集结及编组情况,以及机车折返和整备情况等,以便能及时采取必要的调整措施。

思政链接10

我国铁路调度指挥系统的研发历程

我国铁路最早采用人工调度,不同站段之间的通信全部依靠电话得以实现。在这个阶段,铁路调度工作较为烦琐,效率也十分低下,线路的通过能力维持在一个较低的水平。

20世纪90年代,我国开始不依靠国外技术,自主研发调度指挥系统,并于1996年投入使用。我国铁路早期采用列车调度指挥系统(Train operation Dispatching Command System,TDCS)。该系统是实现铁路各级运输调度,对列车运行进行透明指挥、实时调整、集中监督的现代化信息系统,采用信息技术、网络技术、控制技术等多种技术手段实现铁路运输组织的科学化、现代化,可实现调度监督、列车运行图、行车日志、车次跟踪和自动踩点、调度命令以及其他辅助调度指挥等功能,主要用于中国铁路的既有线上。

随着高速铁路的发展,TDCS系统在指挥列车高速运行时暴露出一些缺点。于是,我国自主研发的更加智能化的分散自律调度集中(Centralized Traffic Control,CTC)系统得以问世。与TDCS系统相比,CTC系统更先进、更安全、更智能,且具备按图排路、调车作业管理、智能安全卡控、列车占用丢失报警等新功能。由于CTC系统可以实现车站行车指挥无人化,因此,从应用效果上来看,CTC系统更有利于“减员增效”。CTC系统主要用于高速铁路线路上。

8.3.2.2 公路运输企业调度工作

公路运输企业的生产活动是围绕着车辆运行展开的。运输日常工作组织中的核心是车辆调度。通过车辆运行作业计划,可以将企业内部各生产环节,特别是车队、车组、装卸等部门连成一个有机的整体，也可以保持与企业外港口码头、铁路车站、物资仓库、车船运行等的衔接和配合。

公路运输企业的调度机构一般由计划调度组、值班调度组和统计检查组三部分组成。

计划调度组的计划调度员负责掌握运量和运力情况以及编制车辆运行作业计划。

值班调度组的值班调度员负责如下工作：下达车辆运行作业计划并监督其执行情况，对偏离计划要求的运输车辆及时采取相应措施；安排临时运输任务；掌握运输进度和车辆动态；汇总编制运输进度日报表；掌握各货运站点现场调度员和车辆装卸工作，调度装卸力量；组织必要的回程捎运货物；掌握有关运输车辆的保修进度情况；准确掌握辖区内的道路与交通情况；等等。

统计检查组的调度统计员主要负责如下工作：掌握运输生产进度情况，并按日进行统计；编制主要技术经济指标计划值与实绩的对比图表；督促各基层调度员报送车辆运行作业计划；等等。

由于公路货物运输调度工作经常面临交通拥堵、天气变化、车辆故障等问题，因此，公路货物运输调度需要重点关注运输路线的科学规划、车辆的维护保养、运输人员素质的提高、新技术手段的引入和应急预案制定的加强等内容。

8.3.2.3 水运企业调度工作

运输船舶的生产活动具有点多、面广、流动、分散，且环节多、变化大、技术设备复杂等特点。在这样的条件下，要使各个部门、各环节之间能够协调且有节奏地进行生产，就需要有一个集中统一、有效的组织指挥机构来组织生产，且该机构能够连续不断地监督生产以及随时处理生产中出现的各种异常情况。这个机构就是水运企业中的调度部门。水运企业调度工作的任务包括以下这些：

1）组织和计划安排船舶的生产活动。水运企业调度工作的核心在于科学地组织船舶的生产活动，精心设计作业计划，并协调运输过程中各个环节（路、港、厂、航道、船、货等）的工作。

（2）监督和领导船舶在港作业与安全航行。调度部门需要了解和掌握船舶生产活动的情况，采取措施帮助船舶安全航行，加快装卸进度，提高客货运输质量，解决生产中的各项困难。

（3）协调各环节的工作。调度部门须持续预测、研究和分析影响正常运营的动态变化因素，以便及时做出调整。调度部门还需与货主及其他运输部门建立密切的联系，定期了解并分析辖区内的客货源情况。

（4）统计与分析。调度部门进行统计与分析工作是为了及时掌握生产进度，及时进行作业调整，并有针对性地提出改进建议，从而提高船舶的工作效率和营运效益，保证完成或超额完成运输计划。

作业调整是水运企业调度的主要工作，可分为预防性调整和应变性调整。预防性调整主要着眼于预防潜在风险，即在船舶尚未偏离既定运行计划时，针对预见到的潜在威胁主动进行调整，旨在预防计划被打破或减轻计划中断可能带来的影响。应变性调整则侧重于应对突发状况，当船舶运行计划已遭到破坏时，为了降低损失并消除由此带来的负面影响所采取的调整措施，目的是使船舶运行重新与计划保持一致。作业调整的对象包括船、港和货。作业调整的内容和方法主要可概括为船舶在港作业调整、运行作业调整和到港密度调整。

8.3.2.4 航空企业调度工作

在航空运输飞行中，将调派飞机、空勤组和对飞机进行飞行管理的现场调度指挥业务称为航行调度。航行调度机构的主要工作是做好飞机起飞前准备和掌握飞机起飞后的飞行动态，具体包括以下内容：

（1）根据飞机班期时刻表和临时需要来安排每日飞行计划，并向空中交通管制部门提出飞行申请。

（2）在飞机预计起飞前 2 h 研究天气情况。取得着陆站（预定着陆机场）和备降站（在预定着陆机场不宜着陆时，可以飞往着陆的机场）以及航线的天气预报，选择有利的飞行高度层，确定飞行航线、业务载量和油量。当航线天气预报有较大的逆风，或存在可能危及飞行安全的天气时，应与机长研究并确定绕飞航线。当着陆机场或航线的天气不适航、在短时间内天气又不能转好时，应向空运企业经理人员提出改变飞行计划的建议。

（3）在飞机起飞前 1 h，了解各勤务保障部门的准备情况；办理放行飞机的手续，将有关机场和航线飞行的临时规定和指定的飞行高度通知空勤组；通知运输服务部门安排旅客上飞机。当改变飞行计划或取消、延误飞行时，须及时发出通知。

8.4 运输统计与分析

为了准确评估各运输港站和运输企业的工作完成情况，从而为运输服务改进提供依据，就需要对运输生产各项数量指标和质量指标的完成实绩进行系统的统计和分析。其中，统计工作是分析工作的基础和前提；分析工作则是针对工作计划的完成情况进行系统的总结和分析，其目的就在于肯定工作成绩，同时找出工作中的薄弱环节，以便总结经验和问题，并据此提出优化运输组织工作的有效策略。

我国各运输港站和运输企业大多都设置了专门的统计和分析部门。这些部门负责对运输生产计划的完成情况进行统计和分析。

运输统计根据报告方式及其作用的不同可分为两类：一类是业务统计，主要关注日常运输生产的实时进度和指标完成情况，其主要用途是为运输生产管理部门提供决策依据；另一类是通过对原始单据的摘录、整理、汇总而定期编制的月、季、年度统计报表，其主要用途是为工作计划编制、工作成绩评定和生产财务核算等提供依据。

运输工作分析可分为日常分析、定期分析和专题分析。日常分析一般是指调度部门在日工作或班工作结束后，对日班计划执行情况所做的分析。定期分析是指部、局、分局按月、旬对运输工作生产计划完成情况所做的分析。专题分析是指对某一特定问题所做的较为深入的分析。

8.4.1 旅客运输主要统计指标与分析

8.4.1.1 旅客运输主要统计指标

尽管各种运输方式的统计指标有所不同，但总体概括而言，旅客运输统计主要涵盖4个方面：客流、运行、载运工具利用效率和安全状况。

1. 客流统计

在客流统计中以港站统计为主，汇总结果可进一步按客流性质、目的地、班次安排、空间和时间分布等要素加以细化。对运输企业而言，关键指标包括运输量和周转量。对港站而言，关键指标包括旅客和行包的发送量及中转量。

2. 运行统计

运行统计聚焦于运输班次的正点率和延误情况。

3. 载运工具利用效率统计

载运工具利用效率指标一般由运输企业进行统计，通常指载运工具运载能力的利用率。

4. 安全状况统计

安全状况统计指标包括故障发生率或事故发生率。

8.4.1.2 旅客运输分析

旅客运输分析工作侧重于对项目的完成情况和产生的原因进行分析，并据此提出改进意见。例如，铁路旅客运输分析包括客流分析、客车运用分析、安全正点分析和日常运输质量分析等。

8.4.2 货物运输主要统计指标与分析

8.4.2.1 货物运输主要统计指标

一般情况下，货物运输指标主要体现在公路、铁路、水运三种交通方式上。其中，铁路具有高度集中的特点，其运营指标本身就是一个统一的整体；水运则依赖于相对独立的港口和运输企业，它们各自拥有独立的统计分析指标体系；公路企业和车站则属于多家完全独立的企业，其统计分析体系独立且往往并不完整。港站的统计指标可以分为工作量指标、装卸工作指标、载运工具在站作业指标和设备利用率指标。运输企业的统计指标可分为数量指标和质量指标。其中，数量指标包括工作量、载运工具运用数量和分布、载运工具运行里程和时间等；质量指标则包括载运工具载重力利用率、运行速度、生产率指标等。

8.4.2.2 货物运输分析

港站日常分析基本建立在前述统计指标基础之上，主要是对实际完成情况进行分析。例如，铁路车站的分析内容包括安全情况分析、列车工作完成情况分析、装卸车情况分析、中停时指标完成情况分析和运用车保有量分析等。

8.5 扩展阅读

(1) 徐瑞华，江志彬，徐行方. 轨道交通系统行车组织(修订本)[M]. 上海：同济大学出版社，2023.

(2) 江志彬. 城市轨道交通网络列车运行组织与管理[M]. 上海：同济大学出版社，2018.

(3) 杨浩. 运输组织学[M]. 3 版. 北京：中国铁道出版社，2022.

(4)《铁路运输调度规则》(铁总运〔2017〕128 号)。

(5)《车站行车工作细则编制规则》(铁总运〔2017〕174 号)。

(6)《通航建筑物联合调度技术规程》(JTS/T 322—2023)。

(7)《中华人民共和国飞行基本规则》，链接：http://www.caac.gov.cn/XXGK/XXGK/FLFG/201510/t20151029_2792.html.

(8)《民用航空空中交通管理规则》，链接：https://www.gov.cn/zhengce/2022-11/03/content_5717885.htm.

复习思考题

(1) 日常运输生产管理需要做哪些工作？

(2) 为什么要建立调度系统？日常生产计划与调度工作是什么关系？

(3) 港口和铁路车站的生产作业计划分别包括哪些内容？

(4) 铁路车站、港口和航空站调度的主要内容是什么？

(5) 运输企业调度工作的主要内容是什么？

(6) 铁路、公路、水运和航空运输企业调度工作的主要内容是什么？有什么异同？

(7) 旅客运输主要的统计指标有哪些？

(8) 货物运输主要的统计指标有哪些？

附录 与运输组织相关的专业术语

为了更好地理解本教材的知识结构，本章将列出与运输组织相关的专业术语名称、相应的英文翻译及解释。这些术语及相应的英文翻译及解释来自《铁路行车组织词汇》(GB/T 8568—2013)、《铁路工程基本术语标准》(GB/T 50262—2013)、《道路运输术语》(GB/T 8226—2023)、《公路工程名词术语(征求意见稿)》、《航道工程基本术语标准》(JTS/T 103—2—2021)、《港口工程基本术语标准》(GB/T 50186—2013)、《民用航空旅客运输术语》(GB/T 18764—2002)、《民用航空货物运输术语》(GB/T 18041—2000)、《集装箱运输术语》(GB/T 17271—2023)和《智能运输系统　通用术语》(GB/T 20839—2007)等。

A.1 通用专业术语

专业术语	英文翻译	术语解释
运输	Transport	旅客或货物发生的空间位移
客运枢纽	Passenger Transfer Hub	在客运交通系统中，为不同交通方式或同一交通方式不同方向、功能的线路提供的客流集散和转换的场所
绿色交通	Green Transport	客货运输中按人均或单位货物计算，占用城市交通资源和消耗的能源较少且污染物和温室气体排放水平较低的交通活动或交通方式。如采用步行、自行车、集约型公共交通等方式的出行
路基	Subgrade	经开挖或填筑而形成的直接支承轨道结构的土工结构物
路堤	Embarkment	在原地面上，用土、石填筑的路基
路堑	Cutting	低于原地面的挖方路基
半堤半堑	Cut-fill Section	在同一横断面上，由部分路堤和部分路堑组成的路基
桥梁	Bridge	跨越天然或人工障碍物，使车辆、行人等能顺利通行的架空建筑物。一般由上部结构、下部结构、支座和附属构造组成
涵洞	Culvert	横贯并埋设在路基或河堤中，用以输水、排水或作为通道的构筑物
隧道	Tunnel	为使公路或铁路从地层内部或水底通过而修建的建筑物，由洞身、洞门等组成

（续表）

专业术语	英文翻译	术语解释
圆曲线	Circular Curve	公路或铁路线路平面走向改变方向或竖向改变坡度时所设置的连接两相邻直线段的圆弧形曲线
缓和曲线	Transition Curve	平面线形中，在直线与圆曲线，圆曲线与圆曲线之间设置的曲率连续变化的曲线
竖曲线	Vertical Curve	在公路或铁路纵坡的变坡处设置的竖向曲线
承运	Acceptance of Consignment	承运人按约定运送旅客或货物的行为
承运人	Carrier	承担承运责任或实际承担旅客或货物运送的运输企业或个人
班次时刻表	Timetable	公布客运班次及发车（开船、起飞）时刻的图表
里程票价表	Mileage/Ticket Price Table	公布客运班线各站点间里程及票价的图表
包乘制	Residency System of Crew	由固定的几个乘务组包管、包用 1 辆（列、艘、架）载运工具的乘务制
轮乘制	Rotating System of Crew	乘务组不固定包管、包用载运工具的乘务制，即按运转派班计划，派出乘务组到任一载运工具出乘
乘客（旅客）	Passenger	客运服务的对象，不包括工作人员和服务人员
行包	Luggage	旅客随身携带或托运的物品
客流	Passenger Flow	在单位时间内，交通线路上乘客流动人数和流动方向的总和
客运量	Passenger Volume	在一定时期内运送的旅客的数量，单位为人或人次
客流调查	Passenger Flow Survey	对一定区域内旅客的流量、流向、出行时间和方式等情况进行的调查
客运周转量	Passenger-km Volume	在一定时期内运送的旅客数量与运送里程的乘积计算的运输量，单位为人·km
诱发运量	Induced Traffic Volume	由于交通设施等硬件条件（如道路、桥梁的新建或改建）和软件条件（交通政策、交通管理措施等）的改善，使交通需求随着时间引起结构变化，从而令交通需求量发生变化的部分
转移运量	Transferred Traffic	因运输方式发展，从一种交通工具转移至另一种交通工具运输的运量
高峰小时客流断面流量	Passenger per Hour per Direction	高峰小时通过某一区间的旅客人数
高峰小时系数	Peak Hour Factor	高峰小时客流量与全天平均小时客流量的比值
客流波动系数	Fluctuation Coefficient of Passenger Flow	一定时间内，表示客运量在时间上分布不均衡程度的数值

（续表）

专业术语	英文翻译	术语解释
旅客发送量	Number of Passengers Transported	旅客车站发送的旅客人数
货物	Goods	经济与社会活动中实体流动的物质资料
特种货物	Special Goods	对运输、装卸、保管有特殊要求的货物
整车货物	Full Vehicle Cargo	除货物装卸外，托运人、收货人、发站、到站和装卸地点均相同且一次托运能够装满车辆或者按车辆最大容量收取运费的货物
零担货物	Less-than-truck-load，LTL	一次托运不足装满整车，体积、质量和包装符合拼装成整车运输要求，并按质量或体积计算运费的货物
积载因数	Stowage Factor	指各种货物每 1 t 在货舱中正常堆积时所占的空间（m^3）用于计算一定重量的某种货物需占多少货舱容积，或一定的货舱容积能装载多少吨某种货物等方面
装卸	Loading and Unloading	在运输工具间或运输工具与存放场地（仓库）间，以人力或机械方式对物品进行载上载入或卸下卸出的作业过程
分拣	Sorting and Picking	将货物按一定目的进行分类、挑选的相关作业
堆垛	Stacking Up	按照货物运输和保管要求，将货物堆齐码好的作业
货位	Goods Storage	供货物在装车前和卸车后暂时堆放的装卸场区范围
货场	Freight Yard	办理货物承运、装卸、保管、交付的场所
货流	Goods Flow	在一定时期内沿某一方向移动的货物数量
货源	Freight Source	在一定时期及一定区域内可能发生的货运需求
集装箱运输	Container Transport	以集装箱为单元进行货物运输的货运方式
货运量	Ton Volume	在一定时期内运送的货物的数量，单位为 t
货运周转量	Ton-km Volume	在一定时期内运送的货物（t）数量与运送里程的乘积计算的运输量，单位为 t·km
货运波动系数	Fluctuation Coefficient of Freight Traffic	一定时间内表示货物运输在时间上分布不均衡程度的数值
智能运输系统	Intelligent Transport Systems，ITS	在较完善的交通基础设施之上，在先进的信息、通信、计算机、自动控制和系统集成等技术前提下通过先进的交通信息采集与融合技术、交通对象交互以及智能化交通控制与管理等专有技术，加强载运工具、载体和用户之间的联系，提高交通系统的运行效率，减少交通事故，降低环境污染，从而建立一个高效、便捷、安全、环保、舒适的综合交通运输体系
旅客联运服务	Inter-modal Passengers Transport	为长距离出行的旅客提供联运服务（包括公路、铁路、水运、航空运输等运输方式），包括提供联运旅行规划联运旅行途中信息服务等内容

（续表）

专业术语	英文翻译	术语解释
货物多式联运	Inter-modal Goods Transport	使用两种或两种以上运输方式运输货物，例如，将货物从飞机转至公路运输或铁路运输
交通突发事件	Emergency Incident	在交通系统里非周期性、突然发生的使交通通行能力下降或影响交通安全或公共安全的事件，它具有突发性、破坏性和不可预见性的特点
平均运距	Average Haul Distance	在相应的时期和范围内运送旅客或货物的平均距离，单位为 km
服务质量	Service Quality	服务组织为乘客所提供服务的程度。可通过服务水平或准则来确定
服务水平	Quality Criterion Level of Service，LOS	从乘客视角确定的服务提供标准。服务水平可基于用户对于运输绩效的感受，也可以是公共交通服务的供给量

A.2 铁路运输相关专业术语

专业术语	英文翻译	术语解释
铁路	Railway	使用机车牵引或使用装有动力装置的列车行驶于轨道上的交通线路
市域铁路	Suburban Railway	位于中心城区与其他组团间、组团式城镇之间或与大中城市具有同城化需求的城镇间，服务通勤、通学、通商等规律性客流，设计速度 100～160 km/h，快速、高密度、公交化的客运专线铁路
国家铁路	National Railway	国家铁路网中的骨干铁路，包括高速铁路、城际铁路和客货共线铁路等
轨距	Track Gauge	钢轨头部踏面下 16 mm 处两股钢轨内侧工作边之间的距离
电气化铁路	Electrified Railway	用电能作为列车牵引动力的铁路
高速铁路	High-speed Railway，HSR	设计速度 250 km/h（含预留）及以上动车组列车，初期运营速度不小于 200 km/h 的客运专线铁路
客货共线铁路	Mixed Passenger and Freight Railway	旅客列车与货物列车共线运营、设计速度 200 km/h 及以下的铁路
铁路等级	Grades of Railway	根据客货共线铁路、货运专线铁路在国家铁路网中的作用、性质和远期客货运量以及最大轴重和列车速度等条件，对铁路划定的级别
设计速度	Design Speed	各种铁路技术装备（线路、轨道、桥梁、接触网、信号等）设计中均允许的列车最大运行速度
轨道	Track	由钢轨、配件、扣件、道岔及轨下基础等组成的工程结构，用于列车通行

（续表）

专业术语	英文翻译	术语解释
轨枕	Sleeper	支承钢轨、保持轨距并将荷载传布于道床的轨道部件，有木枕、混凝土枕、钢枕等类型
有砟轨道	Ballasted Track	采用轨枕及碎石等散粒体为轨下基础的轨道
无砟轨道	Ballastless Track	以混凝土等整体结构为轨下基础的轨道结构
轨道电路	Track Circuit	利用钢轨作为导体，用以检查区段占用状态的电路
驼峰	Hump	调车场始端道岔区前线路抬到一定高度，利用其位能和车辆自重，使车辆自动溜到调车线上，用以解体车列的一种调车设备
机务设备	Locomotive Facilities	铁路机车运用、整备保养、检查修理等运营业务的设施（机务段、机务折返段、机务折返所、机务换乘所等）的统称
接触网	Overhead Contact System	通过受电弓供给机车电能的架空导线体系，主要由支柱、基础、支持结构及接触悬挂组成
线路	Permanent Way	由轨道、路基、桥涵、隧道及其他建筑物构成，供列车按规定速度行驶的铁路线
正线	Main Line	连接并贯穿或直股伸入车站的线路
到发线	Receiving-departure Track	办理货物列车到达、出发作业的线路
调车线	Shunting Track	办理货物列车解体、集结和编组作业的线路
牵出线	Shunting Neck	供车列牵出转线、解体、编组、取送等调车作业使用的线路
区间	Section	以相邻两车站（或车站与线路所）之间的上、下行进站信号机为界划分的线段
区段	District	客货混运线路指按货运机车交路划分的两技术站之间的线段。客运专线指按有较多旅客列车始发终到的车站或有其他线路引入的车站划分的两站之间的线段
道岔	Turnout	把一条轨道分支为两条或以上的设备
单开道岔	Single Turnout	主线为直线，侧线向主线的左侧或右侧分支的道岔
双开道岔	Double Turnout	把直线轨道分为左右对称两条轨道的道岔
三开道岔	Three-way Turnout	主线为直线并在直线轨道上向两侧对称岔出两条轨道的道岔
交分道岔	Slip Turnout	在同一平面的两条铁路交叉处，使列车既能互相跨越、又能互相转至另一轨道上的道岔
渡线	Crossover	由两组单开道岔和一条连接轨道组成的能使机车车辆由一条线路转入相邻线路的设备

（续表）

专业术语	英文翻译	术语解释
交叉渡线	Scissors Crossing	相邻两线路间由两条相互交叉的渡线和一组菱形交叉组成的设备
铁路限界	Railway Clearance	为保障机车车辆在铁路线上的运行安全或线路上建筑物设备的安全，线路上必须保有一个机车车辆或建筑物设备不准侵入的限制空间。铁路限界分为机车车辆限界及建筑限界两种
机车车辆限界	Rolling Stock Clearance	一个和线路中心线垂直的极限横断面轮廓。除电力机车升起的集电弓外，机车车辆的任何部分应容纳在限界轮廓之内
建筑限界	Structure Clearance	一个和线路中心线垂直的极限横断面轮廓。在此轮廓内，除机车车辆和与机车车辆有相互作用的设备（车辆减速器，路签授受器，接触电线及其他）外，其他建筑物或设备均不得侵入
分界点	Boundary Point	铁路相邻区间或闭塞分区的分界处
铁路车站	Railway Station	办理列车通过、到发、列车技术作业及客货运业务的分界点
线路所	Block Post	线路所为无配线的分界点，一般只办理接发列车工作
客运站	Passenger Station	主要办理客运业务的车站
货运站	Freight Station	主要办理货运业务的车站
客货运站	Mixed Passenger and Freight Station	同时办理客货运业务的车站
编组站	Marshalling Station	为办理大量货物列车编、解作业而设置的车站
区段站	District Station	为货物列车的本务机车牵引交路和办理区段列车解编作业而设置的车站
技术站	Technical Station	编组站和区段站总称为技术站
中间站	Intermediate Station	办理列车的通过、交会、越行和客运或客货运业务的铁路车站
旅客站台	Passenger Platform	供旅客上、下车和行包、邮件装卸的设施
货物站台	Freight Platform	供货物装卸和存放的站台
站界	Border of Station	车站管辖范围的界限称为站界。单线区段以进站信号机柱中心线为界；双线或多线区段以各该线的进站信号机柱或站界标的中心线为界
机务段	Locomotive Depot	配属机车，承担机车运用管理、整备保养、检查修理等运营管理工作的处所
车辆段	Rolling Stock Depot	承担铁路车辆段修及其管辖范围内的车辆运用维修管理任务的生产处所，分为客车车辆段、货车车辆段等
铁路信号	Railway Signaling	铁路运输系统中，为保证行车安全、提高区间和车站通过能力及编解能力而设置的手动控制、自动控制及遥控、遥信技术的总称

（续表）

专业术语	英文翻译	术语解释
联锁	Interlocking	使道岔、信号、进路遵循一定程序，在符合规定的技术条件后才能动作或建立的相互关系的技术
进路	Route	列车或调车车列由一点运行到另一点的全部途径
平行进路	Parallel Route	车站内因道岔位置的配置使之能同时开通的并列进路
敌对进路	Conflict Route	同时行车会危及行车安全的任意两条进路
闭塞	Blocking	用信号或凭证保证列车按照规定的空间间隔控制运行的技术方式
行车闭塞法	Train Block System	通过相邻车站、线路所、闭塞分区的设备或人为控制，使列车与列车相互间保持一定间隔，以保证列车安全运行的行车方法称为行车闭塞法
闭塞分区	Block Section	自动闭塞区间，顺向相邻两架通过信号机(或区间信号标志牌)间的区段
自动闭塞	Automatic Blocking	根据列车运行及有关闭塞分区状态，自动变化通过信号显示而司机凭信号行车的闭塞方式
半自动闭塞	Semi-Automatic Blocking	人工办理闭塞手续，列车凭信号显示发车后，出站信号机自动关闭的闭塞方式
移动闭塞	Moving Block	线路上无物理意义固定划分的闭塞分区，列车间的间隔是动态的，通过实时不间断的车地双向通信，确定列车的安全行车间隔，并将先行列车位置、移动授权等相关信息传递给列车，控制列车运行，实现对列车监控的一种闭塞方式
列车	Train	按照规定条件把车辆编挂成车列并挂有机车及规定的列车标志时，称为列车
车组	Wagon Group	若干车辆连挂在一起，称为车组
动车组	Multiple Unit,MU	具有牵引动力、固定编组、在日常运用维修中不解编的车组
车列	Train Consist	若干车组或车辆连挂在一起未挂机车和未取得列车标志时，称为车列
车底	Train Stock	在到达终点站的车辆段进行整备和检修时，仍保持原来顺序，并不解体改编的车列
列车定员	Train Capacity	列车可以容纳的载客人数，在铁路运输中，所有车厢座席数的总和即为列车的定员，但在城市轨道交通系统中，定员为所有车厢座席数和站立区域的可以容纳的人数(通常按 6 人/m^2 计算)的总和
列车编组	Train Composition	组成整列车的车辆数
直达列车	Through Goods Train	在装(卸)车站或技术站编组，通过一个及以上编组站不进行改编作业的列车，称为直达列车

（续表）

专业术语	英文翻译	术语解释
区段列车	District Train	在技术站编组并到达相邻技术站、在区段内不进行摘挂作业的列车，称为区段列车
摘挂列车	Pick-up Goods Train	在技术站编组并在邻接区段内的中间站进行摘挂作业的列车，称为摘挂列车
小运转列车	District Transfer Train	在技术站和邻接区段规定范围内的几个车站间开行的列车称为区段小运转列车。在枢纽内各站间开行的列车称为枢纽小运转列车，二者统称为小运转列车
重载列车	Heavy-load Train	牵引重量超过 5 000 t 的货物列车为重载列车
通过能力	Carrying Capacity	通过能力是在一定的机车车辆类型和一定的行车组织方法的条件下，铁路区段内的各种固定设备如：区间、车站(通常指技术站)、机务段整备设备、给水、电气化铁路的供电设备，在单位时间(通常指一昼夜)所能通过或接发的最多列车对数(或列数)、车辆数或吨数
输送能力	Conveying Capacity	输送能力是在一定的机车车辆类型、一定的固定设备和一定的行车组织方法的条件下，按照移动设备(如机车、车辆)和人员配备的现有数量，在单位时间内所能运送最多的列车对数(或列数)、车辆数或吨数。通常，输送能力以一年内所能运送最多的货物吨数表示
区间通过能力	Carrying Capacity in The Block Section	按区间计算的通过能力为区间通过能力。区间通过能力的大小，取决于正线数目、信联闭设备、区间长度、机车类型、列车运行速度、线路纵断面和采用的运行图类型等
列车运行图	Train Working Diagram	列车运行图是列车运行的图解。我国的列车运行图以纵轴表示距离，以横轴表示时间，以斜直线段和规定符号表示各种列车的运行线。列车运行图是铁路行车组织工作的基础
列车运行线	Train Path	运行图上标有规定符号近似表示列车运行轨迹的斜直线段，称为列车运行线
上行方向	Up Direction	我国铁路目前原则上规定列车开往北京的方向为上行方向，对不易确定运行方向的线路，由有关部门规定
下行方向	Down Direction	与上行方向相反的方向为下行方向
列车车次	Train Number	为区别列车的种类、性质和运行方向，对每一列车所赋予的号码或代号，称为列车车次。上行列车车次为偶数，下行列车车次为奇数
运行图周期	Period in the Train Working Diagram	在各种类型的平行运行图上反复出现的一组列车占用区间的总时间称为运行图周期。其组成因素，在非自动闭塞区段，包括：列车区间纯运行时分，起停车附加时分及列车在车站的间隔时间等。在自动闭塞双线区段，为追踪列车间隔时间
限制区间	Carrying Capacity Limiting Section	在一个区段内，运行图周期最大的区间称为限制区间

（续表）

专业术语	英文翻译	术语解释
平行运行图	Parallel Train Working Diagram	在全区段上，同一区间内同方向列车运行线相互平行的运行图，为平行运行图
非平行运行图	Non-Parallel Train Working Diagram	同一区间内同方向列车运行线不相平行的运行图称为非平行运行图
区间纯运行时分	The Pure Running Time in Section	列车不停车通过两个相邻车站（或车场）中心线所需的区间运行时分称为区间纯运行时分。它由机务部门采用牵引计算和试运转相结合的方法按运行方向及列车种类分别查定
停车附加时分	The Additional Time for Stopping (Deceleration)	列车到站停车比不停车通过车站时所增加的时分须与区间纯运行时分相加以计算区间运行时分，这一增加的时分称为停车附加时分
起车附加时分	The Additional Time for Starting (Acceleration)	列车由车站起动出发比不停车通过车站时所增加的运行时分须与区间纯运行时分相加以计算区间运行时分，这一增加的时分称为起车附加时分
列车在车站上的间隔时间（简称车站间隔时间）	Time Interval Between Two Trains at Station	在车站上办理两列车的到达、出发或通过作业所需要的最小间隔时间
追踪列车间隔时间	Time Interval Between Trains Running in Pursuit Spaced by Automatic Block Signals	在自动闭塞区段追踪运行的两列车之间的最小间隔时间称为追踪列车间隔时间
天窗	Maintenance Window	在列车运行图中，对区间或车站因施工或维修而不放行运营列车的时间
到发线通过能力	Carrying Capacity of Receiving And Dispatching Tracks	在到达场、出发场或到发场中，办理列车到发作业的线路，一昼夜能够接、发的各方向的货物列车数和旅客列车数，即为该场的到发线通过能力
调车作业	Shunting Operation	列车的编组、解体和转线，车辆的摘挂、取送、转场和整理等作业
货物列车编组计划（简称编组计划）	Goods Train Formation Plan	货物列车编组计划是全路的车流组织计划，它统一安排全路各站的编解作业任务，具体规定全路车站编组各种货物列车的办法
车流	Wagon Flow	车流是指在一定时期内，在某一方向、某一区段或某一车站上车辆的去向（流向）和数量（流量）的总称
交路	Routing	列车固定往返运行的路径，包括起终点站和运行的路径
机车交路	Locomotive Routing	机车固定担当运输任务的两站之间的周转区段

（续表）

专业术语	英文翻译	术语解释
长交路	Long Routing	两个及两个以上机车乘务组在规定连续工作时间内接续出乘牵引列车、完成一个单程交路的区段长度
调度工作	Traffic Control	铁路为维护正常运输秩序，全面完成运输任务，对日常运输生产活动所进行的计划、调整、组织、指挥、监督、协调等工作，称为铁路运输调度工作，简称调度工作
调度命令	Train Control Order	各级调度在组织指挥日常运输工作中对下级调度或站段，以及有关人员所发布的有关完成日常运输生产的具体部署和指挥行车工作的指令，其中必须在调度命令登记簿上登记的称为调度命令，无须登记的称为口头指示
列车调度指挥系统	Train Dispatching And Commanding System，TDCS	实时自动采集列车运行及现场信号设备状态信息，完成列车运行实时追踪、无线车次号校核自动报点、阶段计划和自动调整调度命令及行车计划下达等功能，实现列车调度指挥的系统
调度集中系统	Centralized Traffic Control System，CTC	实现列车运行调度的计算机集中控制与指挥系统
中国列车运行控制系统	Chinese Train Control System，CTCS	保证列车安全运行，并以分级形式满足不同线路运输需求的列车运行控制系统的总称，共分 CTCS-0—CTCS-4 5 个等级
列车技术速度	Average Train Technical Speed	列车在区段的各区间内每小时平均走行的公里数
列车旅行速度	Average Train Travelling Speed	列车在区段内每小时平均走行的公里数
列车旅行速度系数	Coefficient of Travelling to Technical Speed	列车旅行速度与列车技术速度的比值称为列车旅行速度系数

A.3 城市轨道交通相关专业术语

专业术语	英文翻译	术语解释
城市轨道交通	Urban Rail Transit，URT	采用专用轨道导向运行的城市公共客运交通系统，包括地铁系统、轻轨系统、单轨系统、现代有轨电车、磁浮系统、自动导向轨道系统、市域快速轨道系统
车辆基地	Vehicle Base	以车辆停放、检修和日常维修为主体，包括车辆段（停车场）、综合维修中心（工区）、物资总库（分库）、培训设施及相关的生活设施等组成的综合性生产单位

（续表）

专业术语	英文翻译	术语解释
车辆段	Depot	承担车辆停放、运用管理、整备保养、检查和较高或高级别的车辆检修基本生产单位
停车场	Stabling Yard	承担所辖车辆停放和日常维护的基本生产单位
转换轨	Transfer Track	指车辆段/停车场与正线的连接轨，运营列车在驶入/驶出转换轨过程中，当条件具备时，进行列车运行控制级别及驾驶模式转换
全自动运行系统	Fully Automatic Operation System, FAO	运行在有人值守的全自动运行或无人值守的全自动运行下的城市轨道交通系统
有人值守的全自动运行	Driverless Train Operation, DTO	列车在配置车上值守人员的条件（正常运行所有功能均由系统负责实现）下的运行。车上值守人员仅在故障和应急情况下介入列车运行
无人值守的全自动运行	Unattended Train Operation, UTO	列车在不配置车上值守人员的条件（所有功能均由系统负责实现）下的运行
列车自动控制系统	Automatic Train Control System, ATC	信号系统自动实现列车监控、安全防护和运行控制技术的总称
列车自动防护系统	Automatic Train Protection System, ATP	自动实现列车运行间隔、超速防护、进路安全和车门等监控技术的总称
列车自动监控系统	Automatic Train Supervision System, ATS	根据列车时刻表为列车运行自动设定进路，指挥行车，实施列车运行管理等技术的总称
列车自动运行系统	Automatic Train Operation, ATO	自动实现列车加速、调速、停车和车门开闭、提示等控制技术的总称
基于通信的列车控制	Communication Based Train Control, CBTC	采用不依赖轨旁列车占用检测设备的列车主动定位技术和连续车-地双向数据通信技术，通过能够执行安全功能的车载和地面处理器而构建的连续式列车自动控制系统
网络化运营	Network Operation	建立在多线路组成的城市轨道交通线网的基础上，旨在高效满足出行者需要的安全、可持续的运输组织方法与经营行为的总称
全周转时间	Complete Turnround Time	列车在运营线路正线上从始发站发车到终点站，经终点站折返后返回，又回到始发站后折返至发车状态的这一全过程所运行的时间
限流	Incoming Passenger Control	为客运组织安全需要而采取的限制乘客进站速度的安全措施

A.4 公路运输相关专业术语

专业术语	英文翻译	术语解释
道路	Road	供各种车辆和行人等通行的工程设施，按其服务对象不同可分为公路、城市道路、厂矿道路、林区道路、乡村道路及港区道路等
公路	Highway	连接城镇、乡村，主要供汽车行驶的具备一定技术条件和设施的道路
高速公路	Expressway	专供汽车分方向、分车道行驶，全部控制出入的多车道公路
设计速度	Design Speed	确定公路设计指标并使其相互协调的设计基准速度
车道	Lane	在车行道上供单一纵列车辆行驶的部分
路肩	Shoulder	位于行车道外缘至路基边缘、具有一定宽度的带状结构部分（包括硬路肩与土路肩）。为保持行车道的功能和临时停车使用，并作为路面的横向支承
路面	Pavement	用各种筑路材料分层铺筑在公路路基上直接承受车辆荷载的层状构造物
交叉口	Intersection	公路与公路平面相交处
交通控制	Traffic Control	为预防交通阻塞、促进交通畅通而采取的控制、协调和诱导交通的手段，有孤立交叉口控制、路线交通信号协调控制系统和区域控制系统等类型。控制系统一般采用与变化的交通情况相适应的设备，如电子计算机等
交通信号灯	Traffic Light	在道路上设置的一般用绿、黄、红色显示的指挥交通的信号灯，用轮流显示不同灯色来指挥交通的通行或停止
挂车	Trailer	设计和制造上需由汽车或拖拉机牵引，才能在道路上正常使用的无动力道路车辆，包括牵引杆挂车、中置轴挂车和半挂车，用于载运人员和（或）货物、或特殊用途
自动驾驶	Automatic Driving	利用传感探测技术、自动控制技术、通信技术和交通流理论等。通过车载装置和路边设施的智能探测、车—车和车—路通信手段、车辆自动操纵控制装置，在特定的道路上实现车辆自动运行，自动驾驶也称为无人驾驶
交通流	Traffic Flow	公路上车流和人流的统称
车流	Vehicle Stream	众多车辆在车道上行驶所形成的具有流体运动特性的状态
车头时距	Time Headway	在同一车道上同向行驶的车辆队列中前后相邻两车车头通过某一断面的时间间隔
交通量	Traffic Volume	在单位时间内通过公路某一断面实际参与交通的参与者的数量，又称交通流量

（续表）

专业术语	英文翻译	术语解释
通行能力	Traffic Capacity	在一定的公路和交通条件下，公路上某一路段适应车流的能力，以单位时间内通过的最大车辆数表示
基本通行能力	Baseline Traffic Capacity	在理想的公路和交通条件下，单位时间内一个车道或一条公路某一路段可以通过的小客车最大数
可能通行能力	Actual Traffic Capacity	在现实的公路和交通条件下，单位时间内一个车道或一条公路某一路段可以通过的最大车辆数
设计通行能力	Design Traffic Capacity	相应设计服务水平下，公路设施通过车辆的最大小时流率
服务水平	Level of Service	驾驶员感受公路交通流运行状况的质量指标，通常用平均行驶速度、行驶时间、驾驶自由度和交通延误等指标表征
公路运输	Highway Transportation	在公路上使用汽车和其他运输工具从事旅客或货物的运输，也称城乡道路运输
直达运输	Through Transportation	从始发站或起运地不经中转将旅客、货物送达终点站或卸货地的运输
营运线路	Operation Route	已开办营运业务的路线。一般指已由交通主管部门规定列入营运路线图的运输路线
班车	Regular Bus	按班线营运的客车
班次	Number of Bus Run	根据运行计划，客运车辆运营线路和发车的数量
车次	Serial Number of Bus Run	根据运行作业计划和班次编排班车运行的序号
运行计划	Operation Plan	运输企业有关部门编制的，下达给车队或车站在一定时期内所要完成的运输任务、运行线路和班次等方面的计划
运行作业计划	Plan of Work	车队或车站根据运行计划，对每辆营运客车在一定时期内所要运行的线路、班次、产量和营收任务等所编制的具体计划
运行周期	Cycle of Run	班车自始发站驶出，按规定线路，站点运行后又回到始发站所需要的时间

A.5 水路运输相关专业术语

专业术语	英文翻译	术语解释
港口	Port	位于江、河、湖、海或水库沿岸，具有一定设备和条件，供船舶安全进出和停泊以进行客货运输或其他专门业务的地方
吃水	Draft	在船长中点处，由平板龙骨上缘量至设计载重线的垂直距离

（续表）

专业术语	英文翻译	术语解释
船舶吨位	Tonnage	表示某一船只大小或营运能力的数值
船队	Fleet	由机动船和非机动船组成的运输复合体
码头	Pier	供船舶停靠、装卸货物或上下旅客的水工建筑物
集装箱码头	Container Terminal	专供停靠集装箱船、装卸集装箱的港口作业码头
泊位	Berth	供一艘设计船舶安全停靠并进行作业所需的水域和空间
防波堤	Breakwater	防御风浪侵袭港口水域、保证港内水域平稳的水工建筑物
锚地	Anchorage Area	专供船舶或船队在水上停泊、避风、联检、编解队、水上过驳以及进行各种作业的水域
港池	Basin	码头前供船舶靠离和进行装卸作业的水域
回旋水域	Turning Basin	为船舶靠离码头、进出港口转头或改换航向而设的水域
航标	Aids to Navigation	助航标志的简称。为帮助船舶安全、经济和便利航行而设置的视觉的、音响的和无线电的助航设施
航道	Waterway	江河、湖泊等内陆水域中可以供船舶通航的通道，以及内海、领海中经建设、养护可以供船舶通航的通道
航道设施	Channel Facilities	航道的助航、导航、测量、通信设施，整治建筑物，通航建筑物航道站房和基地，航道工作船艇以及其他与航道有关设施的总称
助航设施	Navigation Aids	为帮助船舶安全航行而设置的助航标志以及有关的通信、导航等设施的总称
通航建筑物	Ship Passing Structures	为使船舶通过航道上有集中水位差的区段而设置的水工建筑物
船闸	Ship Lock	设有上、下闸首和闸室以及引航道的通航建筑物
升船机	Ship Lift	利用机械装置升降船舶以克服航道上集中水位落差的通航建筑物
水位	Water Level	地表水水体的自由面以及地下水的表面在某一地点某一时刻相对于基准面的高程
泊位通过能力	Berth Capacity	一个泊位在一定时间内能够装卸船舶所载货物的额定数量
航次	Number of Voyage	船舶在营运中完成一次运输生产任务的周期。在实际工作中，一般从船舶在终点港卸货（或下客）完毕时起，经装货（或上客）后，驶至新的终点港卸货（或下客）完毕时止作为一个航次。一个航次所经历的时间，称为航次时间
航线	Routes	在固定的港口客运站之间，为完成一定的旅客运输任务，配备适合具体条件、性能接近的一定数量的客运船舶，并按一定的程序而组织的客运船舶生产活动

A.6 航空运输相关专业术语

专业术语	英文翻译	术语解释
机场	Airport	陆地或水面上供飞行起飞、着陆和地面活动使用的划定区域，包括附属的建筑物、装置和设施
跑道	Runway	机场内供飞机起飞和着陆使用的一块特定的场地
空侧	Airside	航空器活动区以及与其相毗连的地带、建筑物或其一部分，包括跑道、滑行道、联络道、停机坪、候机隔离区以及航空器维修区中用于保养和维护飞机的区域等。进入该地区是受限制的
陆侧	Landside	机场内旅客和非旅客可自由出入的区域和建筑物，包括公共停车场、员工停车场、航站楼公共活动区、公共道路、车辆租赁存储区、公共服务配套设施以及工商业区等
飞行区	Airfield Area	机场内由建筑物和室外隔离设施所围合的区域，包含跑道、滑行道、机坪等设施和场地。飞行区的范围由位于空侧、陆侧交界处建筑物(例如航站楼、货运站、机库)的外立面，以及建筑物外的隔离设施共同界定，其界线完整闭合。飞行区的内容一般包括各种铺筑面、场地，以及配套的设备、建筑物和构筑物(例如消防站、灯光站、通导台站、排水沟、高杆灯)，但不包括界定飞行区范围的建筑物
航站区	Passenger Terminal Area	机场内航站楼及其配套的站坪、交通、服务等设施所在的区域
货运区	Cargo Terminal Area	机场内货机坪、货运站(库)及其配套设施所在的区域
机坪	Apron	机场内供飞机上下旅客、装卸货物、加油、停放或维修等使用的场地
障碍物	Obstacle	飞机活动范围地面以上，或穿透机场净空限制面，或其他对飞行构成危险的固定或活动物体
航站楼	Passenger Terminal Building	机场内供公共运输航班旅客办理进出港手续并提供行李、安检、候机等相应服务的建筑物
站坪	Terminal Apron	航站楼附近供客运航班上下旅客、装卸货物、加油、停放的机坪
车道边	Curbside	航站楼前用于陆侧乘客上下车辆的车道沿线及人行平台
升降带	Runway Strip	飞行区中跑道中线及其延长线两侧一块特定的场地，用来减少飞机冲出跑道时的损坏，并保障飞机在起飞或着陆时安全飞行
滑行道	Taxiway	飞行区中供飞机地面滑行使用的通道
机位	Aircraft Stand	机坪上用以停放飞机的一块特定的场地
净空道	Clearway	经过修整的使飞机可以在其上空爬升到规定高度的特定场地或水面

（续表）

专业术语	英文翻译	术语解释
停止道	Stopway	跑道端外供飞机在中断起飞时能在其上停住的一块特定的场地
跑道入口	Threshold	跑道中供飞机着陆部分的起始处
标志	Marking	为了传递航行信息而设置在飞机活动地区表面上的一个或一组信号
障碍物	Obstacle	位于供飞机地在面活动的地区上，或突出于为保障飞行安全而规定的限制面之上的一切固定的(无论是临时的还是永久的)和移动的物体，或是这些物体的一部分
跑道警戒灯	Runway Guard Light	用以提醒飞机或车辆驾驶员注意他们即将进入使用中的跑道的一种灯光系统
客机	Passenger Aircraft	以载运旅客及行李为主的飞机
货机	Freighter	只载运货物和邮件而不载运旅客的飞机
航空运输	Air Transport	使用民用航空器从事定期或不定期飞行，运送旅客、行李、邮件或者货物的运输
民用航空	Civil Aviation	利用各类民用航空器从事除执行军事、海关和警察任务以外的民用航空飞行活动
航空公司	Airlines	航空运输企业的法人名称，是从事向旅客提供定期或不定期航班航空运输服务的企业
航线	Air Route	飞机从某一机场飞往另一机场所遵循的空间轨道
航路	Air Way	为了保障飞行安全，必须在机场之间的空中为这种飞行提供相对固定的飞行线路，使之具有一定的方位、高度和宽度，并且在沿线的地面设有无线电导航设施。这种经政府有关当局批准的、飞机能够在地面通信导航设施指挥下沿具有一定高度、宽度和方向在空中作航载飞行的空域，就称为航路
航节	Leg	任何特定航班按时间顺序两点之间的航行
航段	Segment	特定航班从旅客登机点到旅客到达点一个或一组顺序的航节
航班	Flight	在规定的航线上，使用规定的机型，按规定的日期、时刻进行的运输飞行
航班号	Flight Number	按一定规则以航空公司代码加阿拉伯数字表示每架飞机飞行的航班编号
吞吐量	Handling Capacity	报告期内航空运输企业使用航空器所承运的进出机场的旅客、行李、货物和邮件的数量
区域管制	Area Control Service	在所在地区或更大范围的高空管制空域、中低空管制空域内对飞机飞行提供的管制服务
进近管制	Approach Control Service	在一个或几个机场的进近管制空域内对飞机进场、离场飞行提供的管制服务

参考文献

[1] 杨浩. 运输组织学[M]. 3 版. 北京：中国铁道出版社，2022.
[2] 户佐安，薛峰. 交通运输组织学[M]. 成都：西南交通大学出版社，2014.
[3] 刘澜，王琳，刘海旭. 交通运输系统分析[M]. 2 版. 成都：西南交通大学出版社，2014.
[4]《综合交通运输学》编委会. 综合交通运输学[M]. 北京：人民交通出版社，2022.
[5] 徐瑞华，江志彬，徐行方. 轨道交通系统行车组织(修订本)[M]. 上海：同济大学出版社，2023.
[6] 同济大学交通工程系，编写组，吴娇蓉，等. 交通工程[M]. 北京：人民交通出版社，2018.
[7] 严作人，陈雨人，张宏超. 道路工程[M]. 2 版. 北京：人民交通出版社，2011.
[8] 长江航道局组织. 航道工程手册[M]. 北京：人民交通出版社，2003.
[9] 谈至明，赵鸿铎，张兰芳. 机场规划与设计[M]. 北京：人民交通出版社，2010.
[10] 江志彬. 城市轨道交通网络列车运行组织与管理[M]. 上海：同济大学出版社，2018.
[11] 杨浩. 铁路运输组织学[M]. 4 版. 北京：中国铁道出版社，2015.
[12] 彭其渊，王慈光. 铁路行车组织[M]. 2 版. 北京：中国铁道出版社，2015.
[13] 唐涛，李开成，等. 高速铁路列车运行控制[M]. 北京：中国铁道出版社，2021.
[14] 佟立本. 铁道概论[M]. 8 版. 北京：中国铁道出版社，2020.
[15] 王甦男，贾俊芳. 旅客运输[M]. 3 版. 北京：中国铁道出版社，2008
[16] 韩梅，郎茂祥. 铁路货物运输[M]. 2 版. 北京：中国铁道出版社，2022.
[17] 毕湘利. 筑梦高质量　通向新生活：上海地铁运营服务[M]. 北京：中国铁道出版社，2022.
[18] 俞丽娟. 优化上海虹桥站进站客流组织的思考[J]. 上海铁道(增刊)，2023(2)：22-24.
[19] 国家铁路局. 铁路行车组织词汇：GB/T 8568—2013[S]. 北京：中国标准出版社，2014.
[20] 中华人民共和国铁道部. 铁路工程基本术语标准：GB/T 50262—2013[S]. 北京：中国标准出版社，2014.
[21] 中华人民共和国交通运输部. 道路运输术语：GB/T 8226—2023[S]. 北京：中国标准出版社，2023.
[22] 交通运输部办公厅. 公路工程名词术语(征求意见稿)[EB/OL]. [2018-06-12][2024-05-20]. https://xxgk.mot.gov.cn/2020/jigou/glj/202006/t20200623_3312692.html.

[23] 中华人民共和国交通运输部. 航道工程基本术语标准:JTS/T 103—2—2021[S]. 北京:人民交通出版社,2021.

[24] 中华人民共和国交通运输部. 港口工程基本术语标准:GB/T 50186—2013[S]. 北京:中国计划出版社,2014.

[25] 中国民用航空局. 民用航空旅客运输术语:GB/T 18764—2002[S]. 北京:中国标准出版社,2003.

[26] 中国民用航空局. 民用航空货物运输术语:GB/T 18041—2000[S]. 北京:中国标准出版社,2004.

[27] 全国集装箱标准化技术委员会. 集装箱运输术语:GB/T 17271—2023[S]. 北京:中国标准出版社,2023.

[28] 中华人民共和国交通运输部. 智能运输系统　通用术语: GB/T 20839—2007[S]. 北京:中国标准出版社,2007.

[29] 中国民用航空局. 运输机场总体规划规范:MH/T 5002—2020[S]. 北京:中国民航出版社,2020.

[30] 中国民用航空局. 民用运输机场安全保卫设施:MH/T 7003—2017[S]. 北京:中国民航出版社,2017.

[31] 中国民用航空局. 民用机场飞行区技术标准: MH 5001—2021[S]. 北京:中国民航出版社,2021.

[32] 全国船舶电气及电子设备标准化技术委员会. 船舶交通管理系统:GB/T 39277—2020[S]. 北京:中国标准出版社,2020.

[33] 中华人民共和国公安部. 道路交通信号灯设置与安装规范:GB 14886—2016[S]. 北京:中国标准出版社,2017.

[34] 国家铁路局. 铁路旅客运输服务质量　第 1 部分:总则:GB/T 25341. 1—2019[S]. 北京:中国标准出版社,2019.

[35] 中国民用航空局. 航空货物装卸工作规范[EB/OL]. [2023-08-09][2024-05-29]. http://app. caac. gov. cn/XXGK/XXGK/GFXWJ/202308/t20230822_221098. html.